高等学校科技文献检索丛书

丛书主编　杨守文　季淑娟

科技文献检索实用教程

（专业硕士社会科学类分册）

主　编　钟新春　张丰智　唐　兵

科学出版社

北　京

内 容 简 介

本书是高等学校科技文献检索丛书中的一本，全书共 9 章，分别是绪论、文献检索基础、常用文献检索与利用、特种文献检索与利用、国内外常用数据库选介与综合利用、开放获取资源与搜索引擎、图书馆服务实用指南、科学研究与论文写作、社会科学文献利用案例。

本书可以作为普通高等院校社会科学类专业硕士的文献检索教材，也可以作为相关学科的教师和科研人员的参考资料。

图书在版编目（CIP）数据

科技文献检索实用教程（专业硕士社会科学类分册）/钟新春，张丰智，唐兵主编. —北京：科学出版社，2018.9

（高等学校科技文献检索丛书）

ISBN 978-7-03-057921-8

I. ①科… II. ①钟… ②张… ③唐… III. ①科技情报-情报检索-研究生-教材 IV. ①G254.97

中国版本图书馆 CIP 数据核字（2018）第 131413 号

责任编辑：任俊红 师丹丹 / 责任校对：王 瑞
责任印制：霍 兵 / 封面设计：华路天然工作室

科 学 出 版 社 出版
北京东黄城根北街 16 号
邮政编码：100717
http://www.sciencep.com
北京市密东印刷有限公司 印刷
科学出版社发行 各地新华书店经销

*

2018 年 9 月第 一 版 开本：787×1092 1/16
2018 年 9 月第一次印刷 印张：20
字数：480 000

定价：56.00 元
（如有印装质量问题，我社负责调换）

丛书编委会

主　任　季淑娟　张建文

副主任　杨守文　严潮斌

委　员（按姓氏音序排序）

　　　　黄维平　康延兴　刘宗歧　唐　兵　杨　薇

　　　　衣立新　钟新春

丛书编写组

主　编　杨守文　季淑娟

副主编　刘宗歧　邓要武　王　瑜　钟新春

主要参编者（按姓氏音序排序）

　　　　方燕虹　高彦静　何　琼　贺　轩　侯瑞芳

　　　　黄小强　康延兴　李　锐　励燕飞　刘金朝

　　　　马花如　孙秀良　唐　兵　王　婷　许　兵

　　　　张丰智　张丽英　赵秀姣　郑　勇

序　言

北京高科大学联盟，简称北京高科（Beijing Tech），于 2011 年 10 月 19 日在北京组建成立，是全国规模最大的进行全方位合作的高校联盟。联盟高校包括西安电子科技大学、北京科技大学、北京邮电大学、北京交通大学、北京化工大学、北京林业大学、华北电力大学、哈尔滨工程大学、中国地质大学（北京）、中国矿业大学（北京）、中国石油大学（北京）11 所高水平行业特色型大学，燕山大学于 2015 年成为北京高科第 12 所成员高校。北京高科的 12 所大学在学科设置上涵盖了电子信息、网络与通信、铁路公路交通、新材料、化学化工、新能源、冶金、电力、地质、矿业、石油、林业、生态环保、造船业、核工业、重型机械等国家战略工程领域。

北京高科大学联盟图书馆（简称高科联盟图书馆）是由北京高科大学联盟主导推动的高校之间协同共建的文献资源生态系统，于 2012 年 10 月 25 日正式成立，成员馆包括北京高科院校所属 12 个大学的图书馆。工作目标是构建文献资源共建、共知、共享的信息服务战略合作平台。自成立以来，高科联盟图书馆依托联盟内各高校鲜明的行业办学特色和突出的学科群优势，以实现资源联合共建共享为宗旨开展了一系列卓有成效的工作。

2016 年 1 月 22 日，在高科联盟图书馆解决方案分享会上，联盟各馆达成共识：围绕文献检索课教材聚集体智慧策划组织出版一套丛书，旨在为联盟各馆普遍面临的文献信息检索教育问题，提出解决方案。在高科联盟图书馆第九次委员会议上正式批准启动文献检索课教材编纂工作，参会的 10 个成员馆均参与了丛书的编写。随后组建了编写委员会，并由联盟高校中有丰富文献检索课教学经验的教师组成了写作团队。高科联盟图书馆第十次委员会议上，进一步明确了写作目标，提出走精品路线，务必保质保量完成新书编写工作。

丛书编委会对本套丛书的编写工作给予高度重视，先后召集了三次编委扩大会议，为本丛书把关定向。2016 年 7 月 13 日，举行了新书编委第一次会议。编委会成员一致认为应针对学生分层次编写，分别面向本科生、专业硕士和学术硕士，以丛书分册形式出版，以"出精品、创品牌"为宗旨。此次会议明确了编写思路，落实了牵头馆和主编单位。2016 年 10 月 19 日在科学出版社召开了丛书编委会第二次会议。最终确定丛书名为"高等学校科技文献检索丛书"，四个分册名分别是《科技文献检索实用教程》（本科分册）、《文献信息检索与案例分析》（学术硕士分册）、《科技文献检索实用教程》（专业硕士社会科学类分册）、《科技文献检索实用教程》（专业硕士自然科学类分册）。会议明确了各分册写作思路及时间节点，按 32 学时编写。本科分册和学术硕士分册侧重文献信息检索的基本方法培训，按通识教育课程编写；专业硕士分册则侧重具体数据库操作。2017 年 3 月 22 日在科学出版社举行丛书编委会第三次会议。各分册第一主编汇报了编写内容、编写进度、存在的问题及下一步安排，共同商讨丛书的体例、架构、风格、时间进度及质量把控，就丛书编写过程中存在的问题提出了相应的解决办法，进一步明确了写作思路，为本套丛书的最终完成铺平了道路。

　　《科技文献检索实用教程》（本科分册）是由长期从事文献检索课第一线教学的教师与长期从事图书馆培训、科技查新、查新审核、信息咨询等工作背景的作者们合力打造。首先，该书具有全面、系统、务实、实用的特点，严格按教育部对文献检索课的基本要求编写，并吸取了国内外最新研究成果和教材精华，其内容与知识点覆盖全面。其次，从科技文献检索的基础知识入手，各章节内容逐步深入，归类编排并提出具体问题的解决方案，从而充分彰显了该书的系统性。另外，根据编者多年教学与工作的经验，归纳总结并着眼解决读者在文献信息检索和利用方面可能遇到的实际问题，使读者学有所用。最后，该书图文并茂，以案例分析、常见问题的解决方案、具体问题的解决方法等编写方式，编者从实用的角度出发，针对读者常见问题提出行之有效的解决思路和方法，"授人以渔"使读者真正成为科技文献检索与利用的驾驭者和信息资源的享用者。总之，该书既适合作为本科生科技文献检索课的教科书，也可作为从事教学、科研、管理及其他与信息检索相关的广大读者的参考书。

　　《文献信息检索与案例分析》（学术硕士分册）是以读者在文献检索中的应用为出发点，第一篇注重文献检索理论知识及检索原理等的阐述；第二篇重点介绍高校图书馆的资源和服务，讲述工学专业常用的各类信息源，并将理论与实践结合，分析总结文献信息检索的应用方法；第三篇结合学术硕士学科研究方向，以具体检索实例进一步阐述学科文献检索方法技能等。该书具有以下几个显著特点：一是以丰富的教学经验为基础，立足课程中学生对文献内容、资源、服务等的实际需求，融入图书馆资源评价、文献传递等工作的分析，紧密切合学术硕士文献检索的需要；二是关注前沿热点，内容新颖，介绍了大量的最新检索平台、分析工具及应用软件，有助于学生灵活运用文献分析，发散思维进行学术研究；三是理论密切联系实践，从基础知识到资源概括及服务介绍，再联系实际应用，内容翔实有序，能有效帮助学生提高文献信息检索及综合利用的技能；四是实践应用部分突出，选择与学术硕士学习科研相关或应用度高的资源、服务、检索平台及应用软件等编撰内容，梳理出科研工作思路，实践指导性非常强。

　　《科技文献检索实用教程》（专业硕士社会科学类分册）深度分析了文献信息检索的基本知识及相互关系，并根据文科类专业学生在校学习期间及未来走上工作岗位的需要，按文献出版类型分别介绍了资源获取的方法和途径。本书融入了中外常用数据库的最新检索利用方法，以崭新的角度和视野给出了人文社会科学类文献检索案例，深层次地讲述了信息素质、信息检索对科学研究及终身学习的价值。

　　《科技文献检索实用教程》（专业硕士自然科学类分册）紧跟新环境的需求与信息检索及管理的新技术发展，把信息检索和工程硕士研究生的各个培养阶段紧密联系起来，使得信息检索的功能得以充分发挥，从而加强学生主动获取信息和知识的能力。第 1 章论述了工程硕士培养过程中对于文献需求的特点；第 2 章注重文献检索理论知识及检索原理等的阐述；第 3～5 章按照网络资源的出版形式重点介绍了目前国内外著名学术资源的特点、使用方法及国内主要的文献保障及服务系统、学术资源的最新评价工具；第 6 章介绍了最新文献资源的管理工具，以提高学生阅读文献的效率。第 7 章结合工程硕士学科研究方向，以各学科文献检索的应用实例进一步阐述文献检索及分析的方法和技能。

　　本套丛书的编写与出版得到了社会各界的大力支持，特别是科学出版社为丛书的编写提供了全方位的支持和帮助，在此一并致谢！

编　者

2017 年 11 月

前　言

当今社会，信息无处不在。随着互联网技术的不断发展，信息也保持着迅猛发展的势头。信息化的发展给教育、科技等各领域带来便利的同时，如何利用有效信息促进各领域的科学发展，是我们信息管理工作者面临的重要课题。另外，如何熟练选择恰当的工具和系统，及时准确获取自己所需要的信息，是现代人才的必备技能，更是获取最新信息和进行自我知识更新的重要前提。

本书从全面培养读者的信息素质出发，深入浅出地介绍了文献信息检索的基本知识和最新方法。因充分考虑到信息资源的广泛性，本书既阐述了传统信息检索的理论和检索工具，同时也紧密结合数字化网络化信息环境的特点和实际检索的需要，全面介绍了各类型信息资源、检索系统、检索技术和利用方法等。

在编写过程中，在保证教材科学性、系统性、适用性的基础上，本书充分体现了高等教育的特色，遵循理论与实践相结合的原则，注重以实用为主。全书内容丰富、图文并茂，读者在基本了解并掌握文献信息检索的同时，能够比较全面地掌握当前网络环境下所形成的学术信息交流方法与模式，从而提升读者在社会实践与教学科研过程中对各类信息的获取能力。

本书不仅可作为高等学校文献检索课程的教材，而且可作为广大读者提高自身信息素质的指南。本书共九章，包括文献信息检索的相关基础知识、常用文献资源检索与应用方法、特种文献信息的检索方法、常用的中外文数据库检索方法、国内外常用数据库的选介与利用、开放获取资源与网络搜索引擎及其使用方法、图书馆服务实用指南、科技论文撰写与投稿的要点及社会科学文献利用等内容。

本书由钟新春、张丰智、唐兵主编，由钟新春、张丰智负责全书的整理与统稿工作。其中第 1 章由张丰智编写，第 2 章由马花如编写，第 3 章由李如青、刘彦民、郑勇编写，第 4 章由石冬梅、袁文利、张宝颖编写，第 5 章由张丰智、冯菁、王昕、马花如、孙秀良编写，第 6 章由李锐、张大苹、游晓斌编写，第 7 章由费青编写，第 8 章由侯瑞芳编写，第 9 章由马花如、董亚杰、侯瑞芳、孙秀良、唐兵编写。

本书在编写过程中，参考了大量国内外文献资料，许多作者的研究成果为我们提供了丰富的素材，但未能在注释或参考文献中一一列出，在此一并表示衷心的感谢。

由于作者水平有限，加之网络检索技术不断进步，书中难免有不足之处，敬请各位专家和读者批评指正。

编　者
2017 年 9 月 10 日

目　　录

第1章 绪　论

在信息时代，信息作为推动社会生产力发展的新动力，越来越受到人们的重视，成为与能源和材料并重的社会经济发展三大支柱之一。计算机技术和互联网技术的发展和普及，加快了信息传播速度，拓宽了信息应用范围。与此同时，随着信息量的增长，垃圾信息日趋严重，人们分析和处理信息的压力相应增加，这就需要我们培养和提高信息素养，通过有效途径，获取必要的、准确的信息资源。

2002 年教育部制定的《普通高等学校图书馆规程（修订）》中规定，要"开展信息素质教育，培养读者的信息意识和获取、利用文献信息的能力"。在 2015 年教育部新修订的《普通高等学校图书馆规程》中强调，图书馆应重视开展信息素质教育，采用现代教育技术，加强信息素质课程体系建设，完善和创新新生培训、专题讲座的形式和内容。因此，帮助读者了解文献信息知识、提高信息素养、掌握信息检索技能，使读者高效、优质地利用信息资源是高校图书馆的主要任务之一，也是编写本书的目的。

1.1　文献信息基本知识

1.1.1　信息概述

1. 信息的含义

《数学辞海》（第五卷）从两个层面对信息进行定义，从纯客观的层次（即本体论的层次），信息即为事物运动的状态和方式；从使用的层次（即认识论层次），信息即为关于事物运动的状态和方式的广义知识，既包括一般系统化的知识，也包括那些表述事物运动和方式的源知识。美国《韦氏词典》对信息的解释是：信息是通信的事实，是在观察中得到的数据、新闻和认识。我国国家标准《情报与文献工作词汇基本术语》（GB4894—1985）对信息的定义为：信息是物质存在的一种方式、形态或运动状态，也是事物的一种普遍属性，一般指数据、消息中所包含的意义，可以使消息中所描述事件的不确定性减少。综合各种对信息概念的描述，信息是世界上一切事物的状态和特征的反映，是用文字、数据或信号等形式通过一定的传递和处理，来表现各种相互联系的客观事物，在运动变化中所具有的特征的内部总称。

2. 信息的特征

1）传播性。信息产生于客观世界一切事物的运动之中，信息一旦被人们认知后，通过各种载体或媒介进行传播。例如，人际间的直接传播、口耳相传，或者采用有组织的间接传播方式，如声音、语言、文字、图像、纸张、磁盘、声波、电波、光波等物质形式的承载，被人所接受并进行传播和利用。正是由于信息的可传播性，人类才可以相互联系和沟通，社会才能不断向前发展。

2）复制性。信息可以从一个载体复制到另一个载体，从一种形态转换成另一种形态，它可以被大量复制、长期保存、重复使用。

3）共享性。信息作为一种资源，可以同时被多个使用者分享。其分享的信息内容和信息量，也不会因使用次数的累加而损耗。信息可共享的特点，使信息资源能够发挥最大的效用，也是信息有别于物质和能源的重要特性。

4）客观性。客观世界的一切事物都在运动中，因而一切事物随时都在产生信息，即信息的产生源于事物，是客观存在的。它可以被人们感知、处理、存储、传播和利用。我们通过信息认识物质、认识能量、认识周围世界。

5）相对性。事物以不同的运动状态存在，其表现出来的特征也有所不同，因而不同事物随着其运动状态和运动方式的改变而产生的信息也有所不同。

6）时效性。信息随着时间推移有一定的期限，其价值的大小与提供信息的时间密切相关。信息的时效性有长、短、强、弱之分。不同的信息具有不同程度的时效性。实践证明，信息一经形成，所提供的速度越快、时间越早，其实现的价值越大。

3. 信息的分类

信息有许多种分类方法，根据不同的标准可划分出不同类型。

1）按照其性质可分为语法信息、语义信息和语用信息。
2）按照其地位可分为客观信息和主观信息。
3）按照其作用可分为有用信息、无用信息和干扰信息。
4）按照其重要性程度可分为战略信息、战术信息和作业信息。
5）按照其形态可分为数字信息、图像信息、文本信息和声音信息等。
6）按照事物的运动方式可分为概率信息、偶发信息、确定信息和模糊信息。
7）按照其形成的领域可分为宇宙信息、地球自然信息和人类社会信息。
8）按照其应用领域可分为工业信息、农业信息、军事信息、政治信息、科技信息、文化信息、经济信息、市场信息和管理信息等。
9）按照其加工顺序可分为零次信息、一次信息、二次信息和三次信息等。

1.1.2 知识概述

1. 知识的含义

知识是人类在认识世界和改造世界的社会实践中获得的对事物本质认识的成果和结晶，并通过人的大脑进行思维整合而产生的。概括地说，知识就是人类社会实践经验的总结和归纳。

《中国大百科全书·教育》从哲学角度对知识作出如下定义："所谓知识，就它反映的内容而言，是客观事物的属性与联系的反映，是客观世界在人脑中的主观印象。就它反映的活动形式而言，有时表现为主体对事物的感性知觉或表象，属于感性知识，有时表现为关于事物的概念或规律，属于理性知识。"从这一定义中我们可以看出，知识是人类社会实践经验的总结，是人的主观世界对客观世界的概括和如实反映，是人类对自然界、人类社会、思维方式及运动规律的认识，是人的大脑通过思维更新组合的系统化的信息的集合。因此，人类不仅通过信息感知、认识和改造世界，而且根据所获得的信息组成丰富多样的知识，反过来认识和改造世界。可见，知识是信息的一部分，而信息是构成知识的原料。

2. 知识的属性

知识是人类在其漫长的生活和实践中认识客观世界和改造客观世界的产物。知识具有以下属性。

1）意识性。知识是一种观念形态，通常以概念、判断、推理、假说、遇见等思维形式和范畴体系表现自身的存在，只有通过人的大脑才能去感知它、认知它和利用它。

2）信息性。知识是以信息为原料产生的，人类对信息经过认识、理解，并经过思维整合和系统化后产生知识，因此具有信息性。

3）实践性。实践是人类利用知识的基础，也是检验知识的标准，知识又对实践具有指导作用。

4）规律性。人们对事物的认识，是一个无限的过程，人们获得的知识在一定层面上揭示了事物及其运动过程的规律性。

5）继承性。每一次新知识的产生，既是原有知识的继承、利用，又是新知识产生的基础和前提，知识被记录或被物化为劳动产品后，可世代相传利用。

6）渗透性。随着人类认识世界的不断深化，各门类的知识相互渗透，构成新的知识门类，形成科学认识的网状结构体系。

3. 知识的分类

随着对知识内涵认识的逐步加深，人类也从不同角度对知识进行了分类。

1）按知识的使用角度分为来源于生产实践的知识、来源于社会实践的知识、来源于科学实验的知识。

2）按知识的实际效用和价值分为显性知识和隐性知识、内部知识和外部知识、个人知识和组织知识、实体知识和过程知识、核心知识和非核心知识。

3）按研究对象分为以自然界为研究对象的知识成果——自然科学、以人类社会为研究对象的知识成果——社会科学。

4）按知识的属性分为事实性知识、概念性知识、程序性知识和元认知性知识。

5）按知识的形态分为主观知识和客观知识。

6）按事物运动形式分为力学、物理学、化学、生物学、社会学。

7）按学科发展趋势分为自然科学、社会科学、数学科学、系统科学、思维科学、人体科学、文艺理论、军事科学和行为科学。

8）按研究方法分为数学法、逻辑法、历史法、实地研究法和实验法等。

1.1.3 情报概述

1. 情报的概念

情报的概念，由于其应用范围非常广泛，国内外众说纷纭，概括起来有以下几种。《辞海》（1999年9月修订版）对情报的定义为：获取的有关情况及对其分析判断的成果，按内容和性质分为政治情报、经济情报、军事情报和科技情报等。英国情报学家布台克斯认为：情报是使人原有的知识结构发生变化的那一小部分知识。香农认为：情报可以定义为在通信的任何可逆的重新编码或翻译中保持不变的东西。我国情报界近年提出：情报就是一种信息。情报是为一定目的、具有一定时效和对象、传递着的信息。

归结起来，可以认为情报是指在一定时间内，为一定目的传递着的具有使用价值的知识或信息。情报是一种普遍存在着的社会现象，人们在认识和改造自然与社会的过程中及在物质生产与科学实验的实践中不断地产生、传递和利用。

2. 情报的属性

情报的属性是指情报本身固有的性质，主要表现在以下几方面。

1）知识性与信息性。情报必须具有实质内容，人们需要的各种知识或信息，如事实、数据、图像、信息、消息等都可以为情报的内容。没有内容的情报是不可能存在的。

2）动态性。情报处于运动状态中，用户主动搜集情报，情报机构采用先进载体和手段主动传递、研究情报，促使更多的静态知识成为动态情报。

3）效用性。人们利用情报是为了获得实际效益，在多数情况下是为了竞争。情报因时间、地区、对象不同呈现出的效益也不同，情报针对性越强，越能促进人们达到目的。

4）语言性。情报必须通过自然语言和人工语言进行表达和传播，正是情报的语言性才使它能够记录在各种载体上。

5）可塑性。在情报的加工整理过程中，既可概括归纳，使之精炼浓缩，又可补充综合，使之系统全面。

6）时间性。特定情报只有在特定的时间内传递和利用才会产生更大效用，随着时间的推移，情报的效用性也会随之降低。

3. 情报的价值

在信息社会中，情报将发挥越来越重要的作用。情报的价值主要有三方面。

1）启迪思维，增进知识，提高人们的认识能力。

2）帮助决策，协调管理，节约各项事业的人力、物力和财力。

3）了解动向，解决问题，加快人们各项活动的进程，以便在信息社会的竞争中获胜。

情报的价值是情报的一种特性，即指人类根据特定目的的需要将情报实际应用于社会实践活动的各方面，以达到特定的实用性，从而体现出情报的价值。

例如，图书馆收藏的大量书刊中包含丰富的知识，在无人查问时，这些知识只是客观存在的知识，一旦将这些知识传递给读者并为读者所利用时，被特定需要的那部分知识就转化为情报。这部分知识之所以转化为情报，是因为它是读者原先不知道的新知识，同时又是能帮助读者解决问题的有用的知识。

1.1.4 文献概述

1. 文献的概念

"文献"一词始见于《论语·八佾》，原指典榜与贤者，南宋朱熹《四书章句集注》认为："文，典籍也；献，贤也。"后指具有历史价值的书籍和文物。随着物质载体的发展变化，从金石、竹简、羊皮、丝帛、纸张发展到光、磁、电、声等介质，文字不再是记录和表达思想的唯一手段，图形、声频、视频等同样成为表达思想、传递信息的重要手段。近现代的一些工具书将其解释为"具有历史价值的图书文物资料"和"与某一学科有关的重要图书资料"；现多认为文献是各种知识或信息载体的总称。凡是用文字、图形、符号、声频、视频记录下来，具有存储和传递知识功能的一切载体都称为文献。

2. 文献的特点

1）文献总量快速增长。在信息时代，各个知识领域文献数量呈爆炸式急剧增长。

2）文献内容交叉重复、渗透。随着科学的发展，文献的范围也不断扩大。现代科学技术不断分化、综合的发展趋势，使各学科的界限逐渐消失，各学科之间的相互联系逐渐加强，综合交叉、彼此渗透，导致知识的产生和文献的出版也相互交叉重复。一方面，科学领域发生了深刻而巨大的变化，各个学科在高度分化与综合的基础上，产生了许多边缘学科和新兴学科；另一方面，社会科学和自然科学的界限越来越难以区分，这不仅是由于在社会科学研究中采用了自然科学研究的方法，而且还因为许多问题只有通过社会科学与自然科学汇流统一、综合研究，才能揭示本质、得出答案。

3）文献老化加快。随着文献出版时间的增长，文献被利用的次数逐渐减少是正常现象。但是，现代科技的发展的显著特点是速度快、成果多、信息量大。因此，伴随而来的是文献老化加快、信息有效期缩短。

4）文献载体形态增加。随着科技的发展，声、光、电、磁等现代技术和新材料的广泛应用，现代文献载体形式发生了重大变化。这些非纸质文献载体，节省了储存空间，方便了信息的检索，加快了信息传递的速度。

3. 文献的构成要素

1）信息内容。

2）载体物质形式。

3）记录方式将内容固定在载体上的手段。

1.1.5　信息、知识、情报、文献的相互关系

世界是物质的，物质的运动产生了信息；信息是产生知识的原料，信息经过系统化的加工处理，转化为知识。特定的知识经过传递用于解决实践中存在的问题便转化为情报，并在实践中产生新的信息，这样形成了一个无限的循环过程。文献是记录、存储和传播知识信息的载体，也是信息和情报的载体。

知识是信息的一部分，是理性化、优化和系统化的信息；情报是知识的一部分，是动态的、传递的、用于解决特定问题的那部分知识；文献是信息、知识和情报记载及传递的主要载体，它是信息、知识、情报赖以存在的外壳。

文献是最主要也是使用最广泛的一种情报源，是我们获取信息或知识的主要途径之一。文献不仅是知识的记录，还是信息的记录。知识属于已为人们认识的领域，是对信息的认识和总结。但是，迄今有许许多多的信息尚未被我们所认识，未知世界很辽阔，有待于我们去探索。

1.2　社会科学文献信息

1.2.1　社会科学文献信息概述

1. 社会科学的概念

社会科学是研究人类社会现象和发展规律，探究关于社会事物的本质及其规律的系统性

科学。社会科学大体上包括经济学、政治学、社会学及社会心理学。它所包含的学科一般都属于上层建筑和意识形态的范畴。社会科学是人类整个知识体系中的一大门类。社会科学有独特的研究对象、研究方法，具有不可替代的作用。社会科学承载着认识世界、传承文明、创新理论、咨政育人、服务社会的神圣使命，是人们认识世界、改造世界的重要工具，是推动历史发展和社会进步的重要力量。

社会科学与自然科学具有同样重要的地位。在现代科学的发展进程中，新科技革命为社会科学的研究提供了新的方法和手段，社会科学与自然科学相互渗透、相互联系的趋势日益加强。

2. 社会科学文献的概念

社会科学文献是指记录有关于社会科学知识信息的一切载体，是社会科学领域中诸学科文献的总称，也是记录和反映社会现象及其规律的文献系统。它来源于人类的社会实践，是在认识和实践过程中如实反映社会现象及其规律，并反作用于社会的产物。

社会科学文献检索，是通过利用检索工具来检索、揭示和传递社会科学知识信息的过程。

1.2.2 社会科学文献的主要学科

社会科学文献是包含众多学科的庞大知识体系。我国长期以来把自然科学以外的大部分学科划归为社会科学。中国图书馆分类法将知识分为哲学、社会科学、自然科学三大部类。可见，这里理解的社会科学是广义的，并非严格意义上的社会科学。

欧美国家使用的社会科学概念是严格意义上的社会科学，其社会科学概念不仅与自然科学概念有别，也与人文科学概念有别。欧美国家把文学、艺术、哲学、宗教、音乐、美术、语言学、人类学、史学、法学归为人文科学，把经济学、政治学、心理学、统计学、社会学、人口学等归为社会科学，这在欧美国家的出版物中常常得到反映。美国国会图书馆分类法的类目中只有统计学、经济学和社会学三门学科属于社会科学。

本书中仍然使用广义的社会科学概念，即包括社会科学和人文科学的各门学科。

1.2.3 社会科学文献信息的特性

社会科学文献除了具备文献的基本特征外，还具有如下一些特性。

1. 社会性

社会科学文献来源于人类社会的认识活动，是人类社会活动的结晶和产物，存储于社会系统，社会科学文献检索是对社会科学文献信息知识的检索、揭示和传递，并为社会所广泛地选择利用，服务于社会。

2. 综合性

社会科学文献所涉及的课题专业面广，对社会问题、经济问题的研究，不仅要依赖于社会科学本身，同时还要借助于先进的科技等多学科的知识，显现出较强的关联性、综合性特点。

3. 地域性和政治性

社会科学文献具有一定的阶级性和政治性。自然科学研究的对象是自然现象，自然科学研究成果一般不具有政治倾向性，而社会科学研究的对象是人类社会现象，其研究成果难免受到研究者个人的世界观的影响。因此，社会科学研究成果或多或少带有一定的政治倾向性。一般来说，研究对象越是涉及国家上层建筑及意识形态的学科，其研究所产生的阶级性和政治性就越强，如政治学、法学、伦理学、历史学、社会学。社会科学文献的政治性这一特点，使其在传播和接受上表现为一定的地域性。

4. 较长的效用性

社会科学文献具有较长的效用性。自然科学发展速度很快，其文献老化速度也快，而社会科学文献虽然也在大量积累，但有些学科的文献老化速度与文献的生产速度并不成正比，如《易经》《论语》等的价值并不因时代的前进而降低，相反，人们对其研究的热情持久不衰。

5. 积累性

社会科学研究具有较强的积累性和可回溯性。人们在研究中不仅要了解新观点、新资料，还要充分利用前人的研究成果，重视历史资料的积累。因此，社会科学文献检索常常要进行回溯性检索，注重对原始资料的查证和核实。

6. 复杂性

社会科学研究与自然科学研究相比，较难实现精确的解释和预测，较难进行控制和操作。社会科学的这种抽象性和模糊性，导致社会科学诸学科存在许多对立的学派和观点。社会科学文献检索利用这些社会科学文献为不同的人服务，必然具有明显的复杂性。

1.3　文献信息源及其构成

1.3.1　文献信息源的概念

各类型文献的总和构成了文献信息资源，又称为文献信息源。所谓信息源就是人类可以获得信息的来源。人类对于自然界和社会的任何知识都来源于实践。在科研及生产活动中所产生的成果和各种原始记录，以及对这些成果和原始记录加工整理后得到的新成果、产生的新信息都是可以获得信息的源泉。

1.3.2　文献信息源的构成

随着人类社会和科技的发展，文献信息量海量呈现，有必要对文献信息进行有效的分类，这有利于信息的检索和利用。

1. 根据文献传播渠道划分

1）口传信息源。口传信息源指通过交谈、讨论、报告、新闻发布会等方式交流传播的信息。此类交流方式的特点是传播速度快、直接，具有高度的选择性、针对性，如各种学术会议上讲话和报告等。其缺点是极不稳定，信息稍纵即逝。

2）实物信息源。实物信息源指产品样机、样品、展览交流物品等。此类信息的特点是直观、全面，能提供全方位、多角度的信息，供人们分析。

3）文献信息源。文献信息源是用文字、图形、符号、声频、视频和数字技术等记录在物质载体上的信息。其特点是文献记载的信息具有系统性、稳定性、易用性等。

2. 按照文献载体形态划分

1）印刷型文献。印刷型文献是传统文献的基本形式，是以纸张为载体、以印刷技术为记录手段而产生的一种文献形式，如图书、报刊等。

2）缩微型文献。缩微型文献是以感光材料为载体，以缩微照相为记录手段而产生的文献形式，主要用于保存过期文献，如档案等，与印刷型文献相比较具有体积小、存储信息密度高、便于收藏等特点。这种文献的查阅利用，需要借助专门的仪器设备。

3）声像型文献。声像型文献是直接记录声音和图像信息而产生的脱离文字的文献形式，其特点是信息知识以声音、图像等形式呈现，直观易懂、生动形象。

4）数字型文献。数字型文献是伴随着计算机技术和网络技术的产生和普及而产生的一种文献形式，主要是通过计算机对各种信息、数据的存取和处理，完成文献信息的数字化，形成各种电子出版物。

3. 按照文献内容的加工程度划分

1）零次文献。零次文献是指记录在非正规物质载体上，且未经出版、发行和未进入社会流通渠道的一种最原始的文献，如个人日记、原始手稿、调研记录、谈话记录、电子邮件、原始统计数字、技术档案等。零次文献虽有内容新颖的优点，但同时又具有不成熟、未公开交流、收集和利用比较难的缺点，所以一般不作为我们利用的文献类型。

2）一次文献。一次文献俗称全文，也可称为一级文献和原始文献，主要是指创作者根据个人的生产与科研成果而创作的原始文献，如专著、期刊论文、科技报告、专利文献、技术标准、会议论文、学位论文等。

3）二次文献。二次文献也称检索性文献，是指按照一定的逻辑顺序和科学体系将大量分散、零乱、无序的一次文献进行筛选、分析、提炼、归纳和编排存储，使之成为系统有序的工具性文献，以便于检索利用，其主要类型有文摘、索引、题录等。

4）三次文献。三次文献也称三次信息和参考性文献。它是指围绕某个专题，根据二次文献提供的线索，系统地检索出大量的相关文献，并对其内容进行筛选、综合、分析、研究和评述等深度加工后编写出来的文献，是一次文献、二次文献的浓缩和延伸，如综述研究、专题述评、进展报告、数据手册、指南、年鉴、百科全书等。

4. 按照文献信息的表现形式划分

1）图书。图书是最传统的文献表现形式，具有内容系统、全面等特点。按其出版形式可分为单卷本、多卷本和丛书等。

2）期刊。期刊是一种连续出版物，有年、卷、期标识，并准备无限期出版，是由多名作者撰写、每期内容各异的多种单篇文献的组合体，既可是印刷型的，也可是非印刷型的。期刊内容新、时效性强，是学习和科学研究的重要文献源。

3）报纸。报纸是一种专门以刊载新闻和评论为主的定期出版物，有时也刊载科研论文，具有时事性、普及性、大众性等特点。其类型有日报、晚报、双日报、周报、旬报等。报纸也是文献检索的重要情报源。

4）专利文献。专利文献是指反映专利发明信息、发明内容等的文献类型。专利文献既是科技文献，又是一种法律文件。它的特点是报道迅速、内容新颖、详细具体、先进可靠，90%以上的新技术首先在专利文献上发表，反映了一个国家的先进技术水平。

5）技术标准文献。技术标准文献是对产品与设备零部件及工程建设的质量、规格、参数及其检验方法等所作的技术规定，是从事科研、设计和生产建设工作所必须遵循的技术法规。它的特点是，既有法律约束力，又经常出现新的标准代替旧的标准，它反映了一个国家的生产水平和工艺水平。

6）会议文献。会议文献是指在学术会议上宣读的学术报告、学术论文和会议上交流的书面材料，以及会前会后散发的有关会议的资料。会议文献，一般是作者自己创作的科研成果，多属于一次文献，内容新颖、学术性较强。一些新发现、新理论，首先在学术会议上公开提出。所以，会议文献反映一门科学、一个专业的最新发展水平。这对于及时了解国内外最新科学技术发展水平、动态和发展趋势很有帮助，是一个很重要的情报源。

7）学位论文。学位论文是高等学校毕业生为申请评定学位而写的论文，讨论的问题比较专深，其中有一部分对科研有一定的参考价值。

8）政府出版物。政府出版物是指各个政府部门及其所设立的专门机构发表和出版的文献，其内容广泛可靠，包括基础科学、应用科学和社会科学各个领域，对于了解某一国家有关方针政策和科学技术发展状况有一定的参考价值。

1.4 文献信息检索的意义

科技文献检索是指利用检索工具按照文献编排的特点，采取一定的途径、方法和步骤，将所需文献资料查找出来，并加以利用。人们无论是学习、工作，还是进行科学研究，都离不开文献的检索与利用。尤其是随着计算机技术和网络的发展，文献信息的数量激增，必须掌握必要的检索技能，才能从分散的文献中快速、准确地查获有用的文献资料。

学习和掌握科技文献检索具有以下意义。

1.4.1 学习和掌握科技文献检索是创新人才应具备的基本技能

科学技术的发现、发明与创造，实质上是一整套的创新过程。科学技术的发现是科学家的创新思维和实验手段相结合的成果。把科学定理、定律转化为技术的发明也是一种创新。把新的科学技术运用到生产过程，形成现实的生产力，离不开创新。

所谓创新，就是创新主体运用新思想、新方法进行开拓性劳动，并取得成果的过程。这是对前人的一种超越，是思想认识的升华。创新思维或创造性思维是实现创新的关键，在创新活动中起着主动作用。所谓创新思维，是指人们在创造性活动中所持有的思维过程，它是以独特的思维方式发现、提出、解决疑难问题，创造出新观点、新理论、新知识、新方法的一系列过程。

文献信息检索与利用对发挥学生智能，培养学生获取知识、独立创新的能力很有帮助。学生通过课程的学习，一方面可以促进掌握文献信息检索的技能，有助于探索和挖掘新的知识，锻炼和培养分析问题和解决问题的能力；另一方面促进形成合理的知识结构并增强情报意识，有利于在实际工作中汲取新知识，形成自己的成果。

　　在高等教育中，培养学生在总结前人经验的基础上选择具有创造性的研究方向的能力，能够开辟新的研究领域。现代科学技术的发展日新月异，知识更新加快，科研成果从发明到推广应用周期缩短，知识的有效期不断缩短。创新人才如果掌握一种获取新知识的方法和技能，可以随时补充、更新知识，所以文献检索与利用的培养，就是让学生具有较强的情报意识和主动搜集知识的技能，是培养学生创新能力的有效途径之一。

　　学生只有掌握大量的信息资料，在自由想象中创造灵感，才能在前人不曾涉及的领域有所建树和突破。只有具备独立和创新精神，才能成为创新人才。自立和创新精神的培养，离不开对信息的搜集、整理、分析与利用。只有掌握信息检索技术与方法，才能高效获取、正确评价并善于利用信息。

1.4.2　学习和掌握科技文献检索是科学研究的重要环节

　　文献信息检索是科学研究不可或缺的一项工作。对于科学研究的全过程来说，无论是新课题还是老课题，课题的规划、方案的制订、难点的攻关，以及成果的总结和鉴定方面都离不开文献检索。

　　文献信息检索是科学研究的重要环节。一个科技工作者创新成果的多少，一个科研项目科技水平的高低，都与其开发、占有和利用人类信息资源的程度息息相关。因为科学研究具有连续性和继承性，没有继承就没有创新。科技工作者在科学研究中，从选题、立项、试验、撰写研究报告、研究成果鉴定到申报奖项，每一环节都离不开信息检索。首先，只有大量搜集、整理、分析与利用文献信息，了解国内外科技发展水平与动向，利用已有的科研成果，才能避免重复，把自己的研究工作建立在一个较高的起点上；其次，通过信息的分析利用，科研人员可以开阔视野、启迪创造力、开拓新的研究领域；最后，掌握信息检索技术与方法，可以大大提高信息检索效率，为科研工作赢得大量宝贵时间，缩短科研周期，加速科研进程，创造出更多的高附加值的技术成果。

1.4.3　学习和掌握科技文献检索是继承和借鉴前人经验、避免重复研究的前提

　　积累、继承和借鉴前人的研究成果，是科技发展的重要前提。正如牛顿所说："假如我看得远一点，那是因为我站在巨人的肩膀上。"因此，研究人员在着手研究一项课题前，需要利用科学的文献检索方法来了解课题是如何提出的，前人在这方面做过什么工作，是如何做的，有何成果和经验、教训，还存在什么问题，以及相邻学科的发展对开展研究提供了哪些新的有利条件等。只有这样，研究人员才能正确制定研究方案，防止重复研究，少走弯路。

　　文献信息检索可以帮助人们继承前人的经验，避免科研工作的重复劳动，节省科研时间和经费，使研究始终建立在最新成果的基础上。

1.4.4　学习和掌握科技文献检索是开发信息资源的有效途径

　　随着科学技术的迅猛发展，科技文献量呈几何级增长，面对信息的汪洋大海，巨大的信息量与人们有限的阅读时间、利用能力形成尖锐矛盾，极大地妨碍了人们对科技文献资源的开发与利用，影响到科技文献资源对社会进步与发展所起作用的发挥。如果不掌握文献信息检索技术、方法与途径，人们就会陷入找不到、读不完的困境。科技文献信息检索技术就是

从信息的集合中识别和获取信息的技术。利用这种技术可以有效地开发和利用各种信息资源，更广泛、更快捷、更全面地吸收和获取信息。因此，文献信息检索是开发文献信息资源的有效途径。

在信息技术的推动下，我们从工业经济时代进入信息经济时代，信息成为社会生产所需要的重要资源。人们越来越清楚地认识到，知识就是力量，信息就是财富，信息资源在社会生产和人类生活中将发挥日益重要的作用。

通过开发信息资源，可以促进科学技术的进步和社会的发展。信息的占有和使用已成为国家兴衰和个人成败的关键。谁先掌握了有价值的信息，谁就能在激烈的竞争中立于不败之地。

1.5　信息素养与终身学习

1.5.1　信息素养概述

信息素养的含义宽泛而且随着时代发展不断变化。信息素养一词，最早由美国信息产业协会（American Information Industry Association，AIIA）主席保罗·泽考斯基（Paul Zurkowski）在 1974 年给美国政府的报告中提出："具有信息素养的人，是指那些在如何将信息资源应用到工作中这一方面得到良好训练的人。有信息素养的人已经习得了使用各种信息工具和主要信息来源的技术和能力，以形成信息解决方案来解决问题。"1989 年美国图书馆协会（American Library Association，ALA）把信息素养定义为具有信息素养的人能够判断何时需要信息，并懂得如何去获取、评价和有效地利用所需要的信息。

进入 20 世纪 90 年代后，对信息素养的内涵又有了新的解读。布拉格会议将信息素养定义为一种能力，它能够确定、查找、评估、组织和有效地生产、使用和交流信息，并用来解决问题。

在以信息和知识为基础的新经济时代，信息日益成为社会各领域最活跃、最具战略意义的因素，当今世界正在步入复杂的信息驱动时代。信息化社会对人的挑战表现为对人的综合能力的挑战，而信息素养是信息社会中人的综合能力的重要组成部分。信息社会，国民是否具备相当的信息素养和掌握足够的信息技术，成为影响一个国家竞争力的重要方面。信息素养成为每个社会成员的基本生存能力，更是学会学习及终身学习的必备素质。目前，对信息素养的培养已成为世界各国教育界乃至社会各界关注的重要课题。

高速发展的信息时代要求人们成为具备敏锐的信息意识、良好的信息能力和合理的知识结构的信息人。在信息化环境下，信息的获取、选择及信息技术的掌握应用，直接影响知识的生产、科技的创新、成果的转化。信息素养已成为衡量一个国家和地区信息化程度的重要指标。

1.5.2　信息素养的基本要素

信息素养是一种综合能力，即信息社会成员在信息环境中所拥有的信息涵养，主要包括信息意识、信息知识、信息能力和信息伦理四个方面。

1）信息意识。信息意识是指信息社会成员参与信息的创造、加工、传播和利用过程的愿望。信息意识一方面是指人们对信息需求的自我感悟，即人们对信息的捕捉、分析、判断和吸收的自觉程度；另一方面是指人们对信息需求的自我意识，即人们能从信息角度出发去感受、理解和评价自然界、社会中的各种现象与理论的意识。

2）信息知识。信息知识既是信息科学技术的理论基础，又是学习信息技术的基本要求。只有掌握信息技术的知识，才能更好地理解与应用它。它不仅体现着个人所具有的信息知识的丰富程度，而且还制约着个人对信息知识的进一步掌握。

3）信息能力。信息能力是指社会成员主动参与信息生产、保证信息安全并采取正确措施的能力。信息能力不仅包括对信息系统的基本操作能力，即对信息的采集、传输、加工处理和应用的能力，还包括对信息系统与信息进行评价的能力等。

4）信息伦理。信息伦理反映的是信息品质的一个方面，是指社会成员必须持有的在信息的生产、加工、传递、收集、分析和利用过程中的行为准则，又称信息道德，它要求社会成员尊重他人知识产权、隐私，保护自身隐私信息、自有知识产权，并充分认识到自身所发布的信息或所参与的信息传播活动的合法性及给他人和社会造成的影响。信息伦理可以简单地定义为人们在从事信息活动时应遵循的行为规范。

综上所述，构成信息素养内涵的各种要素是一个相互联系、相互依存的统一体。信息知识是基础，信息意识是先导，信息能力是核心，信息伦理是信息活动的准绳，信息伦理保障信息行为遵循正确的方向，从而维护良好的信息秩序。

1.5.3　信息素养与终身学习

在信息时代，知识更新加快，知识半衰期缩短，在学校所学的知识很快就过时。据统计，个人在学校获得的知识是整个人生所需知识的10%左右，其余的要靠自我不断学习去获得。

增强自学能力和终身接受教育是每个人必须具备的基本素养。我国的高等教育在进行改革时，就强调了以信息素养教育为主要内容的素养教育。变"授之以鱼"为"授之以渔"，变大家"学会知识"为"会学知识"。获得良好信息素养的人，能够主动地去获取各种知识和信息，能够不受时空的限制顺利实现终身教育的目的，能在激烈的竞争环境中立于不败之地。

联合国教育、科学及文化组织（简称联合国教科文组织）"国际21世纪教育委员会"的报告《学习——内在的财富》高度评价了教育在个人发展和社会发展中举足轻重的作用，强调了终身学习将从根本上改变传统的学习理念和阶段性的学校教育模式，将学习扩展到在时间上包括从幼年到老年，在空间上包括学校、家庭、社会，在形式上包括学校学习（基础教育）、职业学习（职业教育）、职后学习（继续教育）、拓展学习（兴趣爱好学习）等贯穿于人的一生的活动之中。

处在信息爆炸时代，每个人都要树立终身学习的理念，具备一定的信息素养无疑是终身学习的一个基本前提。信息素养的养成不是一朝一夕的事，需要培养和形成的过程，需要终身学习才能养成较强的信息意识，养成良好的信息思维习惯，养成获取信息、加工处理信息、吸收信息并创造新信息的能力。只有具备良好信息素养的人，才能通过终身学习高效地达成人生目标，实现人生价值。

了解到信息素养与个人发展之间的密切关系后，我们应该从以下六个方面重点提高自身的信息素养水平：①了解信息安全和信息法规；②熟悉多种信息获取工具；③掌握信息问题解决模式；④掌握信息获取的基本方法和技巧；⑤掌握信息评价与分析的基本方法和技巧；⑥掌握信息利用的基本方法和技巧。

第2章 文献检索基础

2.1 文献检索概述

2.1.1 文献检索的基本概念

信息检索作为一种实践活动由来已久，但作为一个比较规范、正式的学术术语，是1950年由美国信息科学的先辈 Calvin Northrup Mooers 首先提出的[1]。也正因此，他获取1978年美国信息科学与技术协会（Association for Information Science and Technology，ASIS&T）荣誉奖。

广义的信息检索是指信息按一定的方式组织和存储起来，并根据用户的需要找出有关信息的过程和技术，又称信息存储与检索，即包括信息的"存"与"取"两个环节。广义的信息检索其他表述形式有：信息检索是对信息项进行表示、存储、组织和获取[2]。

狭义的信息检索则是指从已存储的信息集合中查找出所需要信息的过程，相当于"信息查询"或"信息查找"。信息检索的含义十分广泛，在学术领域界定为：信息检索是从文档集合（通常存储在计算机中）中，查找满足某种信息需求的具有非结构化性质（通常指文本）的资料（通常为文献）[1]。通常情况下，本书所指的文献检索是指狭义的信息检索，即从众多的文献信息源中，迅速而准确地查找出符合检索要求的相关文献信息或者文献检索的方法和过程。

2.1.2 文献检索的基本原理

信息检索的基本原理是用户信息需求与文献信息集合的比较和选择，是两者匹配的过程。信息检索就是用户从特定的信息需求出发，对特定的信息集合采用一定的方法、技术手段，根据一定的线索与规则从中找出相关的信息。

需求集合：需求集合是人们为了满足某种需求时，感到需要补充知识的集合体。

信息集合：信息集合是有关某一领域的文献或者数据集合体，它可以是数据库的全部记录，也可以是某种检索工具，还可以是某个图书馆的全部馆藏或者某个特定的信息源，它是一种公共知识结构，能弥补用户端知识结构缺陷。

匹配和选择：匹配和选择是负责把需求集合和信息集合进行比较，然后根据一定的标准选出需求的信息。

针对本书中狭义的文献检索原理，信息检索实际上包括文献的存储标识和检索匹配。

文献的存储：文献的存储是指对搜集到的文献信息进行加工处理，将文献的外部特征，如文献名称、著者、出版社、来源；内容特征，如分类号、主题词、代码等标识著录下来，形成

① 袁新芳，陈有富. 2005. 网络信息源的评价与选择. 西安: 西安地图出版社.
② 黄如花. 2002. 网络信息的检索与利用. 武汉: 武汉大学出版社.

一条条文献信息线索，即标引标识，并将其科学地编制组织成检索工具或检索系统（数据库）。

文献的检索：文献的检索是利用检索工具或检索系统，通过文献的内部特征、外部特征的标识（途径），把符合特定需要的文献信息线索或知识从著录的一条条记录中查找出来。

文献的存储和检索是相互联系、密不可分的两个过程。存储是检索的前提和基础，检索是存储的目的，但是它必须按存储中被标引的文献内外部特征，通过检索语言进行交流，才能得到有效的检索结果。

因此，文献检索就是在一定的检索语言基础上，用户将检索提问标识与存储在检索工具或检索系统中的标引标识进行匹配，把符合特定需要的文献查找出来的过程（图 2-1-1）。

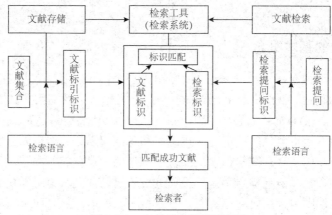

图 2-1-1　文献检索原理示意图

【例 1】比如用户需要检索有关"信息检索"方面的文献，就可以登录中国知网（China National Knowledge Infrastructure，CNKI）数据库，以篇名为检索途径（文献外部特征检索语言），在检索框里输入"信息检索"进行提问，点击检索后经过在数据库里的比对和匹配，那么系统就会把存储在数据库里标识篇名为"信息检索"的文献，提供给检索者。

2.1.3　文献检索的类型

根据各种具体文献检索的特点，可以将文献检索从内容、方式、手段等维度进行分类（图 2-1-2）。

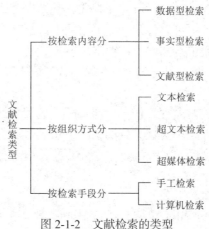

图 2-1-2　文献检索的类型

1. 按检索内容分

1）数据型检索。数据型检索是以数值或图表形式表示的数据为检索对象的信息检索，又称数值检索。检索到的各种数据是经过专家测试、评价、筛选过的，可直接用来进行定量分析的确定性检索。检索对象包括各种物质参数、电话号码、银行账号、观测数据、统计数据等数字数据，也包括图表、图谱、市场行情、化学分子式、物质的各种特性等非数字数据[①]，如检索"中国工商银行的客服号码是什么""2016 年北京市居民人均消费支出是多少"等。

2）事实型检索。事实型检索是以特定的客观事实为检索对象，借助于提供事实的检索工具与数据库进行的检索[①]。其检索结果为基本事实，如对某一事件的发生时间、地点、经过等情况所进行的检索，其检索对象主要包括事实、概念、思想、知识等非数值信息，如字词、诗词、地名、人物、机构、时间、事件等的查找。例如，检索"《水调歌头》的作者是谁""用来描述人生三大境界的诗词是什么""新东方教育机构的创始人是谁"等。一般来说，事实型检索主要利用词语性和资料性工具书，如字典、词典、百科全书、年鉴、手册、名录等，也利用某些线索性工具书，如索引、文摘、书目，以及著作、科普读物等。

3）文献型检索。文献型检索是指利用检索工具或检索系统查找文献线索或文献内容的检索。其检索结果往往是一些可供课题研究或论文使用的文献线索或全文。文献型检索是信息检索的核心部分。根据检索内容，文献型检索可分为文献线索检索和文献全文检索，文献线索检索是指利用检索工具或检索系统查找文献的出处，检索结果是文献线索，包括书名或论文题目、著者、出版社、出版地、出版时间等文献的外部特征。用于检索文献线索的检索工具有书目、索引、文摘及书目型数据库和索引、题录型数据库。文献全文检索是以文献所含的全部信息作为检索内容，即检索系统存储的整篇文章或整部图书的全部内容。检索时可以查到原文及有关句、段、节、章等文字。文献全文检索是当前计算机信息检索的主要发展方向，其检索工具主要为全文型数据库[①]。

【例 2】假设研究者需要做农村经济体制改革方面的课题，那么就需要利用检索工具（如目录、索引、文摘型检索工具）检索到有关农村经济体制改革的文献线索或者用全文数据库获取这方面研究的全文、句、段，这样的检索就称为文献型检索；另外，做研究时还需要知道农村经济体制改革是从哪一年开始的，各年都出台什么政策法规，这部分检索就称为事实型检索；农村经济体制改革，使农民的人均年收入提高了多少，这部分检索称为数据型检索，一般从相关年鉴中获取。

2. 按组织方式分

1）文本检索。文本检索是将存储在数据库中的整本书、整篇文章中的任意内容查找出来的检索，可以获取全文中的章、节、段、句、词等的信息，也可以进行各种统计和分析。

2）超文本检索。超文本这个术语是美国计算机专家 Ted Nelson 在 20 世纪 60 年代提出来的。它显著的特点就是，反对传统文本对信息的线性与顺序记录方式，而模仿人类联想式的记忆思维，将相互关联的信息以网状的结构加以存储和记录。超文本检索就

---

① 王勇，彭莲好. 2010. 信息检索基础教程. 武汉：华中科技大学出版社.

是把相关信息或资源通过节点用超链接联系起来，检索时可以借助超链接实现信息文献的检索（图 2-1-3）。

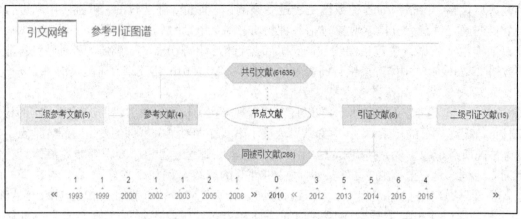

图 2-1-3　利用引文网络图的超文本检索

3）超媒体检索。超媒体检索是基于超文本支持的对存储在文本里的静态、动态图像及声音等多种媒体信息的检索。它是多维存储结构，是对其他两种检索形式的补充。

【例 3】假设用户需要检索农村经济体制改革方面的文献，就可以利用中国学术期刊及学位论文全文数据库，检索有关农村经济改革的全文（文本检索），而且可以通过该篇文献知识节点的引文网络图（图 2-1-3），直接点击"参考文献""共引文献""引证文献"查看有关全文（超文本检索）。如果文本里有某些领导对农村经济改革的音频、视频、图像等，此类检索就称为超媒体检索。

3. 按检索手段分

1）手工检索。手工检索是人工使用印刷型文献检索工具，查找所需文献的检索方式。这种方式方便、灵活、直观，不受网络信号、设备的影响。但缺点是检索速度较慢，漏检现象比较严重，不便于进行复杂概念课题的检索。

2）计算机检索。计算机检索是利用计算机和一定的通信设备查找所需文献的检索方式。其优点是速度快、效率高、查全率较高。但缺点是成本高、费用大。

2.2　文献检索途径

2.2.1　检索途径和信息特征

检索途径也称作检索点，就是检索文献的出发点及路线，是通过文献的外部特征和内容特征，将其特征值与检索系统中标引数据进行匹配以达到检索目的。每一篇文献都有如下特征。

1. 外部特征

题目、作者、作者工作单位、出版社、国际标准书号（International Standard Book Number，ISBN）、专利和科技报告的编号等，这些在文献的封面、封底或扉页，即不打开书本、不翻看内容就可以标识文献的一定特征叫做外部特征。

2. 内容特征

文献的内容特征比外部特征复杂，是对文献内容更深层次的揭示和标识，如文献内容所属的学科分类，文献内容中的主题、关键词等。

文献信息特征既是文献对象的标识的基础，也是信息检索的基础，用信息的各种内容特征和外部特征作为检索途径，可以从不同角度检索到相关文献信息。

2.2.2　常用检索途径

用于文献检索的途径很多，基于内容特征的检索途径有分类途径和主题途径；基于外部特征的检索途径有作者、团体作者、顺序、代码、文献类型和语种等。在数据库里，一般通过下拉菜单来选择。常用的中文数据库，如 CNKI 的检索途径如图 2-2-1 所示，常用的外文数据库，如科学引文索引（Science Citation Index，SCI）的检索途径如图 2-2-2 所示。

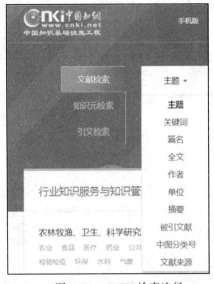

图 2-2-1　CNKI 检索途径

图 2-2-2　SCI 检索途径

1. 主题途径

主题途径主要是从反映文献内容的有关主题词出发来检索文献，主题是检索点，它对应文献主题概念。主题词是指在文献中出现的频率低于介词、冠词、连接词等没有含义的词，而高于其他出现频率较低的词，这些词在文献中有 3～20 个，是与文献主题相关度较大的词。主题途径中最常用的是关键词途径。

关键词是一种比较灵活的词组或单词，它不需要规范化词表，使用方便，在计算机检索系统中应用较为广泛。利用关键词途径进行检索时，应该利用逻辑"或"，注意查找同义词、近义词，以免文献漏检。

主题途径的优点是主题易于被用户理解、熟悉和掌握，而且它把同类主题性质的事物集中起来，突破分类途径的限制，更适应用户多学科或多主题项的交叉融合课题的检索需要。

2. 分类途径

分类途径是从文献内容所属的学科类别出发来检索文献，它依据的是一个分类体系。检索时根据课题内容的学科属性，利用"分类目录"或者"分类索引"检索到相应的文献。利用分类途径检索时必须了解课题的学科属性、分类级别，以获取相应的分类号，然后根据一定的索引，找到需要的文献信息。这种方法要求用户掌握一定的分类体系，使用纸质版检索工具时，一般利用此种检索途径。

分类途径有利于从学科或专业角度获取较系统的文献信息，但文献的查全、查准率受分类细目的影响，分类细目越细，查准率越高，但分类索引由于篇幅有限，不可能很细。信息范围较广或者比较复杂的文献检索，可以选择分类途径。

3. 作者途径

作者途径是从文献的作者姓名出发来检索其文献。作者从广义上说，还包括著者、编者、汇编者、译者等，此外还有代表机构、团体作者等。通过作者途径，可以找到某个"牛人"、专家、学者等的文献，用以了解其学术研究成果及影响力。

4. 号码途径

号码途径是利用文献的有关号码信息而查找文献的方法。号码包括文献的编号、代码等，它们一般属于文献的外部特征，通常用数字、字母、数字字母结合或以分段的方式表示各部分的含义。例如，科技报告有报告号、合同号、拨款号等；专利文献有专利号、入藏号、公司代码等。利用号码途径需要对序号的编码规则和编排方法有一定的了解，往往从序号就能判断出文献的种类、出版年份等。

5. 题名途径

题名途径就是直接利用文献信息的题名或者篇名查找所需文献信息的方法。题名根据不同的文献类型可以分为：题名、篇名、图书名、刊名、文档名、数据库名等，在选择计算机数据库检索途径时，一般用下拉菜单来选择题名途径。

6. 引文途径

引文是指所检索到文献后边所附的参考文献，利用这种引文关系而编制的索引系统，称为引文索引系统，它提供从被引论文中去检索引用论文的一种途径，称为引文途径。

7. 其他途径

对文献信息所包含的或有关的名词术语、地名、人名、机构名、商品名、生物书名、拉丁名、年代等进行检索，可以解决某些特别的问题。

2.3　文献检索语言

检索语言是用于描述信息系统中信息特征和表达用户信息提问的一种专门语言，用来沟通信息存储者对文献的标引和信息检索者对检索的提问，从而实现检索的目的。只有通过检索语言，检索提问标识和信息标引标识一致时，相关的文献才能被检索出来。

检索语言沟通了文献存储和检索两个过程。在存储的过程中，标引人员要对各种文献进行分析，把所包含的内容要点都形成若干能代表其内容的概念，并用叙词或分类号等规范化的检索语言把这些概念标示出来，即标引文献。在检索过程中，用户要对自己的检索提问先进行分析，提出若干能代表其内容的概念，并用叙词或分类号等规范化的检索语言把这些概念标示出来，变成系统能接受和识别的语言，然后才能从系统中得到用这些规范化语言所标引的文献。常见的有分类语言和主题词语言，如图 2-3-1 所示。

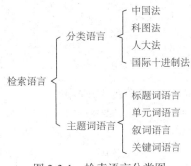

图 2-3-1　检索语言分类图

2.3.1　分类语言

分类语言是用分类号和相应分类条目来表达各种概念，将各种概念按学科性质进行分类和系统排列的语言。

分类语言是以学科分类为基础，以数字或字码为分类标记，按学科或专业集中、系统地揭示文献，体现了学科的层次性和系统性，有利于从学科专业角度全面检索。其分类体系便于用户扩检和缩检，便于进行浏览检索，传统的纸质检索工具大多采用这种方法，计算机检索系统多采用这种方法实现跨库检索的功能。文献分类在信息检索中具有重要作用。掌握文献分类的基本原理，不但有利于按分类途径检索文献，而且对于分析、研究、处理文献都有积极的作用。目前，国内常用的是中国图书馆分类法，国际上常用的是国际十进分类法。

1. 中国图书馆分类法

中国图书馆分类法，简称中图法，是国内使用最广泛的图书分类法之一，并且同样也适用于其他文献类型的分类。《中国图书馆分类法》（原称《中国图书馆图书分类法》，简称《中图法》）1975 年正式出版，1999 年刊出第四版，其依据的指导思想是马克思列宁主义、毛泽东思想[①]。

《中图法》体系结构为五大部类，二十二大类，采用汉语拼音与数字相结合的混合制号码，用二十二个字母标识，二十二个基本大类，按字母顺序反映大类的先后次序，用数字表示大类下类目的划分，工业技术方面图书资料的二级类目采用双字母标记，字母标记之后用数字表示各级类目的划分，数字的编号制度采用小数制排列。

五大部类分为：马克思列宁主义、毛泽东思想；哲学；社会科学；自然科学；综合性图书。其中社会科学分为九大部类，自然科学分为十大类。具体分类如图 2-3-2 所示。

---

① 于光. 2010. 信息检索. 北京: 电子工业出版社.

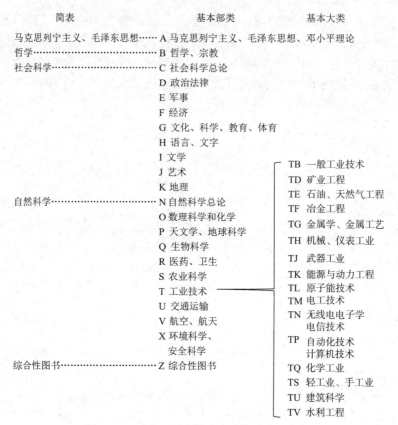

图 2-3-2　《中国图书馆分类法》分类示意图

【例4】以"大学四六级考试"的分类为例，《中图法》体系细分如下。

H3　常用外国语

　　H31　英语

　　　　H310.4　英语水平考试

　　　　H310.41　世界——世界范围考试（GRE、托福）

　　　　H310.42　中国——大学英语等级考试、WSK、EPT 英语考试

　　　　H312　文字

　　　　H313　语义、词汇、词义

　　H32　法语

　　H33　德语

　　H34　西班牙语

　　H35　俄语

　　H36　日语

　　H37　阿拉伯语

　2.　中国科学院图书馆图书分类法

　　《中国科学院图书馆图书分类法》，简称《科图法》，由中国科学院（简称中科院）组织，1954 年开始编写，1958 年正式出版，1974 年出版第二版的自然科学、综合性图书和附表部分；1979 年出版第二版的马克思列宁主义、毛泽东思想、哲学和社会科学部分；1987

年修订第二版。《科图法》的基本结构同《中图法》，在科技情报方面给予加强和补充。

科图法的总体结构分为五大部类，下分二十五个大类。不同于中图法的是，它用两位数字作为大类类号。科图法主要应用于中科院系各分院、研究所，各部署研究所等机构的图书资料分类。科图法的基本分类如下所示。

00 马克思列宁主义、毛泽东思想　　50 自然科学
10 哲学　　51 数学
20 社会科学　　52 力学
21 历史、历史学　　53 物理学
27 经济、经济学　　54 化学
31 政治、社会生活　　55 天文学
34 法律、法学　　56 地质、地理科学
36 军事、军事学　　58 生物科学
37 文化、科学、教育、体育　　61 医药、卫生
41 语言、文字学　　65 农业科学
42 文学　　71 技术科学
48 艺术　　90 综合性图书
49 无神论、宗教学

3. 中国人民大学图书馆图书分类法

《中国人民大学图书馆图书分类法》，简称《人大法》，是中国人民大学图书馆集体编著的一部工具书。1951 年开始编制，1953 年出版，经过几次修订，1982 年出版第五版。《人大法》根据毛泽东关于知识分类的论述和图书本身的特点，设立了总结科学、社会科学、自然科学、综合图书等四大部类，总共十七个大类。

《人大法》的类目标记符号采用阿拉伯数字，标记制度为展开层累制。用一位数字或两位数字（10 除外）后加小圆点表示大类。根据类目的需要，依次增加号码构成各级类号，如下所示。

1 马克思主义、列宁主义、毛泽东思想　　10 文学
2 哲学　　11 历史
3 社会科学、政治　　12 地理
4 经济　　13 自然科学
5 军事　　14 医药卫生
6 法律　　15 工程技术
7 文化、教育、科学、体育　　16 农业科学技术
8 艺术　　17 综合参考
9 语言、文字

4. 国际十进分类法

《国际十进分类法》（Universal Decimal Classification，UDC），又称为通用十进制分类法。它是以美国《杜威十进制法》（Dewey Decimal Classification，DDC）为基础编制而成的，被广泛地应用于科学论文的分类。1905 年出版第一版，1984 出版了第九版，也是最新版，许多国家出版的期刊论文和特种技术资料都标有 UDC 类号。

不同于其他分类法的是，国际十进分类法用单纯一位阿拉伯数字（0～9）共 10 个，标记一级分类，两位数（00～99）标记二级类，三位数（000～999）标记三级类，以下每扩展（细分）一级，就加一位数，每三位数字后加一个小数点。具体一级类如下所示。

0　总类、科学和知识	5　数学和自然科学
1　哲学、心理学	6　应用科学、医学、技术
2　宗教、神学	7　艺术、娱乐、体育
3　社会科学	8　语言、语言学、文学
4　（语言）	9　地理、传记、历史

2.3.2　主题词语言

主题词语言是另一种从内容角度标引和检索语言的方法，它不像分类法以学科体系为中心，而是用词语来表达文献信息的特征。所谓主题词语言，是把代表文献特征的词语进行规范化、标准化处理后形成的名词术语作为概念标识，并按字顺编排组织起来的检索语言。主题词语言检索具有直接性和直观性，具有按文献主题集中检索文献的功能，对有关某一事物的检索效率较高。主题词语言包括标题词语言、单元词语言、叙词语言和关键词语言。

1. 标题词语言

标题词语言是以经过规范化的事物名称、名词术语为标题词，作为文献主题内容的标志和检索标识。它的主要特征是事先编表，标题词以固定的组合方式组织在主题词表中，形成标题，检索按既定组配执行。标题词表通常由一个主表和若干个辅助表组成。《美国国会图书馆标题表》（Library of Congress Subject Headings，LCSH）是当今最著名的标题词表[①]。

2. 单元词语言

单元词语言是指从文献内容中抽选出来的能表达文献主题的最基本、不能再分的单元词语。它从文献内容中抽出，经过规范，能表达一个独立的概念，具有灵活的组配功能，但是字面的组配不是概念的组配。例如，"中国经济"这一概念，通过标题词直接选用"中国经济"这个词组来表达。而按单元词的做法，则是"中国"和"经济"这两个单元词的组配。

3. 叙词语言

叙词语言是将自然语言的词语概念，经过规范化和优选处理，通过组配来标识文献主题的方法。叙词的特点是具有组配性，通过概念组配来表达主题。两个或两个以上的叙词组配在一起，形成一个新的概念，数量不多的叙词可组成许多概念，便于提高标引专指性和检索的灵活性。叙词法保留了标题词对词语的严格规范化，保留了单元词组配的灵活性，采用分类法编制叙词分类索引和词组索引。我国目前使用最广的《中国分类主题词表》就是用叙词法进行编排的，它与《中图法》相对应，非常有利于文献信息的组织和检索。

4. 关键词语言

关键词是指出现在文献标题、文摘、正文中，对表达文献主题内容具有重要性、关键性的意义，未经规范化处理的自然语言，它不受词表控制。使用关键词对文献信息进行描述、

① 于光. 2010. 信息检索. 北京: 电子工业出版社.

建立主题检索系统的方法叫关键词语言。

2.3.3　分类法与主题词语言比较

分类法主要揭示文献中所论述的问题，它从文献内容出发，将研究对象置于一定的学科体系之下。各个类目相互关联、层层展开。类目之间的隶属、平行、派生的关系，有严格的秩序。因此，分类法具有很好的系统检索、浏览检索功能。但分类法的体系庞大复杂，不容易掌握，对细小专深的主题难于揭示和检索。

主题词语言用自然语言中的名词术语经过规范化后直接作为文献主题标识，直观性好，具有按文献主题集中文献的功能，对有关某一事物的检索效率较高，但其系统性不及分类检索语言，对一学科或一专业文献作全面、系统的检索比较困难。

2.4　文献检索工具

检索工具是指用以报道、存储和查找文献线索的工具，即将搜集整理的众多一次文献，提取文献的外部和内容特征，再进行分析和组织加工后，加以标引，并按一定的顺序组织起来，形成检索工具。传统的检索工具是指目录、索引、文摘等二次文献，现在的检索工具不仅包括传统的二次文献，还包括基于互联网的信息检索系统（数据库）、网上工具书、搜索引擎等各种检索工具和检索系统。本节主要介绍传统的二次文献检索工具，其他类型检索工具的介绍详见以后章节。

2.4.1　检索工具的结构和特点

1. 检索工具的结构

检索工具的结构是指内容安排的框架层次，为了能够掌握检索工具的使用方法，高效完成检索任务，必须先了解检索工具的结构。

（1）编辑使用说明

编辑使用说明是介绍某一检索工具的编制目的，如出版机构、收录文献的学科范围，编辑出版情况，著录格式、代号说明、使用举例及注意事项等，是使用前必须阅读的内容。

（2）目次表

目次表以目录形式列出编排内容。国内多按照中国图书馆分类法或学科分类编排，也是提供分类查找文献的路径。

（3）正文

正文是按分类或学科分类级别将文献排列起来的文献的组合，是检索工具的主体部分。正文是由大量的描述文献外部特征和内容特征的若干款目按一定的排列方式组成，而且每个款目代表一篇文献信息，都有一个固定的序号以与其他款目区别，这个序号称为文摘号或顺序号。每个款目又由若干个著录项目组成，如篇名、著者、出处、文摘等。

（4）辅助索引

辅助索引是提供查找的搜索指引，起多种检索途径作用，如作者、主题、分类索引等，索引的种类是否全面、编制是否合理、使用是否方便，直接影响整个检索工具的使用效率，它是衡量文摘型检索工具的重要标志。掌握检索工具的实质就是熟悉各种辅助索引的使用方法。

（5）附录

附录包括文献来源名称缩写与全称的对照表、缩略语的解释及收藏单位代码等，即使用某检索工具时必须参考的一些内容。

2. 检索工具的特点

检索工具具有存储和检索两大功能，所以与普通图书或者期刊相比，它更注重知识的诠释、注重资料的参考性、注重检索和查考，具有知识性、参考性、检索性的基本特征，作为存储和检索工具，有以下特点。

1）有明确的收录范围和特定的用途。

2）每条文献条目有完整明了的反映文献内外部特征的文献标识，如分类号、主题词、著者姓名、号码代号等。

3）所有检索标识按照一定规则科学地组织排列成可供检索的系统。

4）有索引部分，提供多种必要的检索途径。

2.4.2 检索工具的类型

检索工具书是在一次文献（原始文献）的基础上，经过整理加工后编辑的二次文献，主要用于报道、存储文献信息和查找相关文献线索的知识载体。按照著录格式的不同，检索工具分为目录型检索工具、文摘型检索工具和索引型检索工具。

1. 目录型检索工具

目录型检索工具是根据文献的外部特征著录的，主要揭示其出版事项或收藏信息的检索工具。它以一个完整的出版或收藏单位为著录单元，一般著录文献的名称、著者、出版单位、出版时间、国际标准书号、版本价格、分类号等。

1）出版目录。出版目录分为国家书目（如《全国总书目》《英国国家书目》《全国新书目》）和出版商出版书目（如科学出版社书目、林业出版社书目等）。

2）联合目录。联合目录是由若干个单位联合编制的馆藏目录，如全国林业院校外文期刊馆藏目录等。

3）馆藏目录。馆藏目录是为了让读者更好、更快地检索到图书馆所藏图书而用分类法设置的检索工具，如北京林业大学图书馆馆藏目录。

2. 文摘型检索工具

文摘型检索工具是将大量分散的文献，选择重要的部分，以简练的形式做成摘要，并按一定的方法组织排列起来的检索工具。按照文摘的编写，可分为著者文摘和非著者文摘。著者文摘是指按原文著者编写的文摘，而非著者文摘是指由专门的熟悉本专业的文摘人员编写而成。就其摘要的详简程度，可分为指示性文摘和报道性文摘两种。指示性文摘以最简短的语言写明文献题目、内容范围、研究目的和出处，实际上是题目的补充说明，一般在 100 字左右。报道性文摘以揭示原文论述的主题实质为宗旨，基本上反映了原文内容、讨论的范围和目的、采取的研究手段和方法、所得的结果或结论，同时也包括有关数据、公式，一般 500 字左右，重要文章可多达千字。

3. 索引型检索工具

索引型检索工具是根据一定的需要，把特定范围内的某些重要文献中的有关款目或知识单元，也就是将特定范围内文献中具有检索意义的信息，如字、词、书名、刊名、人名、地名等，按照一定的方法编排，并指明出处，为用户提供文献线索的一种检索工具。

索引的类型是多种多样的，在检索工具中，常用的索引类型有：分类索引、主题索引、关键词索引、著者索引等，常见的中文索引型检索工具有全国报刊索引。

2.4.3 常见的中文检索工具

1. 全国新书目

（1）概况

《全国新书目》（半月刊），由原国家新闻出版总署（今国家广播电视总局）主办，是了解各专业国内新书的重要检索工具。新书书目按中图法分类排列。该刊创刊于 1952 年，中国知网、中国期刊网全文收录，国内外公开发行，设有"书业观察""特别推荐""新书评介""书评文摘""畅销书摘""精品书廊""新书书目"等栏目。每期发布图书在版编目数据 5000 条以上，成为国内最全的书目信息渠道。

（2）著录格式

著录格式为①文献题名 ②责任者 ③出版社 ④出版年 ⑤国际标准书号 ⑥定价 ⑦分类号。

例如，毛泽东研究/李佑新主编.-湘潭大学出版社，2013.-978-7-81128-470-6:¥40 A84-53。

2. 全国报刊索引

（1）概况

《全国报刊索引》（月刊），是国内出版的，报道国内报纸、期刊的大型综合性检索刊物，由上海图书馆（上海科技情报研究所）主办。选自上海图书馆新近入藏的报纸与期刊，经精心挑选出优秀文献后，加以编辑而成。分哲学社会版与自然科学技术版两种，1955 年创刊，国内外公开发行，年报道量 40 万条左右。除印刷品外还建有从 1833 年至 2016 年的《全国报刊索引数据库》。

它是我国目前收录论文数量最大、涉及学科最广、报道速度最快、覆盖报刊种类最多、与新发表的文献同步发展的检索性刊物。

该索引的著录格式是根据国家标准 GB3793—1983《检索期刊条目著录规则》，结合报刊文献的特点进行著录的。

（2）著录格式

著录格式为①顺序号 ②文献题名 ③责任者 ④第一作者所属单位，邮编 ⑤//报刊名 ⑥.-年，卷（期）⑦.-页码。

例如，171110347 从图书馆文化到文化图书馆/谢友宁（河海大学图书馆（信息所）210098）//新世纪图书馆（南京）.-2017，（8）.-12-15。

3. 中国学术期刊文摘

（1）概况

《中国学术期刊文摘》（月刊），1994 年创刊，由中国科学技术协会主管、中国科学技术协会科技导报社主办，是我国综合性检索类科技期刊，也是《中国学术期刊文摘（英文版）》的姊妹刊。该刊以我国科技类核心期刊为基础和主体，确定了 400 余种优秀科技期刊为文摘来源期刊，内容涉及自然科学、医药科学、农业科学、工程与技术科学及部分人文与社会科学等学科。该刊主要栏目有"热点追踪""领跑者 5000 论文""国外数据库高被引论文排行 TOP10""国内数据库高被引论文排行 TOP10""国内数据库高下载量论文排行 TOP10"等。

（2）热点追踪、领跑者 5000 论文著录格式

著录格式为①文献题名 ②作者 ③摘要 ④关键词 ⑤来源出版物 ⑥.-年，卷（期）⑦.-页码 ⑧入选年份。

例如，赣南脐橙园土壤有效镁含量状况研究；刁莉华，彭良志，淳长品，等；摘要（略）；脐橙园、赣南、有效镁；果树学报；2013，30（2）；241-247；2014。

（3）国内外数据库高被引论文排行 TOP10 著录格式

著录格式为①被引频次 ②文献题目 ③作者 ④来源出版物.-年，卷（期）。

例如，28；我国施肥技术与施肥机械的研究现状及对策；陈远鹏，龙慧，刘志杰；农机化研究；2015（4）。

2.4.4　常见的外文检索工具

1. "三大"国际检索工具

目前，通常将美国的科学引文索引（Science Citation Index，SCI）、工程索引（Engineering Index，EI）、科学会议录索引（Index to Scientific & Technical Proceedings，ISTP）称为世界三大科技文献检索系统，这三大检索工具是国际上公认的进行科学研究与科学评价的主要检索工具。其中 SCI 最能反映基础学科研究水平和论文质量，它收录的期刊比较全面，集中了各个学科高质量的论文，是世界科技界关注的焦点和中心。

（1）SCI

SCI 是美国科学情报研究所（Institute for Scientific Information，ISI）出版的一部世界著名的期刊文献检索工具，1997 年后改为双月刊。SCI 收录全世界出版的数、理、化、农、林、医、生命科学、天文、地理、环境、材料、工程技术等自然科学各学科的核心期刊约 3500种。扩展版收录期刊 7000 余种。

SCI 通过揭示文献的引用与被引用关系来报道文献。具体做法是把当前被收录的文献收录在一起，作为一个索引，称作来源索引，其文献称作来源文献或引用文献，其作者称为来源作者。再把这些文献的参考文献收录在一起，作为另一个索引，称作引文索引，这些参考文献称作被引文献或引文文献，其作者称作被引作者。这种引用和被引用的文献关系可以客观地反映科学研究之间的内在联系，从而提供更有价值的信息。

SCI 不仅可以最快速地回溯到某一研究课题的历史性记载，更可以追踪到最新的研究进展。科研机构被 SCI 收录的论文总量，反映整个机构的科研，尤其是基础研究的水平，个人的论文被 SCI 收录的数量及被引用次数，反映其研究能力与学术水平。

印刷版 SCI 的编排体系、著录与其他检索工具不同，其编排是以被引文献的著者姓名按字母顺序排列，有时也称为"著者引文索引"。现在还发行了互联网上 Web 版数据库。目前主要使用的是 SCI 数据库检索系统来代替纸质版检索工具书。

（2）EI

EI 是世界上著名的检索工具之一，创刊于 1884 年，是美国工程信息公司出版的著名工程技术类综合性检索工具。EI 收录世界主要刊物 4500 余种，会议录 200 多种，覆盖 50 多个国家，文献量近千万。EI 是工程技术领域内的一部综合的检索工具。该检索工具收录内容包括电类、自动控制类、动力、机械、仪表、材料科学、农业、生物工程、数理、医学、化工、食品、计算机、能源、地质和环境等学科。EI 是当前世界上鉴定、评价科学研究人员和工程技术人员学术成果的权威性工具。

（3）ISTP

ISTP 现已改名为科技会议索引（Conference Proceedings Citation Index-Science，CPCI-S），也是由 ISI 出版，专门收录世界自然科学及技术方面的各类重大会议，包括一般性会议、座谈会、研究会、讨论会、发表会等的会议文献，设计的学科基本与 SCI 相同。[①]

2. 其他知名检索工具

除"三大"国际检索工具外，还有其他一些国际上知名的检索工具（表 2-4-1）。

表 2-4-1　其他知名检索工具

中文名	英文名	简称	适用领域
社会科学引文索引	Social Science Citation Index	SSCI	社会科学
艺术与人文引文索引	Arts & Humanities Citation Index	A&HCI	艺术与人文科学
社会科学与人文科学会议录索引	Index to Social Sciences & Humanities Proceedings	ISSHP	社会科学与人文科学
化学文摘	Chemical Abstracts	CA	化学、材料
英国科学文摘	Information Service in Physics、Electro-Technology Computer and Control	INSPEC	物理学、计算机科学、控制学
生物学文摘	Biological Abstracts	BA	生物学
文摘杂志	Abstracts Journals	AJ	综合（俄罗斯）
科学技术文献速报	Japan Information Center Science and Technology	JICST	综合（日本）

2.4.5　参考工具书

参考工具书是指汇集某一方面的知识与材料，并按特定方式进行编排，以供读者查考有关文字和名词术语的解释，所提供的是具体而实用的文献资料。

参考工具书与检索工具书由于其编写目的、包含内容、使用方式不一样，所以二者有着本质的区别。

第一，检索工具书是对文献特征作简要的记载，属于二次文献的范畴；参考工具书是对具体知识的精要准确说明，属于三次文献的范畴。

第二，检索工具书只提供文献的线索，检索者需要根据所提供的检索线索查取原文；参考工具书则提供具体文献资料，检索的结果可以直接利用。

---

① 邓发云. 2013. 信息检索与利用. 北京: 科学出版社.

常见的参考工具书主要包括字典、词典、百科全书、年鉴、手册、指南、名录、图表、综述等。其具体使用方法及主要包括内容在本书 3.4 有详细叙述，在此不再赘述。

2.5　文献检索的技术和方法

2.5.1　文献检索的技术

随着信息化和网络化的飞速发展，计算机检索方式已经被广大用户所使用。计算机检索，就是用户输入检索词进行提问，系统会自动找出与检索词相匹配的相关文献的过程。它将人脑的过程显性化。因此，文献检索技术主要是指计算机检索的常用技术。目前，这些检索技术在联机检索和网络信息检索系统中被广泛使用。本书主要介绍以下常用的文献检索技术。

1. 布尔逻辑检索

布尔逻辑检索是运用逻辑运算符将检索词、短语、代码进行逻辑组配，指定文献的命中条件和组配次序，以检索出符合逻辑运算式条件的记录。它是一种以利于课题研究或论文写作而进行的充分高效的检索技术，是当今最常用、最成熟的理论之一，也是构造检索式最基本的匹配模式，布尔运算符有以下三种（表 2-5-1）。

表 2-5-1　布尔运算符及其作用

名称	运算符	检索式	作用
逻辑"与"	AND、*	A AND B	缩小检索范围
逻辑"或"	OR、+	A OR B	扩大检索范围
逻辑"非"	NOT、–	A NOT B	缩小检索范围

（1）逻辑"与"

运算符为"AND"或"*"。这是一种用于交叉概念或限定关系的组配，可以缩小检索范围，提高查准率（图 2-5-1）。检索词 A 与检索词 B 组配，构建逻辑"与"的检索式为 A AND B 或者 A*B，它表示检索出既含有 A 又含有 B 的记录。例如，"会计 AND 电算化"，它会检索出既属于会计又属于电算化的文献。

（2）逻辑"或"

运算符为"OR"或"+"。此运算符适用于连接有同义关系或者相关关系的检索词，可以扩大检索范围，提高查全率（图 2-5-2）。检索词 A 与检索词 B 组配，构建逻辑"或"的检索式为 A OR B 或者 A+B，它表示检索出含有 A 或者含有 B 的记录。例如，"政策法规 OR 政策解读"，它会检索出属于政策法规和政策解读方面的文献。

（3）逻辑"非"

运算符为"NOT"或"–"。它表示两个交叉概念中去除交叉的部分，可以缩小检索范围，增加检索的准确性（图 2-5-3）。用逻辑"非"构建检索词 A 与检索词 B 的检索式为 A NOT B 或者 A-B，它表示可以检索出属于 A 但排除属于 B 的部分，如"国外经济法"可以用"经济法 NOT 中国法律"来表述。

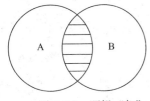
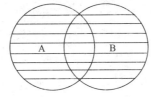
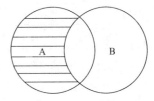

图 2-5-1　逻辑"与"　　　　图 2-5-2　逻辑"或"　　　　图 2-5-3　逻辑"非"

运用布尔逻辑检索的注意事项如下。

1）运算规则。如果一个提问式中有多个逻辑运算符，其正常执行顺序为逻辑"非"→逻辑"与"→逻辑"或"，若有括号，括号内优先，这同数学运算中的四则运算相似。不同系统对 AND、OR、NOT 的运算次序有不同的规定。

2）逻辑运算符两侧必须各留有一个空格。

3）中文数据库组配方式常用符号，英文数据库组配方式常用字母。搜索引擎常用"match all terms"表示逻辑"与"，以"match any terms"表示逻辑"或"，以"match not terms"表示逻辑"非"。

例如，检索北京林业大学有关城市园林设计研究的论文，则用逻辑运算符构建检索式：作者单位=北京林业大学 AND 主题=城市园林设计。

2. 截词检索

截词检索是针对出于近义词、同一词根、单复数等原因，造成对检索词列举不全形成漏检现象而提出来的特殊检索技术[①]。截词检索是指在检索标识中保留相同部分，用相应的截词符代替可变化的部分。检索中，计算机会将所有含有相同部分标识的记录全部检索出来。它可以起到扩大检索范围、提高查全率、减少检索词的输入量、节省检索时间等作用。

各检索系统使用的截词符各不相同，但在一般情况下，用"？""*"表示。"？"表示截断一个字符，"*"表示截断无限个字符。

根据截词符在检索词中的位置，截词符可分为前截词、中间截词、后截词。

1）前截词。截词符在检索词的开头，截去某个词的前部，进行词的后方一致比较，也称后方一致检索。例如，输入"*ball"，可检索出 football、basketball、baseball、volleyball、handball 等所有以 ball 结尾的词及其构成短语。

2）中间截词。截词符在中间，截去某个词的中间部分进行词的两边一致检索。例如，输入"f??t"，可检索出 foot、feet。输入"t??th"，可检索出 tooth、teeth 等。

3）后截词。截词符在检索词的结尾，截去某个词的后部分，进行词的前方一致比较，也称前方一致检索。例如，输入"search*"，检索结果有 searches、searched、searching 等形式。

3. 字段限定检索

字段限定检索是指把检索词限定在数据库记录中的一个或几个字段范围内，用以检索某个字段含有该检索词的记录。在检索系统中，数据库设置的可供检索的字段通常有两种：表达文献内容特征的基本字段和表达文献外部特征的辅助字段（表 2-5-2）。目前，大多数据库的检索字段用下拉菜单来选择，而且基本检索或者简单检索默认的检索字段是题名、主题或全字段。

---

① 黄如花. 2002. 网络信息的检索与利用. 武汉：武汉大学出版社.

表 2-5-2　常用字段检索

字段名	字段代码	中文名称	字段名	字段代码	中文名称
Title	TI	题名	Journal Name	JN	期刊名称
Abstract	AB	摘要	Source	SO	来源出版物信息
Keywords	KW	关键词	Language	LA	语种
Subject/Topic	DE	主题词	Document Type	DT	文献类型
Full-text	FT	全文	Publication Year	PY	出版年
Author	AU	作者	Country	CO	出版国
Corporate Source	CO	单位名称	Document No	DN	记录号

选择字段不同得到的检索结果数量也不相同，选择全文字段检索得到的数量多，但相关度低，选择题名检索得到的检索数量最少，但相关度最高，选择摘要、关键词则处于两者之间。根据检索字段选择不同的检索词来加以限制，用户就会缩减检索结果，提高检索准确性和效率。例如，用户需要检索作者为张力，且出版年是最新的期刊文献，那么可以选择作者检索字段，输入"张力"，选择出版年字段，输入"2016"，选择文献类型检索字段，选择"期刊"。

4. 词位置检索

词位置检索是在检索词之间使用位置运算符来规定两边检索词出现在记录中的位置，用以检索出符合要求的记录，这是一种不依赖字段检索中标识的字段词，而直接使用自由词进行检索的技术和方法，它一般用于全文检索中。不同的检索系统其位置运算符有不同的表示方法，现以美国 DIALOG 系统为例进行介绍。

（1）（W）算符

W 是 With 的缩写，（W）表示两侧的检索词必须按前后顺序出现在记录中，且两者之间只允许只有一个空格或标点符号，不允许有任何字母或词，顺序不能颠倒。（W）可以简写为（ ）[1]。

例如，Forest（ ）economy 可检索出含有 Forest economy 的文献记录。Rural（ ）Economic（ ）innovation 可检索出含有 Rural Economic innovation 的记录。

（2）（nW）算符

W 是 Words 的缩写，n 为自然数。（nW）表示其两侧的检索词之间允许且最多可以插入 n 个实词或虚词，但它们之间的位置不能颠倒。

例如，Rural（1w）innovation 可检索出含有 Rural innovation 和 Rural economic innovation 的文献记录。

（3）（N）算符

N 是 Near 的缩写，（N）表示该算符两侧的检索词彼此相邻，且两者的顺序可以颠倒。例如，computer（N）network 可检索出含有 computer network、network computer 形式的文献。

（4）（nN）算符

N 是 Near 的缩写，n 为自然数。（nN）表示此算符两侧的检索词可以间隔最多 n 个词，

① 王学东, 魏敬收, 刘绪平. 2008. 现代信息检索技术. 哈尔滨: 哈尔滨工程大学出版社.

且两者顺序可以颠倒。

例如，Forest(1N)ecology 可以检索出含有 Forest ecology、ecology Forest 和 ecology of Forest 的文献记录。

（5）（S）算符

S 是 Subfield 的缩写，又称子字段或自然句级算符。它表示两侧的检索词出现在同一子字段或自然句子中而不限定它们在该子字段中的相对次序和相对位置。在文摘字段中一个句子就是一个子字段。

例如，university( )Library（S）training 可以检索出文摘中含有 "This article based on the current training problems of university Library, takes Beijing Forestry University Library as an example" 这样一段话的文献记录。

（6）（F）算符

F 是 Field 的缩写，又称字段级算符，表示限定两侧的检索词必须出现在文献记录的同一个字段中。

例如，Forestry( ) Ecological（F） Economy 表示在同一个字段中（如题名、文摘、主题）同时含有 Forestry　Ecological 和 Economy 的文献记录。

2.5.2　文献检索的方法和步骤

1. 文献检索的方法

文献检索方法的确定要根据所提供的检索工具和检索系统、检索人员对课题的背景材料掌握的深度及使用检索工具的熟练程度而定。一般分为以下几种。

（1）直接法

直接法是直接利用检索工具或检索系统查找文献的方法，又可分为以下几种。

1）顺查法，即在检索内容要求的时间范围内，由远及近，按时间先后顺序逐年查找，直到最近。用这种方法查到的文献比较完整，能反映课题研究发展的全过程，查全率高，但工作量大。检索某学科发展沿革、动态趋势、全面理论信息时，可采用此方法。

2）倒查法，即在检索内容要求的时间范围内，由近及远，按时间逆序查找文献的方法。这种方法的重点放在近期文献上。近期文献不仅反映最新水平，而且一般都引用、概括了早期文献，这种方法省时灵活、效率较高，但会产生漏检。检索新课题和解决关键性技术问题信息时，可用此法。

3）抽查法，是在某课题研究或学科发展迅速、发表文献量最多的一段时期，逐年检索文献的方法。这种方法省时、效率高，但需要检索者对学科发展状况非常熟悉和了解。

（2）追溯法

追溯法又称扩展法，是与直接法相对应的检索方法，是以最新发表的文献（最好是切合课题的综述性文章）后面所附的参考文献为线索，由近及远追溯查找，也可从了解到的著者姓名利用检索工具查找。这种方法一般是在检索工具不全或文献线索很少的情况下选择的，适用于开创性和创新性课题研究。此方法方便实用、检索结果较准确，但会产生漏检。

（3）循环法

循环法也称交替法或分段法，是直接法和追溯法相结合使用的一种方法，即利用检索系统用直接法检索文献，又利用文献后面的参考文献追溯，两种方法交替使用，直到满足检索者需要为止。对于重大复杂的课题，利用此方法可以提高检索效率，查全率、查准率高。

2. 文献检索的步骤

文献信息检索步骤又称信息检索的流程，是指从确立信息需求到信息满足的全过程。对于不同的课题、不同的用户来说，其具体检索流程有所不同。通用信息检索流程[①]（图 2-5-4）具体到文献检索的步骤，通俗地说就是根据所掌握的检索原理和方法不断筛选、过滤、加工、处理文献直至完成论文或者课题报告的过程，也就是根据研究课题的要求选择检索系统，确定检索标识，按照一定的检索途径和方法，查找特定文献的过程。一般可分为五个步骤。

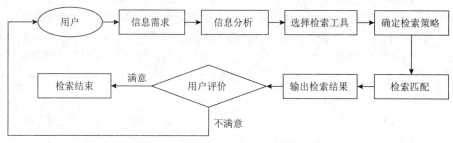

图 2-5-4　通用信息检索流程图

（1）分析研究课题，明确检索要求

1）掌握与课题有关的基本知识、名词术语及课题所属的学科范围或技术领域。

2）分析课题的研究目的，明确检索要求，并提出拟解决的问题。

（2）选择检索工具或检索系统

1）全面性。根据课题的学科性质、所需的文献类型，用户可以选择报道及时、收录文献全面、索引系统完备的检索工具或检索系统。

2）专业性。既要选择综合性的检索工具，也应注意选择使用专业性及单一文献类型的检索工具。工具的质量及覆盖的学科范围是否符合要求。

3）方便性。选择的检索工具或系统所提供的检索途径、检索功能和服务方式是否便利等。

（3）提取检索词，确定检索途径

1）检索词的提取，主要从拟做的课题报告或者论文名称、主题、所用的研究方法名称等中提取，但一般不把"我国""研究""方法""创新"等这些没有检索意义的词作为检索词，因为这类词不管学科、专业、研究方向如何，一般都出现在论文题目当中，没有实际检索意义。

2）检索途径的选择要从检索要求、已知条件和文献检索工具的结构等几个方面综合考虑，一般检索工具特别是数据库的结构是确定的，都能提供主要的检索途径，如分类、主题词、著者等。

第一，分类途径。一般对学科体系比较熟悉的可用目次表、分类索引或工具，不提供其他途径时，使用分类途径。

第二，主题途径。利用主题词表或关键词表，查找相关的主题词或关键词作为检索途径。有的数据库特别是外文数据库，会提供专门的主题词表，检索者可以通过主题词表选择合适准确的检索词。

第三，著者途径。对学科领域的知名专家或研究者比较熟悉，利用著者索引字段查找，

① 邓发云. 2013. 信息检索与利用. 北京: 科学出版社.

比较容易获取所需文献资料。

第四，题名途径、号码途径。一般用来查找某篇特指的文献，著者途径用来了解某著者（或某学术团体）一定时期内的工作动态，但要系统检索某一课题的文献，主要从分类途径和主题途径入手。由于大部分检索系统不编分类索引（专利索引除外），仅是文摘部分按分类编排，且类目较粗，只适用于最新文献的浏览，因此主题途径在检索中是最重要的、应用最为普遍的途径。它既适于回溯性检索，也适用于检索最新文献。

（4）构建检索式，确定和调整检索策略

根据待查课题的已知条件、检索工具本身的性质，以及确定的检索词和检索途径，用户可以利用检索工具的索引查找文摘号，根据文摘号查找文摘或题录。具体到数据库检索中，就是要建立检索式并实施检索策略，而且要调整检索策略。

1）扩大检索范围。当检索结果为零，或者太少时，就需要扩大检索范围，主要的检索方法有：检索词的选择，可以使用布尔逻辑"或"连接表达某一概念的同义词、近义词或相关词；降低检索词的专指度，使用较为普遍的词代替常用的词；减少布尔运算符"AND"连接的不太重要的词；去掉布尔运算符"NOT"连接的词；取消某些限制的检索途径或字段，如文献类型、出版年、语种等。对于查全率要求较高的检索问题，不妨使用多个检索数据库。

2）缩小检索范围。当检索结果太多或与检索内容不相关时，就需要缩小检索范围，主要的检索方法有：使用逻辑"与"连接更多的关键词；使用布尔运算符逻辑"非"把不需要查找的检索词排除在外；使用字段限制检索来限制获取文献的专指性，如用出版年来限制获取最新的文献，用著者字段来限制以获取专家级的文献等，可以用某些数据库的分组功能分组获取相关的文献，也可以用某些数据库的排序功能的下拉菜单，如按被引频次的降序排列获取质量高的文献。

图 2-5-5　全文选项选择图

（5）查找和获取原始文献

通过以上的检索过程，如果是全文数据库，可以直接下载全文，如果是文摘、索引数据库或者纸质版检索工具，可以根据文献线索获取全文。

1）纸质版检索工具。纸质版检索工具检索到的都是文献的线索，即文献的题名、类型、出处、年、卷、期、页码等，根据这些线索能够正确识别文献类型及来源刊名并进行研究和筛选，如需原始文献，可根据文摘、题录提供的文献出处，向文献收藏单位索取原始文献。

2）数据库检索系统。如果是全文数据库可以根据检索条件和需要直接下载全文。如果是索引数据库，获取全文的途径（以 SCI 为例）有以下几种。

第一，可以根据数据库中文献显示界面中的全文选项，查看全文所在地点，然后根据这些线索，获取全文（图 2-5-5）。

第二，可以根据"出版商处的全文"获取原文，即如果所检索到的文献同时被图书馆其他全文数据库收录，可通过"出版商处的全文"按钮链接到其他全文数据库（如 Springer、ProQuest），直接获取全文（图 2-5-6），这一方法仅限于高校图书馆或科研机构购买此全文数据库的情况。

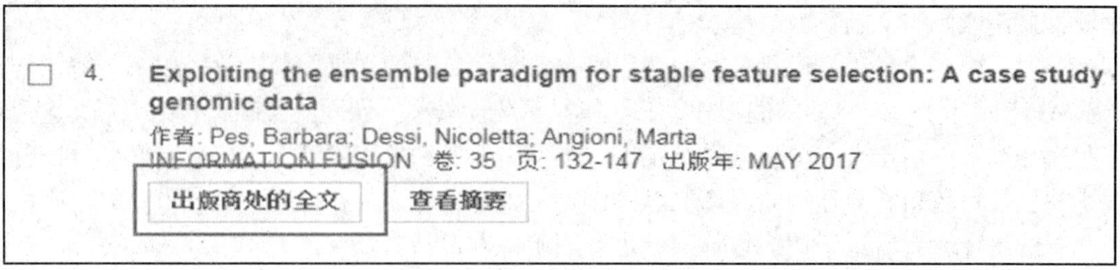

4.
Exploiting the ensemble paradigm for stable feature selection: A case study
genomic data
作者: Pes, Barbara; Dessi, Nicoletta; Angioni, Marta
INFORMATION FUSION 卷: 35 页: 132-147 出版年: MAY 2017
出版商处的全文
查看摘要

图 2-5-6　出版商处的全文获取

第三，可以通过高校图书馆的 BALIS 馆际互借与原文传递服务，获取全文。

第四，可以通过免费开放存取数据库获取，这一方法在本书其他章节有详细介绍。

第五，可以通过文献题录信息中作者的联系方式，用 E-mail 等方式和作者直接联系获取全文。这种方法最直接，很多作者都愿意提供全文和同行研究者交流沟通。

第六，可以通过论坛求助，很多学术科研 BBS（如“小木虫”）都提供文献求助模块，可以把自己需要的文献标题、作者、期刊名等信息发送上去，请网友帮忙。

【例 5】假设用户需要写一篇有关我国速生丰产用材林发展潜力研究方面的学位论文，那么根据以上文献检索的步骤，利用有关检索工具和检索系统（数据库），从确立论文题目到论文写作完成的流程如图 2-5-7 所示。

分析研究课题
我国速生丰产用材林发展潜力研究
确定论文题目
提取检索词
速生丰产林　用材林　发展潜力
确定检索工具
电子资源
纸质资源
中文资源
外文资源
确定检索途径
确定检索途径
确定、运用检索策略
全国新书目
全国报刊索引
中国学术期刊文摘
万方学位论文全文数据库
维普中文科技期刊全文数据库
中国学术期刊全文数据库(CNKI)
Springer 全文数据库
Proquest 全文数据库
EPS 财经综合数据统计平台
SSCI 科学引文数据库
获取文献线索或全文文献
参考文献管理软件
完成论文写作

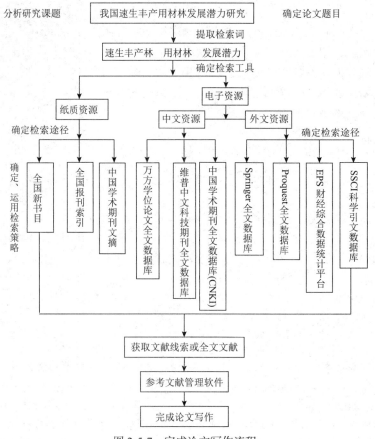

图 2-5-7　完成论文写作流程

2.6　文献检索的效果评价

2.6.1　检索效果评价的目的

评价检索效果，是为了准确地掌握信息检索数据库的各种性能和水平，找出影响检索效果的各种因素，提高信息检索的效果，改进系统的性能，提高系统的服务质量。

2.6.2　检索系统效果评价指标

检索系统性能评价是指根据一定的评价指标对实施信息检索活动所取得的成果进行客观评价。判断一个检索系统的优劣，主要从质量、费用、时间三个方面的指标来衡量。那么，以 F.W. Lancaster 提出的六个指标为基础，把检索系统效果评价指标分为质量指标：查全率、查准率；费用指标：检索费用，为得到文献线索和全文而投入的费用；时间指标：检索时间、获取文献时间等。其中查全率和查准率是常用的主要指标。

1. 查全率

查全率是指检出的合乎需要的文献总量与系统文献库中相关文献总量的比例。它反映数据库中相关文献能在多大程度上被检索出来。

查全率=（检出的文献总量/数据库中含有的相关文献总量）×100%。

例如，要利用某个数据库检索一个课题。假设在数据库中共有 50 篇相关文献，而检出的只有 40 篇，那么这个数据库的查全率就是 80%。

2. 查准率

查准率是指检出的合乎需要的文献量与检出的文献总量的比例，它反映数据库中实际检出的全部文献有多少。查准率高说明检出的文献记录相关度高。

查准率=（检出的合乎需要文献量/检出的相关文献总量）×100%。

例如，某一个课题检索出的文献总数为 100 篇，经分析确定其中与项目相关的只有 80 篇，另外 20 篇与课题无关，那么这次查准率就是 80%。查全率与查准率结合起来，描述系统检索的质量效率。

3.影响检索效果的因素

查全率与查准率是评价检索效果的两项重要指标，它是与文献的存储和信息检索两方面直接相关的，也就是说这两项指标与数据库的收录范围、索引语言、标引工作、检索工作等有着非常密切的关系。

在一般的检索系统里，查全率与查准率难以两者兼顾，为了获得更多的检索结果，即达到较高的查全率、较低的漏检率，需要较少的限制条件，但这样会造成查准率不高。反之，亦然。

第3章 常用文献检索与利用

3.1 图书检索与利用

3.1.1 图书概述

1. 图书的概念

图书又称为书籍，是非常古老的文献信息源，是文献的一种重要类型。图书是一个内容宽泛的概念，目前有多种定义。早期刘国钧先生在他的《中国书史简编》里提出："图书是以传播知识为目的而用文字或图片记录于一定形式的材料之上的著作物。"吴平在《图书学新论》中说："图书是以文字或图像等手段，记录或者描述信息知识，以达到一定目的的物质载体。"根据《文献著录总则》和《普通图书著录规则》有关图书的范畴，图书即报纸、杂志等定期出版物以外的非定期印刷的出版物，这样图书就包括单行本、汇编本、丛书本等，图书也分为书籍、课本和图片。联合国教育、科学及文化组织对图书的定义为：凡由出版社（商）出版的不包括封面和封底在内页数在49页以上的印刷品，具有特定的书名和著者名，编有国际标准书号，有定价并取得版权保护的出版物称为图书。5页以上、48页以下的称为小册子。

图书在不同历史时期因记录文字的载体不同而形态各异，有简帛、纸写本、拓本、印本，泛指记载文字的实物，则称典册、典籍、方策，或称书、图书、经籍。近代书籍发展时期的图书等出版物，一般用图书名称涵盖。总之，图书是一个随时代发展而发展的概念，古今图书的概念是不同的。古代图书概念相当于古代文献，而真正能与当今图书概念相合的也只是古代图书中"书"的那部分，即书写印刷后装订成卷册，具有一定外观特征的书写物或出版物。

当前判断出版物是否为图书最简单的方法是，看其版权页有无国际标准书号（International Standard Book Number，ISBN），它是国际通用的图书或独立的出版物（除定期出版的期刊）代码。出版社可以通过国际标准书号清晰地辨认所有非期刊书籍。一个国际标准书号只有一个或一份相应的出版物与之对应。新版本如果在原来旧版的基础上内容没有太大的变动，在出版时也不会得到新的国际标准书号。当平装本改为精装本出版时，原来相应的国际标准书号也应当收回。因此，国际标准书号具有专指性、唯一性，代表某种书的某一版本。自1998年起，我国出版图书的版权页或封面上都印有国际标准书号。2007年1月1日起正式使用13位数字国际标准书号，国际标准书号分为5部分，并以4个连字符"-"连接，每组数字都有固定的含义。例如，国际标准书号是：978-7-118-05497-2（图3-1-1）。

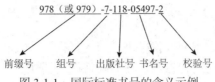

图 3-1-1　国际标准书号的含义示例

第一部分前缀号：它是国际 EAN（European Article Number，欧洲商品编码）码提供的 3 位数字。国际 EAN 码目前已经提供的前缀号为 978 和 979。

第二部分组号：代表国家、地区或者语言区。

第三部分出版社号：它是出版商代号，由国家或地区 ISBN 中心分配。

第四部分出版书名号：由出版商按出版顺序所给。

第五部分校验位：它采用模数 10 加权的算法计算得出。

从生产方式看，图书的发展经历了由手工抄写到机械印刷出版，再到数字出版的过程；从载体看，图书经历了纸前时代的载体到纸张，再到数字印刷媒介的巨大变革，同时这个过程也是从自然材质发展到加工材质，再到电光磁材质的变革过程；从外形看，由最早的板卷轴形式到书本装订形式，再到今天的数字技术下的电子图书形式，图书已经不再是只具有我们可见的物理形态。当今图书分为印刷性纸本图书和电子图书。

2. 图书的特点

图书一般标注有国际标准书号。图书是对已有的科研成果与知识系统的全面概括和论述，并经过作者认真的核对、鉴别、筛选、提炼及整合而成。从内容上看，每本书通常都有单独的书名，有明确的、集中的主题，内容独立完整。从结构上看，图书具有较强的系统性和理论性。从时间上看，由于图书编写时间、出版周期较长，所反映的文献信息的新颖性较差，但想要获取某一专题较全面、系统的知识，或对于不熟悉的问题要获得基本了解的读者，参阅图书是行之有效的方法。图书的记录性和传承性在社会演化与人类进步的历程中起着不可估量的作用。

3. 图书的类型

按学科内容，图书可分为社会科学图书、科技图书等；按文种可分为中文图书、英文图书、德文图书等；按作用的范围可分为一般图书、工具书、教科书、科普图书等；按知识的深浅程度可分为学术著作、普及读物、儿童读物等；按制作形式可分为写本书、抄本书、印本书等；按著作方式可分为专著、编著、译书、汇编、文集、类书等；按装帧形式可分为精装本、平装本、线装书等；按出版卷帙可分为单卷书、多卷书等；按刊行情况可分为单行本图书、丛书、抽印本图书等；按制版印刷情况可分为刻印本、排印本、照排本、影印本等；按版次和修订情况可分为初版书、重版书、修订本图书等；按载体的形式可分为纸质图书和电子图书等。

电子图书是图书的一种新形式，是指以数字代码方式将图、文、声、像等信息存储在磁、光、电介质上，通过计算机或类似设备使用，并可复制发行的大众传播体，其特点是方便信息检索、便于携带，没有实物形式，信息容量大且呈多媒体化。

总之，今天的图书是以传播知识为目的，将文字、符号或图形记载于某种载体上并有一定形式的著作物，其承担着保存、传播和发展人类文明的职能。

3.1.2　图书的检索

检索就是通过各种途径发现与查找所需知识的过程。检索的基本功能是查看、搜寻有用的信息。一般使用图书的特征进行检索，图书的特征包括外部特征和内容特征。可以通过图书外部特征，如书名、著者、国际标准书号、出版社等途径查找所需图书，也可以通过内容特征，如关键词、主题词和分类号等途径查找所需图书，还可以通过图书馆馆藏目录查阅图书馆馆藏信息。一般来说，图书检索包括图书书目检索、联机公共目录检索系统和图书搜索引擎检索等方式，以下分别加以介绍。

1. 图书书目检索

1）《民国时期总书目》由北京图书馆编撰，收录了我国 1911～1949 年 9 月出版的各类中文书 124 000 余部。它上承历代艺文志、经籍志，下接 1949 年以后的《全国总书目》，主要收录了北京图书馆、上海图书馆和重庆图书馆收藏的中文图书，是我国第一部全面反映民国时期出版的大型回溯性书目，全书共 2000 万字，书目文献出版社 1986 年起按学科分 20 卷陆续出版。该书目为读者了解这个时期出版的图书全貌和研究、查考民国时期的各种文献资料提供了方便。

2）《全国新书目》是中国现行国家书目，该刊由原国家新闻出版总署（今国家广播电视总局）主管，是中国版本图书馆主办的国家级期刊，国际标准刊号：ISSN0578-073X。1950 年编制了《每周新书目》，1953 年改名为《每月新书目》，1955 年改定今名，每月出版一本，2005 年起改为半月刊，是一份书目检索类工具期刊。该刊主要收录中国各出版单位正式出版公开发行的各类图书，按类编排，读者从分类的角度检索图书，设有"书业观察""特别推荐""新书评介""书评文摘""畅销书摘""精品书廊""新书书目"等栏目。该刊能及时地报道全国各类图书的出版情况，是查找正在出版的图书必备的综合性书目检索工具。

3）《全国总书目》由新闻出版总署信息中心、中国版本图书馆编辑组编，中华书局出版。该书根据新书呈缴制度，是将各地向中国版本图书馆赠送的图书样本编撰而成的书目，收录的是公开出版发行或具有正式国际标准书号的图书，是一本具有年鉴性质的综合性、系列性的国家书目。《全国总书目》1949～1954 年合订版一本和 1955 年版一本均由新华书店总店编印，1956～1965 年由国家版本图书馆编辑出版，以后每年出版一本，1966～1969 年停编，1971 年恢复按年出版，1982 年开始增加了内容提要。该刊包括分类、专题书目、附录和书名索引四部分，2004 年取消了印刷本。现在每年出版一套数据检索光盘，光盘中每条书目数据包含书名、著者、出版者、关键词、主题词、分类号、国际标准书号、内容提要等内容，用户可进行全方位检索，为用户提供了更加便利的条件。《全国总书目》是《全国新书目》的年度积累本。

4）《中国国家书目》（1985 年本）是我国第一部正式以"国家书目"命名的书目，具有真正国家书目的意义。1986～1994 年版均由北京图书馆《中国国家书目》编委会主编，书目文献出版社出版，为年刊。1995～1998 年起建立了计算机中文文献数据库，从 1992 年起采用计算机编制年度累积本，并开始编制回溯本。《中国国家书目》现有《中国国家书目回溯光盘（1949～1974）》《中国国家书目回溯光盘（1975～1987）》《中国国家书目回溯光盘（1988～1997）》。光盘版和印刷版相辅相成，光盘版数据每半年更新一次。光盘版的检索点有题名、作者、主题、关键词、分类号、出版社、题名与作者汉语拼音等，检索方式有精确检索、模糊检索、单项检索和组配检索，附有书名索引和著者索引。它是我国图书出版物重要的检索工具。

2. 联机公共目录检索系统

联机公共目录检索系统（Online Public Access Catalogue，OPAC）通常称为"图书馆公共查询系统"，指的是读者可以在 OPAC 上检索图书馆的书目数据及相关信息。OPAC 是指图书馆将自己馆藏的书目记录，装载到计算机网络上的快速存取设备中，使用户能通过计算机网络联机，检索到整个图书馆的书目数据，它是基于网络的书目检索系统，也是图书馆展示馆藏文献书目数据信息的检索平台，读者可在任何地方对提供 OPAC 服务的图书馆资源进行远程检索。

从组织的对象来看，OPAC 联机目录主要包括联机馆藏目录和联机联合目录两种。

（1）OPAC 馆藏目录检索

馆藏目录通常指某一图书馆的书目信息，它可以为读者提供图书检索信息。例如，北京林业大学图书馆的 OPAC 系统，采用的是江苏南京汇文信息管理系统。该检索系统提供书目检索、热门推荐、分类浏览、新书通报、期刊导航、读者荐购、学科参考、信息发布和我的图书馆功能检索。其中馆藏书目检索包括简单检索、多字段检索（提供题名、责任者、主题词、ISBN/ISSN、分类号、索书号、出版社、丛书名等检索途径）、热门借阅、热门评价和热门收藏。下面是馆藏书目检索界面（图 3-1-2）。

图 3-1-2　馆藏书目检索界面

（2）OPAC 联合目录检索

联合目录则是把几个或更多的图书馆馆藏书目信息集中在一起，对多家馆藏目录形成统一的检索界面的检索目录，不受时间和空间的限制就可以获取所需馆藏信息。常用的 OPAC 联合目录检索有以下几种。

　　1）中国高等教育文献保障系统（China Academic Library & Information System，CALIS）是以"211 工程"立项为主体的一批高校现代化图书馆的三级网络结构。它设有 1 个 CALIS 全国管理中心，4 个文理、工程、农学、医学全国文献信息中心，7 个地区文献信息中心。CALIS 主持开发了联机合作编目系统、文献传递与馆际互借系统、联机公共检索系统，其中联合书目数据库是全国"九五"（1996～2000 年）期间重点建设的数据库之一，该数据库包括中文、英文、德文、俄文、日文等多个语种的书目记录，还包括中文古籍书目记录，形成了较为完整的 CALIS 文献信息服务网络，是我国图书馆联合目录建设的成功典范。CALIS OPAC 为全国高校教学、科研提供书刊文献资源网络公共查询，为成员馆之间实现馆藏资源共享、馆际互借和文献传递奠定基础。CALIS OPAC 采用 Web 方式提供查询和浏览服务，利用这个平台可以检索不同高校图书馆的藏馆书目信息。访问网址是 http://opac.calis.edu.cn/，如图 3-1-3 所示。

图 3-1-3　CALIS 联合目录主界面

　　2）利用 Worldcat 图书馆联合目录检索。Worldcat 是联机计算机图书馆中心（Online Computer Library Center，OCLC）联机联合目录，是世界图书馆目录检索平台，访问网址是 http://www.worldcat.org/。这是一个公开的图书馆搜索网站，是世界范围图书馆和其他资料的联合编目库，收录了 15 亿多条目录和馆藏信息，截至 2016 年年底，可以搜索 112 个国家的图书馆，包括近 9000 家图书馆的书目数据，同时也是世界最大的联机书目数据库，可以搜索世界上的图书馆所收藏的资料信息，可以直接查看一本书，但取决于不同图书馆的规定。如果用户经常搜索，可以创建一个免费账户，建立一个个人列表，写下观感或从 Amazon 上直接购买。

　　3）美国国会图书馆联机目录数据库检索。美国国会图书馆（The Library of Congress，LC）

的访问网址是 http://www.loc.gov/index.html/，是美国的 4 个官方国家图书馆之一，也是世界上最大的图书馆，其联机目录数据库拥有馆藏书目记录约 1200 万条，包括图书、期刊、计算机文档、手稿、音乐、录音及视频资料，可通过主题、著者（个人、团体和会议）姓名、题名、图书登记号或关键词等途径检索。该网站还提供了大量通往其他机构联机目录的链接，如图 3-1-4 所示。

图 3-1-4　美国国会图书馆检索页面

（3）图书搜索引擎检索

常用的图书搜索引擎如下。

1）谷歌图书搜索，访问网址是 http://books.google.com.hk/，谷歌图书搜索是全球性的大型图书搜索引擎，为全世界公众提供在任何地方都能搜索的便捷的在线全文图书索引，是一种图书内容的全文索引目录，有良好的搜索界面和强大的检索功能。中文用户即使在不明确目标书籍是哪本的情况下，也可以通过输入某些"关键词"找到和这些"关键词"匹配的图书，进行在线浏览和购买。该图书搜索不仅可以搜索图书摘要，而且还可以对图书全文内容进行搜索，还可以提供书评、网络参考、建立个人图书馆等个性化服务。此外，谷歌会把同一本书的不同年代发行的版本放在一起显示，便于读者选择。

2）百度图书搜索，访问网址是 http://www.baidu.com/，百度图书搜索是百度与众多图书行业伙伴合作建立的图书信息查询平台，拥有丰富的中文图书。面向中文用户提供图书信息查询服务，它不是扫描、复制、存储图书内容，而是在搜索平台提供合作方的书目检索，并提供对方网站链接，这是百度图书搜索的特色之一，这使它成为电子书阅读地址的统一检索平台，即百度图书搜索只是一个联合图书目录，它提供读者搜索图书的位置，并不提供图书全文阅读的服务。用户输入关键词，就可搜索出该关键词相关的图书信息。百度图书搜索的优点是不仅提供书目信息，而且提供阅读、购买和借阅地址的链接，提供电子书商的阅读地址链接，如图 3-1-5 所示。

3）读秀图书搜索，访问网址是 http://www.duxiu.xom/，读秀图书搜索是一个面向全球的图书搜索引擎，用户可以通过读秀对图书的题录、目录、全文内容进行搜索，主要提供中文图书的书目检索，包括全文阅读、文献传递等服务，用户可以方便快捷地找到想阅读的图书和内容，是一个真正意义上的知识性搜索引擎。读秀现收录 180 余万种中文图书题录信息，可搜索的信息量超过 6 亿页，且这一数字还以每天 50 万页的速度在增长，读秀图书搜索允许上网用户阅读部分无版权限制的图书的全部内容，对于受版权保护的图书，可以在线阅读其详细题录信息、目录及少量内容预览，读秀以图书搜索引擎为平台，联合多种图书相关单位，向用户提供图书的供应商链接，使其快捷获知如何购买、阅读、借阅到纸质版或电子版图书等相关信息。读秀图书搜索把图书查询、图书试读、图书导购、图书交易、图书展览、图书广告等多种功能集于一体，在给用户提供极大便利的同时，也为出版社、作者、书店、书商、图书馆、数字图书馆提供了有效的信息渠道，如图 3-1-6 所示。

图 3-1-5　百度搜索页面

图 3-1-6　读秀搜索页面

3.1.3　古籍文献的检索

1. 古籍的界定

古籍，也称古书，是中国古代书籍的简称。古籍是记载中华民族历史文化的重要载体，是中华民族立于世界文明的重要标志。从字面上讲，它有广义和狭义之分。从广义上讲，古籍是指先秦至辛亥革命期间所出的古书、民国年间以各种形式出版的上述时代内的图书，以及现代人、当代人对古籍的校勘、笺注、影印的书。从狭义上讲，主要指用我国古代传统的制作和装帧方式（卷子装、经折装、旋风装、蝴蝶装、包背装、线装等）制作而成的古籍图书。学术界一般认为我国古籍，是指辛亥革命以前的人所撰写的著作，以及后人经过整理而成的各种本子，如汇编本、丛书本、笺注本、校释本、辑佚本、点校本、选注本等。古籍先后以甲骨、金石、竹木、缣帛、纸张这五种形式存在。中国现存珍善本和普通古籍线装书有10 余万种，给我们留下了极其丰富而又宝贵的文化财富。古籍是研究古代学术、了解传统文化的不可再生的珍贵文化遗产，具有文献性和文物性双重价值。

2. 古籍的基本知识

（1）古籍版本

古籍版本是指一部古书在流传过程当中经过多次传写或刊印所形成的各种不同的本子，如足本与残本、善本与误本、精校精注本与普通刊印本等。"版本"二字，是为了区别写本而使用的。"版"指雕版，凡用木板刻印的书，称为雕刻印或刊本。"本"指藏本，凡官家私人所藏手写本，称钞本或藏本。古籍版本对于使用古籍是很重要的，版本不同，内容也会有差异。利用古籍文献时必须重视古籍版本的选择和研究。古籍版本按类型分为善本、珍本、秘本、孤本、真本、伪本、劣本、俗本、通行本、普通本等，其中善本价值最高。

（2）古籍善本

善者，好也，善本原指校勘严密，刻印精美的古籍，后含义渐广，包括刻印较早、流传较少的各类古籍。一般指凡具有古籍的历史文物性、学术资料性、艺术代表性三方面之一二者，可视为善本。总之，最好的版本一般都称为善本。凡是清代乾隆以前的版本都可作为善本，即使是残篇断简。古籍善本是古籍刻本的一种。

（3）古籍丛书

古籍丛书在整个古代典籍中占有极其重要的地位。古籍丛书产生于南宋，兴盛于明清。所谓丛书，狭义地讲，就是指合刻两种以上跨部类的书，包括一些个人全集。广义地讲，则包括两种以上同类书的汇编。古代的丛书，除了有些叫做丛书之外，还有些叫做"丛刻""丛刊""丛钞""丛稿""丛编""丛谭""类编""汇刻""汇钮""汇存""汇稿""志林""全书"等。古代丛书的编撰，都是收录已经编纂、撰写而问世的书，经整理、刊刻（或誊写）而成。许多古籍依靠丛书的编纂而得以传之后世，免于亡佚。丛书可分为综合性和专门性两大类。《四库全书》是我国古代规模最大的一部丛书。

（4）古籍目录

古籍目录是许多书的目和录的汇集。目是指一部书的篇目，大体上相当于今天的目录。录是一部书的叙录、书录、解题，即今天的提要。我国古籍目录数量多、种类多，内容极其丰富。从目录编制的体例看，大体上可分如下三种：第一种，部类前后有小序，书名之下有解题；第二种，部类前后有小序，书名之下无解题；第三种，只记书名，无小序、解题。从目录的形成及目录的体制看，又可分为官修目录、史志目录、私人藏书目录。我国古代目录的种类，如果从它的性质上看，也可以分为三种，即综合目录、专科目录、特种目录。古籍目录的功用主要是指点读书治学的门径、了解书籍的内容、查找所需图书、考证学术源流的演变、辨别书籍的真伪、考证书籍的存亡。

3. 古籍文献的特点

1）现存古籍中只有少量明人著作和清人著作还留有原稿，明朝以前的古籍原稿全部失传了。因此，大部分古籍文献就无法像出版今人著作那样根据原稿来编排校对，必须通过古籍整理工作的一系列工序和方法对古籍进行整理后才能将古籍出版。

2）流传下来的古籍一般都是刻本或传抄本。刻本就是用雕版印刷的书。雕版印刷是我国古代印书的主要方法，不论刻本或字本，文字上的差错都要比今天出版社出的书籍多得多。至于传抄、抄漏的事情，更是经常发生的。

3）古籍流传至今往往不止一种刻本，而各种刻本在文字上，甚至在内容多少上都会有出入。

4）古籍作为特殊的文献，其内容和形式都非常珍贵，它是研究古代学术、了解传统文化的不可再生的珍贵文化遗产，具有文献性和文物性双重价值。古籍伴随时间的后移，在数量上不会增加而只会减少，这也是保护古籍的意义所在。

4. 古籍文献检索

古籍文献数量庞大、种类繁多、版本复杂、专业性强，在浩如烟海的古籍文献中学会鉴别、获取、应用古籍信息是非常必要的。

（1）古籍书目检索

书目又称目录，是图书目录的简称，是对一批相关文献信息进行著录，按照一定次序编排而成的，揭示与报道文献信息的工具。它产生于文献的大量积累和人们对文献利用的需求。书目作为一种联系文献与需求者之间的媒介或纽带，是检索古籍的工具。

要考查古籍的存佚、内容得失、作者生平、版本源流等基本情况，以及历代文化与学术思想的概况，要利用各种古籍书目检索。查古籍的书目主要有史志目录、古籍总目、丛书目录、地方志目录等，现主要介绍以下书目。

1）查考古籍的存佚，一般使用史志目录查考，主要是指正史中的《汉书·艺文志》和《隋书·经籍志》，也包括清代以来先后出现的数十种补史艺文志。它是根据当时政府藏书并参考其他公私藏书目录编制而成，是历代史书的一部分，也是各朝代有代表性的书目，是检索古籍的重要工具书。我国现存最早的、成熟的目录文献《汉书·艺文志》，即为史志目录之始祖。

《艺文志二十种综合引得》（由哈佛燕京学社引得编纂处 1933 年编辑印行，中华书局 1960 年重印）编有四角号码和汉语拼音索引，这是一个书名与作者的综合索引，利用这个索引就可以了解到一部古籍曾在哪几部书目中著录过，如果要系统地查证史艺文志，某人写过哪些著作，在哪些书目中有著录，就用这部工具书查询。

2）查现存古籍的总目类，可以利用古籍总目，查古籍书名和作者简介，一般使用《四库全书总目》，也称《四库全书总目提要》，或简称《四库总目》，（清）永瑢等撰，中华书局 1965 年影印出版。它是我国古代一部集大成性质的书目工具书。全书共 2 册计 200 卷，记载图书 10 254 部，172 860 卷。其中正式收入《四库全书》中的有 3461 种，79 309 卷，存目中的有 6793 种，93 551 卷。这些书籍基本上包括了清代乾隆以前中国古代的重要著作，尤以元代之前的书籍更为完备。《四库全书总目》按照中国古代传统的分类法，按经、史、子、集 4 部、44 类、67 个子目编排图书。类有大、小序。正编的每部中均有提要，著录作者简况、成书经过、主要内容、著述体例，并作评价。后附书名和著者索引，采用四角号码检字法，同时附笔画检字法，方便检索。例如，要查一部古籍，已知其书名，但不知作者，可查书名索引。已知其著者，但不知书名，可查著者索引。翻到索引所标示的某书或某人的页码，即可看到所要查阅的古籍的简介。

由于《四库全书总目》卷帙太繁，翻阅不便，（清）纪昀等又删节提要，不录存目，编成了《四库全书简明目录》20 卷，著录图书 3470 种。

《四库全书简明目录》是（清）永瑢等撰、（清）纪昀等负责的官修目录。1957 年由古典文学出版社出版，其特点是系用粤刻本标点重印，书后附书名和著者索引，均按四角号码检字法编排。《四库全书简明目录》收书较多，类目清晰，提要简明，有很好的按语，是研究古代文化的一把钥匙。例如，要了解唐代张守节撰《史记正义》的内容，利用著者索引或书名索引，均可查到此书的简明提要，《四库全书简明目录》是我国重要的古籍版本目录。

其他常用古籍总目还有以下几种。

第一，《贩书偶记》，是孙殿起编，1936 年出版，中华书局 1959 年出版精装本一册，是一部重要的古籍目录。该书主要收录作者贩书过程中的清代著作，兼录少许明代小说及辛亥革命至抗日战争前（约止于 1935 年）的有关古籍著述的总目，依照《四库全书总目提要》的类目编排收入目录，见于《四库全书总目》的图书一概不收。《贩书偶记续编》，是雷梦水著，书中记载清代著述 6000 余种，仿《贩书偶记》体例整理汇编而成，上海古籍出版社 1980 年出版，分类详细，是考查当时古籍情况的重要参考书，上海古籍出版社 1982 年出版增订本。用户可以利用它们来检索清代乾隆以后至 1935 年前后所刊印的古籍。《贩书偶记》及其《贩书偶记续编》可视为《四库全书总目》的续编。

第二，《中国古籍善本书目》，由顾廷龙主编，可考查古籍善本，是当代收藏古籍善本的大型目录工具书，按照经、史、子、集、丛书 5 部分编排。内容上收录全国各图书馆、博物馆珍藏的古籍善本书 6 万多种。著录古籍善本 13 万部，涉及藏书单位 781 处，凡是有历史文物性、学术资料性和艺术代表性并流传较少的古籍，年代下限大致为清代乾隆，以及在此之后辛亥革命前有特殊价值的刻本、抄本、稿本、校本，都作为善本在收录之列，是一部没有内容提要的书目，它是我国传世古籍善本的一次大总结和大检阅。

第三，《中国善本书提要》，是王重民撰，上海古籍出版社 1983 年出版。该书收录古籍善本提要 4400 余篇，是作者根据北京图书馆、北京大学图书馆与美国国会图书馆所藏古籍善本书写成的。每本书记载书名、卷数、版本、行款、版框及收藏地点。《中国善本书提要》重在版本记述，所以大多录校刻者或刻书故实。凡《四库全书总目提要》已作提要者，该书不再作提要，但对《四库总目》中提要之错误多有纠正，凡《四库总目》无提要者，则另行编写。《中国善本书提要》中对一书作者（编、校者）、出版者、刻工，有时也对一书的成书年代、篇目、内容、残缺、真伪和流传情况进行考辨。

3）查古籍丛书目录类，一般使用《中国丛书综录》，它是古籍丛书中最有代表性的著作。该书由上海图书馆编，中华书局 1959～1962 年出版，共收录 41 个主要图书馆所藏古籍丛书 2797 种，子目书名 7 万多条，删除重复，共有子目 38 891 种，数量繁多。全书分为《总目分类目录》《子目分类目录》和《子目书名索引》三册，体例清晰、检索方便，是检索和研究古籍丛书的一部重要工具书。

此外，影响较大的补遗校正的工具书是《中国丛书综录补正》，阳海清编撰，蒋孝达校订，1981 年于江苏广陵古籍刻印社出版。该书校补了《中国丛书综录》150 多条失收子目和某些子目在不同版本所出现的不同书名，增收了某些丛书的不同刊本、珍本和孤本，按类编排。

（2）OPAC 馆藏古籍书目数据库的检索

古籍书目从纸本向电子的转化——古籍书目型数据库，该数据库是将古籍书名、著者、版本、卷次、摘要、出版年等信息输入计算机而形成的数据库，读者可以通过书名、著者等检索到某古籍的相关信息，方便读者检索、查找古籍文献。机读目录取代了印刷式卡片目录和书籍式古籍书目，彻底改变了检索古籍文献的方式，为查找古籍提供了线索。例如，CALIS "高校古文献资源库——学苑汲古"是向读者提供网络环境下的古籍元数据和全文图像的计算机检索与浏览服务的平台，是一个汇集高校古文献资源的数字图书馆，该资源库由北京大学牵头，联合国内 23 家高等学校图书馆合力创设。资源库中的古文献类型目前为各馆所藏古籍和舆图，今后还要增加金石拓片等古文献类型。资源库内容不仅提供各成员馆的馆藏目录，而且还在元数据中给出全文及图像的链接，提供了元数据、书影图像、电子图书多种形式的服务功能。该资源库系统具有对古文献的简单检索、高级检索、二次检索、索引、浏览等功能。此外，主页上方还设置了"用户反馈""成员概览""建库实录""学海导航"等栏目，用户可根据各自的需要浏览使用，如图 3-1-7 所示。

图 3-1-7　"学苑汲古"检索界面

（3）古籍全文数据库的检索

我国历史悠久，几千年文化的积淀形成了浩如烟海的古籍文献，它们既能反映我国在人类社会发展进程中的历史地位和作用，也是研究我国历代政治、经济和科技文化等发展的最重要的原始材料，是人类文明的象征。古籍数字化为古籍文献的开发和利用提供了现代化的手段，改变了无古籍电子版文献的历史。下面介绍几个主要数据库。

1）《中国基本古籍库》是综合性大型古籍数据库，全文网络版，也是中国有史以来最大的历代典籍总汇。该库分为 4 个子库、20 个大类和 100 个细目，共收录上自先秦下迄民国的历代典籍的全文数据和各学科基本文献 1 万余种，每种均提供 1 个通行版本的数码全文和 1~2 个珍贵版本的原版影像。总计收书约 16 万卷，版本 12 500 多个，全文约 17 亿字，影像约 1000 万页。该库有分类检索、条目检索、全文检索和高级检索 4 种检索方式，提供版式设定、字体转换、背景音色、阅览记忆、版本对照、标点批注、分类书签、编辑打印等使用功能，大大方便了学者对古代文献的研究。

2）《四库全书》文渊阁电子版，是以《影印文渊阁四库全书》为底本，由上海人民出版社和迪志文化出版有限公司合作出版。它汇集了从先秦到清代前期的历代主要典籍，共收书 3460 余种，包含 470 多万页原书页的原文图像，逾 7 亿汉字的全文检索。它提供全文检索、分类检索、书名检索及著者检索等 4 种检索功能，另附 8 种"关联字"检索，有"原文图像"与"全文文本"的可切换对照功能，可以随时调出图像页面查检，便于核对文本的正确性，阅读时可以放大、缩小和复制原文，以及在原文上做笔记、打印原文、管理检索结果等，为古籍的整理与研究提供了全新的方式和极大的便利。该电子版分为"标题检索版"（简称"标题版"）和"原文及全文检索版"（简称"全文版"）两种版本。

3）《国学宝典》，访问网址是 http://www.gxbd.com/，是重要的中文古籍全文电子数据库。该数据库由北京国学时代文化传播有限公司开发，收录范围为上起先秦、下至清末两千多年的所有用汉字作为载体的历代典籍。该数据库收入古籍文献 4903 多部，总字数逾 8 亿字，采用传统的经、史、子、集四库分类法，所载数据库每年还以 2 亿~3 亿字的速度扩充，具备较强的开放性，其数据格式主要有纯文本的 TXT、数据库 DBF、网页格式 HTM 及 Word、北大方正等形成的文本编辑文件，用户可直接打印、复制、粘贴到自己的文档中，有标题检索、全文检索、分类检索、卷书检索及高级检索等多种检索方式。在数据库中可以检索字、词、句，也可以进行多条件组合检索，并可直接保存检索结果。该数据库中收录典籍均为文史研究人员常用资料，具有极强的实用价值。该库目前已并入中国知网。

4）《中国方志库》是专门收录历代地方志类典籍的全文检索版大型古籍数据库，由北京大学教授刘俊文总策划、总编纂、总监制，北京爱如生数字化技术研究中心开发制作，共收录汉魏至民国历代地方志类著作 1 万种。该数据库总计全文超过 20 亿字，影像超过 1000 万页，堪称地方志类典籍数字化的空前巨献。

历代地方志类典籍，包括全国地理总志（如方舆志、一统志等）、各地方志（如省通志、府州志、县志、乡镇志等）、各类专志（如山川志、边防志、都城志、宫殿志、园林志、寺观志、书院志等）、各种杂志（如乡土志、物产志、风俗志、考古志、游历志等），以及外志（如环球志、一国志、多国志等）。所记大至一国一省一州一府，小至一村一镇一城一关，举凡历史沿革、地理形势、行政建置、财赋收入、物产资源、人文景观、灾异祸乱、乡土风俗，靡不详尽。至今治国理政、地区开发及学术研究，仍须从中汲取丰富的信息。《中国方志库》分为 5 集陆续出版。

5）《中华经典古籍库》是中华书局首次推出的大型古籍数据库产品，也是中华书局版点校本古籍的首度数字化，第一辑收录了近 300 种中华书局出版的整理本古籍图书，涵盖经、史、子、集各部，包括"二十四史及《清史稿》""通鉴系列""新编诸子集成""十三经清人注疏""史料笔记丛刊""学术笔记丛刊""古典文学基本丛书""佛教典籍选刊"等经典系列。

《中华经典古籍库》可进行全文检索和阅读，全文数据和图书原版图像一一对应，用户可通过图像页查看原书的版式信息，还提供引用功能和必备的辅助工具。截至 2016 年，已出版三辑，共计收录图书 869 种（第一辑 294 种，第二辑 137 种，第三辑 438 种），总计约 5 亿字。后期将不断递增文献数据，计划每年推出一辑。

3.2 期刊检索与利用

3.2.1 期刊概述

1. 期刊的定义

根据中华人民共和国新闻出版总署 2005 年 9 月 30 日发布，自 2005 年 12 月 1 日起施行的《期刊出版管理规定》中内容，期刊是由依法设立的期刊出版单位出版。期刊出版单位出版期刊，必须经原国家新闻出版总署（今国家广播电视总局）批准，持有国内统一连续出版物号，领取《期刊出版许可证》。期刊又称杂志，是指有固定名称，用卷、期或者年、季、月顺序编号，按照一定周期出版的成册连续出版物。

从广义上来讲，期刊可以分为非正式期刊和正式期刊两种。非正式期刊是指通过行政部门审核领取"内部报刊准印证"作为行业内部交流的期刊，一般正式期刊都经历过非正式期刊过程。正式期刊是由原国家新闻出版总署（今国家广播电视总局）与国家科学技术委员会（今科技部）在商定的数额内审批，并编入"国内统一连续出版物号"，即"CN 号"，它是新闻出版行政部门分配给连续出版物的代号。国际标准书号是国际标准连续出版物号，我国大部分期刊都配有国际标准书号。

2. 期刊的分类

（1）按内容分类

以《中国大百科全书》新闻出版卷为代表，将期刊分为四大类：①一般期刊，强调知识性与趣味性，读者面广，如我国的《人民画报》《大众电影》，美国的 *Time*（时代）、*Reader's Digest*（读者文摘）等；②学术期刊，主要刊载学术论文、研究报告、评论等文章，以专业工作者为主要对象；③行业期刊，主要报道各行各业的产品、市场行情、经营管理进展与动态，如中国的《摩托车信息》《家具》等；④检索期刊，如我国的《全国报刊索引》《全国新书目》，美国的 *Chemical Abstracts*（化学文摘）等。

（2）按学术地位分类

按学术地位可以分为核心期刊和非核心期刊。

根据期刊的出版周期可将期刊分为：周刊，出版周期为 7 天；旬刊，出版周期为 10 天；半月刊，出版周期为 15 天；月刊，出版周期为 30 天；双月刊，出版周期为 2 个月；季刊，出版周期为一个季度，即 3 个月；半年刊，出版周期为 6 个月；年刊，出版周期为 1 年。

（3）按媒介方式分类

1）传统的纸质期刊。传统的纸质期刊是指纸质印刷的连续出版物，需要大量期刊陈列架，还必须为读者预留充足的借阅空间。利用纸质期刊无须借助任何设备，不受停电、网速过慢等原因影响，只要光线充足即可，而且符合大多数人的阅读习惯。

2）电子期刊。电子期刊以电磁介质作为载体，具有存储信息容量大、体积小、便于移动等特点。一张光盘可以存储一种期刊一年的信息内容，无须占用很大空间。但是，其订购、登录、管理、使用都离不开计算机和存储设备，在线阅读还离不开连接计算机和存储设备的网络设施。

3）数据期刊。随着数据化时代的到来，联机数据共享的实现，互联网和计算机辅助出版的应用，传统的出版模式已经不能满足使用者诸多需要。面对数字化数据大量涌现的现状，数据期刊作为一种新型的出版方式，通过控制数据质量、提高数据共享效率的方式应运产生。数据期刊是描述数据集收集处理、过程、格式等细节，一般用较短的篇幅让读者以最高的效率了解数据集的所有相关细节，同时提高数据被引用和应用的可能[①]。

数据期刊的出版模式有：以出版短 Data Paper 为特征的数据期刊，有 *Geoscience Data Journal*（GDJ）、*Journal of Open Archaeology* 等；以整合出版为特征的数据期刊，有 *Biodiversity Data Journal*（BDJ）、*GigaScience* 等；将科研数据作为补充资料出版的数据期刊，有 *Earth System Science Data*（ESSD）、*Ecological Archives* 等。

期刊的分类情况见表 3-2-1。

表 3-2-1　期刊分类情况

名称 ＼ 类型	按内容分类	按学术地位分类	按媒介方式分类
1	一般期刊	核心期刊	纸质期刊
2	学术期刊	非核心期刊	电子期刊
3	行业期刊	—	数据期刊
4	检索期刊	—	—
5	—	—	—

3.2.2　中文期刊论文及其检索

1. 纸质期刊论文的现刊检索

纸质期刊论文的现刊检索一般只限于目次检索，过刊检索则要依靠每种期刊每年的末期篇名索引，专门的检索目录、索引和图书馆提供的手检、机检，查到后，还要按照每种期刊去找原文，而且刊载在非图书馆馆藏专业期刊上的文章易于漏检，纸质期刊的检索范围小、速度慢、查全率低。同时，纸质期刊又有期刊排架、装订等现实问题，纸质期刊绝大多数是一年多册，每年需要进行装订、分编，因此在年度装订、分编期间读者就不能使用。

以北京林业大学图书馆使用的江苏汇文软件有限公司（简称江苏汇文软件公司）OPAC v5.5.16.04.15 书目检索系统为例，介绍如何检索馆藏纸质期刊。

检索时，可以选择西文字母导航、期刊学科导航、年度订阅期刊，任选其一，以期刊学科导航检索为例。北京林业大学图书馆书目检索系统首页，如图 3-2-1 所示。

---

① 谢桂芳. 2004. 高校图书馆电子期刊与纸质期刊的比较研究. 图书馆论坛，24（5）：77-78.

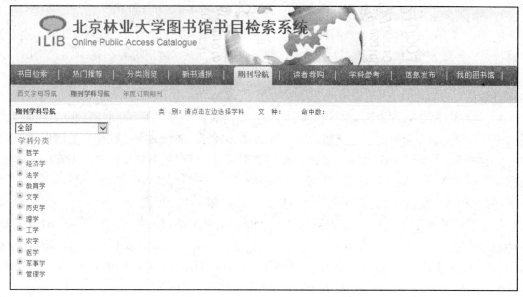

图 3-2-1　北京林业大学图书馆书目检索系统首页

第一步，方框内选择"中文"，点击"理论经济学"，如图 3-2-2 所示。

图 3-2-2　书目检索（一）

按照页面提示进一步检索到读者所需要的中文期刊。例如，进一步检索"当代经济研究"中文期刊，单击"当代经济研究"，定位找到该期刊，如图 3-2-3 所示。

馆藏信息	预约申请	参考书架	图书评论	相关借阅	相关收藏		
索书号	条码号		年卷期	馆藏地		书刊状态	定位
F032/4.8[K]	K00061298		1994 (1-6)	地下书库		阅览	定位

图 3-2-3　书目检索（二）

2. 电子期刊论文的检索

电子期刊具有强大的检索功能，不仅方便、快捷、准确，还可以通过篇名、作者、单位、关键词、摘要、刊名、出版时间、参考文献、中图分类号、出版来源等多个途径进行检索。电子期刊检索具有纸质期刊检索无法比拟的优越性，在信息检索中它可以为用户节约大量的时间和精力，在网络通畅的情况下，联机数据库中的电子期刊可供多个用户同时使用，并且不受时间和地点的限制。

以中国学术期刊全文数据库为检索平台，介绍中文期刊论文检索实例。下面主要介绍最新版本的中国知网检索技术知识发现网络平台（Knowledge Discovery Network Platform，KDN）。

（1）使用特色说明与演示

1）文献分类导航检索。为突出学术文献的检索优势、契合大众使用习惯，系统启用了文献分类目录导航，"文献全部分类"导航采用鼠标滑动式展现的方式，无需用户更多的操作，只需要轻轻滑动鼠标，即可找到分类，点击鼠标即可实现快速检索。文献分类导航的特点是分类详细、减少检索范围，滑动展开、操作方便，如图 3-2-4 所示。

图 3-2-4　文献分类导航

2）出版物检索。KDN 平台的另一个特色就是统一了出版物导航检索，包括期刊导航、博士学位授予单位导航、硕士学位授予单位导航、会议论文集导航、报纸导航、年鉴导航和工具书导航。系统默认为全部导航检索。不同的导航检索，检索项不同。统一导航页面中，来源分类导航检索同样采取了鼠标滑动展现的方式。选择"出版物检索"，如图 3-2-5、图 3-2-6 所示。

图 3-2-5　出版物检索（一）

图 3-2-6　出版物检索（二）

3）智能提示。智能提示（自动补全）是 KDN 平台的一个重要的新特性，根据用户输入的词，系统能够提示与之相关的检索热词，无须再次手工输入，能够快速定位检索词。该功能减少了用户的输入时间，有以下几个特点。

第一，可以兼容汉语大小写转换。系统不但可以提供简单智能检索功能，而且能识别大小写拼音字母的智能提示。下面以"经济"为例进行检索，如图 3-2-7～图 3-2-9 所示。

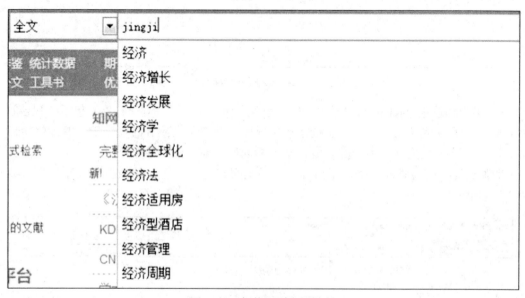

图 3-2-7　智能识别小写拼音

图 3-2-8　智能识别大写拼音

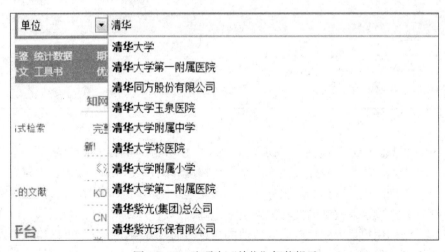

图 3-2-9　智能提示

第二，同检索项不同热词提示。系统根据选取的检索项提示与之相关的词。以检索项"单位"为例，当输入"清华"关键词时，系统提示的都是以清华为开头的单位，如图 3-2-10 所示。

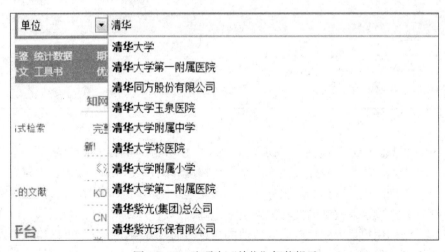

图 3-2-10　选项为"单位"智能提示

当检索项为"作者"时，输入"王"姓，系统会提示以下人名选项，如图 3-2-11 所示。

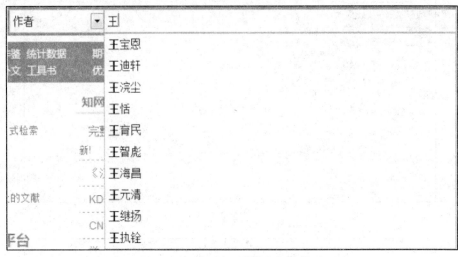

图 3-2-11　选项为"作者"智能提示

智能提示的特点是减少了其他非相关的提示，使用户能够快速定位选项。

4）在线阅览。KDN 检索平台提供了原文的在线预览功能，极大地满足了读者的需求，由原来的"检索—下载—预览"三步走，变成"检索—预览"两步走，节省了读者的宝贵时间，让用户第一时间预览到原文，快捷方便。目前提供的在线预览的库有期刊、博士、硕士、会议、报纸、年鉴及统计数据。

5）文献分享、推送。用户可以把自己感兴趣的文献分享到新浪、人人网、开心网等各网站的微博。推送功能可以让用户关注文献的引文频次更新、检索主题的更新、几种期刊的更新、E-mail、手机短信订阅可更新提醒功能。点击下图中的"免费订阅"实现订阅功能，如图 3-2-12 所示。

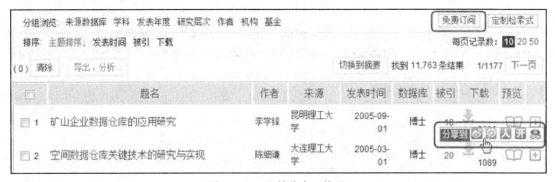

图 3-2-12　文献分享、推送

6）CNKI 指数。KDN 检索平台新加了 CNKI 指数功能，CNKI 指数反映某一个关键词的关注度，包括学术关注度、媒体关注度、学术传播度和用户关注度。CNKI 指数是以中国知网海量文献为基础的免费数据分析服务，它能形象地反映不同关键词在过去一段时间里的变化趋势。CNKI 指数以最权威的文献检索数据为基础，通过科学、标准的运算，以直观的图形界面展现，帮助用户最大化地获取有价值的信息。通过 CNKI 指数，可以检索、发现和追踪学术热点话题，如图 3-2-13 所示。

图 3-2-13　CNKI 指数

在检索框中输入"云计算"，直接点击检索，进入指数分析页面，如图 3-2-14 所示。

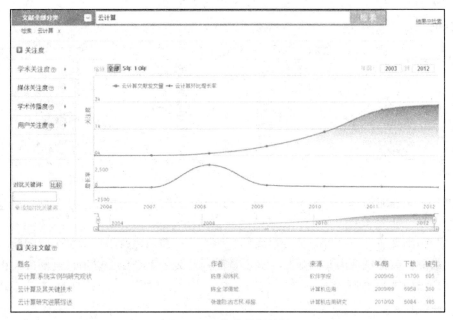

图 3-2-14　指数分析结果

（2）一框检索

由于篇幅所限，且这项内容较多，请学习者参见以下地址进行学习 http://acad3.cnki.net/help/AssistDocument/KDN/html/main.htm。

（3）出版物检索

在 KDN 首页点击"出版物检索"进入导航首页，如图 3-2-15 所示。

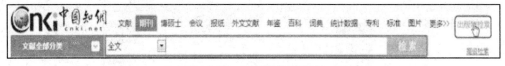

图 3-2-15　出版物检索首页

进入导航首页，在该页中有字母导航和分类导航。左侧文献分类目录帮助用户快速定位导航的分类，导航首页有推送的栏目，是当前热门期刊论文等文献，下面是一些特色导航的热门推荐文献：期刊、博士学位授予单位、硕士学位授予单位、会议论文集、报纸、年鉴、工具书，如图 3-2-16 所示。

图 3-2-16　导航首页

　　以期刊来源导航为例，在文本框中输入"中国林业"，系统根据选项名称自动地输出与之对应的信息，如图 3-2-17 所示，提示的词都是期刊名称。

　　选择"中国林业教育"进入该学报的导航功能，在期刊导航中，可进入"刊期浏览"，选择 2016N06，可任意选中某一年某一期，页面的目录随之变化，点击目录则进入相应的知网节页面，如图 3-2-18 所示。

（4）在线预览

　　在检索结果页面中，⌑ 图标表示预览全文，点击之后进入了预览页面，以期刊为例，如图 3-2-19、图 3-2-20 所示。

图 3-2-17　检索期刊页面

图 3-2-18　中国林业教育期刊导航页

图 3-2-19　文献结果

图 3-2-20　文献预览结果

在该原文浏览页面中，页面上部显示了该篇文献的篇名（点击该篇名之后跳转到知网节），在页面的左侧显示了该篇文献所在的期刊，以及年和期。点击期刊名 科技情报开发与经济 则进入期刊导航功能，选择年和期，则会进入相应年和期的图书情报导刊（曾用名科技情报开发与经济）。左侧的目录树，显示了该期的所有文献，选中的文献则以红色标注，如果要浏览该期其他文献，直接点击目录即可。

3.2.3　外文期刊论文及其检索

1. 纸质外文期刊论文检索

以北京林业大学图书馆使用的江苏汇文软件公司 OPAC v5.5.16.04.15 书目检索系统为例，介绍如何检索馆藏期刊。可以选择西文字母导航、期刊学科导航、年度订阅期刊，任选其一，以期刊学科导航检索为例，如图 3-2-21 所示。

图 3-2-21　北京林业大学图书馆书目检索系统首页

第一步，方框内选择"西文"，点击"经济学"下面的"理论经济学"，如图 3-2-22 所示。

图 3-2-22　书目检索（一）

　　按照页面提示进一步检索到读者所需要的外文期刊。例如，进一步检索 *Applied Economics* 外文期刊，单击"*Applied Economics*"，定位找到该期刊，如图 3-2-23、图 3-2-24 所示。

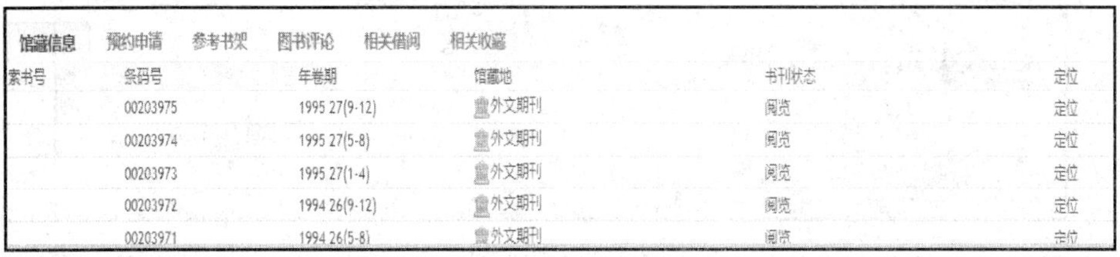

馆藏信息	预约申请	参考书架	图书评论	相关借阅	相关收藏		
索书号	条码号	年卷期		馆藏地		书刊状态	定位
	00203975	1995 27(9-12)		📖 外文期刊		阅览	定位
	00203974	1995 27(5-8)		📖 外文期刊		阅览	定位
	00203973	1995 27(1-4)		📖 外文期刊		阅览	定位
	00203972	1994 26(9-12)		📖 外文期刊		阅览	定位
	00203971	1994 26(5-8)		📖 外文期刊		阅览	定位

图 3-2-23　书目检索（二）

小窗口实例演示：

期刊导航 ⟹ 经济学-理论经济学 ⟹ Applied Economics ⟹ 年卷期1995 27(9-12)

图 3-2-24　书目检索（三）

2. 电子外文期刊论文检索

　　SpringerLink 平台是全球最完备的科学、技术和医学数据库在线资源，适应各种移动终端及智能手机，并且无数字版权管理（Digital Rights Management，DRM）限制，IP 控制无并发用户限制。SpringerLink 平台整合了 Springer 的出版资源，收录文献超过 800 万篇，包括图书、期刊、参考工具书、实验指南和数据库，其中收录电子图书超过 16 万种。该平台每年新增超过 8400 种图书及 3300 份实验指南，且每月新增超过 12 000 篇期刊文章。该平台提供数学、化学和材料科学、计算机科学、地球和环境科学、工程学、物理和天文学、医学、生物医学和生命科学、行为科学、商业和经济、人文、社会科学和法律等资源。

　　本章节以该数据库的检索实践为例，介绍如何使用外文电子期刊数据库进行检索。

　　打开浏览器并输入 link.springer.com 就可以进入该平台主页，如图 3-2-25 所示。

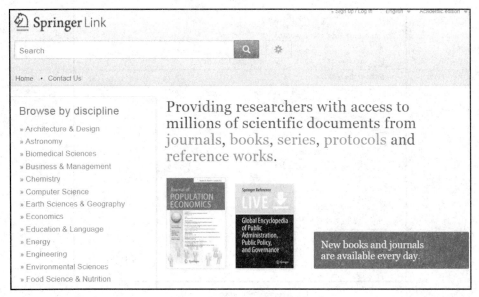

图 3-2-25　SpringerLink 平台主页

快速检索：在主页左上方搜索框内输入想要查找的期刊、图书、研究课题的关键词（平台有自动搜索建议功能），如图 3-2-26 所示。

Springer Link
forestry

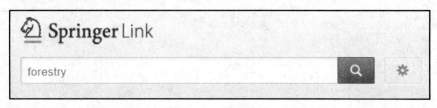

图 3-2-26　快速检索

或点击搜索框右侧图标选择进入高级搜索页面，第一步如图 3-2-27 所示，第二步如图 3-2-28 所示。

Springer Link
forestry
Advanced Search
Search Help
Home • Contact Us

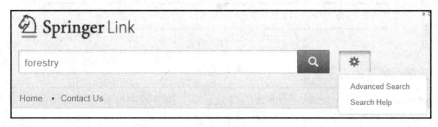

图 3-2-27　高级检索（一）

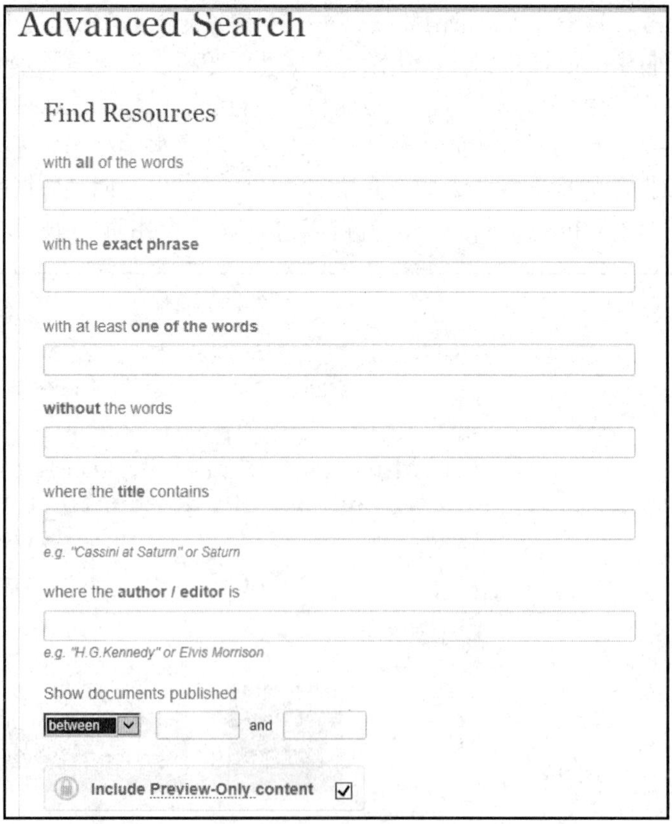

Advanced Search
Find Resources
with all of the words
with the exact phrase
with at least one of the words
without the words
where the title contains
e.g. "Cassini at Saturn" or Saturn
where the author / editor is
e.g. "H.G.Kennedy" or Elvis Morrison
Show documents published
between
and
Include Preview-Only content

图 3-2-28　高级检索（二）

点击主页左侧导航栏可按学科领域或文献内容类型（文章、章节、参考文献及实验室指南）进行浏览，如图 3-2-29 所示。

图 3-2-29 按学科领域或文献内容类型浏览

如果想查看检索结果及聚类优化（精炼）的检索结果，可以查看结果列表，点击 PDF 下载全文或点击文章标题直接查看 HTML 格式的全文。

如果只想看到授权范围内（即能下载全文）的检索结果，请取消搜索结果页面左侧上方黄色框上 "Include Preview-Only content" 的勾选，如图 3-2-30 所示。

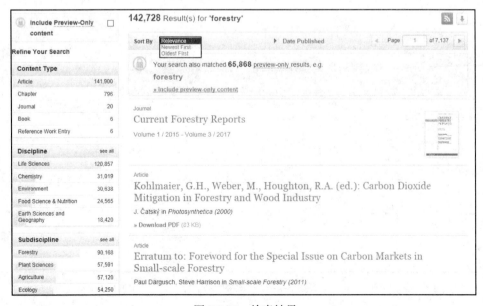

图 3-2-30 检索结果

检索结果默认按照相关度排序，也可按出版时间排序或对具体出版年限进行精确定位，如图 3-2-31 所示。

图 3-2-31　检索结果排序

结果列表页面左侧有聚类选项帮助优化检索结果。可根据内容类型、学科、子学科、作者及语言等选项对检索结果进行优化，如图 3-2-32 所示。

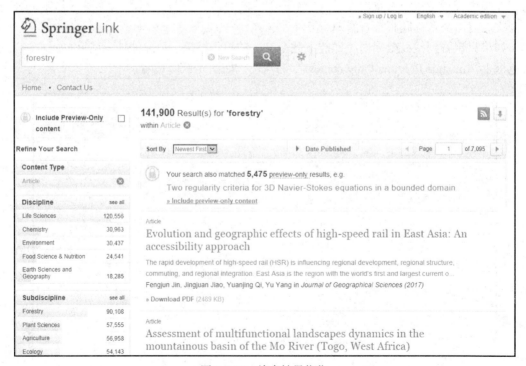

图 3-2-32　检索结果优化

3.3　报纸检索与利用

报纸检索可以概括为报纸馆藏目录及联合目录检索、报纸提要检索、报纸篇名检索。纸质报纸馆藏目录及联合目录检索主要有：《北京图书馆馆藏报纸目录》，北京图书馆报纸期刊编目组编；《上海图书馆馆藏中文报纸目录》，上海图书馆编等。网上报纸目录检索工具主要有：中国国家图书馆报纸目录（http://www.nlc.cn/dsb_zyyfw/bz/bzzyk/）；上海图书馆电子报纸导读（http://newspaper.digilib.sh.cn/）；读秀（http://www.duxiu.com/#）等。

3.3.1　中文报纸资源的主要检索工具

中国国家图书馆·中国国家数字图书馆的报纸资源库内容丰富，覆盖的范围广，参考价值很大，目前包括 14 个中文报纸资源库、8 个外文报纸资源库，主要中文报纸资源库如下。

1. 瀚堂近代报刊数据库

瀚堂近代报刊数据库包括《大公报》香港版、《益世报》、《遐迩贯珍》等 300 余种清末至民国的刊物。该数据库图文并茂，其中《益世报》采用独家授权使用的高清原报扫描件；支持简繁体自动转换检索，包括绝对精确检索、精确检索和模糊检索；文字可复制、编辑再利用；图文对照，可浏览图片形式的全文，以及部分文字形式的全文。该库采用通用浏览器模式，不需安装客户端。访问网址是 http://www.neohytung.com。

2. 中国重要报纸全文数据库

截至 2012 年年底，该库收录了不少于 500 种中央及地方重要报纸，文献量约 1100 余万篇，是我国第一个以重要报纸刊载的学术性、资料性文献为收录对象的连续动态更新的报纸全文数据库，访问网址是 http://epub.cnki.net/kns/brief/result.aspx?dbPrefix=CCND。

3. 中国报纸资源全文数据库

该数据库收录了全国各大报业集团的核心报纸近 500 种，可按地区、分类、刊号检索报纸，按报纸、新闻、图片、时间进行文章级的内容检索，并可以直接翻阅原报，访问网址是 http://www.apabi.com/nlc/?pid=newspaper.index。

4.《全国报刊索引》

该库包括全国社会科学类期刊 6000 多种，报纸 200 余种，年更新量 20 余万条。2014 年《全国报刊索引》镜像数据库中新增加《晚清期刊全文数据库》（1833~1911 年）期刊全文数据，收录晚清时期 200 余种期刊，约 25 万篇全文，访问网址是 http://202.106.125.34:8090/bksy_mirror/login.do。

其他数据资源库不一一介绍。使用时参照中国国家图书馆·中国国家数字图书馆，主页为 http://www.nlc.cn/dsb_zyyfw/bz/bzzyk/。

3.3.2　外文报纸资源的主要检索工具

1. *Japan Chronicle Weekly*

英文版的日本编年史周报（1919~1940），资源来源于伦敦大学亚非学院与大英图书馆，共有约 75 000 页，记录了日本现代化的发展，以及日本在经过战争、政治社会动荡和东亚的社会改革巨变后在 20 世纪上半叶登上世界舞台的历史过程。编年史周报的总部设在神户，它见证了这一港口城市的巨变。编年史周报由这一通商口岸的代表性人物进行编辑，它为日本、东亚移民群体和东亚的历史发展的研究提供了独特视角。东亚的历史学家一直将该报看作极具价值的电子资源。这一周报内容丰富，为日本和东亚研究提供了可读性资源与独特视角，同时它也对北华捷报中关于日本的内容做了生动补充。

收录年限：1919～1940，如图 3-3-1 所示，访问网址是 http://primarysources.brillonline.com/browse/japan-chronicle。

图 3-3-1　伦敦大学亚非学院与大英图书馆页面

2. ProQuest 历史报纸：近现代中国英文报纸库

该库收录了 1832～1953 年在中国出版的《北华捷报》（*The North-China Herald*）、《密勒氏评论报》（*The China Weekly Review*）等 12 份英文报纸。这些报纸收录的内容具有非常重要的史料价值，所刊内容从独特的视角对中国近现代史上最为动荡的 120 多年间发生的政治和社会生活动态进行了全面的报道。

收录年限：1832～1953。访问网址是 http://search.proquest.com/。

3. *Izvestiia*

该库可提供 1917～2011 年所有刊发的《消息报》，为报纸原版面的扫描影像 PDF 文件，包含图片等所有图像内容，读者可从页面直接输出影像。1917 年至 1991 年苏联解体期间，《消息报》曾是苏联最高苏维埃机关报。苏联解体后，《消息报》成为独立出版物。

收录年限：1917～2011。访问网址是 http://dlib.eastview.com/Login。

4. *Правда*

Правда（真理报）创办于 1912 年，是俄罗斯影响力最大的报纸之一，以其显著的政治色彩而闻名世界。该数据库提供 1912～2009 年所有刊发的 *Правда*（真理报），为报纸原版面的扫描影像 PDF 文件，包含图片等所有图像内容，读者可从页面直接输出影像。

收录年限：1912～2012。访问网址是 http://dlib.eastview.com/Login。

5. Newspaper Source（EBSCO）

该库提供 44 种美国和其他国家报纸的完整全文，超过 80 种电视和广播新闻脚本及杂志全文。此外，还可访问 350 余种精选地区报纸全文等内容，如图 3-3-2 所示。访问网址是 http://web.a.ebscohost.com/，中国国家图书馆、中国国家数字图书馆网站，由于局域网限制，使用检索时参见网址 http://www.nlc.cn/相关说明并查询。

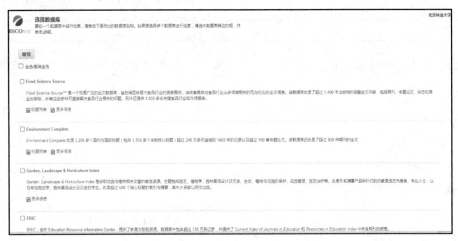

图 3-3-2　Newspaper Source（EBSCO）页面

6. *The Wall Street Journal*

The Wall Street Journal（华尔街日报）在美国是权威的商业新闻来源。它在美国各地都有发行，是美国日发行量最大的报纸。读者通过关注 *The Wall Street Journal*（华尔街日报）上刊登的一些关键性统计报告，就可以迅速准确地了解美国经济的起起落落，访问网址是 http://search.proquest.com/。

3.3.3　如何获取报纸原文

下面介绍如何检索中国重要报纸全文数据库，如图 3-3-3 所示。

访问网址是 http://kns.cnki.net/kns/brief/result.aspx?dbprefix=CCND。

图 3-3-3　中国重要报纸全文数据库

需要专业检索和组合检索的用户可以进入高级检索模式进行检索。在检索的首页中，选择要检索的库，再点击"高级检索"。直接进入高级检索页面，这里以"报纸"的高级检索为例，首先选择"报纸"，如图3-3-4所示。

图 3-3-4　报纸的高级检索页面（一）

其次，进入高级检索（分为多个检索，不同的数据库则检索种类不同）页面，如图3-3-5所示。

图 3-3-5　报纸的高级检索页面（二）

检索功能实现了简单的组合检索，适合大多数用户使用。图3-3-5中 ⊞ 和 ⊟ 按钮，用来添加或者减少检索条件，可以选择报纸日期和出版物来源类别进行组合检索，同时也提供了精确和模糊的选项，满足了用户的需求。

高级检索如图3-3-5所示，其中 ⊞ 和 ⊟ 按钮用来增加和减少检索条件，"词频"表示该检索词在文中出现的频次。在高级检索中，还提供了更多的组合条件，如主题、题名、作者等。左侧的文献分类导航，可以快速检索到所属不同学科中的内容。

专业检索，如图3-3-6所示。

图 3-3-6　专业检索

句子检索，如图3-3-7所示。

图 3-3-7　句子检索

一框式检索，如图 3-3-8 所示。

图 3-3-8　一框式检索

3.4　参考工具书检索与利用

3.4.1　参考工具书概述

1. 参考工具书的定义

《中国读书大辞典》对工具书的解释是："比较完备地汇集某一方面的知识、资源、事实，按照特定的方法加以编排，供读者检索查考的图书。"①它是根据一定社会需要，全面系统地汇集一定范围内的文献资料，经审定整理或概括，用简明易查的方法加以组织编排，提供某一方面的基本知识或资料线索，专供查检和查考的特定类型的图书。工具书从内容可以划分为控制型的检索工具书和资料型的参考工具书。

参考工具书主要是数据和事实检索，其本身具有答难解疑、提供答案的功能。常见的工具书有词（字）典、年鉴、百科全书、手册等。

2. 参考工具书的特点

1）内容广泛、叙述扼要、概括性强、注重简明易检的编排方式。

2）编排方式有字顺、分类。还有的按时间分类，如历史年表；按地区分类，如地图集。

3）一般工具书在正文后都有索引，提供多渠道的检索入口，如著者索引、书名索引、主题索引。编制的索引越多，查找越方便。

---

① 王余光，徐雁.1999. 中国读书大辞典. 南京：南京大学出版社. 第 1005 页.

3. 参考工具书的分类

从参考工具书的功用与特点来说，一般分为字典、词（辞）典、百科全书、类书、政书、年鉴、手册、年表、历表、名录等。从载体而言，可分为传统纸本参考工具书、电子版参考工具书和网络参考工具书。

4. 参考工具书的排检方法

1）字顺排检法，又称字序法，是按照一定顺序排检单字或复词的一种方法。一般字典、词（辞）典、百科全书和索引等都常用这种方法。字序法包括形序法（有部首法、笔画与笔形法、号码法）和音序法。

2）分类排检法，是按学科体系或事物性质分类编排的方法。古代的类书、政书多采用这种方法编排；现代的一些年鉴、手册、指南也有采用这种方法的。

3）主题排检法，是一种以规范化的自然语言作为文献主题标识符号的编排方法。目前，国外的检索工具书大都附有主题索引或直接采用主题排检法。在国内，主要用于科技文献的检索。

4）时序排检法，是按事物发生发展的时间顺序或人物生卒年月日、生平经历的先后次序编排查检文献的方法。一般查找年代和历史的年表、历表，记载个人生平的年谱、大事记都采用这种方法编排，如《中国历史人物生卒年表》。时序排检法的特点是线索清晰、检索方便。

5）地序排检法，是按行政区划的次序排检文献的方法。该方法多用在研究查考自然资源及经济开发的工具书中，用这种方法编排的工具书主要是地图和地方文献，如《中国名胜词典》《最新中国期刊全览》等。

5. 网络参考工具书举要

CNKI 工具书馆是 CNKI 系列数据库之一，集成了近 200 家知名出版社的 4000 余部工具书，类型包括语文词典、双语词典、专科辞典、百科全书、图录、表谱、传记、语录、手册等，约 1500 万个条目，70 万张图片，所有条目均由专业人士撰写，内容涵盖哲学、文学艺术、社会科学、文化教育、自然科学、工程技术、医学等各个领域（图 3-4-1）。

图 3-4-1　CNKI 工具书馆

检索方法：①条目检索：按词目、释文、主题、书名等项检索，查找相关条目；②工具书检索：按书名、作者、主题等项检索，查找所收录的工具书名称；③辅文检索：按书名、篇名、全文、作者、主题等项检索，查找工具书的前言、凡例、附录、编委会、作者、后记等辅助信息，并提供书目索引及学科分类导航。

3.4.2　各类参考工具书介绍

1. 字典、词（辞）典概述

（1）字典、词（辞）典的定义

字典、词（辞）典都是汇集或汇释字、词、术语，按一定次序编排的最常用和通用的工具书。字典以标示汉字形体、注出读音并解释字义为主。词典则以解说词汇的概念、意义与用法为主。辞典以收录术语、专有名词、学科性词汇为主。常见的字典有《新华字典》《康熙字典》《汉语大字典》，词典有《现代汉语词典》《英汉大词典》《简明英汉词典》，辞典有《综合英汉大辞典》《财政金融大辞典》《中医方剂大辞典》等。

（2）字典、词（辞）典的用途

查字：为了了解或核实某字的正确书写方法、读音或确切的释义，可利用字典查阅。查词：为了了解专业术语、学科概念、陌生的词汇或新增的专用名词之意义，可分别选用不同的词典，进行查阅。查缩略语（缩写词）：一般要使用有关的缩略语词典。查人物：要了解某一科学家、学者或知名人士的简历、代表著作及成就、生卒年等，可利用人名词典查找。查地名：世界上地名很多，如国家、城市、山川、江河、海洋等名称，都属地名范围，可利用地名词典工具书查检。查物名：如动物、植物、昆虫、药物、细菌等名称，可利用有关的专业词典查找。

（3）纸本及网络字典、词（辞）典举要

1）《康熙字典》为清朝政府召集众多学者集体编纂而成，因成书于康熙五十五年（1716年）而得名。全书收列字头 47 035 个，字头下列有该字的不同读音和意义，除僻字僻义外都引录书证。成书之后，流行极广，至今仍不失为一本有价值的语文工具书。

2）《汉语大字典》是一部以解释汉字的形、音、义为主要任务的大型语文工具书。1975年由国家出版事业管理局在广州召开的全国词典编写出版规划会议上提出，经周恩来、邓小平同志批准组织编写。1978 年国务院把这部大型字典列为国家文化建设中的一项重点科研项目；1983 年，这部字典又被正式列为哲学社会科学"六五"（1980～1985 年）规划的国家重点科研项目。经过十年的艰苦奋斗，于 1984 年编成初稿，并于 1985 年开始分卷定稿，陆续出版。《汉语大字典》是汉字楷书单字的汇编，共计收列单字 56 000 个左右。

3）《英汉大词典》是 1975 年中华人民共和国国家中外语文词典编写出版规划内规模最大的一种英汉双语词典，1989 年春问世，是国家哲学社会科学"七五"（1986～1990 年）规划的重点项目之一。它是我国第一部由英语专业人员自行规划设计、自订编辑方针编纂而成的大型综合性英汉词典。全书收词 20 万条，总字数约 2000 万。作为一部现有学术性和实用性的参考型辞书，《英汉大词典》侧重于客观记录描述英语各种类及各种文体、语体的实际使用状况，注意收集第一手语言资料，反映出我国英语学术研究的成果和双语词典编纂的水平。

4）在线字词典举要如下。

百度词典（http://dict.baidu.com/）（图 3-4-2）、词典网（http://www.cidianwang.com/）（图 3-4-3）、爱词霸（http://www.iciba.com/）（图 3-4-4）、有道词典（http://youdao.com/）（图 3-4-5）。

图 3-4-2　百度词典

图 3-4-3　词典网

图 3-4-4　爱词霸

图 3-4-5　有道词典

2. 百科全书概述

（1）百科全书的定义

百科全书的英文表达来源于希腊文 enkyklios paideia，表示"圆圈"或"范围"和"知识"或"教育"，整体意思是"要学的全部知识都在这一范围里"。百科全书是荟萃人类一切门类知识或某一学科知识的完备的工具书。百科全书知识门类齐全，汇聚人类对各学科或某学科的基本知识和重要研究成果，对每一学科提供定义、原理、方法、历史和现状、统计、书目等多方面的资料，被誉为"工具书之王"。

（2）百科全书的分类

百科全书依其所收内容可分为两类：一类是对一切学科部门知识的解释型的综合性百科全书；另一类是对某一学科领域内的全部知识的解释型的专科性百科全书。

（3）百科全书举要

1）《不列颠百科全书》（*Encyclopedia Britannica*，EB），又称《大英百科全书》，被认为是当今世界上最知名也是最权威的百科全书，英语世界俗称的 ABC 百科全书（又称世界三大百科全书，即美国百科全书、不列颠百科全书、科利尔百科全书）之一。该书 1771年在苏格兰爱丁堡出版，共三卷，以后不断修订出版。1941 年版权归美国芝加哥大学所有，现由总部设在美国芝加哥的不列颠百科全书公司出版。

不列颠百科全书由世界各国、各学术领域的著名专家学者（包括众多诺贝尔奖得主）为其撰写条目。该书囊括了对人类知识各重要学科的详尽介绍，以及对历史及当代重要人物、事件的翔实叙述，其学术性和权威性为世人所公认。2012 年 3 月宣布停印纸质版，全面转向数字版，访问网址如下。

《大不列颠百科全书》访问网址是 http://www.britannica.com/。

《大不列颠百科全书》大学版访问网址是 http://academic.eb.com/。

2）《美国百科全书》（*Encyclopedia Americana*，EA）共 30 卷，是标准型的综合百科全书，为世界著名的 ABC 三大百科全书之 A。《美国百科全书》在选收内容上虽称"国际版"，但内容仍不免偏重美国和加拿大的历史、人物和地理资料；人物条目和科技内容条目篇幅较大；历史分世纪设条，给读者以全世界政治、社会和文化的世纪总览，提供完整的历史背景情况。该书初版共 13 卷，于 1829～1833 年问世。

3）《中国大百科全书》是我国第一部大型现代综合性百科全书。第一版由 1993 年《中国大百科全书》总编辑委员会组织编纂，由中国大百科全书出版社出版。该书包括 66 门学科和知识门类，8 万个条目，共计 1.264 亿个汉字及 5 万余幅插图。全书共计 74 卷，包括哲学、社会科学、文学艺术、文化教育、自然科学、工程技术等各个学科和领域。第一版比较特殊的一点：它是按照学科和知识领域来编排条目的，而不是全书统一按照条目音序排列的。这就使得它的每一本分册都可以看成这个领域的专用词典。之后，该书出版了简明版、光盘版及网络版等多种版本。

《中国大百科全书》第二版于 2009 年 4 月 16 日正式出版，总计 32 卷（正文 30 卷、索引 2 卷）、60 000 个条目、约 6000 万字、30 000 幅插图和 1000 幅地图。与第一版不同，它并未按领域来编排条目，而是直接按条目的汉语拼音字母顺序排列的。

中国大百科网络版访问网址是 http://ecph.cnki.net/。

4）专科性百科全书。专科性百科全书是限于某一个或某几个学科领域知识的百科全书，对特定研究课程所提供的资料往往精深详尽。几乎每个领域都有专门的百科全书。

例如，《企业管理百科全书》《国际工商管理百科全书》《市场经济百科全书》《中国电力百科全书》《世界园林植物与花卉百科全书》《中华医学百科全书》等。

5）网络百科全书如下。

百度百科 https://baike.baidu.com/

维基百科 https://www.wikipedia.org/

3. 年鉴概述

（1）年鉴的定义

年鉴是系统地反映和汇集最近一年度国内外重大事件，以及各个学科的新进展、新知识和新资料以供查阅的工具书，它逐年编辑出版，及时地总结和报道各个方面的经验、成就，统计数据和文献资料，堪称年度百科全书。辛亥革命以后，中国才开始编辑出版年鉴。

（2）年鉴的特点

除具有参考工具书的知识性、查考性、易检性、系统性、概括性等特点外，年鉴还具有以下特点。

1）逐年编辑、连续出版。当年出版的年鉴反映的是上一年资料。

2）内容新颖，能及时反映上一年的最新信息，主要内容不断更新。

3）内容完备，收录资料广泛且集中，能为读者提供一年或逐年的有关事实性和数据性的情报信息。

4）选材严格、可靠，内容具有一定权威性，主要依据当年的政府公报和文件，以及国家重要报刊的报道和统计资料。

年鉴的新颖与综合性正好可以作为出版周期较长的大百科全书的一种补充。

（3）年鉴的用途

年鉴是概述一年内有关事物或学科的进展，汇集重要信息和统计资料的连续性出版物。其反映一年来的大事要闻、近期资料及事物发生、发展趋势，还提供新闻人物及其传记资料、提供有关资料和统计数据、提供查检机构名录资料、提供各学科研究信息。专业性年鉴集中反映某一学科的信息，是系统掌握某一学科研究动态、研究成果和发展趋势的重要途径。

（4）年鉴的分类

根据内容涉及领域，年鉴可分综合性年鉴和专业性年鉴。综合性年鉴和专业性年鉴的区别主要反映在它们各自的侧重点上。综合性年鉴主要是综合评述反映前一年一国或国际政治、经济、文化等各方面的主要材料和基本情况，资料涉及范围比较广泛，如《中华人民共和国年鉴》。专业性年鉴反映某一专业范围的基本资料和基本情况，如《中国经济年鉴》。

（5）年鉴举要

1）《中华人民共和国年鉴》是经国务院办公厅确认、原国家新闻出版总署（今国家广播电视总局）批准的中国唯一综合性国家年鉴。1981 年创刊，分设地理、历史、特载、国家机构、全国政协、政党、工青妇组织、公检法司、纪检监察、军事、外交、祖国统一·港澳特别行政区、人口民族宗教侨务、劳动人事社会民政、精神文明建设、经济总类、财政金融、城乡建设、环境保护、农业、工业、交通信息产业、国内贸易、对外经贸、旅游、科学技术、教育、文化事业、文学艺术、新闻出版、体育、卫生医药、省市区、开放地区、法律、大事年表、统计资料、人物、优秀郊县和优秀企事业单位等 42 个部类。由于其内容翔实、资料完整、数据权威的特点，其成为海内外各界人士包括经贸界人士了解中国、研究中国、投资中国的决策参考的权威工具书，同时也是国内各级党政机关、企事业单位、研究机构、高等学校查阅资料、掌握信息、了解全局、指导工作的重要参考刊物和具有收藏价值的大型工具书。

2）《中国统计年鉴》是国家统计局编印的一种资料性年刊，全面反映中华人民共和国经济和社会发展情况，是我国最全面、最具权威性的综合统计年鉴。该文献同时有中英文版及电子光盘版出版。

年鉴正文内容一般分为 20 余个篇章，于不同年份根据经济社会发展的不同情况略有调整。例如，①行政区划和自然资源；②综合；③国民经济核算；④人口；⑤就业人员和职工工资；⑥固定资产投资；⑦能源；⑧财政；⑨价格指数；⑩人民生活；⑪城市概况；⑫环境保护；⑬农业；⑭工业；⑮建筑业；⑯运输和邮电；⑰国内贸易；⑱对外经济贸易；⑲旅游；⑳金融业；㉑教育和科技；㉒文化、体育和卫生；㉓其他社会活动；㉔香港特别行政区主要社会经济指标；㉕澳门特别行政区主要社会经济指标等，同时附录两个篇章：台湾省主要社会经济指标和我国经济、社会统计指标同世界主要国家比较。为方便读者使用，各篇章前设有简要说明，对该篇章的主要内容、资料来源、统计范围、统计方法及历史变动情况予以简要概述，篇末附有主要统计指标解释。

3）年鉴数据库。《中国年鉴资源全文数据库》是由北京方正阿帕比技术有限公司与中国出版工作者协会年鉴工作委员会共同发起、得到全国年鉴界公认并积极参与中国主流专业的年鉴全文数据库。所收录年鉴资源覆盖了我国国民经济及社会发展的各个领域和地区，已形成较权威的，综合反映我国国情、地情的信息资源体系。

《中国年鉴网络出版总库》是中国知网的数据库产品之一，内容收录覆盖我国基本国情、地理历史、政治军事外交、法律、经济、科学技术、教育、文化体育事业、医疗卫生、社会生活、人物、统计资料、文件标准与法律法规等各个领域。

4. 手册概述

（1）手册的定义

手册是汇集某一学科或若干相关学科、某一专业领域或若干相关专业领域的基本知识、参考资料或数据，供随时查检的便捷性工具书。

（2）手册的分类

手册类工具书包括手册、指南、必备、大全、便览、总览、要览、一览等，其特点是小型、专题明确具体、取材新颖、论述简要、实用性强，易于随手翻检。

手册和专科性百科全书在性质和用途上比较接近，但又有区别，手册是进行具体工作时查核数据、事实的常用参考工具；专科性百科全书则是进行规划或研究时所需背景性资料的来源。

（3）手册举要

《各国人名手册》依据每个国家的地理、历史、语言、宗教等情况，全面介绍了全世界195 个国家和地区的人名概况和习俗，从人名形式的演变过程到姓名的含义，一一作了介绍，内容丰富、涉及面广，是外交、外贸、国际交流等必备的常用工具书。

5. 统计数据概述

（1）统计数据的定义

统计数据是表示某一地理区域自然经济要素特征、规模、结构、水平等指标的数据，是定性、定位和定量统计分析的基础数据。

（2）统计数据的分类

美国社会学家、统计学家史蒂文斯（S. S. Stevens）1968 年按照变量的性质和数学运算的功能特点，将统计计量划分为四种计量尺度，即定类尺度、定序尺度、定距尺度、定比尺度。统计数据是采用某种计量尺度对事物进行计量的结果，采用不同的计量尺度会得到不同类型的统计数据。根据计量尺度可以将统计数据分为以下四种类型：①定类数据——表现为类别，但不区分顺序，是由定类尺度计量形成的；②定序数据——表现为类别，但有顺序，是由定序尺度计量形成的；③定距数据——表现为数值，可进行加、减运算，是由定距尺度计量形成的；④定比数据——表现为数值，可进行加、减、乘、除运算，是由定比尺度计量形成的。

前两类数据说明的是事物的品质特征，不能用数据表示，其结果均表现为类别，也称为定性数据或品质数据；后两类数据说明的是现象的数量特征，能够用数值来表现，因此也称为定量数据或数量数据。

（3）统计数据举要

1）国家统计局网站是 http://www.stats.gov.cn。该网站提供了统计动态、数据经纬、分析预测、法规制度、年度数据、普查数据、经济快讯、地方统计数据、统计法规、统计制度、统计标准、统计指标等信息。

2）CNKI《中国经济社会大数据研究平台》。该数据库目前是国内最大的连续出版的以统计年鉴（资料）为主体的数值型数据库，收录了国民经济核算、固定资产投资、人口与人力资源、人民生活与物价、各类企事业单位、财政金融、自然资源、能源与环境、政法与公共管理、农民农业和农村、工业、建筑房产、交通邮电信息产业、国内贸易与对外经济、旅游餐饮、教育科技、文化体育、医药卫生等各个领域和国民经济各行业的各类统计年鉴（资料）和最新经济运行数据。

3）EPS 全球统计数据/分析平台（简称 EPS 数据平台）。该平台是国内首家"专业数据+预测分析"平台。EPS 数据平台在完整、全面、权威的数据库的基础上提供强大的数据分析和数据预测功能，突破了传统数据库数据单一、操作复杂的局限，通过内嵌的数据分析预测软件，在平台内只需点击相关按钮即可完成对数据的分析和预测。数据库包括：世界贸易数据库（World Trade Data）、世界能源数据库（World Energy Data）、世界宏观经济数据库（World Macro Economy Data）、世界经济发展数据库（World Economy Development Data）、欧亚经济发展数据库（Euro-Asia Economy Development Data）、中国工业企业数据库（China Industry Business Performance Data）、中国工业产品产量数据库（China Industry Product Output Data）、中国贸易数据库（China Trade Data）、中国宏观经济数据库（China Macro Economy Data）、中国金融数据库（China Finance Data）、中国科技数据库（China Science and Technology Data）、中国农业数据库（China Agriculture Data）、中国教育数据库（China Education Database）、世界教育数据库（World Education Database）、中国区域经济数据库（China Regional Economy Data）。

4）EIU Countrydata。该数据库是全面获取全球各国宏观数据分析的工具，提供全球 201 个国家与地区宏观经济历史与预测数据，每个国家 320 个指标系列，含年度、季度、月度数值，数值涵盖从 1980 年到 2035 年（提供 5～25 年预测值）。同时，该数据库还提供全球 45 个地区和次地区的经济总量数据、各国近期经济展望综述报告。

EIU Countrydata 内每个国家的数据分为七大类，即人口统计和收入类、国内生产总值类、财政及货币指标类、国际支付类、外部债务存量、外贸与外债偿还类。

EIU Countrydata 还提供全球 28 种大众商品的分析数据及 5 年价格预测，以及影响价格因素的预测分析，包括产量、消费量和库存水平。为帮助企业了解大众商品交易趋势，EIU Countrydata 还计算大宗商品价值指数，并定期更新，它是任何在国际商品市场拥有交易敞口的企业的重要参考信息。该数据库所覆盖的全球商品如下：（全球产量、库存量、价格）铝、煤、铜、棉花、铅、镍、天然橡胶、天然气、锌、原油、羊毛、钢铁、黄金、食品、饲料和饮料、可可、阿拉伯咖啡、罗巴斯塔咖啡、小麦、玉米、水稻、大豆、棕榈油、葵花籽油、菜籽油、糖、茶等。

5）国际货币基金组织（International Monetary Fund，IMF）E-Library 统计数据库。该数据库提供国际货币基金组织的各种统计数据库的查询，包括 BOPS、IFS、DOTS、GFS 等。

国际收支统计（Balance of Payment Statistics，BOPS）：涵盖 170 个国家、超过 10 万个时间序列的标准化、可比较交易数据。涉及数据由当前账户余额和构成、金融账户余额和构成、储备资产等。根据不同国家按季度、年度提供自 1967 年以来的数据。数据每月更新。

国际金融统计（International Financial Statistics，IFS）：该数据库提供超过来自 200 个国家的 32 000 个时间序列数据。数据按国家组织，主要提供国际货币基金组织各成员在汇率、基金、国际清偿能力、储备金、货币和银行账户、利率、商品价格、产品、政府财政、劳力、国民核算、进出口和人口等方面的统计数据。

贸易方向统计（Direction of Trade Statistics，DOTS）：收录了 186 个国家的自 1980 年以来的年度和季度数据，为国家与贸易伙伴之间的进出口项目提供超过 10 万个时间序列。数据按国家组织来展示，并累计记入地区和全球表中。

政府财政统计（Government Finance Statistics，GFS）：提供 145 个成员国的政府财政运行统计数据，超过 135 000 个时间序列，是一种促进政府流动性和财政稳定的评估。

6）中国资讯行-中国统计数据库（http://www.infobank.cn）。中国资讯行是香港专门收集、处理及传播中国商业信息的企业，为世界各地各行各业的公司和研究机构提供信息，其数据产品包括 14 个大型专业数据库，内容涉及 19 个领域，197 个行业，数据每日更新。中国统计数据库是其子库之一。

中国统计数据库：大部分数据收录自 1995 年以来国家及各省市地方统计机构的统计年鉴、海关统计快报、中国人民银行月度及季度统计资料，其中部分数据可追溯到 1949 年，亦包括部分海外地区统计数据。数据按行业及地域分类。

6. 名录概述

（1）名录的定义

名录是汇集机构名称、人名、地名等基本情况和资料的一种工具书，按分类或字顺加以排列，并对相关事项予以简要揭示和介绍。

（2）名录的分类

名录按其内容可分为机构名录、人名录、地名录及其他事物名录。

机构名录简要介绍机构的基本情况，包括通信地址、机构的历史与经营和服务的项目、业务范围、产品等。人名录通常是某一领域内知名人物和简传的汇编，是提供查考人物的生平简介、传记资料的常用工具书之一。地名录是经规范化的地名字顺一览表，主要收录地名，用于查检某地区的位置等。

（3）名录举要

1）《第一批国家珍贵古籍名录图录》是依据 2008 年 3 月 1 日国务院批准颁布的"第一批国家珍贵古籍名录"编撰而成的大型珍贵古籍图录，共收录古籍 2392 种。其中，汉文古籍 2282 部，民族文字古籍 110 部。汉文古籍包括简帛 117 种、敦煌文书 72 件、古籍 2020 部、碑帖 73 部。民族文字古籍包括焉耆-龟兹文、于阗文、藏文、回鹘文、西夏文、白文、蒙古文、察合台文、彝文、满文、东巴文、傣文、水文、古壮字等 14 种文字。该书为广大学者、古籍保护从业人员、古籍收藏爱好者从事学术研究、版本鉴定、保护收藏等提供了极大的方便（图 3-4-6）。

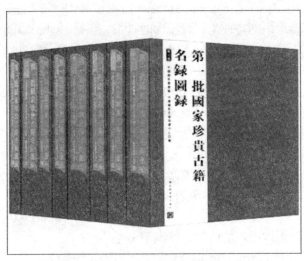

图 3-4-6　《第一批国家珍贵古籍名录图录》

2）中国资讯行-中国人物库、中国企业产品库、中国中央及地方政府机构库（http://www.infobank.cn）。中国人物库：提供详尽的中国主要政治人物、工业家、银行家、科学家及其他著名人物的简历及相关的资料，内容主要根据对中国 800 多种公开发行资料的搜集而生成。中国企业产品库：收录中国 27 万余家各行业企业基本情况及产品资料。中国中央及地方政府机构库：收录中央国务院部委机构及地方政府各部门资料，包括各机构的负责人、机构职能、地址、电话等主要资料。

3）中国电信黄页（http://www.yellowpage.com.cn），是中国电信最具专业性和权威性的黄页信息查询网站。该网站人性化检索功能强大、分类科学、包罗万象，提供城市黄页、全球黄页、黄页书店等服务。

第4章　特种文献检索与利用

特种文献是指有特定内容、特定用途、特定读者范围、特定出版发行方式的文献，主要包括专利文献、标准文献、学位论文、会议文献、科技报告、政府出版物、产品资料等。特种文献具有来源特殊、技术性强、使用价值高且时效性强等特点，能够反映本学科本专业先进的、前沿的、高水准的状态，对科技开发有着其他文献不可替代的作用。

4.1　专利文献检索

4.1.1　专利文献概述

1. 专利

（1）专利的起源

专利（英文 patent，拉丁语 Litterae patentes），意为公开的信件或公共文献，是中世纪的君主用来颁布某种特权的证明。

（2）专利和专利权

现代专利的概念包含三层意思。第一，它是指受法律规范保护的发明创造，或称专利技术。第二，它是指由专利机构依据发明申请所颁发的系列文书，或称专利文献，这些文书叙述发明的内容，并且产生一种法律状态，即该获得专利的发明只有得到专利所有人的许可才能利用（包括制造、使用、销售和进口等）。由此，产生第三层意思，即指专利所有人依法享受的各项权利，即被授予的在规定的时间和地域内对该项发明创造享有的专有权。

专利权的特点：一是一种专有权，这种权利具有独占的排他性，非专利权人要想使用他人的专利技术，必须依法征得专利权人的同意；二是一个国家依照其专利法授予的专利权，仅在该国法律管辖的范围内有效，对其他国家没有任何约束力，外国对其专利权不承担保护义务；三是专利权的法律保护具有时间性，如中国的发明专利权期限为自申请日起 20 年，实用新型专利权和外观设计专利权期限为自申请日起 10 年。

2. 专利文献

（1）专利文献的概念

专利文献是指在实行专利制度的国家和地区，特定机构依据国家法律程序在审批专利过程中所产生的官方文件和相关出版物的总称。

现代专利文献根据功能不同，可分为三大类型：一次专利文献、二次专利文献和专利分类资料。

一次专利文献，即狭义的专利文献，是指详细描述专利具体内容及专利保护范围的一种官方文件或其出版物，即专利说明书，它由专利文献著录项目、摘要、权利要求书、说明书正文、附图所组成。一次专利文献按照专利说明书的法律状况区分的话，还可以分为发明专利申请公开说明书和发明专利授权说明书。

二次专利文献，即为刊载集成一次专利文献或专利题录、专利索引的各种官方出版物，如以纸质、缩微胶片、电子等多种载体向国内外发行各种检索工具（索引、文摘等）、专利公报和专利审批程序中产生的文件（如专利证书等）等。

专利分类资料是指管理集成一次专利文献的分类方法的说明工具书，包括专利分类表、分类定义、分类检索表等，是专利文献数据库的编纂依据，也是专利文献检索的重要依据。

（2）专利文献的特点

专利文献是特定机构根据相关法律法规审批产生的文献，它具有内容新颖、范围广泛、文字精练、叙述严谨、可靠性强、质量高的特点，基于专利文献的标准化和详尽的分类系统，且在著录格式上有统一的标准，因而非常有利于信息的电子化共享和查询。同时，专利申请在不同审批阶段的重复出版，以及专利在多个国家的同时申请，也使得全球每年出版 100 万份以上专利说明书，涵盖 30 多个国家的语言，方便不同语种检索者使用。

（3）国际专利分类法

国际专利分类法是应用最广的专利分类法，是一个由政府组织执行的世界性专利分类体系。它采取了功能分类和应用分类相结合，以功能分类优先的原则，先按照功能大致分类，将功能相同的归为同类，然后再按照应用领域分成小类。

国际专利分类法采用等级结构形式，由部（section）、分部（subsection）、类（class）、小类（subclass）、主组（main group）、分组（subgroup）逐级分类，形成完整的分类体系。国际专利分类法的结构和命名方法简析如下。

国际专利分类法共分为八大部。A 部：人类生活必需，B 部：作业、运输，C 部：化学、冶金，D 部：纺织、造纸，E 部：固定建筑物，F 部：机械工程、照明、采暖、武器、爆破，G 部：物理，H 部：电学。每个部下面再进行逐级分类。

（4）专利文献的重要概念

从专利申请到专利授权，以及专利保护的整个过程中会产生不同种类的专利文献。根据《中华人民共和国专利法》，发明专利申请后，经初步审查符合要求的，自申请日满十八个月，即行公布。三年内可要求实质审查，审查合格的，授予发明专利权。在此过程中，产生一些相关的概念。

1）专利申请人：对专利权提出申请的单位或个人。

2）专利发明人（设计人）：实际开展工作的人。

3）专利权人：对专利具有独占、使用、处理权的人。

4）代理人：代为办理专利权申请的人。

5）专利申请号：专利申请受理部门在受理专利申请时给予的一个标志号码称为专利申请号，用 12 位阿拉伯数字表示，第 1～4 位数字表示受理专利申请的年号，第 5 位数字表示专利申请的种类，第 6～12 位数字为申请流水号，表示受理专利申请的相对顺序。

6）专利申请公布号和专利授权公告号：国家相关专利管理部门为每件专利申请案或专利授权案的说明书编制的标准号码。

7）优先权：优先权是指专利申请人向专利机构提出专利申请后，在法律规定的时间内，又将同一主题内容的发明提出专利申请，那么第二次的专利申请以第一次的申请时间为申请日期，这种权利就称之为优先权。

8）同族专利：人们把不同国家出版公布的内容基本相同而且具有共同优先权的一组专利或专利申请称为一个专利族，同一专利族中的每个专利则互为同族专利。同族专利检索通常就是从某一个专利或专利申请的编号（申请号、专利号等）检索出与其同属一个专利族的其他专利或专利申请的过程。同族专利检索有助于方便快捷地找出很多技术上相同或基本相同的专利文献，帮助了解专利的核心技术和权利要求及专利的技术演变的全过程。

4.1.2 国内专利文献检索

1. 专利文献检索的目的与意义

从专利申请到专利授权及失效的一个周期阶段，会产生大量的专利文献，专利文献携带多种信息，包括法律信息、技术信息和经济信息。这些文献对我们从事科研课题立项、新产品新技术开发、进出口贸易评估、技术难题攻关、专利申请转让诉讼等工作至关重要。

具体来说，专利文献检索就是根据一项或多项数据特征（即检索途径），从大量的专利文献或专利信息库（即检索工具）中得到符合某一特定目的要求的文献或信息，并通过对比选择得到所需信息的过程。检索目的、检索工具、检索范围等因素决定了检索的结果和效果。

专利文献检索按目的可分为查新检索、专题检索、授权专利检索、法律状态检索、同族专利检索、跟踪检索及侵权分析。

2. 国内专利文献的纸质检索

（1）中国专利公报

我国专利文献的纸质检索工具，一般是依赖专利管理机构出版的专利公报和专利索引等工具书。

《中国专利公报》是国家知识产权局每周定期公开出版的受理、审查和授权公告的唯一法定刊物，共分《发明专利公报》《实用新型专利公报》《外观设计专利公报》三种。《中国专利公报》主要刊载专利申请公开、专利权授予、专利事务、授权公告索引等多项内容。它具有以下特点：法律效力（为人民法院审理专利案件重要证物，同时也是签订合同的合法依据）；唯一性（知识产权出版社为法定唯一出版公报单位，其他单位均无权出版）；共同性（美国、日本、欧盟各国专利商标局均出版类似出版物）；不可替代性（其他任何出版物无权替代，是国家知识产权局与美国、日本、欧盟各国专利局互换保存的专利文献资料）；客观公正性（客观反映每个专利申请人及授权人的专利全程法律状态）；史料性（为专利申请人、专利权人珍贵的历史资料）。

（2）中国专利索引

中国专利索引分为三种：《分类年度索引》《申请人、专利权人年度索引》《申请号、专利号索引》。另外，根据国际专利分类法编写的《关键词及类号索引》，也是必备的索引工具书。

（3）检索方法简介

在进行文献检索的时候，根据检索目的，常用的检索方法可分为两种：第一种，查询《申请人、专利权人年度索引》，确定该申请人所申请的专利名称、专利分类号、公开号、公告号等，再按照上述信息在《中国专利公报》里面进行检索即可得到结果。第二种，可先确定要检索的该技术领域的关键词，再通过《关键词及类号索引》确定分类范围和分类号，然后按照分类号再检索《分类年度索引》确定专利号，最后按照专利号到《中国专利公报》中进行专利文献检索。

3. 国内专利文献的网络检索

网络检索，实质是指各种电子存储的专利文献数据库的联机检索。目前，网络检索已是专利文献检索的主流方式。较为有名的有国家知识产权局（http://www.sipo.gov.cn/）、中国知识产权网（http://www.cnipr.com/）、中国专利信息网（http://www.patent.com.cn/）、中国专利信息中心（http://www.cnpat.com.cn/）、中国专利网（http://www.cnpatent.com/）、CNKI中国知网（http://www.cnki.net/）、万方数据知识服务平台（http://c.wanfangdata.com.cn/PatentIndex.aspx）等。其中，以国家知识产权局最为权威。

（1）国家知识产权局

国家知识产权局收录自 1985 年中国实施专利制度以来的全部专利文献，读者可进行免费的各种专利检索，并下载专利说明书，网页上即可运行，专利说明书为通用的 PDF 格式，下载和阅读均极为方便。

据网站介绍，该检索系统收录的数据范围达到 103 个国家、地区和组织的专利数据及引文、同族、法律状态等数据信息，涵盖中国、美国、日本、韩国、英国、法国、德国、瑞士、俄罗斯、欧洲专利局和世界知识产权组织等。该检索系统的功能包括：常规检索、表格检索、药物专题检索、检索历史、检索结果浏览、文献浏览、批量下载等。中外专利数据每周三数据更新，同族、法律状态数据每周二更新，引文数据每月更新[1]。

在国家知识产权局主页页面点击"专利检索"（访问网址是 http://www.pss-system.gov.cn/sipopublicsearch/portal/uiIndex.shtml）即可进入检索入口，如图 4-1-1 所示。

图 4-1-1　国家知识产权局主页面

① 国家知识产权局综合服务平台 http://www.sipo.gov.cn/zhfwpt/zljs/.

（2）检索方法介绍

1）常规检索。该检索可以从自动识别、检索要素、申请号、公开（公告）号、申请（专利权）人、发明人、发明名称这几个字段中任选一项进行常规检索，如图 4-1-2 所示。

图 4-1-2　国家知识产权局常规检索页面

2）高级检索。高级检索提供了多种检索要素，且这些检索项目之间可以进行逻辑运算，进而拼成检索式进行检索。此外，高级检索还提供"智能扩展"功能辅助扩展检索要素信息。表 4-1-1 为网站介绍的高级检索的 36 种检索字段及其所属数据库范围。[1]

表 4-1-1　国家知识产权局高级检索字段分类表

序号	字段名称	所属数据范围	用户类别
1	申请号	中外专利联合检索； 中国专利检索； 外国及港澳台专利检索	匿名用户
2	申请日		
3	公开（公告）号		
4	公开（公告）日		
5	发明名称		
6	IPC 分类号		
7	申请（专利权）人		
8	发明人		
9	优先权号		
10	优先权日		
11	摘要		
12	权利要求		

[1] http://www.pss-system.gov.cn/sipopublicsearch/sysmgr/uishowHelp-forwardShowHelpPage.shtml.

序号	字段名称	所属数据范围	用户类别
13	说明书	中外专利联合检索； 中国专利检索； 外国及港澳台专利检索	匿名用户
14	关键词		
15	外观设计洛迦诺分类号	中国专利检索	匿名用户
16	外观设计简要说明		
17	申请（专利权）人所在国（省）		
18	申请人地址		
19	申请人邮编		
20	PCT 进入国家阶段日期		
21	PCT 国际申请号		注册用户
22	PCT 国际申请日期		
23	PCT 国际申请公开号		
24	PCT 国际申请公开日期		
25	ECLA 分类号	外国及港澳台专利检索	注册用户
26	UC 分类号		
27	FT 分类号		
28	FI 分类号		
29	发明名称（英）		
30	发明名称（法）		
31	发明名称（德）		
32	发明名称（其他）		
33	摘要（英）		
34	摘要（法）		
35	摘要（德）		
36	摘要（其他）		

3）IPC 导航检索。IPC 导航检索根据国际专利分类法进行文献检索。通常情况下，我们对某个技术领域、某个专门技术的进展检索不依赖于申请号、公开号和申请人等确切的信息，而只是知道该技术的关键词、主题词等专业名词，在这种情况下，我们依赖于 IPC 导航检索方法来完成检索工作。简单来说，IPC 是根据技术所属分类体系来快速查询该技术的分类号，从而通过分类号获取该类技术的专利文献，并了解该类技术的发展及专利进展情况。

4.1.3　国外专利文献检索

国际上较为著名的纸质专利文献，一种是德温特公司出版的《世界专利索引》《世界专利文摘》《化学专利索引》《一般和机械专利索引》《电气专利索引》《优先案索引》等；

另一种是美国的《化学文摘》《美国化学专利单元词索引》等。

各国授予专利的领域也各不相同,美国的植物专利就是一个很好的例证。美国专利商标局自 1930 年起就制定《植物专利法》,保护植物发明。

专利文献要进行手工检索,需要了解以下几项关键资料,即专利分类法、分类表索引、专利公报、专利年度索引等,尽量了解各国和相关商业机构采用的专利文献分类法、编纂特点、收录范围、可回溯时间等。

计算机技术和互联网出现后,专利文献的联机检索也逐渐取代了纸质检索。较为有名的有:德温特公司创办的德温特创新索引数据库(Derwent Innovations Index,DII)(http://www.derwent.com/)、欧洲专利局创建的专利检索系统(http://worldwide.espacenet.com/)、美国专利及商标局(简称美国专利商标局)检索系统(http://www.uspto.gov/)、美国化学文摘社专利数据库(http://www.cas.org/)、非洲专利检索系统(http://www.aripo.org/)、世界知识产权组织专利文献资源库(https://patentscope.wipo.int/),以及日本、德国、韩国、加拿大等国的专利文献检索系统,在此不一一列举。现主要介绍以下三种。

1. 德温特创新索引数据库

德温特出版公司是英国一家从事专利情报出版业务的公司,其出版物包括专利目录、文摘、累积索引等各种类型各种载体的检索工具,德温特创新检索系统在全世界享有较高的权威性。德温特创新索引数据库是以德温特世界专利索引(Derwent World Patent Index,DWPI)和德温特世界专利引文索引(Patents Citation Index,PCI)为基础形成的专利信息和专利引文信息数据库,收录了来自全球 40 多个专利机构(涵盖 100 多个国家)的基本发明专利和专利情报,数据可以回溯到 1963 年,分为化学、电子与电气、工程技术三部分,每周进行数据更新。

德温特创新索引数据库提供多种检索式,包括基本检索、高级检索、被引专利检索及化合物检索等。基本/高级检索的检索字段包括主题、题名、发明人、专利权人、专利号、国际专利分类号、德温特分类代码、德温特手工代码、德温特入藏登记号、环系索引号、德温特化学资源号、德温特注册号、德温特化合物编号。被引专利检索有 4 个检索字段,包括被引专利号、被引专利权人、被引发明人和德温特入藏登记号。化合物检索的检索字段包括化合物名称、物质说明、结构说明、标准分子式、分子式、分子量、德温特化学资源标识号。高级检索采用的是命令检索方式,使用字段标识、布尔逻辑运算符(AND、OR、NOT)、括号和检索式引用来创建检索式,以便得出更精准的检索结果。还可进一步选择"精炼检索结果",从学科类别、专利权人名称、专利权人代码、发明人、IPC 代码、德温特分类代码和德温特手工代码等进行精炼,也可以输入检索词在结果内检索。

德温特世界专利索引可从 Clarivate Analytics 官网上进入,见图 4-1-3。

2. 欧洲专利局专利检索系统

欧洲专利局专利检索系统(Espacenet 系统)是欧洲专利组织(执行体为欧洲专利局)及各成员国专利局于 1998 年合作开发的一个专利信息数据库,可免费检索。该检索系统收录了 1920 年以来世界上 80 多个国家和地区出版的专利文献。

该检索系统首页见图 4-1-4。

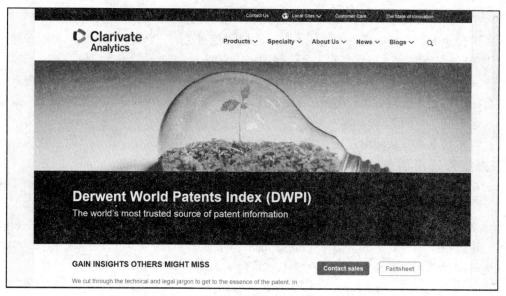

图 4-1-3　德温特世界专利索引系统入口页面

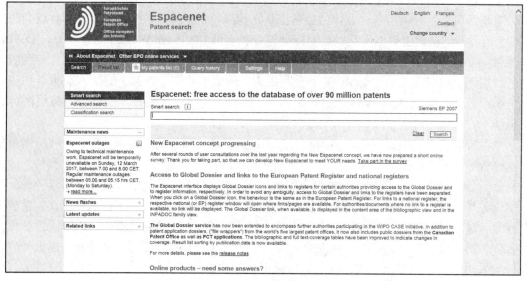

图 4-1-4　欧洲专利局专利检索系统主页面

该专利检索系统的检索方式是建立在专利文献的著录数据的基础上，共提供三种检索：智能检索（smart search）、高级检索（advanced search）和分类检索（classification search）。每种检索方法在页面上都提供帮助，令检索变得较为简便。

智能检索方法：可输入 1～20 个检索词，并以空格或适当运算符分隔。检索字段为关键词、文献号、发明人等著录项目。

高级检索方法：提供标题中的关键词、标题或摘要中的关键词、公开号、申请号、优先权号、公开日、申请人、发明人、联合专利分类号（Cooperative Patent Classification，CPC）、国际分类号等 10 个检索入口，检索字段间可进行逻辑运行。

分类检索方法：直接输入联合专利分类体系的分类号即可进行检索。该专利分类体系由美欧联合开发，已正式使用于欧洲专利局和美国专利商标局的检索系统。页面左侧有关于如何了解和确定 CPC 分类号的详细解说。

3. 美国专利商标局检索系统

该检索系统为美国专利商标局（United States Patent and Trademark Office，USPTO）提供的美国专利全文和图像数据库专利，见图 4-1-5。

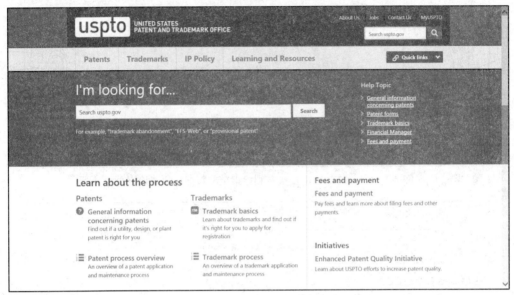

图 4-1-5　美国专利全文和图像数据库专利检索系统主页面

美国专利商标局官方网站提供多个数据库，读者不仅可以对专利进行检索，还可以对专利权转移、专利基因序列表、撤回专利、延长专利保护期、专利公报及专利分类等进行检索。

其中，最重要的是美国授权专利检索 USPTO Patent Full-Text and Image Database（PatFT）和美国申请公布专利检索 USPTO Patent Application Full-Text and Image Database（AppFT）。

PatFT 又分为两大板块，其一是图像数据库，1790～1975 年的专利数据只有图形文件；其二是专利全文数据库，收录自 1976 年以来的完整的专利数据，该板块可进行三类检索。

（1）快速检索

快速检索可通过两个检索词去检索，字段可设置限定范围，两个检索字段可进行逻辑运行，整个检索可设置年份限制，见图 4-1-6。

（2）高级检索

用户通过命令方式输入检索式进行检索，称为高级检索。检索式有固定格式：检索字段代码/具体检索字段，如 ttl/（tennis and racquet（or racket））、isd/1/8/2002 and motorcycle、in/newmar-julie。

（3）专利号检索

专利号检索可输入一个或多个专利号进行检索，见图 4-1-7。

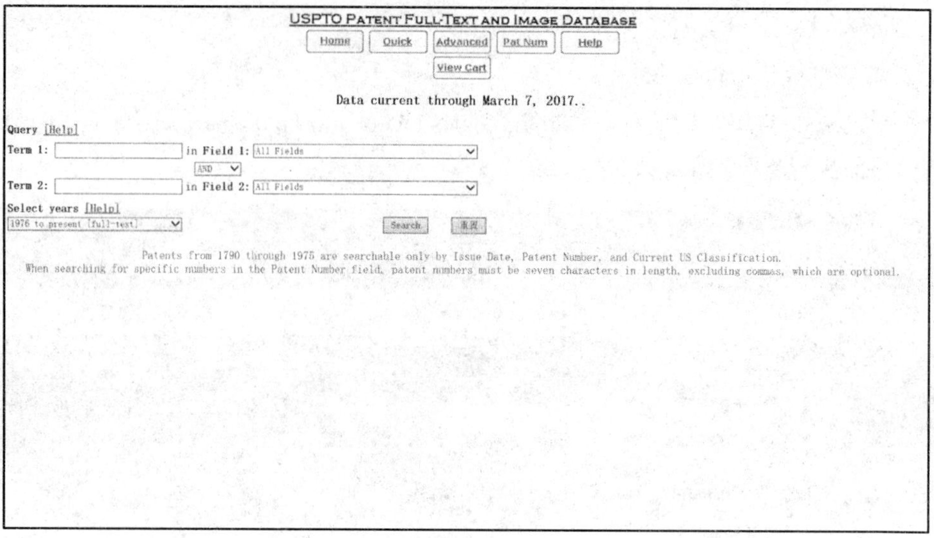

图 4-1-6　USPTO 美国授权专利检索全文数据库快速检索页面

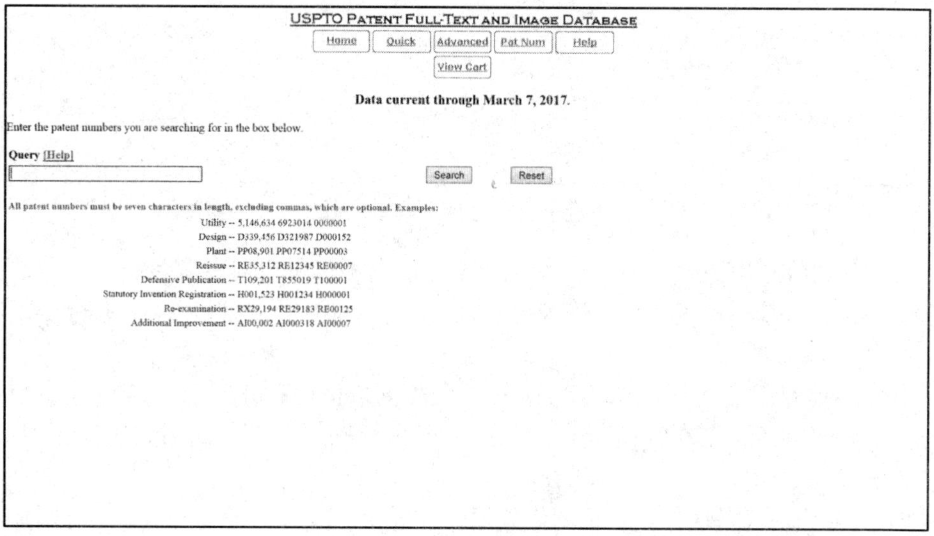

图 4-1-7　USPTO 美国授权专利检索全文数据库专利号检索页面

　　国外主要知识产权网站可参照国家知识产权局网站的链接，进入网站首页，再进入专利文献检索入口（如果有免费的专利检索服务提供的话，因一些商业机构提供的是有偿的专利检索服务）。另外，各大学图书馆也购买了一些国外常用的专利检索数据库，可根据自己需要进行选择。

4.2　标　准　文　献

4.2.1　标准文献概述

1. 标准概述

本书所指的标准是指由文字表述的和由机构管理的文件形式的标准，即文件标准。

（1）标准的定义

世界贸易组织（World Trade Organization，WTO）技术性贸易壁垒协议（Agreement on Technical Barriers to Trade，TBT）规定：标准是被公认机构批准的、非强制性的、为了通用或反复使用，为产品或其加工或生产方法提供规则、指南或特性的文件。

国际标准化组织（International Organization for Standardization，ISO）和国际电工委员会（International Electrotechnical Commission，IEC）对标准作了如下定义：标准是指为了在一定范围内获得最佳秩序，经协商一致制定并由公认机构批准，共同使用和重复使用的一种规范性文件。该定义有一个注，即标准宜以科学、技术和经验的综合成果为基础，以促进最佳的公共效益为目的。我国国家标准《标准化工作指南第 1 部分：标准化和相关活动的通用词汇》（GB/T20000.1—2002）亦采用该定义。

从上面的定义中可以看出，标准的作用就是要获得最佳秩序、促进最佳的公共效益。当一个标准不再能满足上述目的，就有必要制定新的标准。因此，标准是受限于当下的生产力发展程度，标准化活动也是一个标准不断更新完善的过程。

（2）标准的制定机构

国际上影响最大的标准制定机构是国际标准化组织、国际电信联盟（International Telecommunication Union，ITU）、国际电工委员会。其他重要的标准制定机构有：国际照明委员会、国际无线电干扰特别委员会（International Special Committee on Radio Interference，CISPR）、国际原子能机构（International Atomic Energy Agency，IAEA）、国际辐射单位和测量委员会（International Commission on Radiation Units and Measurements，ICRU）、国际图书馆协会联合会（International Federation of Library Associations and Institutions，IFLA）、国际制冷学会等，可在国际标准化组织的官方网站上查询各个机构的链接并自行阅读。

一些商业机构因其制定的标准具有较高的要求，通过该标准认证的产品或服务享有较高声誉，因此促成该标准成为行业标杆。这些标准不是由行政机构制定的，而是相关组织的"自有标准"，但却享有业内的权威地位，如国际环保纺织协会（Oeko-Tex Associationa）制定的Oeko-Tex Standard 100 纺织品测试标准，英国标准协会和挪威船级社（Det Norske Veritas，DNV）等制定的 OHSAS 18001 职业健康安全管理体系标准等。

（3）标准的分类

比较实用的标准分类方式有以下几种：一种是按标准的实施范围划分，可分为国家标准、区域标准、地方标准、行业标准和企业标准；另一种是按照标准的实施力度划分，可分为强制性标准和推荐性标准。如果按照标准化对象的基本属性，可以分为技术标准和管理标准两大类，前者指涉技术事项，后者指涉管理事项。

（4）标准化

ISO/IEC 和我国的国家标准 GB/T20000.1—2002 均将标准化定义为：为了在一定范围内获得最佳秩序，对现实问题或潜在问题制定共同使用和重复使用的条款的活动，活动主要包括编制、发布和实施标准的过程。标准化的主要作用在于为了其预期目的改进产品、过程或服务的适用性，防止贸易壁垒，并促进技术合作。

2. 标准文献及其特点

由前述的世界贸易组织和国家标准化组织对标准的定义中可以看出，标准是由一系列规范性文件构成的，这些规范性文件可称为标准文献。

广义的标准文献，除各级各类标准文件（标准、技术规范、规程、技术报告和指南）外，还包括标准化法规、期刊、专著、手册、文件，以及标准文献信息的目录、索引等。

标准文献的特点：首先，有完整的知识体系，为人类社会的活动，包括技术活动和管理活动，提供了可共同遵循的一系列准则；其次，有自己的分类方法和编号方式；再次，标准文献有专门的制定、颁布和发行机构，部分标准具有法律强制性且部分标准的认证通过赋予产品或服务高品质标志；最后，标准文献具有较强的时效性，需要不断推出新标准，或取代旧标准，或填补新领域的标准空缺状况。

3. 标准文献的分类和编号

（1）中国标准分类和编号

1）标准分类。我国标准的分类采用中国标准文献分类法（Chinese Classification for Standards，CCS）。中国标准文献分类法一级主类的设置以专业划分为主，由 24 个大类组成，每个大类以一个英文字母表示，每个大类再细分为 100 个二级目录，二级分类由两位数字（00～99）组成。依据中国标准文献分类法的分类，可以迅速缩小查询范围，再根据其他信息不断检索，直至查找到相关标准。

2）标准编号。我国的标准编号由标准代号、顺序号及颁布年代组成。

国家标准的代号由大写汉语拼音字母构成，强制性国家标准代号为"GB"，推荐性国家标准的代号为"GB/T"。

国家标准的编号由国家标准的代号、标准发布顺序号和标准发布年代号组成，如 GB 15618—1995 土壤环境质量标准、GB/T 18005—1999 中国森林公园风景资源质量等级评定。

国家实物标准（样品）由国家标准化行政主管部门统一编号，编号方法采用国家实物标准代号（为汉字拼音大写字母"GSB"）加中国标准文献分类法的一级类目、二级类目的代号及二级类目范围内的顺序、四位数年代号相结合的办法。

GB/Z 为国家标准化指导性文件，如 GB/Z 30286—2013 信息安全技术、信息系统保护轮廓和信息系统安全目标产生指南；GBJ 为国家工程建设标准（现为 GB 50XXX 系列标准，逐级修订中），如 GBJ 124—1988 道路工程术语标准；GBZ 为国家职业安全卫生标准，如 GBZ 1—2010 工业企业设计卫生标准；JJF 为国家计量检定规范，如 JJF 1314—2011 气体层流流量传感器型式评价大纲；JJG 为国家计量检定规程，如 JJG 4—2015 钢卷尺检定规程。

行业标准的编号由行业标准代号、标准发布顺序及标准发布年代号（四位数）组成，也分为强制性和推荐性标准。推荐性行业标准的代号是在行业标准代号后面加"/T"，如 DL/T 801—2002 大型发电机内冷却水质及系统技术要求，DZ 0024—1991 井温仪通用技术条件，其中 DL 为电力行业标准代码，DZ 为地质矿产行业标准代码。

（2）国际标准分类法

国际标准分类法（International Classification for Standards，ICS）是国际标准化组织编制的标准文献分类法。ICS 共分 97 个大类，采用数字层累制编号，由三级类目构成。第一级和第三级采用双位数，第二级采用三位数表示，各级分类号之间以实圆点相隔，并在必要时加注范畴注释或指引注释。

4. 标准文献的结构样例

如果按照标准信息载体划分，可分为标准文件和标准样品两大类。标准文件又包括标准、技术规范、规程、技术报告、指南等。本书试以我国国家标准文件为例来说明标准文献的结构。

典型的国家标准文件包括以下内容。

1）封面、目次、前言、引言等介绍其内容、背景、制定情况及该标准与其他标准关系的要素。其中，封面一般包括的项目有：标准类别、标准的标志、ICS 分类号、CCS 分类号、标准号、代替标准号、中文名称、英文名称、与国际标准一致性程度情况表达（采用的情况下）、备案号（国标除外）、发布日期、实施日期、发布部门等。

2）标准名称、标准适用范围、规范性引用文件等声明。

3）术语和定义、符号和缩略语、总则、条款（陈述、指示、推荐、要求）等，以上要素一旦声称符合标准就要求执行遵守。

4）资料性附录、参考文献、索引等附加信息，以上要素用来帮助使用者使用标准。

5）规范性附录等附加条款，是正文不可分割的一部分。

4.2.2　国内标准文献检索

1. 国内标准文献的纸质检索

我国标准文献的纸质检索工具主要有《中华人民共和国国家标准目录》《中国国家标准汇编》《中国标准化年鉴》《中华人民共和国国家标准目录及信息总汇》等。此外，地方标准目录、企业标准目录、标准发布公告、标准化期刊等也可以作为特定目的限定范围的检索工具。

纸质标准文献的检索方法使用较多的是通过标准号、标准名称、主题词或关键词来进行检索。只要掌握了标准的基础知识，标准文献分类原则和标准化编码原则，以及标准目录和索引的编写原则，就可以随时利用纸质检索工具进行标准检索。

2. 国内标准文献的电子/网络检索

中国国家标准管理委员会主页提供多种类型的标准数据库供公众查询，如国家标准全文公开数据库、强制性标准整合精简结论社会公示数据库、国家标准计划社会公示数据库、国家标准公告查询数据库、行业标准备案公告信息查询等，见图 4-2-1。

图 4-2-1　中国国家标准管理委员会主页面

国家标准全文公开系统（http://www.gb688.cn/bzgk/gb/index），见图 4-2-2。

中国国家标准化管理委员会（http://www.sac.gov.cn/was5/web/outlinetemplet/gjbzcx.jsp），见图 4-2-3。

图 4-2-2　中国国家标准管理委员会国家标准全文公开系统入口

图 4-2-3　中国国家标准管理委员会国家标准查询系统入口

除了上述数据库外，目前国内使用较多的标准文献检索数据库还有万方数据公司提供的中外标准数据库（Wanfang Standards Database，WFSD）（http://c.wanfangdata.com.cn/Standard.aspx），中国知网（http://www.cnki.net/），中国标准服务网（http://www.cssn.net.cn/），国家标准信息中心提供的国家技术标准资源服务平台（http://www.gb688.cn/home/），机械科学研究院提供的标准网（http://www.standardcn.com/），国家科技图书文献中心（National Science and Technology Library，NSTL）提供的标准数据库（http://www.nstl.gov.cn/）。

（1）中华人民共和国强制性国家标准全文数据库

截至 2018 年 3 月，该数据库收录现行有效强制性国家标准 3470 项，其中非采标 2321

项可在线阅读和下载，采标 1149 项只可在线阅读；收录现行有效推荐性国家标准 6112 项，其中非采标 3037 项可在线阅读，采标 3075 项只提供标准题录信息（数据来源为网站首页）。食品安全、环境保护、工程建设方面的国家标准未纳入该系统，另有入口。环境保护标准检索入口为 http://kjs.mep.gov.cn/hjbhbz/，食品安全卫生标准检索入口为 http://www.nhfpc.gov.cn/zhuz/psp/wsbz.shtml，工程建设国家强制性标准检索入口为 http://qt.ccsn.gov.cn/WebSite/Default.aspx。

该数据库提供三种检索：普通检索、标准分类检索和高级检索。

1）普通检索。普通检索仅可输入标准号和标准名称进行检索。

2）标准分类检索。标准分类检索是数据库提供按照 ICS 标准分类的一种检索方式。

3）高级检索。高级检索提供多个检索字段的复合检索，包括标准类别、标准化、标准名称、标准状态、发布日期、ICS 分类等。检索最终可阅读标准全文。

（2）国家标准文献共享服务平台

该网站为中国标准化研究院主办。除了国家强制性标准可阅读全文外，其他标准的全文传递是有偿服务。

中国标准化研究院直管的国家标准馆是我国唯一的国家级标准文献，标准化图书情报的馆藏、研究和服务机构，也是我国历史最久、资源最全、服务最广、影响最大的权威性标准文献服务机构。

国家标准馆自 2005 年开始进行"标准文献共享网络建设"项目，建成"国家标准文献共享服务平台"。该平台在整合全国已有标准文献资源的基础上，形成了规模庞大的标准文献题录数据库、全文数据库和专业数据库。

该数据库共提供四种检索方式：简单检索、高级检索、专业检索和分类检索，见图 4-2-4。

图 4-2-4　标准文献题录及全文数据库检索入口

1）简单检索。该检索仅可使用标准名称或标准号两种检索字段进行模糊搜索，见图 4-2-5。

2）高级检索。高级检索提供了关键词、标准号、CCS 分类、CIS 分类、采用关系、标准所属标准化组织、发布年代、标准状态等检索字段的复合检索，见图4-2-6。

图4-2-5 标准文献题录及全文数据库的简单检索入口

图4-2-6 标准文献题录及全文数据库的高级检索入口

3）专业检索。专业检索是由任意两个检索字段加标准品种共同构成的，字段间可进行逻辑运算。检索字段类别包括标准号、中文标题、英文标题、原文标题、ICS分类号、CCS分类号、中文主题词、英文主题词、原文主题词、代替标准、被代替标准、引用标准、修改件、被修改件、补充件、被补充件、适用范围。标准品种是指标准所属类别分为中国国家标准、中国行业标准、中国地方标准、国外国家标准、国外学（协）会标准及国际标准等，见图4-2-7。

4）分类检索。分类检索提供标准品种和国际标准分类两种检索字段的检索。标准品种的检索仅仅提供大类检索，如中国国家标准检索，不进一步细分，见图4-2-8。

图 4-2-7　标准文献题录及全文数据库的专业检索入口

图 4-2-8　标准文献题录及全文数据库的分类检索入口

　　除了以上常规的标准文献题录及全文数据库外，"国家标准文献共享平台"还有多个特色检索入口，如国际标准正版服务系统，该系统提供 ISO、IEC、AS、KS、ASME 等国际标准的检索以供销售。

　　这些特色数据库的检索方法基本上和网站提供的标准文献题录及全文数据库的方法相同，实际上只是同一数据库平台的分类接口，读者可根据自己的需要选择不同的检索入口。

4.2.3　国外标准文献检索

　　国外标准文献可粗略分为三类，一类是各国国家标准，一类是各类学（协）会指定的标准，一类是国际组织制定的国际标准。

　　国际标准化组织、国际电工委员会、国际电信联盟并称三大国际标准化机构，在国际标准化活动中占主导地位，且这三个组织之间具有非常密切的联系，制定标准时互相配合，以确保标准的衔接。

　　检索方法常用的有三大类：标准号检索、分类号检索和主题词检索。标准号的格式和国内标准号类同，基本结构由标准代号、标准序号和标准批准年号共同构成，如 IEC 60052—2002（用标准（空）气隙法测量电压），即为国际电工委员会 2002 年发布的 60052 号标准。分类号由该标准采用的分类方式所确定。主题词和关键词一般体现在标准名称中，检索时可能要用到主题词索引才能检索到所需要的标准。

　　国外标准文献的电子/网络检索平台大致有:国际标准化组织网站（http://www.iso.org）、国际电工委员会网站（http://www.iec.ch/）、国际电信联盟网站（http://www.itu.int/）、美国机械工程师协会网站（http://asmedigitalcollection.asme.org/）、美国国家标准学会网站（http://ansi.org/）、欧洲电信标准化协会网站（http://www.esti.org）、日本标准协会网站（http://www.jsa.or.jp/）、法国标准化协会网站（http://www.afnor.org/）、欧洲标准化委员会网站（https://www.cen.eu/）等。

　　国外标准，尤其是三大国际标准化组织制定的标准，是制定各国标准的重要参考，其标准检索平台是读者常用的、查找最新的标准文献信息的重要来源。下面选取较为常用的两个标准数据库，详解标准文献的检索方法。

　　1. ISO

　　ISO 成立于 1947 年，现有 100 多个成员国，其制定的标准囊括了大多数产业技术和管理领域（包括服务产品、知识产品等）的技术规范，标准更新也较快，在标准化领域具有较高的权威性。很多国家的标准都参考或采用该组织制定的标准。其中，ISO 质量体系标准(《ISO 9000 质量管理体系》和质量保证体系、ISO 14000 环境质量管理体系）非常独特，全球生产型及服务型企业都希望通过该质量体系标准认证。ISO 包括两种检索方式，一种是模糊简单检索，一种是高级检索。以下对高级检索进行举例说明。

　　1）关键词或短语检索，即输入一个或多个关键词进行检索，该检索词匹配出现在标准号、标准名称、文摘或全文中。

　　2）ICS 分类号及技术委员会的浏览检索。除了关键词检索外，还可以直接根据 ICS 分类号和技术委员会进行浏览检索，见图 4-2-9。

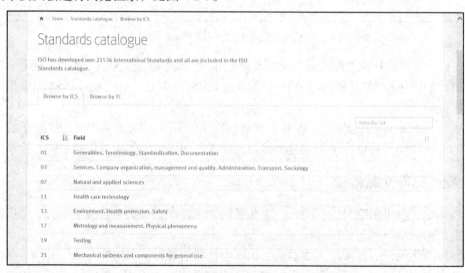

图 4-2-9　ISO 标准检索系统的 ICS 分类号浏览检索

2. IEC

IEC 成立于 1906 年，负责有关电气工程和电子工程领域的国际标准化工作。IEC 标准涉及电力、电子、电信和原子能方面的电工技术，应用极为广泛。

IEC 标准号是由 IEC、标准序号和发布年号共同构成。IEC 检索也分简单检索和高级检索，具体检索方法可参照 ISO 检索方法。

4.3　会　议　文　献

4.3.1　会议文献简介

会议文献是指在各种学术会议上宣读和交流的论文、所作的报告及其他与会议相关的文献资源，包括会前、会中和会后文献。会前文献主要有会议通知、会议日程安排、会议征文、会前论文文摘和预印本等，会中文献有开（闭）幕词、讲话（稿）或报告 PPT、讨论记录、会议决议等，会后文献主要以会议录、汇编、会议论文集、会议专刊（著）、视听资料、新闻报道等形式体现。会议文献大多内容新颖，反映学科发展的最新动态和趋势，深受广大科研工作者和教学人员重视，许多学科中的新发现、新进展、新成就及所提出的新研究课题和新设想，都是以会议论文的形式首次向公众发布的。会议文献是一种重要的科技情报源，通常可通过会议文献数据库、专业的会议网站或是会议组办机构的网站等途径来进行检索，通过图书馆、情报资料中心、图书馆联盟等文献收藏机构的馆藏目录可检索纸版会议文献，采用下载、借阅或原文传递等方式可获得会议文献全文。

4.3.2　国内会议文献检索

1. 国内会议文献检索系统

（1）中国知网中国重要会议论文全文数据库

中国知网中国重要会议论文全文数据库（http://epub.cnki.net/kns/brief/result.aspx？dbprefix=CPFD）重点收录 1999 年以来，中国科学技术协会（简称中国科协）、社会科学界联合会（简称社科联）系统及省级以上的学会、协会，高校、科研机构，政府机关等举办的重要会议上或论文汇编单位书面授权发表的文献，涵盖所有学科。其中全国性会议文献超过总量的 80%，部分连续召开的重要会议论文回溯至 1953 年。截至 2018 年 3 月，该数据库已收录出版 1.7 万余次国内重要会议投稿的论文，累积文献总量 213 万余篇。

用户点击"国内会议"选项，即可进入国内会议检索界面，可通过"基本检索""高级检索""专业检索""作者发文检索""来源会议检索"等检索方式查询会议文献，也可选择会议导航中的"学科导航""行业导航""主办单位"等方式浏览会议文献。

利用该数据库，用户可免费检索到题名、作者、摘要、机构、会议名称、会议时间等信息，可对检索结果按论文主题、发布时间、被引次数、下载次数等方式进行排序，可选择按学科、发表年度、主办单位、基金、研究层次、作者、单位等进行分组浏览，生成检索报告、以参考文献形式导出检索结果或是进行论文分析等。授权用户可在线阅读或下载全文，还可观看部分提供视频的会议。

（2）万方中国学术会议文献全文数据库

万方中国学术会议文献全文数据库（http://c.g.wanfangdata.com.cn/Conference.aspx）收录了中国科技信息研究所提供的国家级学会、协会、研究会组织召开的各种学术会议论文及在中国召开的国际会议论文，中文会议收录始于 1982 年，涉及 4000 个重要的学术会议，范围涵盖自然科学、工程技术、农林、医学、人文社科、哲学宗教等几乎所有学科领域，为用户提供全面、详尽的会议信息，是了解国内学术会议动态、科学技术水平，进行科学研究的重要工具。截至 2018 年 3 月 4 日，数据总量已超 538 万篇，年增 20 万篇，每月更新。

用户输入检索词，点击"检索会议"则可检索出相关会议信息，点击"检索论文"则检索出相关会议论文。例如，查询"法律保护"方面的会议论文，输入检索词后点击"检索论文"，检索结果如图 4-3-1 所示，点击"检索会议"，检索结果如图 4-3-2 所示。

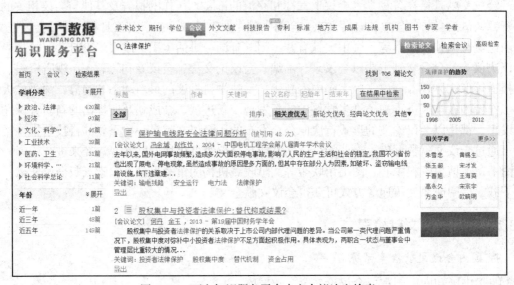

图 4-3-1　万方知识服务平台中文会议论文检索

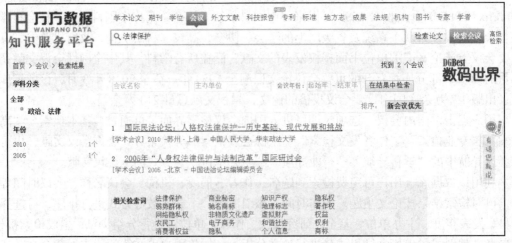

图 4-3-2　万方知识服务平台中文会议检索

该系统提供"高级检索"选项，用户可通过题名、作者、关键词、摘要、会议名称、主办单位等多个途径进行检索，还可选择按照学科、按会议主办单位等方式浏览会议论文。用户可免费查询作者、题名、会议名称、主办单位、会议地点、会议时间、关键词、文摘等信息，可通过标题、作者、关键词等进行二次检索，以进一步缩小检出文献的范围，也可对检索结果按"相关度""新论文"等方式进行排序并导出检索结果。数据库提供检索历史查询功能，还能辅助用户确定检索词和检索策略，用户只要输入一段文本，就可通过"推荐检索词"功能获得系统推荐的检索词。如果要查看或是下载全文，则需要付费购买。

（3）国家科技图书文献中心中文会议论文文摘数据库

国家科技图书文献中心中文会议论文文摘数据库（http://www.nstl.gov.cn/NSTL/facade/search/searchByDocType.do?subDocTypes=C01&name_chi=%D6%D0%CE%C4%BB%E1%D2%E9）主要收录了 1985 年以来我国国家级学会、协会、研究会及各省、部委等组织召开的全国性学术会议论文，收藏重点为自然科学各专业领域，每年涉及 600 余个重要的学术会议，年增加论文 4 万余篇，每季或月更新，截至 2018 年 3 月，会议记录已超 223 万条。

数据库提供题名、作者、关键词、会议名称、会议地点、会议时间、文摘等多种检索途径，可免费查询到会议名称、论文文摘等信息，并可在线申请原文传递。用户还可设置会议论文馆藏范围、时间范围、出版年等查询条件，如图 4-3-3 所示。

图 4-3-3 国家科技图书文献中心中文会议数据库检索

（4）中国科学技术信息研究所中文会议文摘数据库

中国科学技术信息研究所（Institute of Scientific and Technical Information of China, ISTIC）中文会议文摘数据库（http://www.istic.ac.cn/suoguan/HuiYi.htm? lan=chn）是我国工程技术领域科技文献信息资源收藏、开发和服务的核心机构，其中文会议文献从 1982 年开始收集，累计收藏近 5 万册，年增近 3000 册，几乎覆盖所有科技类重要学（协）会出版的会议文献。用户可按会议名称进行检索，亦可按学科和会议召开地浏览会议文献，可免费查询到论文作者、题名、文摘等信息，可申请原文传递，如图 4-3-4 所示，检索会议名称为"哲学"的相关会议，共检索到 37 个相关会议。

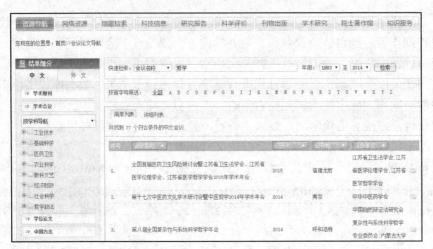

图 4-3-4　中国科学技术信息研究所中文会议文献数据库检索

（5）上海图书馆中国专业会议论文题录数据库

上海图书馆中国专业会议论文题录数据库（http://www.library.sh.cn/skjs/hyzl/）以上海科技情报所自 1958 年起征集入藏的国内各种科技会议文献专藏为基础建立，提供 1983 年至 2018 年 3 月约 50 万条题录数据，年增数据 3 万余条。用户可通过题名、作者、会议名称、会议地名、分类等途径进行检索，可免费查询会议名称、论文篇名、会议地点、会议日期等信息，可申请全文复制服务。例如，查询教育类相关会议文献，可在检索条件中输入"教育"，检索途径为母体文献题名，结果查询到 3078 篇相关会议文献，如图 4-3-5 所示。

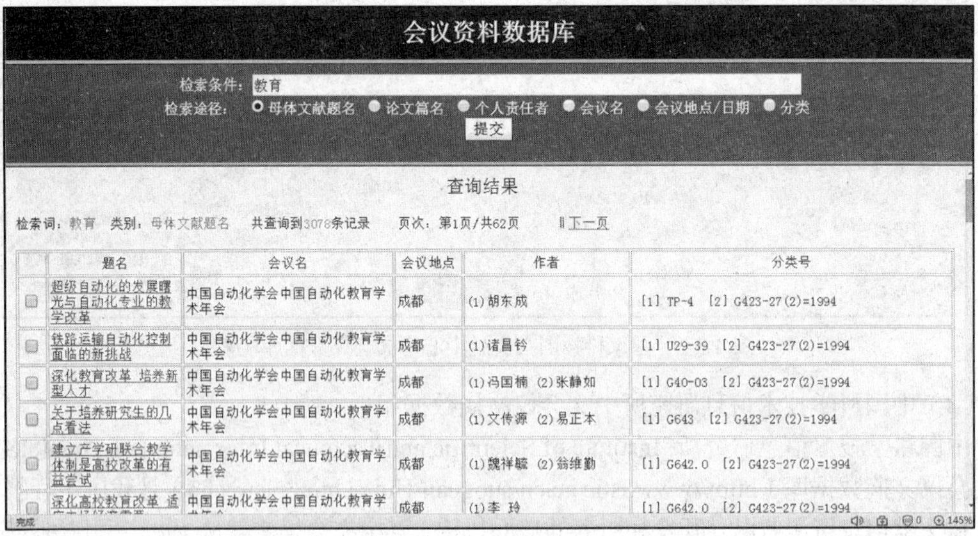

图 4-3-5　上海图书馆中国专业会议论文数据库检索

2. 国内会议信息查询网站

（1）中国高校人文社科信息网会议频道

中国高校人文社科信息网（https://www.sinoss.net/huiyi/）是在教育部社会科学司指导下建设的为人文社会科学服务的专业性门户网站，其会议频道提供会议公告、会议动态、会议综述、会议发言等会议信息，并特设会议专题栏目，方便用户查找会议相关内容，如图 4-3-6 所示。

图 4-3-6　中国高校人文社科信息网会议频道

（2）CNKI 中国学术会议网

CNKI 中国学术会议网（http://conf.cnki.net）由 CNKI 主办，是专为会议主办方、作者、参会者设计并开发的网络化学术会议服务平台，截至 2018 年 3 月，已收录 2 万余个会议信息，并提供中国重要会议论文全文数据库链接，其检索界面见图 4-3-7。

图 4-3-7　CNKI 中国学术会议网

（3）香山科学会议

香山科学会议（http://www.xssc.ac.cn）由科学技术部（原国家科学技术委员会）发起，在科学技术部和中国科学院的共同支持下于 1993 年创办，相继得到国家自然科学基金委员会、中国工程院、教育部等部门的资助与支持。该网站每年分两次公布全年的会议安排，1 月 1 日发布上半年安排，7 月 1 日发布下半年安排。用户通过该网站，可查询会议信息，还可以以集体或是个人的名义申请召开香山科学会议，审批通过后予以公布，如图 4-3-8 所示。

图 4-3-8　香山科学会议网站

（4）中国学术会议在线

中国学术会议在线（http://www.meeting.edu.cn/meeting/）是经教育部批准，由教育部科技发展中心主办，面向广大科技人员的公益性学术会议信息服务平台，包含自然科学和人文社科等多个学科领域，为用户提供学术会议信息预报、会议分类搜索、会议在线公告、会议通知、会议论文征集、会议资料发布、会议视频点播、会议同步直播等服务。

4.3.3　国外会议文献检索

1. 国外会议文献检索系统

（1）中国知网国际会议论文全文数据库

中国知网国际会议论文全文数据库（http://epub.cnki.net/kns/brief/result.aspx？dbprefix=IPFD）涵盖所有学科，重点收录 1999 年以来，中国科学技术协会系统及其他国内外会议主办单位举办的、在国内召开的国际会议上发表的文献，以及会议举办单位或论文汇编单位书面授权并推荐出版的重要国际会议论文，部分重点会议文献回溯至 1981 年，截至 2018 年 3 月，已收录出版国际学术会议论文集 6600 余本，累积文献总量 70 余万篇。

用户点击"国际会议"选项，即可进入国际会议论文检索界面，可选择基本检索、高级检索、专业检索、作者发文检索等多种方式。用户可免费检索到题名、作者、摘要、机构、会议名称、会议时间等信息，而阅读或下载全文，需付费。

（2）国家科技图书文献中心外文会议论文文摘数据库

国家科技图书文献中心外文会议论文文摘数据库（http://www.nstl.gov.cn/NSTL/facade/search/searchByDocType.do?subDocTypes=C02&name_chi=%CD%E2%CE%C4%BB%E1%D2%E9）主要收录了 1985 年以来世界各主要学（协）会、出版机构出版的学术会议论文，部分文献有少量回溯，学科范围涉及工程技术和自然科学各专业领域，截至 2018 年 3 月，数据已超 820 万条，年增加论文约 20 余万篇，每周更新。

数据库提供题名、作者、关键词、会议名称、会议地点、会议时间、文摘等多种检索途径，用户可设置会议论文馆藏范围、时间范围、出版年等查询条件。用户可免费查询到会议名称、论文文摘等信息，并可在线申请原文传递。

（3）中国科学技术信息研究所外文会议文摘数据库

中国科学技术信息研究所外文会议文摘数据库（ http://www.istic.ac.cn/suoguan/ HuiYi.htm？lan=en）是我国工程技术领域科技文献信息资源收藏、开发和服务的核心机构，其外文会议文献从 1968 年开始收集，累计收藏 10 万余册，年增 3000 余册，几乎覆盖世界上所有科技类重要学（协）会出版的会议文献。用户可按会议名称进行检索，亦可按学科浏览会议，如图 4-3-9 所示。用户可免费查询到论文作者、题名、文摘等信息，可申请原文传递。

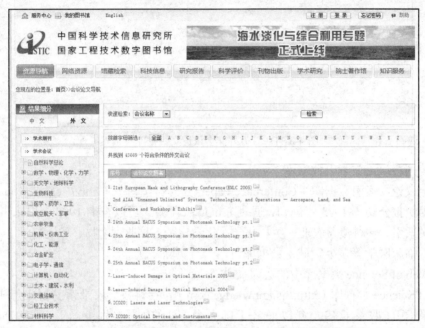

图 4-3-9　中国科学技术信息研究所外文会议文摘数据库检索

（4）万方外文会议论文数据库

万方外文会议论文数据库（http://librarian.wanfangdata.com.cn/default.aspx？dbid=NSTL）收录了 1985 年以来世界各主要学（协）会、出版机构出版的学术会议论文，部分文献有少量回溯，共计 766 万多篇。数据库每月更新，提供免费查询服务，可在线申请原文传递。例如，在如图 4-3-10 所示的万方外文会议论文数据库检索界面中，输入题名或关键词 education reform，点击检索，检索结果如图 4-3-11 所示。

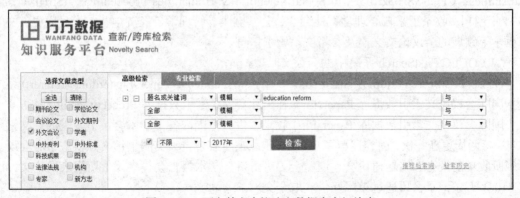

图 4-3-10　万方外文会议论文数据库高级检索

图 4-3-11　万方外文会议论文数据库检索

（5）美国会议论文索引数据库

美国会议论文索引数据库（Conference Papers Index，CPI）（http://search.proquest.com）由美国数据快报公司于 1973 年创刊，通过 ProQuest 平台，可以查询 1995 年以来世界各地科技会议论文索引，学科覆盖农业、生物化学、化学化工、林业、生物、环境科学、土壤科学、材料科学、临床医学等多个领域，数据库每两个月更新一次。

（6）Web of Science 数据库中的会议文献

Web of Science 数据库（http://isiknowledge.com）包括科技会议录索引和社会科学与人文科学会议录索引，收录了 1990 年以来超过 11 万个重要的国际会议录，内容覆盖 256 个学科，会议文献齐全、覆盖学科范围广、检索途径多、出版速度快，已成为世界正式出版的会议文献检索的权威工具。

科技会议录索引（Conference Proceedings Citation Index-Science，CPCI-S 或 Index to Scientific & Technical Proceedings，ISTP），创刊于 1978 年，由美国科学情报研究所编辑出版，主要收录国际上著名的科技会议文献，涵盖生命、物理与化学、农业、生物和环境、工程技术和应用科学等学科领域，包括一般性会议、座谈会、研究会、讨论会、发表会等。

社会科学与人文科学会议录索引（Conference Proceedings Citation Index-Social Science& Humanities，CPCI-SSH 或 Index to Social Scientific & Humanities Proceedings，ISSHP），于 1994 年创刊，收录了来自心理学、社会学、公共健康、管理学、经济学、艺术、历史、文学与哲学等领域的会议论文文摘及参考文献索引信息。

（7）OCLC FirstSearch 系统中的会议文献数据库

OCLC FirstSearch（http://firstsearch.oclc.org/fsip？dbname=PapersFirst&done=referer）系统包括国际会议论文索引数据库 PapersFirst 和国际会议录索引数据库 ProceedingsFirst。

国际会议论文索引数据库 PapersFirst 收录了世界范围内各类学术会议上发表的论文索引信息，每两周更新一次，内容覆盖了自 1993 年以来所有来自大英图书馆文献供应中心会议文库中所收集的大会、专题讨论会、博览会、讲习班、学术报告会等会议上所发表的论文，已有 810 多万条记录，可通过馆际互借获取全文。

国际会议录索引数据库 ProceedingsFirst 是 PapersFirst 的相关库，收录了世界范围内举办的各类学术会议上发表的会议录索引，每周更新两次，可通过该数据库检索大英图书馆文献供应中心的会议录。根据所列出的某一学术会议所提交的论文，我们可了解各次会议的概貌和当时的学术水平，每条记录都包含一份在大会上所呈交的文件的清单，从而提供了各次活动的一个概貌，该数据库已有近 46 万条记录。

2. 国外会议信息查询网站

学术团体是会议文献信息的重要来源，许多专业学（协）会都会在网上预报和发布行业相关会议消息及会议文献，获取行业协会会议信息可前往其网站查询，以下列出部分网站信息。

农业会议预告网 https://www.agnic.org/events

生物科学与医学会议网 http://www.hum-molgen.org/meetings

IEEE 通信协会会议网 http://www.comsoc.org/conferences/conferencesearch

美国地球物理联合会会议网 http://www.agu.org/meetings

加拿大国际天文学会议网 http://www.cadc-ccda.hia-iha.nrc-cnrc.gc.ca/en/meetings/

4.4　学位论文

4.4.1　学位论文简介

学位论文（Thesis or Dissertation）是高等学校或科研机构的学生毕业前为获得学位而撰写的学术性研究论文。学位论文是学生在导师的指导下经过选题、开题、调研、写作、高等学校或科研机构的专家团评审答辩合格后才能获得通过，其在写作格式、参考文献、装订等方面都有严格要求。依据《中华人民共和国学位条例》对学位级别的规定，学位论文根据所申请的学位不同，亦可分为学士论文、硕士论文和博士论文三种。

学士论文一般选择所学专业领域中某重要问题的一个侧面或难点为研究对象，要求对所研究课题有一定的独立见解，能够综合运用所学知识和技能解决问题。硕士论文强调具有独创性，要求学生对研究课题有新的见解，具备一定的理论深度和较高的学术水平，研究成果有更强的实用价值和更高的科学价值，还要求学生具备从事科研工作或担负专门技术工作的能力。博士论文要求学生具有较高的科研水平，能够选取前人没有研究过的课题，在所选学科领域提出独创性的见解和有价值的科研成果。因此，学位论文的学术质量是有保障的。

学位论文除少数出版外，多数不公开发行，复本数量少，一般由学位授予单位收藏，此外各个国家也指定专门机构收藏。国内学位论文指定收藏机构有国家图书馆、中国科学技术信息研究所和中国社会科学院图书馆，国家图书馆负责全面收藏我国社会科学、人文科学和自然科学等方面的博士学位论文，中国科学技术信息研究所负责收藏我国自然科学领域的硕士以上学位论文，中国社会科学院图书馆负责收藏我国人文社会科学方面的硕士以上学位论文。国外学位论文指定收藏机构有英国的不列颠图书馆、日本国立国会图书馆、美国 UMI 公司学位论文复制收藏中心等。

通常电子版学位论文可通过学位论文数据库或相关网站等方式检索，纸质版学位论文可通过图书馆、情报资料中心、图书馆联盟等学位论文收藏机构的馆藏目录进行检索，可通过下载、借阅或是原文传递等方式获得全文。学位论文作者拥有论文的知识产权，并保留出版发行的权力，因此学位论文利用有版权限制，通常规定如纸质版论文复制不得超过全文的 1/3、电子版全文只能查看正文的前 24 页、论文仅限于个人或学术研究使用、禁止出版或用于商业目的侵权行为等。

4.4.2　国内学位论文检索

1. 中国知网学位论文全文数据库

中国知网学位论文全文数据库（http://epub.cnki.net/kns/brief/result.aspx?dbPrefix=CDMD）收录了 1984 年以来全国 430 余家博士培养单位的博士学位论文和 719 家硕士培养单位的优秀硕士学位论文，内容覆盖基础科学、工程技术、农业、医学、哲学、人文、社会科学等多个领域，截至 2018 年 3 月，数据已超 364 万篇，每工作日更新。

数据库提供题名、作者、学科专业名称、学位授予单位、导师、关键词、摘要、中图分类号、参考文献等多种检索途径，并可进行组配检索。通过"全部/博士/硕士"选项，可检索相应级别的学位论文。通过学位授予单位和学科专业等导航功能可进行学位论文浏览，检索结果可按主题、学位授予年度、被引次数、下载次数等方式排序，如图 4-4-1 所示。一般用户可免费检索到作者、题名、文摘等信息，授权用户可在线阅读或下载 PDF 格式的全文。

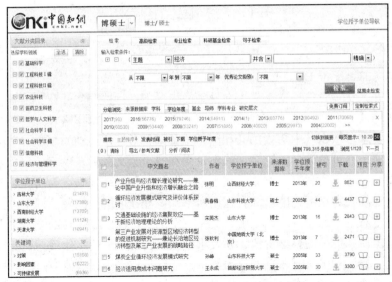

图 4-4-1　中国知网学位论文全文数据库检索

2. 万方中国学位论文全文数据库

万方中国学位论文全文数据库（http://c.wanfangdata.com.cn/Thesis.aspx）收录了中国科技信息研究所提供的自 1980 年以来我国理、工、农、医、人文社科等各个领域的硕士、博士研究生学位及博士后论文全文，截至 2018 年 3 月，数据已达 378 万余篇，年增论文约 20 万篇。

用户可通过标题、作者、单位、关键词、摘要等途径检索，可通过"学校所在地""学科、专业目录""论文类型"等进行论文浏览，可免费检索到论文题名、作者、学科专业、授予学位、授予单位、导师、摘要、关键词等内容，检索结果可按"相关度优先""经典论文优先""最新论文优先"等方式进行排序，授权用户可查看或下载 PDF 格式的全文，图 4-4-2 显示万方学位论文数据库高级检索界面，在这里可按标题、作者、关键词等检索途径进行组配检索，从而提高文献查准率。

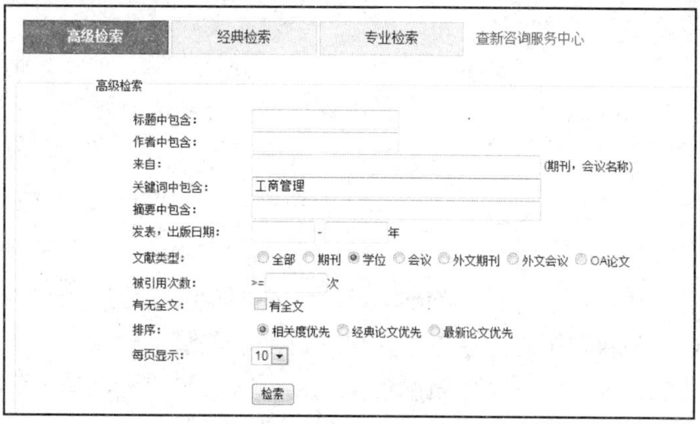

图 4-4-2　万方学位论文全文数据库高级检索

3. 国家图书馆博士学位论文数据库

国家图书馆博士学位论文数据库（http://mylib.nlc.cn/web/guest/boshilunwen）是以国家图书馆多年来收藏的博士论文为基础建设的学位论文全文影像数据，提供题名、责任者、关键词等多个检索途径，如图 4-4-3 所示，截至 2017 年 3 月，数据库论文数量已达 25 万余篇。用户可按学位授予机构、学科专业等方式进行论文浏览，可免费查询论文题名、作者等题录信息，登录用户可在线阅读论文正文前 24 页，并可申请原文传递。

图 4-4-3　国家图书馆博士论文数据库检索

4. 国家科技图书文献中心中文学位论文文摘数据库

国家科技图书文献中心中文学位论文文摘数据库（http://www.nstl.gov.cn/NSTL/facade/search/searchByDocType.do?subDocTypes=D01&name_chi=%D6%D0%CE%C4%D1%A7%CE%BB%C2%DB%CE%C4）主要收录了 1984 年以来我国高等学校、科研院所发布的硕士、博士的学位论文及博士后论文，学科涉及自然科学各专业领域，并兼顾社会科学和人文科学。数据库现有中文学位论文 326 万余篇，每季更新，年增论文 6 万余篇。

数据库提供题名、作者、关键词、导师、学位、培养单位、研究专业、授予年、文摘等多种检索途径，可进行组配检索，灵活设置馆藏范围、时间范围等查询条件，还可进行二次检索，查询检索历史、保存检索策略等。数据库可免费查询到学位论文题名、文摘等信息，可在线申请原文传递。

5. CALIS 学位论文中心服务系统

CALIS 学位论文中心服务系统（http://etd.calis.edu.cn/？artifact=）面向全国高校师生提供中外文学位论文检索和获取服务。该系统采用 e 读搜索引擎，检索功能便捷灵活，提供简单检索和高级检索功能，可进行多字段组配检索，也可从资源类型、检索范围、时间、语种、论文来源等多角度进行限定检索。系统能够根据用户登录身份显示适合用户的检索结果，检索结果通过多种途径的分类和排序方式进行过滤、聚合与导引，并与其他类型资源关联，方便读者快速定位所需信息。截至 2017 年 3 月，中文硕博论文数据约 172 万条，数据持续增长中。用户可免费查询到论文作者、题名、导师、摘要、学位级别、关键词、授予单位等信息，可申请文献传递，系统自动将用户带入其所在图书馆服务系统提交文献传递请求。

6. 中国科学院学位论文数据库

中国科学院学位论文数据库（http://sciencechina.cn/paper/search_pap.jsp）收录了 1983 年以来中国科学院授予的硕士、博士学位论文和博士后出站报告，涵盖数学、物理、化学、地球科学、生物科学、农林科学、工程技术、环境科学、管理科学等学科领域。截至 2017 年 3 月，该数据库收录学位论文 11 万余篇，相应的纸本论文收藏于中国科学院文献情报中心。

数据库提供论文名称、作者、指导老师、培养单位、关键词、学位和文摘等多种检索途径，可进行组配检索，或选择按培养单位或按专业浏览论文。检索结果以表格的方式展示，可通过下载、打印或发送 E-mail 等方式输出。点击"详细信息"可查看论文题名、作者、关键词、导师、学位、培养单位、研究专业、文摘等信息，点击"NSL 原文传递"或"e 链"可申请原文传递，中科院及所属单位用户可预览部分乃至论文全文。

7. 中国科学技术信息研究所中文学位论文数据库

中国科学技术信息研究所国家工程技术图书馆（http://www.istic.ac.cn/suoguan/XueWei.htm?lan=chn）是我国工程技术领域科技文献信息资源收藏、开发和服务的核心机构，其中学位论文从 1963 年开始收藏，累计收藏学位论文 349 万余册，年增 20 万余册。用户可按学位授予单位进行检索，亦可按学科和地区进行浏览，可免费查询到论文作者、题名、文摘等信息，可申请原文传递。

8. 北京大学学位论文数据库和燕京大学学位论文库

北京大学学位论文数据库（http://162.105.138.175/dlib/List.asp？lang=gb&DocGroupID=8）主要收藏北京大学 2003 年后的全部学位论文和 1985～2003 年的部分学位论文题录及电子版全文，部分无全文论文属于延期发布情况，在 1～3 年后会根据授权陆续发布，图 4-4-4 显示北京大学学位论文数据库检索界面。燕京大学学位论文库（网址同北京大学学位论文数据库）主要收录了燕京大学的学士和硕士论文，涉及学科范围较广，对研究近代中国社会、历史、政治等方面有重要作用，共有论文 2600 多篇，其中包括许多当代著名学者的论文手稿真迹。数据库基于阿帕比数字资源平台，提供多种检索途径和浏览功能，用户在北京大学校园网内可查看全文。

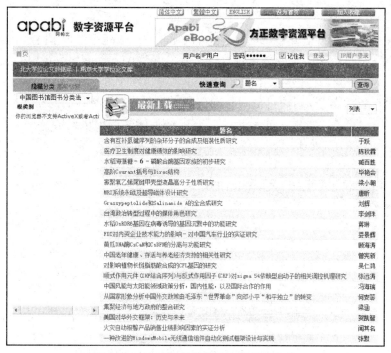

图 4-4-4　北京大学学位论文数据库检索

9. 香港大学学位论文数据库

香港大学学位论文数据库（http://hub.hku.hk/advanced-search？location=thesis）收藏 1941 以来香港大学的学位论文（部分有全文，1941 年以前的论文已在第二次世界大战中损毁），覆盖艺术、人文、教育、社会、医学和自然科学领域，以英文为主。用户可免费检索到论文作者、题名、导师等信息，并可开放获取 PDF 格式论文全文，数据库还提供论文使用下载统计功能。用户可选择按学位、专业等对论文进行浏览，如图 4-4-5 所示。

图 4-4-5　香港大学学位论文数据库检索

10. 台湾 OAI 博硕士论文联邦查询系统

台湾 OAI 博硕士论文联邦查询系统（http://fedetd.mis.nsysu.edu.tw/FED-db/cgi-bin/FED-search/search_s）由台湾中山大学资讯管理学系开发和维护，收集全球利用 OAI 界面所提供的博硕士论文书目资料，提供超链接至原单位撷取全文和其他更详细的资料，截至 2018 年 3 月，共有 58 万余篇论文，用户可免费查询作者、题名、文摘等信息，部分论文可下载 PDF 格式的全文。用户可输入检索词查询论文，亦可点击论文产出机构的"论文"，通过浏览方式查看论文，如图 4-4-6 所示。

图 4-4-6　台湾 OAI 博硕士论文联邦查询系统检索

4.4.3　国外学位论文检索

1. ProQuest 学位论文全文数据库

ProQuest 学位论文全文数据库（ProQuest Dissertations & Theses，PQDT，原名 ProQuest Digital Dissertations，PQDD）（http://pqdt.calis.edu.cn）主要收录了来自北美及世界其他地区 2000 余所知名大学的优秀博硕士论文，涉及理、工、农、医、文等多个学科领域，是学术研究中重要的信息资源。数据库在国内设有 CALIS、上海交通大学、中国科学技术信息研究所三个镜像服务站点，用户可按需选择服务器，截至 2017 年 3 月，中国集团（中国境内参与联合订购该数据库的机构全体）可共享的论文数已达 63 万余篇。

数据库默认进入如图 4-4-7 所示的基本检索界面，选择"高级检索"可进行作者、标题、学科、学校、导师、来源、摘要等多字段组配检索。通过学科导航可按学科专业浏览论文，选择"二级学科""三级学科"、论文发布年度、所授予的学位等可进一步限定和缩小检索范围，可进行二次检索。检索结果可选择按相关度或按出版时间排序，并可选择保存或发送E-mail 等。用户可免费检索到论文题名、作者、学校、学位、学科、摘要等信息，授权用户可查看或下载 PDF 格式的全文。

图 4-4-7　ProQuest 学位论文全文数据库检索

2. PQDT 博硕士论文文摘索引数据库

PQDT 博硕士论文文摘索引数据库（http://search.proquest.com/dissertations?accountid=42626）检索界面如图 4-4-8 所示，该数据库收录了全球 2000 余所大学理、工、农、医、文等领域近 400 万篇论文摘要及索引信息，是目前使用最广泛的学位论文数据库。

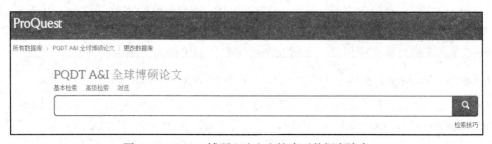

图 4-4-8　PQDT 博硕士论文文摘索引数据库检索

数据库提供基本检索、高级检索、浏览等多种检索方式，进入高级检索可通过作者、标题、学位、学校、导师、摘要等多字段进行组配检索，点击"浏览"可选择按主题（学科）或按地点（国家）进行论文浏览，可通过主题、语言、授予单位等收窄检索结果，可进行二次检索。检索结果可选择按相关性、先远后近或者先近后远等方式进行排序，点击"摘要/索引"可查看论文题名、作者、摘要、学位、专业、导师、学校等信息。检索结果有多种输出方式，"引用"功能可以生成用户引用该论文时的标准引用条目，用户可复制粘贴到自己的文档中使用，"保存"功能可将检索结果保存为"HTML""PDF""XLS"等多种格式的文件，可以选择保存检索封面/标题、目录等，还可选择打印和 E-mail 等方式输出检索结果。

部分论文可在线预览或下载论文前 24 页，通过 PQDT 全文库链接、CALIS e 得文献获取或订购等方式可获取全文，通过 UNICAT 联合目录链接，可进入联合目录服务系统进行文献查询或申请原文传递等。

3. 国家科技图书文献中心外文学位论文文摘数据库

国家科技图书文献中心外文学位论文文摘数据库（http://www.nstl.gov.cn/NSTL/facade/search/searchByDocType.do?subDocTypes=D02&name_chi=%CD%E2%CE%C4%D1%A7%CE%BB%C2%DB%CE%C4）收录了美国 ProQuest 博硕士论文资料库中 2001 年以来的优秀博士论文文摘和索引信息（由中国科技信息研究所提供），学科范围涉及自然科学各专业领域，并兼顾社会科学和人文科学。数据库每年更新，年增约 2 万篇论文，截至 2017 年 3 月，数据量已超 48 万条。

数据库提供题名、作者、关键词、导师、学位、培养单位、研究专业、授予年、文摘等多种检索途径，可以灵活组配检索，可通过限制馆藏、时间等缩小检索范围，可进行二次检索、浏览检索历史、保存检索策略等操作，可免费查询到论文作者、题名、文摘等信息，可申请原文传递。

4. 中国科学技术信息研究所外文学位论文数据库

中国科学技术信息研究所（http://www.istic.ac.cn/suoguan/XueWei.htm？lan=en）是我国工程技术领域科技文献信息资源收藏、开发和服务的核心机构，其国外学位论文从 1983 年开始收集，累计收藏 46 万余册，年增 1 万余册。用户可按论文名称、作者、导师、授予单位进行检索，亦可按学科和地区进行浏览，可免费检索到论文作者、题名、文摘等信息，可申请原文传递。

5. CALIS 学位论文中心服务系统

CALIS 学位论文中心服务系统（http://etd.calis.edu.cn/?artifact=）面向全国高校师生提供中外文学位论文检索和获取服务。截至 2017 年 3 月，外文硕博论文数据约 212 万条，数据持续增长中。用户可查询到论文题名、作者、导师、摘要、学位级别、授予单位等信息，可申请文献传递，系统自动将用户带入其所在图书馆服务系统提交文献传递请求。

6. OCLC FirstSearch 系统中的学位论文数据库 WorldCatDissertations

OCLC FirstSearch 系统中的学位论文数据库 WorldCatDissertations（http://firstsearch.oclc.org/dbname=WorldCatDissertations；FSIP），其资源来自世界一流高校（OCLC 联盟成员）的图书馆，如美国哈佛大学、耶鲁大学、斯坦福大学、麻省理工学院、哥伦比亚大学及欧洲的剑桥大学、牛津大学、帝国理工大学、欧洲工商管理学院、巴黎大学、柏林大学等，涵盖所有学科，是学术研究重要的参考资料，截至 2017 年 3 月，已有 800 多万条记录，数据每日更新。

7. NDLTD 国际学位论文数字图书馆

NDLTD 国际学位论文数字图书馆（http://search.ndltd.org/）创立于 1996 年，现更名为 Networked Digital Library of Theses and Dissertations，是美国国家自然科学基金支持的一个国际网上学位论文共建共享项目，致力于知识的开放获取，参与者包括全球数百所大学、美国图书馆协会、Adobe、OCLC、Proquest/UMI 等国际知名组织和机构。截至 2018 年 3 月，学位论文数量已达 461 万余篇，用户可免费查询论文题名、作者、学位、文摘、授予机构等信息，许多论文可免费下载 PDF 格式全文，是查找国外学位论文的一个便利渠道，其检索界面如图 4-4-9 所示。

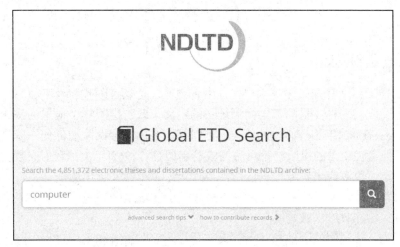

图 4-4-9　NDLTD 国际学位论文检索

8. Theses Canada 加拿大学位论文门户

Theses Canada 加拿大学位论文门户（http://amicus.collectionscanada.gc.ca/thesescanada-bin/Main/BasicSearch？coll=18&l=0&v=1）创建于 1965 年，致力于收藏和保存加拿大高等教育机构的学位论文，提供免费检索和开放获取功能，可在线阅读或下载 PDF 格式全文，亦可查询缩微胶片等非数字化学位论文，其检索界面如图 4-4-10 所示。论文提供者申明，论文仅限于个人或学术研究使用，禁止出版、复制或用于商业目的等侵权行为。

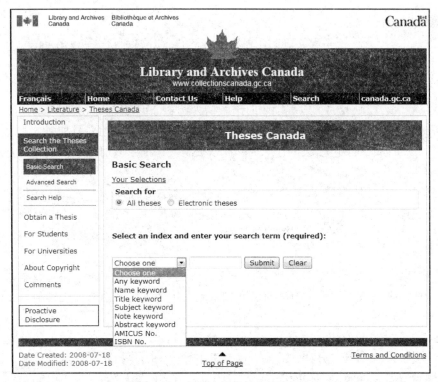

图 4-4-10　加拿大学位论文检索门户

4.5　政府出版物检索与利用

4.5.1　政府出版物概述

政府出版物又称"官方文件"或"官方出版物"，是指各国政府及其所属机构出版的具有官方性质的文献的总称。目前各国尚无统一的定义，政府出版物，最早的法律记载见于美国第29届国会在1847年3月通过的法律，当时规定凡由国会两院中任何一院决定出版、购买，或通过其他途径获得的出版物都可称为政府出版物。1962年美国政府又规定：政府出版物这一名称表示"由政府出资或根据法律需要作为一个单独文献出版的情报资料"。联合国教科文组织对其下的定义是："根据国家机关的命令，并由国家负担经费而出版的一切记录、图书、刊物等，均称政府出版物。"

政府出版物反映政府的活动和观点，大部分是政府在决策和工作过程中产生的文献，是一种完成任务后的报告；有些是研究某一地区、某一国家或某一问题的成果；有些也是宣传政策、报道科研进展、普及知识的工具。政府出版物往往提供原始的资料数据，对于了解一个国家的科技政策、经济政策，以及科技活动和科技水平具有一定的参考价值。

查找中外政府出版物的检索工具主要有中国政府网、人民日报、美国政府出版物每月目录、政府报告通报与索引、美国政府期刊索引、美国国会文献索引、英国政府出版物目录月报、英国政府出版物年度目录等。

4.5.2　政府出版物的特点及类型

1. 政府出版物的特点

1）内容广泛，可靠真实。政府出版物涉及社会科学和自然科学许多领域，尤其是经济、管理和统计方面；文献涉及国家宏观和微观管理的有关政策、方针、计划、发展战略、进展预测等，因而可靠真实，具有权威性。

2）数量较大，反映及时。以美国政府出版物为例，每年收录在《美国政府出版物每月目录》（*Monthly Catalog of U.S. Government Publication*）中的文献达3万种以上，而且不是美国政府出版物的全部，不包括法案、专利和保密资料等。由于政府出版物反映官方的意志，因此出版非常迅速、及时，而且广为宣传。

3）出版形式与载体多样。政府出版物常见的有报告、通报、文件汇编、会议录、统计数据、地图集、官员名录、政府工作手册、政府机关指南等。它们除了以传统的印刷型的图书、连续出版物、小册子形式出现外，还以各种载体的非书资料，如缩微制品、电影录像、磁带、光盘等形式出版。

4）价格低廉，重复较大。政府出版物纯属工作性文献，不为赢利，不计成本，有些甚至免费供应，所以搜集成本较低。有些文献在列入政府出版物前，由有关机构出版过，因而重复现象较多。

5）参考价值大。政府出版物最突出的特点是参考价值大。它集中反映了各国政府及各个部门对其相关工作的观点、方针、政策，这对于了解一国的科技状况、经济状况、社会状况有较高的参考价值。同时，它还提供了一些专门学科领域的原始资料，特别是一些统计资料，这些资料从其他途径是难以获取的。因此，在历史、社会科学、教育、人事管理，以及自然科学、生物学、医学研究方面，它更具有突出的参考价值。

随着信息技术和网络的发展，世界各国都在进行电子政府建设，最明显的标志就是各国的主要政府机构纷纷在网上建立了自己的站点，通过网站介绍自己的职能、人员、机构、政策、法规、成果及出版物信息等。

2. 政府出版物的类型

1）行政类政府出版物（包括立法、司法出版物）。这类文献主要有国家人民代表大会、议会或国会的会议公报、议案和决议、听证和辩词记录、法律和法令、解密的法院文档、司法文件、规章制度、各项政策、条例规定、调查和统计资料等。这类政府出版物往往涉及政治、经济和法律等方面，如各级政府工作报告、各级财政部门的国民经济预算和决算等。

2）科学技术类政府出版物。这类文献主要是由政府出版的有关科技发展政策文件、科技研究报告、专利文献、标准文献，地质水文和航空航海线图及解密的科技档案等，科技性文献在整个政府出版物中约占 30%～40%。

许多国家设立出版发行政府出版物的专门机构，如美国政府出版局、英国的皇家出版局等。中国的政府出版物大部分是由政府有关部门编辑，并由指定出版社出版。

4.5.3　国内政府出版物检索

政府出版物由于受各国政治体制、社会发展状况的影响，在概念界定、公开程度、出版数量、基本职能等各个方面存在较大差异。中国政府出版物主要承担着两项基本任务（或两种基本功能）：一是通报政府信息，二是宣传官方意识形态。中国政府出版物的显著特点是行政性文献占绝大多数，且这些行政性文献公开化程度比较低，不面向社会公开。中国的政府信息大多数是通过行政渠道的逐级传达来完成的，近几年，随着政府信息公开化的推进，政府出版物才逐步与社会公众见面。

中国政府出版物中三种典型的最高行政级别的出版物是《中华人民共和国国务院公报》（简称《国务院公报》）、《中华人民共和国最高人民法院公报》和《中华人民共和国全国人民代表大会常务委员会公报》。

《国务院公报》是 1955 年经国务院常务会议决定创办，由国务院办公厅编辑出版的面向国内外公开发行的政府出版物。《国务院公报》集中、准确地刊载：全国人民代表大会和全国人民代表大会常务委员会通过的法律和有关法律问题的决定；中华人民共和国主席令和任免人员名单；我国同外国缔结的条约、协定及我国政府发表的声明、公报等重要外交文件；国务院公布的行政法规和决定、命令等文件；国务院批准的有关机构调整、行政区划变动和人事任免的决定；国务院各部门公布的重要规章和文件；国务院领导同志批准登载的其他重要文件。《中华人民共和国立法法》规定：在《国务院公报》上刊登的行政法规和规章文本为标准文本。在《国务院公报》上刊登的各类公文与正式文件具有同等效力。

《中华人民共和国最高人民法院公报》是最高人民法院的官方公报，用于刊载重要法律、司法解释、案例等，由最高人民法院办公厅主办，1985 年创刊，开始时为季刊，1989 年 1 月改为双月刊，2004 年起改为月刊。《中华人民共和国最高人民法院公报》的主要内容包括重要法律、司法解释、司法文件、任免事项、文献和案例等。

《中华人民共和国全国人民代表大会常务委员会公报》是全国人民代表大会常务委员会的

正式出版刊物，由全国人大常委会办公厅主办。1957年1月由第一届全国人大常委会委员长刘少奇同志批准创刊。公报主要登载全国人民代表大会及其常务委员会通过的法律、决定、决议、报告、人事任免及国务院、中央军事委员会、最高人民法院、最高人民检察院的工作报告和检查法律执行情况的报告，是全国人大及其常委会宣传民主法制建设、宣传人民代表大会制度的重要刊物。

国内政府出版物的检索工具很多，但网络检索比较方便。通过中国各级政府及其职能部门的网站，可以获取一些政府信息和政府出版物。

1. 中华人民共和国中央人民政府网

中华人民共和国中央人民政府门户网站（简称中国政府网）（http://www.gov.cn/）于2005年10月1日试开通，2006年1月1日正式开通，由国务院办公厅主办，中国政府网运行中心负责运行维护。中国政府网是国务院及国务院各部委，以及各省（自治区、直辖市）人民政府在国际互联网上发布政府信息和提供在线服务的综合平台。目前已经开通中文简体版、繁体版和英文版，现开通"国务院、总理、新闻、政策、互动、服务、数据、国情"等栏目，第一时间权威发布国务院重大决策部署和重要政策文件、国务院领导同志重要会议、考察、出访活动等政务信息，同时面向社会提供与政府业务相关的服务，建设基于互联网的政府与公众互动交流的新渠道。

中国政府网有完整的检索系统，由以下几个部分组成：本网站搜索、政府信息公开专栏、国务院公报检索、地方政府公报/政报及部门公报/公告搜索，除国务院公报检索模块外，其他部分均有简单检索和高级检索两种检索方式。下面为"政府信息公开专栏"的具体检索方法。

1）目录导航：将公开的政府信息划分为22个类别，即国务院组织机构；综合政务；国民经济管理、国有资产监管；财政、金融、审计；国土资源、能源；农业、林业、水利；工业、交通；商贸、海关、旅游；市场监管、安全生产监管；城乡建设、环境保护；科技、教育；文化、广电、新闻出版；卫生、体育；人口与计划生育、妇女儿童工作；劳动、人事、监察；公安、安全、司法；民政、扶贫、救灾；民族、宗教；对外事务；港澳台侨工作；国防；其他。点击其中某一个，可显示相关信息列表，点击列表中的条目名称，可显示该信息的详细内容。

2）简单搜索：在信息搜索框输入关键词后，点击搜索，可显示含有该关键词的信息列表；根据下拉菜单中的提示项，选择一个或两个限定条件，可以在关键词搜索的基础上缩小查阅范围，如需进一步缩小查阅范围，可使用"在结果中搜索"的功能，即在前次搜索的基础上，再根据需要选择不同条件进行检索。

3）高级搜索：设有文件名称、发文机关、发文日期、文种文号、全文、主题分类、索引号七种搜索条件，可选择其中一个或多个条件进行检索，如选择发文机关为"国务院"，即可搜索到国务院公开的全部文件；选择发文日期、文种文号、主题分类等多个条件，可搜索到满足上述条件的文件。

政府信息公开专栏首页还设有"目录下载"按钮。点击该按钮，可下载国务院办公厅按年度编排的政府信息公开目录。

除中央人民政府网站以外，国务院所属各部委、直属特设机构、直属机构、直属事业单位、国务院管理的国家局（如粮食局、烟草局、文物局、外汇局等）的网站也提供与本部门相关的政府信息和政府出版物。

2. 中国国家统计局网

中国国家统计局网站（http://www.stats.gov.cn）提供的"最新发布""数据解读""统计公报""数据查询"栏目，是查找国内各行各业统计数据的权威来源。

"最新发布"栏目公布最新的国家及地方的统计公报。

"数据解读"栏目主要是对统计数据的权威解读，让读者明白数据背后的经济内涵。

"统计公报"栏目包括国家统计局公布的全国年度统计公报（1978～2016 年）和历次的经济普查公报、人口普查公报、农业普查公报、R&D 普查公报、国家及地方的其他统计公报、基本单位普查公报、工业普查公报、三产普查公报。

"数据查询"栏目，也即国家统计局在 2008 年创建的"中国统计数据库"基础上，于 2013 年建立的新版统计数据库，数据库包括月度、季度、年度数据，以及地区数据、普查数据、国际数据六类统计数据，近 800 万笔数据。月度数据主要有居民消费价格指数（Consumer Price Index，CPI）、工业生产价格指数（Producer Price Index，PPI）、商品零售价格指数、规模以上工业生产、固定资产投资、房地产开发投资、社会消费品零售总额、对外经济贸易、交通运输、邮电通信、采购经理指数（Purchasing Managers' Index，PMI）、财政、金融。季度数据主要有国内生产总值、农业、工业、建筑业、城镇居民收入与支出、农村居民收入与支出、固定资产价格指数、农产品生产价格指数。年度数据包括综合、国内生产总值、人口、就业人员和工资等 27 个领域的数据。地区数据涵盖了全国 31 个省（自治区、直辖市）及部分城市主要经济指标。普查数据包括 2000 年、2010 年全国人口普查，2004 年、2008 年全国经济普查数据。国际数据提供了世界众多国家国内生产总值等主要指标的月度及年度数据。此外，数据库还提供了我国部分政府部门网站统计数据栏目的链接，可以查看各部门主要统计数据情况。新版统计数据库说明见网页：http://data.stats.gov.cn/staticreq.htm?m=aboutctryinf。

统计数据库提供简单查询和高级查询两种检索方式，使用帮助网址链接：http://data.stats.gov.cn/ifnormal.htm? m=help&u=/files/html/help/help.html&h=690。

3. 人民网人民数据库

人民网人民数据库（http://58.68.146.102/publish/_s1/0819.html）是由人民日报网络中心、人民网、金报电子出版中心联合研制的，旨在为用户提供"权威、全面、及时"的数字化信息服务的数据库，是全国唯一的大型党政、时政资料信息平台，依托《人民日报》及人民网有关内容为基础，信息采集渠道权威、具有较高的科学性和实用性。该库是用户及时、准确、全面掌握国内外形势政策、党和国家方针路线的重要工具，是学习、研究政法领域、社会科学领域、党史领域知识的主要素材。

该数据库囊括了六大子库，三十余个栏目，主要栏目包括中国共产党文献信息、中国政府文献信息、党报党刊、全国人民代表大会、政治协商会议文献信息、时政舆情及综合栏目，主要子库包括中共历次全会重要信息、国家政策、法律法规、舆情报告、学术理论、人民时评、人民日报社论、言论、中国政经访谈库、中国概况、世界概况等。

人民数据库提供组合检索、全文检索、二次检索三种检索方法。

人民数据库检索使用说明网址链接：http://58.68.145.22/other/help.jsp。

4.5.4　国外政府出版物检索

世界上有些国家政府出版物的出版发行是由一个机构所垄断，属于这种类型的有美国的政府印刷局、英国的皇家出版局、意大利的国家出版局、奥地利的国家出版局、荷兰的国家印刷出版事务所、加拿大的公共出版及文书部、缅甸的政府出版局。有些国家政府出版物的出版与发行机构分开，属于这种类型的国家，如印度：由印度政府出版社负责出版，由情报出版物广播管理部负责发行；巴基斯坦：由巴基斯坦政府出版社出版，由中央出版局发行。有些国家的政府出版物是由一个机构印刷，通过几个机构发行，如澳大利亚的政府出版局。由政府各部门自行编辑、由出版社出版发行的国家有日本、法国、德国、比利时、瑞典、丹麦、挪威、西班牙、葡萄牙、泰国、菲律宾等。

各国政府出版物的种类很多，数量也很大，为了查找方便，各国政府出版物的出版单位，相应地也出版有查找政府出版物的检索工具。

1. 美国政府出版物的检索

美国政府出版物（Government Publication，GP）由联邦政府及其各委员会、局、署、院等编制发行，是世界上所有国家中出版发行数量最大、内容最为丰富的政府出版物，其中大部分是公开出版的，但也有一小部分仅有少量原本复制品，也有一部分仅限于内部使用，一般不向外提供复制品。美国政府出版物极为庞杂，内容几乎涉及社会科学和自然科学的各个方面，涵盖法律法规文件、法庭审判记录、听证记录、委员会报告、统计报告、调查报告、章程、专利、会议文献等，涉及法律、经济、贸易、军事、工程技术、农业、医药卫生等多个领域。此外，美国政府出版物采取多种载体形式，包括小册子、图书、期刊、图表、数据库、政府网站等，其中科技资料约占全部 GP 的 40%。美国政府出版局文献管理处是美国政府出版物的发行机构。

美国是世界上最大的政府信息来源国，政府信息共享是美国的优良传统之一，具有完善的政府信息检索系统。

（1）手工检索

比较重要的检索美国政府出版物印刷型检索工具有《美国政府文件及出版物集》《美国政府出版物每月目录》《美国外交文件集》《美国统计摘要》等。

1）《美国政府文件及出版物集》（United States Government Information），该出版物集几乎涵盖所有的研究领域，如法律与司法、政治学、外交关系、政府结构、医学与健康、国防、教育、商业、农业、劳工问题与福利等。该出版物集最初以缩微印刷方式出版，1981 年改为缩微平片。目前已有部分 1981 年前的产品被转换成为缩微平片。《美国政府文件及出版物集》每月发行（美国政府出版局当月目录月报刊登的文件将于 6 个月内发行）。

2）《美国政府出版物每月目录》（Monthly Catalog of United States Government Publications）是查找美国政府出版物的传统检索工具，国内许多图书馆收藏有其印刷版。该目录每月出版一期，加上增刊，每年共 13 期，1895 年创刊，曾多次更改名称，2005 年停止出版印刷，改为网络在线出版的"美国政府出版物目录"（Catalog of US Government Publications，CGP），每期约有 2000 多条条目，内容包括美国政府各部门，如国会、国防部、农业部、能源部、航空航天局、交通部等政府部门的出版物。

3）《美国外交文件集》（Foreign Relations of the United States），该文件集是查找有关美国政府外交信息的重要文献集，是记录美国外交史和对外政策的官方文献，但由于其出版数量少，且无再版，在我国只有少数文献情报机构（如中国国际问题研究所图书馆）收藏有印刷型的《美国外交文件集》。

4）《美国统计摘要》（*Statistical Abstract of the United States*），该统计摘要是美国政府统计资料中最具权威、最全面的资料，由美国普查局提供，1878 年开始出版。

我国国家图书馆已于 1980 年开始收藏美国政府出版物，主要是由美国政府印刷局提供的缩微平片，总计约 40 万张，收藏较多的有农业、商业、教育、卫生、人事、劳动、内务、运输等部门及国会的出版物，其内容主要包括美国国会发表的与政策有关的情报和社会、经济及人口的统计资料两大类，如《美国统计摘要》《矿产年鉴》《农业统计年鉴》《联邦法规》《美国法典》《美国政府手册》《职业展望手册》等。此外，我国国家图书馆还收藏有美国国家安全局档案资料、中央情报局研究报告、美国总统档案资料、美国政府解密资料及（清末）中美外交档案。

（2）网络检索

为使"美国为人所知"，美国政府早在 1813 年就制定了"联邦储藏图书馆计划"（Federal Depository Library Program，FDLP），政府出版局将部分出版物免费分发给全国 1400 个储藏图书馆，通过他们，向所在地区的公众提供借阅服务。为方便公众查询，每一个储藏图书馆的政府出版物收藏情况都在 OPAC 中得以充分反映。因此，只要检索图书馆的 OPAC 系统，或直接查找图书馆的联合目录，就可以获取大量美国政府出版物的信息。

查找美国政府出版物还可以通过 FIRSTGov（http://www.firstgov.gov），它是一个以客户为中心的单一政府网站，集合了美国两万多个政府网站。用户可以从该网站访问 4700 万个政府信息、服务和网上交易网页，几乎涵括了所有的美国政府网站。

随着因特网的普及和美国电子政务的发展，越来越多的美国政府出版物可以在网上获取，如《美国外交文件集》中 1945～1976 年的所有全文可在美国国务院的网站（http://www.state.gov）上获取。据统计，因特网上现有 3 万多个美国政府网站和约 200 个计算机公告板，共有 159 万个网页。以下是一些较有代表性的网站。

1）美国政府出版物目录（http://catalog.gpo.gov/F），由美国政府印刷局在线出版，目前已收录自 1976 年以来的 50 多万条美国政府出版物的书目信息，网络上有全文的都给出了全文链接，书目数据每日更新。

2）GPO Access（http://www.gpo.gov），这是由美国政府印刷局提供的一项服务，收录了 1967 年以来来自美国政府部门，如美国国防部、内政部、劳动部和总统办公室的政府报告、文件、法规和法案。目前，该网站的资源内容包括 1997～2008 年每年度的财政预算、听证录、1996～2007 年每年度总统发表的经济报告、政府手册等内容。该网站是获取美国政府出版物的重要网站。

3）美国政府官方门户站点（USA.gov）（http://www.usa.gov）是一个美国政府官方门户站点，可检索到所有联网政府信息，以及联邦政府、州政府、地区政府、部落及国际机构提供的服务。该网站没有自己的搜索数据库，通过常用的搜索引擎在 5100 万个联邦政府和州政府的页面中进行检索，支持简单检索和高级检索两种检索方式。

4）美国联邦统计局（https://fedstats.sites.usa.gov）收录了美国 100 多个政府机构各个方面的官方统计数据，内容涉及教育、经济、犯罪、劳资、交通、医疗、人口、农业等各领域，收录的统计资料全面且内容权威。可按行政区划检索统计资料，也提供跨网站（政府机构的网站）检索功能，可直接输入检索式检索，也可以按主题浏览。

5）美国经济分析局（http://www.bea.gov）隶属于美国商务部，该网站提供美国全国、各地区和世界范围内各种经济活动的统计数字，并对结果进行分析，得出结论。

此外，美国商务部的国情普查局（http://www.census.gov）和美国劳动部的劳动统计局（http://www.bls.gov）等部门的网站也提供常用的原始统计资料。

2. 其他国家、国际组织政府出版物的检索

（1）联合国组织网站导航

联合国组织网站导航（http://www.un.org/）为联合国及其专门机构站点目录，首页可用中文、英文、法文等 6 种语言显示，提供联合国及其主要国际组织的站点链接，如联合国粮农组织、联合国开发计划署、世界银行、世界卫生组织、国际货币基金组织等。通过该网页目录，可以按照各机构名称的字母顺序，或机构的专业分类查找到各专门机构网站的地址，获得与该机构网站的链接。该网页还对机构网站上常被访问的信息内容，如会议日程、日程表、图书馆及文献服务、新闻稿等设有目录和主题索引，除主要收录联合国机构站点外，还包括与联合国相关的其他国际组织的网站信息。

（2）哈马舍尔德图书馆

哈马舍尔德图书馆是以前任联合国秘书长哈马舍尔德命名的图书馆（https://library.un.org/），是联合国高度专业化的图书馆，通过托存图书馆系统向世界各地的读者分发联合国的文件和出版物。截至 2018 年 5 月，在 136 个国家和地区共有 356 个托存图书馆。用户可对该馆相关信息资源进行检索并获取全文，如联合国大会会议记录等。用户可以直接访问网站获取联合国政府文献信息，也可以通过网站链接到其他相关组织或机构网站，查询相关出版物信息。

（3）联合国文献中心

联合国文献中心（http://www.un.org/chinese/documents/）用中、英、法、俄、西班牙和阿拉伯六种语言显示，提供联合国大会、安理会、经社理事会等相关记录、决议文件，并设有这些组织的链接。

（4）联合国正式文件系统

联合国正式文件系统（http://documents.an.org）囊括了 1993 年以来联合国印发的所有正式文件，联合国的早期文件也逐日添加到该系统。该系统同时提供 1946 年以来联合国大会、安全理事会、经济及社会理事会和托管理事会通过的所有决议。该系统免费对公众开放。

（5）其他国家政府出版物检索网站

目前世界各国政府或主管机构大多除了出版书本式政府文献检索工具外，还将这些文献进行了电子化、网络化，以方便人们使用。政府机构网站和政府主办的资源网是政府出版物的重要信息源。以下是部分该类网址。

美国政府网站资源导航 http://www.lib.umich.edu/govdocs/foreign.html

澳大利亚联邦政府网站 http://www.gcu.gov.an

德国联邦政府网站 http://www.bundesregierung.de/Webs/Breg/DE/Homepage/home.html

加拿大政府信息查询 http://www.gc.ca

日本首相官邸网站 http://www.kantei.go.jP

俄罗斯政府网站 http://www.gov.ru

法国政府网站索引 http://www.service-public.fr

澳大利亚国家图书馆 http://www.nla.gov.au/oz/gov

英国政府公共服务网站 http://www.direct.gov.uk

第 5 章　国内外常用数据库选介与综合利用

5.1　国内常用数据库检索与利用

5.1.1　CNKI 系列数据库检索与利用

1. CNKI 系列数据库概述

中国知识基础设施工程，1998 年由世界银行提出，是以实现全社会知识资源传播共享与增值利用为目标的信息化建设项目，由清华大学、清华同方发起。该数据库采用自主开发并具有国际领先水平的数字图书馆技术，建成了世界上全文信息量规模最大的"CNKI数字图书馆"，并正式启动建设中国知识资源总库及 CNKI 网格资源共享平台，为全社会提供丰富的知识信息资源和有效的知识传播与数字化学习平台。

"CNKI 系列数据库"产品为一系列大规模集成整合，包括期刊、硕博论文、工具书、会议论文、报纸、年鉴、专利、标准、科技成果、古籍等各类文献资源的大型全文数据库和二次文献数据库，以及由文献内容挖掘产生的知识元数据库。

目前，除中国学术期刊网络出版总库等 40 余种 CNKI 系列网络数据库外，中国知网还提供一站式服务，将国内外合作单位的数据库与 CNKI 系列数据库进行内容和数据整合，利用各种信息资源，提供互联网内容的深度搜索等服务。

2. CNKI 系列数据库特色

1）覆盖学科范围广。该数据库的产品分为十大专辑：基础科学、工程科技 I 、工程科技 II 、农业科技、医药卫生科技、哲学与人文科学、社会科学 I 、社会科学 II 、信息科技、经济与管理科学。十大专辑下分为 168 个专题，专题收录所有学科。

2）收录文献类型多。该数据库主要收录文献类型：期刊、硕博论文、会议论文、报纸、工具书、年鉴、学术图片、专利、标准等。

3）收录文献时间长。该数据库收录的文献大多从其创刊开始，具体如下：①中国学术期刊始于 1915 年，部分 CNKI-世纪期刊全文数据库可追溯到创刊；②中国硕博学位论文全文数据库始于 1984 年；③中国重要会议全文数据库始于 1953 年；④国际会议论文全文数据库始于1981 年；⑤中国重要报纸全文数据库始于 2000 年；⑥中国工具书网络出版总库始于 2006 年；⑦中国年鉴网络出版总库始于 2005 年；⑧CNKI 学术图片数据库始于 2011 年；⑨中国专利全文始于 1985 年；⑩海外全文专利数据库始于 1970 年；⑪国家标准全文数据库始于 1950年；⑫海外全文标准题录数据库始于 1910 年；⑬中国行业标准全文数据库始于 1950 年。

3. CNKI 系列数据库选介

（1）《中国学术期刊（网络版）》

《中国学术期刊（网络版）》是以全文数据库形式出版的网络连续型出版物，是学术期刊文献的电子期刊，是目前全球最大的连续动态更新的中文学术期刊全文数据库，是国家学术期刊文献检索工具和网络出版平台，收录年限 1915～2017 年（3500 余种期刊收录回溯至创刊），基本完整收录了我国的全部学术期刊，覆盖所有学科内容。该库共分十大专辑出版光盘版和网络版。

该数据库的收录范围：我国公开出版发行的学术期刊（含英文版）全文文献，包括基础与应用基础研究、工程技术、高级科普、政策指导、行业指导、实用技术、职业指导类期刊。

该数据库的文献总量：截至 2017 年 9 月累计收录 8387 种期刊，文献量达 4976 万余篇。

该数据库的检索字段：主题、篇名、关键词、摘要、作者、第一作者、全文、参考文献、基金、单位、刊名、年、期、中图分类号、ISSN、CN、DOI、栏目信息、来源类别。

该数据库的检索结果处理：支持通过分组排序检索结果进行进一步筛选，可按照期刊名称、研究资助基金、文献作者、作者单位、关键词、发表年度、研究层次等条件进行分组聚类，并且检索结果还能够按照发表时间、相关度、被引频次、下载频次等进行排序。

该数据库的期刊视频：2015 年 12 月，学术期刊视频上线。学术期刊视频将电子期刊内的视频加工制作并上传至网上，主要包括医学类学术报告、手术操作实例等内容。

（2）中国博士学位论文全文数据库

中国博士学位论文全文数据库收录 2000～2017 年的具有博士学位授予权的学科点的全部博士学位论文（涉及国家保密的论文除外）。截至 2016 年年底，该数据库收录博士论文30 余万篇，内容覆盖基础科学、工程技术、农业、医学、哲学、人文、社会科学等各个领域，可实现学科专业导航、学位授予单位导航，可分页下载、分章下载、整本下载、在线阅读。

该数据库的检索字段：主题、题名、关键词、摘要、作者、作者单位、学位单位、导师、第一导师、全文、参考文献、优秀论文级别、学科专业名称、目录、中图分类号、学位年度、更新时间、支持基金。

该数据库的检索结果处理：支持通过分组排序检索结果进行进一步筛选，可按照学科类别、学位年度、学位授予单位、研究资助基金、导师、学科专业、研究层次、关键词等条件进行分组聚类，并且对于检索结果还能够按照发表时间、主题排序、被引频次、下载频次、学位授予年度等进行排序。

（3）中国优秀硕士学位论文全文数据库

中国优秀硕士学位论文全文数据库收录具有博士学位授予权单位的优秀硕士学位论文及全国无博士学位授予权单位的优秀硕士学位论文全文数据库。截至 2016 年年底，收录优秀硕士论文 297 万余篇。

该数据库的检索字段：主题、题名、关键词、摘要、作者、作者单位、学位单位、导师、第一导师、全文、参考文献、优秀论文级别、学科专业名称、目录、中图分类号、学位年度、更新时间、支持基金。

该数据库的下载方式：分页下载、分章下载、整本下载、在线阅读。

通过该数据库，可查看正在生产线上制作的学位论文的篇名、作者、导师、学位授予单位等题录信息，还可以通报最新学位论文的收录情况。

该数据库的检索结果处理：支持通过分组排序检索结果进行进一步筛选，可按照学科类别、学位年度、学位授予单位、研究资助基金、导师、学科专业、研究层次、关键词等条件进行分组聚类，并且对于检索结果还能够按照发表时间、主题排序、被引频次、下载频次、学位授予年度等进行排序。

（4）国际会议论文全文数据库

国际会议论文全文数据库收录了由国内外 4000 余家授权单位推荐的 5600 多次国际学术会议的论文，以及国内外召开的会议音像视频，截至 2016 年年底，收录国际会议论文69 万余篇。

该数据库的文献内容来自国际组织在中国境内外主办的学术性会议，如高校重点实验室、研究中心及院系主办的国际会议，全国学会及其分会、专业委员会主办的国际会议，其特点是定位高端，国际会议之所以受认可，是因为其在短时间内汇集了世界各地知名学者对某一热点问题的观点和最新成果，尤其将特邀报告、大会报告、专题报告等高端文献集中展示，可以使读者了解国际最新成果、拓展视野。

该数据库的检索方式：快速检索、专业检索、作者发文检索、科研基金检索、句子检索、来源会议检索。

该数据库的检索字段：主题、篇名、关键词、摘要、作者、作者机构、论文集名称、会议名称、全文、参考文献、基金、主办单位、会议时间、报告级别、论文集类型、语种、中图分类号。

该数据库的检索结果处理：支持通过分组排序对检索结果进行进一步筛选，可以按照学科类别、主办单位、研究资助基金、研究层次、文献作者、作者单位、关键词、发表年度等进行分组浏览，也可以按照会议召开时间、相关度、被引频次、下载频次等进行排序浏览。

（5）中国年鉴网络出版总库

中国年鉴网络出版总库是我国第一部拥有国家标准刊号连续出版的年鉴全文数据库，是目前国内年鉴数据库市场上比较完整、权威的产品。在先进的专业检索、知识挖掘、数字化学习与研究等系统功能支持下，它既能全面展示我国纸质年鉴资源的原貌，又运用国内最先进的数图开发技术，深度开发利用了纸质年鉴中的信息资源，将 3500 多种年鉴内容以条目为基本单位，重新整合、标注、归类入库，进而形成一个涵盖全面、系统反映国情资讯的信息资源库。截至 2016 年年底，该数据库收录各类年鉴 3500 余种，共计 28 605 册，文献条目数约 2507 万条。

该数据库的检索功能有条目检索、控制检索、整刊检索。

1）条目检索。年鉴条目的检索项共 16 个，包括条目题名、作者、地域、正文、年鉴中文名、年鉴英文名、卷、出版日期、主编、主编单位、出版社、ISSN、CN、ISBN 等。

2）控制检索。控制检索包括“检索范围控制”，即限定文献出版时间、内容涉及地域；检索词匹配控制，即检索词的精确或模糊查询；检索结果排序控制，即按文献出版时间的正序、逆序，或按检索结果与检索词的相关度排序。

3）整刊检索。整刊检索可按导航栏目浏览整刊年鉴，也可按年鉴名、地域、关键词等检索项检索年鉴。

该数据库的检索结果分组排序：一是条目分组，即年鉴中所有条目都按其特征进行了分类，如学科类别、地域、条目类型、年鉴名称、年鉴级别等，方便不同用户对象和不同工作需求获取专用文献和事实资料；二是条目排序，即检索结果可以按年鉴年份、相关度、下载频次等排序。

（6）中国工具书网络出版总库

截至 2017 年年底，中国工具书网络出版总库收录我国 300 多家出版社正式出版的 8000多部工具书，资源类型包括辞书和资料两大类，辞书类型包括汉语言词典、英语和小语种词典、专科辞典、百科全书、鉴赏辞典等；资料类型包括手册指南、图谱、医药图谱、年表、名录、语录、传记、志书、类书、资料集等。学科范围涵盖社会科学、自然科学、工程技术等各个方面，以全学科、多领域的"总库"整合模式，构建了完整、系统、规范和有序的知识库。

中国工具书网络出版总库是纸本工具书的数字化整合，通过先进的网络出版技术和数据库检索系统的支持，为广大读者提供字、词、句、专业术语、事实、数据、人名、地名、翻译等百科知识检索服务，是读者全方位了解各学科知识，并向深度和广度进展的桥梁和阶梯。

该数据库的版面呈现形式：①检索版，是集成、方便、快捷的检索系统，用网页的形式呈现，使用浏览器即可检索和在线阅读，无须下载。②链接版，是将工具书与 CNKI的文献建立链接关系，随时为用户解决文献阅读过程中所产生的疑问，链接工具书的方式有两种，一是划词链接，读者在 CNKI 文献中点击划词链接后，用鼠标选择需要链接的字、词、句，得到工具书相关的词条；二是屏幕取词，点击屏幕取词，鼠标在词汇下停留，会自动弹出对话框提示工具书的解释。③桌面版，是一款小巧的终端软件，内存只有 945KB，可以直接下载安装到电脑桌面，不需要登录网站，即可检索到几千部工具书。④手机版，中国工具书网络出版总库手机版让用户不管在何时何地，一旦遇到疑难问题，只要身边有一部手机，即可登录到中国工具书网络出版总库，查阅数千部工具书获得精确、权威的解答。

该数据库的检索方式：可通过简单检索、高级检索、通配符检索多途径，多种检索入口，如"词目"、"词条"（全文）、"书名"、"出版者"、"作者"等，可提供"精确""模糊""通配符"等多种匹配方式，可选择在全库中检索，或在单本书内检索，还特别提供选书检索的功能，检索结果可以按"文字量""相关度""出版时间"排序。

该数据库的检索结果的筛选：在检索结果较多的情况下，可按学科或者工具书类型进行筛选，以便快速检索到满意的结果。

该数据库的特点：①内容全，8000 多部工具书，是全球最大规模的在线中文工具书检索平台，特别是完整收录了专科辞典和百科全书这样具有稀缺性的资源，为读者全面、深入、系统的学习、查考提供了便捷途径。②检索功能强，通过先进的技术将工具书的检索性发挥到了极致，不仅常规功能，如简单检索、高级检索、书目索引、拼音索引、笔画索引、检索结果排序、选书检索等好用、实用、易用，而且其特色功能，如输入助手、通配符、同音提示、词条收藏、工具书定制等也方便、快捷。③用途广，除了作为检索工具外，中国工具书网络出版总库的各条目还可以与期刊文献、博硕士论文等建立链接关系，即读者在阅读过程中如遇到了生僻字、术语、专名等疑难时，可直接点击鼠标，通过划词链接或屏幕取词的方式进入工具书条目中，扫除学习障碍。

（7）中国经济社会大数据研究平台

中国经济社会大数据研究平台是一个集统计数据资源整合、数据深度挖掘分析及多维度统计指标快捷检索等功能于一体的平台，汇集中国国民经济与社会发展统计数据的大型统计资料数据库，文献资源覆盖了我国经济社会发展的 32 个领域（行业），囊括了我国所有中央级、省级及其主要地市级统计年鉴和各类统计资料（普查资料、调查资料、历史统计资料汇编等），并实时出版国家统计局及各部委最新经济运行数据进度指标 16 000 余个、国民经济行业运行指标 58 000 个。

中国经济社会大数据研究平台收录我国历年出版的统计年鉴(资料)2000 余种、20 000 余册，包括普查、调查资料和统计报告等统计资料，中央级统计年鉴（资料）等；我国仍在连续出版的 193 种统计年鉴全部收录，统计年鉴（资料）内容涵盖了国民经济与社会发展各领域，全部统计类年鉴与资料囊括统计指标 1350 万个、统计数据 3.6 亿笔。此外，该平台还收录了国家统计局实时发布的各种经济运行进度数据，累计达 1300 余万笔，弥补了统计年鉴资源出版滞后的缺点，为科研决策人员提供最新、最权威、最有价值的社会经济热点数据。

4. CNKI 平台检索方法

CNKI 平台构建了以总库资源为框架，以统一导航、统一元数据、统一检索方式、统一知网节为基础的资源平台。该平台提供各种文献检索与使用、数据分析与挖掘、知识关联与聚类服务。

CNKI 知识发现平台支持一框式检索、高级检索、专业检索、作者发文检索、句子检索等多种检索方式，并提供检索结果分组排序、导出、检索结果可视化分析等功能。

以中国经济社会大数据研究平台为例，详述利用 CNKI 平台进行检索的方法与技术。

（1）检索示例

在 CNKI 检索平台上（http://www.cnki.net），见图 5-1-1 CNKI 检索平台，点击统计数据，即可打开中国经济社会大数据研究平台首页，如图 5-1-2 所示，该平台提供了最新的资源内容更新公告、功能列表，同时也提供了快速进入其他功能模块的快捷入口。用户可以从首页跳转至各个子功能模块的详情页面。

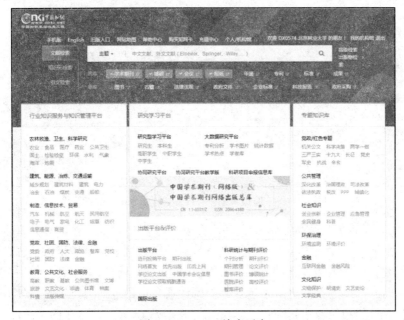

图 5-1-1　CNKI 检索平台

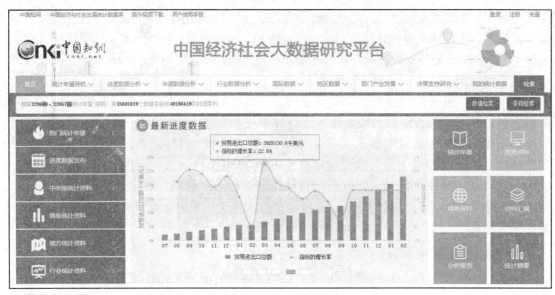

图 5-1-2　中国经济社会大数据研究平台首页

（2）数据检索功能

数据检索功能可以快速查找到需要的数值或条目。通过对检索范围进行限制，系统自动反馈对应问题的答案，包括简单检索和高级检索（数值检索和条目检索）两大类。

1）一框检索：一框检索是直接在检索框中输入检索词，之后点击数值检索或条目检索，反馈对应的结果列表。例如，在检索框中输入"GDP"，点击"数值检索"，生成见图 5-1-3 的页面。

序号	时间	地区	指标	数值	单位	来源	页码	下载
1	2016年4季度	中国	GDP	211281.3	亿元	国家统计局进度数据库 2017		
2	2016年4季度	中国	GDP同比增长	6.8	%	国家统计局进度数据库 2017		
3	2016年4季度	中国	GDP当季增长	6.8	%	国家统计局进度数据库 2017		
4	2016年4季度	中国	GDP环比增长	1.7	%	国家统计局进度数据库 2017		
5	2016年3季度	中国	GDP	190529.5	亿元	国家统计局进度数据库 2017		
6	2016年3季度	中国	GDP同比增长	6.7	%	国家统计局进度数据库 2017		

图 5-1-3　一框检索结果——数值检索/GDP/列表

2）数值检索：一框检索内输入检索词后点击"数值检索"，进入的页面即是数值检索页，如图 5-1-4 所示，在数值检索页可以进行数值的高级检索，对检索条件进行限定。图中左侧区域是对统计年鉴类型和统计年鉴领域进行限定，检索结果上方是对包括指标名称、指标地区和指标时间在内的条件进行限定。其中统计资料类型包括统计年鉴、分析报告、资料汇编等六类，统计资料领域包括综合、国民经济核算等 18 类。默认这两类条件都是全选的，即不限制统计资料类型和统计资料领域。指标名称可以模糊/精确匹配，指标时间默认不限时间段，点击下拉框选择时间段。

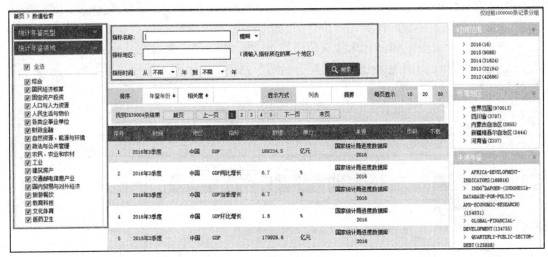

图 5-1-4　数值检索页面

3）条目检索：一框检索内输入检索词之后点击"条目检索"，进入的页面即是条目检索页，在条目检索页进行条目的高级检索，对检索条件进行限定，如图 5-1-5 所示。图中左侧区域所示区域同数值检索，对统计资料类型和统计资料领域进行限定。图中上侧区域可以从条目题名和正文两个字段对检索条件进行限定。设置完限定条件之后点击搜索，生成如图 5-1-5 的检索结果列表页。显示方式、排序、每页显示条数、下载功能及结果分组同一框检索内容介绍。

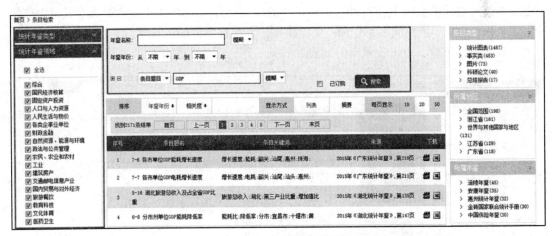

图 5-1-5　条目检索页面

（3）统计年鉴导航

统计年鉴导航可以通过分类目录得到同一类别下不同属性的年鉴列表，也可以通过设定检索条件进行年鉴的检索。选定某本年鉴之后，可以浏览本年鉴内的条目详情。

1）统计年鉴分类列表。统计年鉴导航页默认展示 51 本热门年鉴，如图 5-1-6 所示，点击"中央级统计资料"、"省级统计资料"、"地方统计资料"和"行业统计资料"，则下方统计年鉴列表切换至对应类型列表项。右侧的检索框用于年鉴检索，输入检索词，点击"年鉴检索"可返回与检索词匹配的年鉴列表。页面左侧的"领域"、"资料类型"和"地区"分别对应年鉴的不同属性。领域包括综合、国民经济核算、固定资产投资等18类，名称后括号内的数字表示该类年鉴的种类，资料类型包括统计年鉴、分析报告、普查资料等6种，地区包括全国范围、长江三角洲和珠江三角洲等40类。点击某一类名称，返回该类年鉴列表。在返回的年鉴列表上方有地区分组和类型分组两个列表，这个列表用户对年鉴列表进行二次筛选。

图 5-1-6　统计年鉴导航

2）统计年鉴检索结果。通过年鉴导航页右侧的检索框，用户可进行年鉴的检索操作。例如，输入检索词"经济"，则返回年鉴名称上带有"经济"二字的年鉴列表，如图 5-1-7 所示。在返回结果的页面上，也可以进行年鉴的检索操作，同时可以将检索条件限定为"年鉴中文名称"、"年鉴英文名称"和"历任主编"，在检索框输入检索词，点击"年鉴检索"即可。选中一种年鉴，点击收录年份列表中的某一年，进入本册年鉴的浏览详情页。

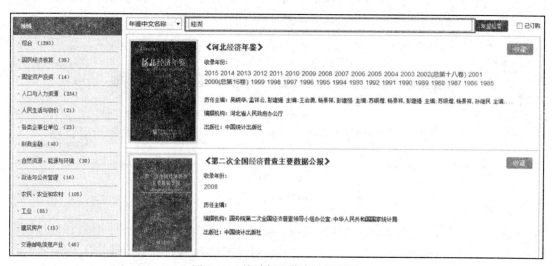

图 5-1-7　统计年鉴检索结果页面

3）单种年鉴详情页。选中一种年鉴并选定某一年份，点击之后进入本册年鉴的详情浏览页，如图 5-1-8 所示。详情页包括四个版块，A 侧区域为本册年鉴的封面图，封面图下方为年鉴的目录列表，点击简介进行下方内容的切换。检索结果上方 B 区域条目检索区，设定检索条件为条目题名或正文，输入检索词，点击"本册检索"或"本种检索"。本册检索是将检索范围限定在本册年鉴里，本种检索是在本种年鉴的所有年份里进行检索。检索结果中间 C 区域为年份列表区域，点击某一年份，进入本种年鉴选定年份的详情页面。检索结果下方 D 区域为条目列表区域，通过点击左侧目录列表选择某一章节，检索区展示该章节下的详细条目列表。点击条目题名，显示条目详情弹窗，如图 5-1-8 所示。

图 5-1-8　单种年鉴详情浏览页面

条目详情弹窗：点击每一条条目后进入详情页面，如图 5-1-9 所示，条目详情弹窗包含六个方面的内容：第一个是条目的中文题名和英文题名；第二个是下载标识显示区，包括下载标识和报表预览标识；第三个是条目所含内容，展示该条目所包含的指标；第四个是条目所含地区，展示条目包含的地域；第五个是条目年份跨度，展示条目包含年份；第六个为条目出处。点击报表预览，进入报表预览页面。

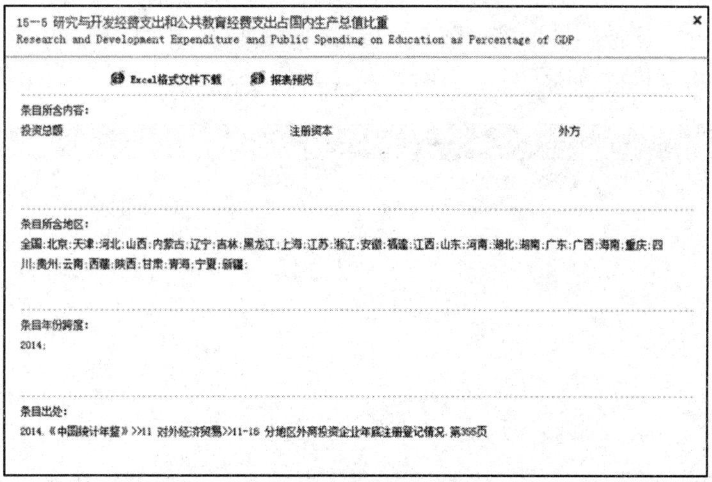

图 5-1-9　条目详情弹窗

（4）统计数据分析

统计数据分析包括行业数据分析、年度数据分析、进度数据分析和国际数据分析四类。数据分析功能是允许从地区、指标和时间三个维度进行组配并进行数据查询的功能模块，可生成数据图表、数据地图，进行决策支持分析图表。

1）行业数据分析。行业数据分析是对行业数据进行时间、地区和指标上的组配进行查询的模块。该模块的操作分为三个步骤：第一步，选择地区；第二步，选择行业指标；第三步，选择时间。之后选择要生成的结果页面类型即可，可生成数据图表、数据地图、决策支持分析图。

第一步，选择地区。地区的选择包括三种方式（图 5-1-10），第一种是直接检索地区，在地区列表显示区域选中该地区，将该地区加入到右侧已选择地区列表里即可；第二种是按地区类型选择，地区类型包括东部地区、西部地区等，在地区列表显示区域中会显示该地区类型下的地区列表；第三种是按行政区域选中，点击某一省份名称，地区列表显示区域会展示该地区及其下属地区名称列表，同时在地区列表显示区内点击"选择下级地域"下拉框，可选择某一地区的下级地域。

图 5-1-10　行业数据分析——选择地区

第二步，选择行业指标。左侧为行业列表，如图 5-1-11 所示，点击可展开当前行业的下级行业。选某一行业，选择"指标类别"：年度指标/季月度指标，在指标主题下拉框中选择某一主题，指标显示区域会展示该主题下的指标列表，点击选中即可。指标的选择也可以通过检索框实现，可将检索范围限定为当前列表/全部指标。

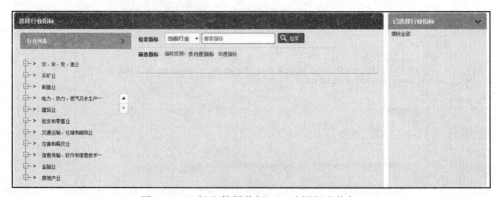

图 5-1-11　行业数据分析——选择行业指标

第三步，选择时间。时间默认为 2012～2017 年，可拖动时间轴对时间段进行选择，如图 5-1-12 所示。在时间选择区域，有"查看所选数据年份分布"，点击之后可以查看所选指标在年份上的分布情况。

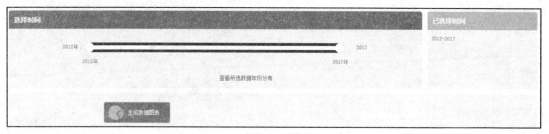

图 5-1-12　行业数据分析——选择时间

2）年度数据分析。年度数据分析是对年度数据进行时间、地区和指标上的组配进行查询的模块，如图 5-1-13 所示。该模块的操作同行业数据分析基本一致，操作分为三个步骤，第一步，选择地区；第二步，选择指标；第三步选择时间。之后选择要生成的结果页面类型即可。

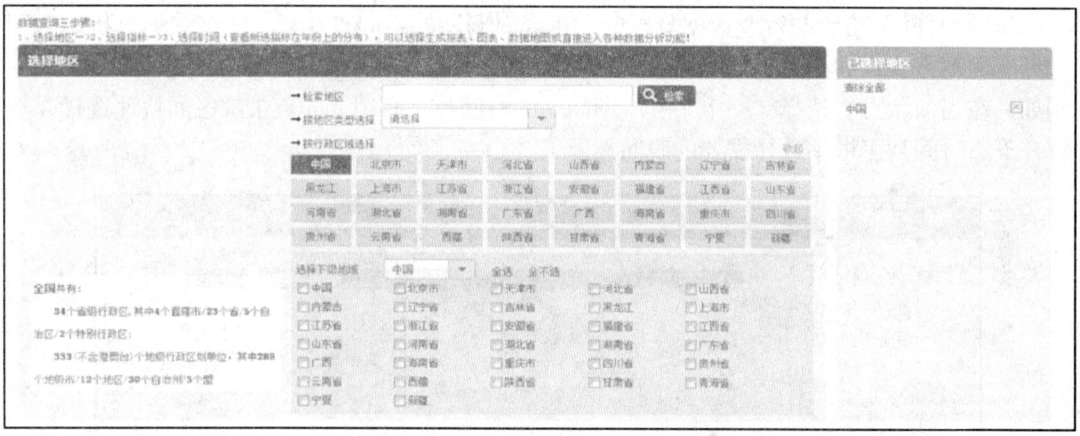

图 5-1-13　年度数据分析——选择地区

年度数据分析的"选择地区"功能与行业数据分析的"选择地区"功能操作完全一致，选择指标部分的不同点在于指标选择区域和扩展指标功能。指标选择区域包括基本指标、全部指标和我的统计数据三类，点击某一主题，在右侧指标列表中选择所需指标。

扩展指标功能，可以通过已有指标构造复合指标。点击扩展指标，显示扩展指标弹窗，如图 5-1-14 所示。扩展指标构造窗口包括四个区域，第一个区域是构造指标公式区域，输入扩展指标名称，然后利用右侧的运算符和下方的指标选择区域构造公式。例如，要构造人均国土面积，则需要在指标选择区域分别选择国土面积和人口总数，然后通过运算符"/"连接即可，点击构造公式下方的"确认"，则构造的公式显示在"已创建指标"区域里，可以一次构建多个扩展指标，点击弹窗"确定"，则创建的指标进入"已选择指标"列表里。

图 5-1-14　扩展指标

　　"选择时间"功能与行业数据分析的"选择时间"的不同点在于，年度数据分析的时间选择有两种方式，如图 5-1-15 所示，时间范围和时间区间两种时间选择方式是互相独立的。例如，在当前状态要选择"'十一五'期间"的时间点，必须要先点击按区间快速选择，然后在下边时间列表框中选择需要的时间点即可。

图 5-1-15　年度数据分析——选择时间

　　3）进度数据分析。进度数据分析是对进度数据进行时间、地区和指标上的组配进行查询的模块。该模块的操作分为三个步骤：第一步选择地区；第二步选择指标；第三步选择时间。之后选择要生成的结果页面类型即可，可生成数据图表、数据地图，进行决策支持分析图表。

第一步选择地区，如图 5-1-16 所示，基本操作同行业数据分析的选择地区模块。第二步选择指标，如图 5-1-17 所示，基本操作同年度数据分析的选择指标模块。左侧的指标包括"全部进度指标"、"季度指标"和"月度指标"三类，选择一类指标类型，在其下属指标树中点击选择一个指标主题，右侧指标显示区域即显示该主题下指标列表，选择指标即可，也可以通过检索获取所需指标。第三步选择时间，页面如图 5-1-18 所示。基本操作同行业数据分析的选择时间模块。

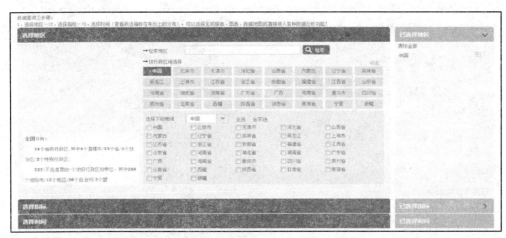

图 5-1-16　进度数据分析——选择地区

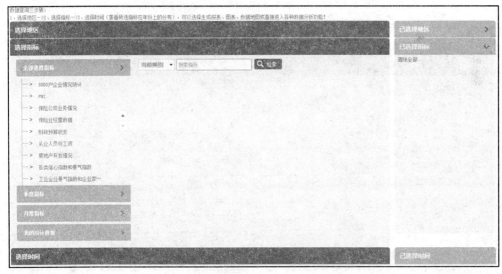

图 5-1-17　进度数据分析——选择指标

图 5-1-18　进度数据分析——选择时间

4）国际数据分析。国际数据分析是对国际数据进行时间、地区和指标上的组配进行查询的模块。该模块的操作分为三个步骤，第一步选择地区；第二步选择指标；第三步选择时间。之后选择要生成的结果页面类型即可，可生成数据图表、数据地图，进行决策支持分析图表。

第一步选择地区，页面如图 5-1-19 所示。基本操作同行业数据分析的选择地区模块。第二步选择指标，页面如图 5-1-20 所示。基本操作同年度数据分析的选择指标模块。第三步选择时间，页面如图 5-1-21 所示。基本操作同行业数据分析的选择时间模块。

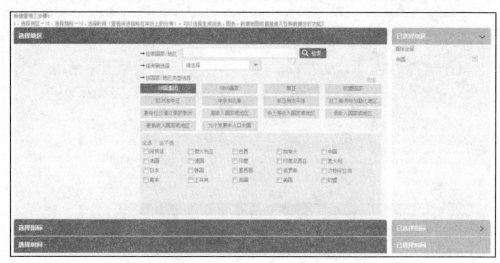

图 5-1-19　国际数据分析——选择地区

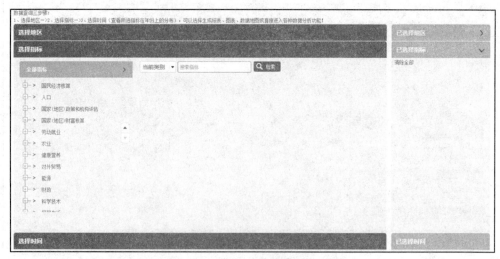

图 5-1-20　国际数据分析——选择指标

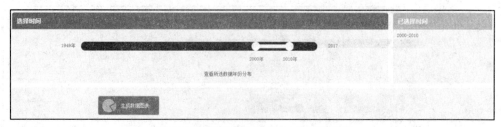

图 5-1-21　国际数据分析——选择时间

5）生成数据图表页。图表页行业数据分析、年度数据分析、进度数据分析和国际数据分析页面在完成以上的三个步骤之后，均可以选择"生成数据图表"功能。

在该统计数据平台上，还可以对自有数据进行管理，实现三个方面的功能，即已收藏数据管理、我的统计数据库管理和自定义指标管理。同时，还可以进行决策支持研究，包括四大类功能：相关性分析、统计预测、科学评价和决策模型。相关性分析是用于研究指标关系的分析方法，统计预测方法根据历史数据对指标数据未来的发展趋势进行预测，科学评价是采用多种评价方法对评价主体进行综合评比最后得到综合排名，决策模型是在考虑多个属性的情况下，选择最优备选方案或进行方案排序的决策方法。

5.1.2　超星数字图书馆及其检索利用

1. 超星资源概述

北京世纪超星信息技术发展有限责任（简称超星）公司成立于 1993 年，长期从事图书、文献、教育资源数字化工作，是我国规模最大的数字图书资源提供商和学术视频资源制作商之一。

（1）超星视频

超星视频主要收录各学科、各领域名师和专家的优质课程、前沿会议、高端讲座视频或精品微视频，由超星课堂、报告厅、微视频三大模块组成，与国内外知名专家、学者深度合作，采用先进的数字化影像技术，将他们的学术思想、专业技术或成功经验和多年的研究成果系统地记录、深度编辑制作成精彩的视频，并通过互联网进行共享，打破地域、时间与空间的限制，促进教育资源的均衡。

超星视频不仅包括覆盖十三大学科的学术视频，也包括文化艺术、时事热点、国计民生、安全养生、职场就业、创新创业等学生通识素养与能力培养所需的各类教育视频，不仅实现了对视频资源的每日更新，还实现了对新、热话题和大师、名师讲座的二十四小时上线，更有每周一到两场精品讲座的现场直播。同时，超星视频凭借海量的资源积累，邀请专家共同策划，独家自主打造"核心能力""通识素养""平安 365""馆员培训""名城往事"等众多大型专辑。

超星视频遴选热门方向二十余个，自主策划、精选名师、独家制作六分钟左右精品微视频，主题丰富、实用、与时俱进：或分享成功经验，或聚焦一技之能，或讲授博雅知识，或展现名师智慧，结合简单、方便、功能强大的网站、手机网页，让读者可以在移动互联网时代更方便、高效地获取和分享知识。

（2）超星期刊

超星期刊通过借助和融合域出版平台，针对相关论文内容的深度聚类开展专题出版，全终端覆盖与富媒体传播融合。该专业期刊系列体现出"域出版"的诸多优势。①对综合性学报进行按专业同步重组，是对分散资源的有序聚合。②体现了"域出版"共享的精髓。③充分利用了"域出版"通畅的传播渠道。④实现了期刊编辑与出版发行的分离，形成了全系列整体传播的全新模式。

多屏互动与移动智交的融合：期刊内容与其他社交媒体紧密结合，读者可以使用分享、收藏，超链接到其他网站等功能，并与微博、微信等社交工具和电脑、手机、电视等多屏终端进行实时互动。为编辑、专家、读者、作者等打造知识、经验、智慧和思想交流平台。

2. 检索方法与利用

超星发现系统为数字图书馆提供的元数据挖掘存储管理系统，以基于对元数据方式的检索，改变了用户对整合平台的认识，通过优先对元数据进行存储和预处理去重排序，为读者提供了互联网搜索引擎方式的检索体验。检索方法具体如下。

1）可以进行空检索，方便查看各类型文献及相关元素的总量，可全局把握知识的现状与发展信息。

2）精炼检索提供只检索学术文章、排除报纸文章、只检索本馆馆藏纸本或电子资源、排除同位词功能，让检索结果更加精准化。

3）排序规则支持按照相关性、学术性、馆藏优先、出版日期升降序、引文量及默认排序规则进行排序。

4）分面聚类支持检索结果按照内容类型、关键词、年代、作者、作者机构、地区、刊种、中文学科、重要期刊及基金类别进行聚类显示，帮助用户快速精准地进行资源定位。

5）智能词表辅助提供同位词、下位词、扩展检索等多种智能检索方式，辅助用户快速获取资源。

3. 检索结果的输出和处理

（1）检索结果的输出

超星发现系统根据用户的不同需要，为读者提供结果输出功能，方便获取结果的再次使用，其功能如下。

1）保存读者可以根据需要、保存自平台获取的结果。

2）输出提供多种输出方式，检索结果可以发送到读者邮箱，然后文本输出、打印等。

3）输出样式可以选择需要输出的信息、信息输出顺序等。

4）多文献管理软件支持按照 EndNote、RefWorks、NoteExpress、NoteFirst 等四个主流格式的题录导出功能。页面如图 5-1-22 所示。

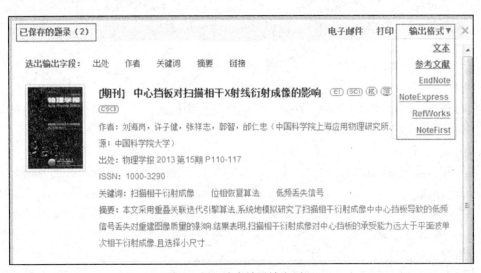

图 5-1-22　检索结果输出页面

（2）检索结果的处理

当检索结果显示过多或过少时需要进行调整处理，调整的方法包括缩窄检索和拓宽检索。

　　1）缩窄检索。当检索结果过多时，可进行相应的限制检索。①缩窄检索主题的范围，主题词检索时可以选择用更加专指的主题词或者限定为主要主题词检索，关键词检索时可以采用更加精专、覆盖范围更窄的检索词。系统支持二次检索，方便对检索结果进行二次筛选。②增加检索条件。系统支持多个字段逻辑组合检索，便于进一步限定检索结果范围，如图 5-1-23 所示。

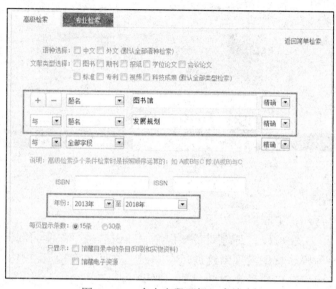

图 5-1-23　多个字段逻辑组合检索

　　2）拓宽检索。系统提供智能词表辅助检索，如同位词、下位词、扩展检索等多种智能检索方式，辅助用户快速检索到全面资源。例如，下位词检索：自动提示检索词相关的下位词，辅助拓展检索范围，如图 5-1-24 所示，输入检索词"少数民族"。同位词检索：自动提示检索词相关的同位词，辅助拓展检索范围，如输入检索词"食盐"，见图 5-1-25。

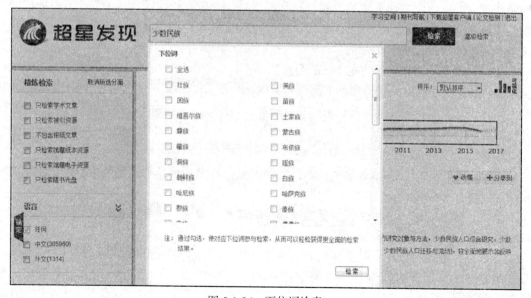

图 5-1-24　下位词检索

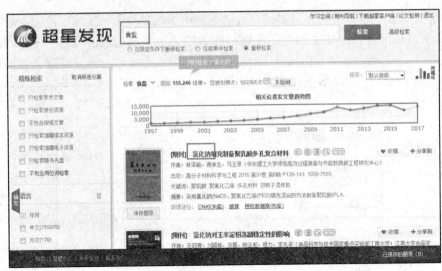

图 5-1-25　同位词检索

4. 检索结果的利用

（1）数据分析与知识关联

数据分析与知识关联可以详细地对各知识点、知识群进行深度的剖析和扩散挖掘，同时对数据进行科学的分析。超星发现系统通过在知识、文献及检索范围中构造"全面、整体"的概念，帮助读者用户及科研学者得到科学、严谨、规范的结果。

1）趋势分析。通过对搜索主题的年代和篇数的相关数字资料，将多个连续的相同指标进行对比，得出它们的增减变动方向、变化趋势。

读者通过搜索查找主题，得到该主题的趋势曲线分析，并对其查找出的内容结果根据年代进行分析，可快速了解搜索主题的学术趋势。读者还可以查看不同年代该学术主题的数据研究，无论是在上升或下滑趋势曲线中，当曲线在某一阶段处于上升或者处于波峰阶段时，即是在该时间段内学术研究兴盛的时段；当曲线在某一阶段处于下滑或者处于波谷阶段时，即是在该时间段内学术研究低迷的时段，同时也具有学术趋势发展的预判分析，为读者预测该学术未来发展的趋势提供帮助。

超星发现系统在支持单主题多文献类别的学术趋势分析的同时，亦支持对多主题、多文献类别的趋势分析。同时，支持多个主题或同类主题的学术产出等方面的对比与生长趋势，可以对比同一领域发展相关性，分析将来的发展趋势，通过知识关联对生长方向进行分析，发现这些行为之间的关联性、连续性，以某一中介为纽带，所建立起来的趋势曲线具备参考价值。

趋势分析功能如下。

第一，通过归纳、总结各类文献数据的产出量与各项指标，总结出搜索主题在规定时间段内的学术发展趋势。

第二，深入挖掘、分析文献信息发展趋势的波峰与波谷，结合搜索主题的各项指标与关联指标，分析预测其未来发展趋势。

第三，多主题趋势对比功能可同时支持五个主题的趋势对比分析。

第四，学术趋势对比分析图支持表格化数据导出功能，方便用户存留相关数据，如图 5-1-26 所示。

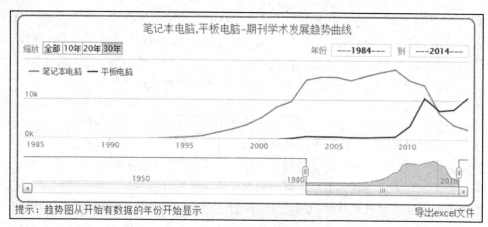

图 5-1-26　学术趋势对比分析图

2）学术产出分析。超星发现系统可以揭示以作者、科研学者个人为中心的学术产出情况。对学者的学术成果进行分析，帮助读者掌握所关注的学者、作者的学术评价及所发表文献的学术价值。

读者用户可通过超星发现系统进行检索，在检索结果页会对所有检出结果进行重要期刊收录情况及被引量的标识与标记。如若某个学者的某一篇文章被多个重要期刊收录，如 SCI 科学索引、EI 工程索引、北大核心期刊等，同时具有较高的被引次数，那么读者用户即可根据此则信息对此篇文章的价值加以更深的理解和判断，如图 5-1-27 所示。

同时，亦可配合检索结果的排序功能，在时间划分上判断关注的作者、学者的科研领域的变化——可得知该作者在早年时期和目前的科研领域分别是什么。如果关注的学者其科研领域在数年间没有发生变化且其著作发文量较多，同时收录情况及被引情况较好，读者用户则可基本确定其关注的作者、学者为该学科领域内的专家、佼佼者。

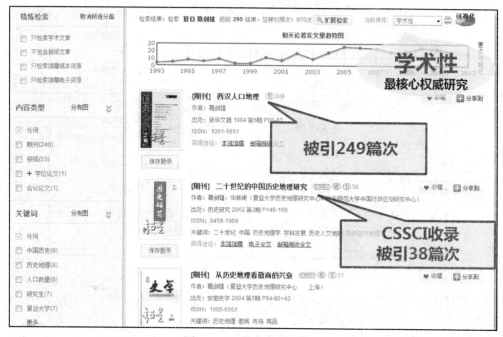

图 5-1-27　学术产出分析图

　　3）引文引证分析。超星发现系统通过在文献资源的层面构造第一个"全面、整体"的概念，对学术文献资源的引文引证分析，完美地揭示了文献资源的来源、去脉，以及与该篇文献相同的共引、同被引文献，从一篇文献的点扩展成一篇文献的面，继而多个面组合为一个整体。在整体的结构框架内进行科研、学习，效果将是显著的。

　　超星发现系统利用各种数学及统计学的方法进行比较、归纳，对图书、期刊、论文、著者等分析对象的引用和被引用现象进行分析，使用的方法有图论、模糊集合、数理统计等数学方法和逻辑思维方法，目的在于揭示文献所蕴含的情报特征和相关关系。

　　引文分析可以帮助读者超越时间和空间、跨学科组织文献，同传统的分类法和主题法截然不同，使文献有序化，有利于对文献由表及里地深入展开分析，更易于量化。引文分析能够帮助一些研究学者通过文献的引用频率，分析、研究、测定某一学科或作者的影响力和重要性。通过文献间的相互引证关系，分析某学科（或专业）文献的参考文献的来源和学科特性，不仅可以了解该学科与哪些学科有联系，而且还能探明其信息的来源及分布特征，从而为制定本学科的信息管理方案和发展规划提供依据。另外，可以通过被引用率与引用率来研究文献老化规律，可以根据某文献被别人引用的程度衡量该文献的学术价值和影响力。

　　引文引证分析功能如下。

　　第一，提供期刊与期刊、图书与图书、图书与期刊、期刊与图书的前向与后向引证关系。

　　第二，提供被引和施引文献列表与链接，方便反向分析研究。

　　第三，提供图书、期刊、学位论文、会议论文等不同文献之间相互引用的立体引用分析，即引文链状分析，见图 5-1-28。

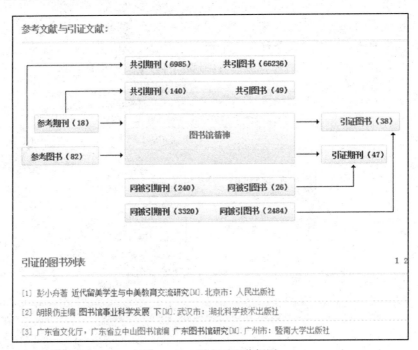

图 5-1-28　引文引证分析图

　　4）可视化关联图谱。超星发现系统通过对知识点进行挖掘与发散，构筑第二个"全面、整体"的概念。

　　可视化关联图谱功能如下。

　　第一，提供同类主题、学科、领域等文献资源的知识发展方向分析，方便研究某一学科领域或者主题方向的知识发展，如图 5-1-29 所示。

　　第二，提供以学者、科研人员本身为出发点的知识点的挖掘扩散。

　　第三，提供与当前学者、作者相关的其他作者、学者的扩散展示，如图 5-1-30 所示。

　　第四，支持以知识点、人、机构单位为中心的相关机构、单位的扩散展示，如图 5-1-31 所示。

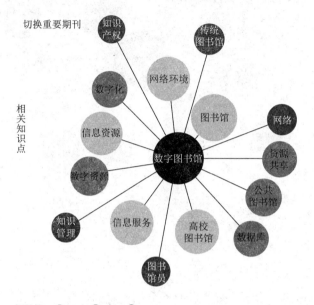

图 5-1-29　相关知识点

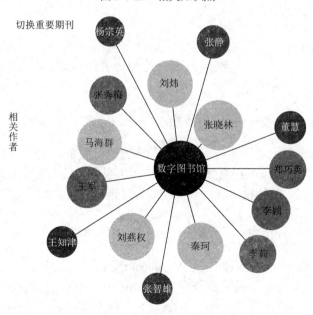

图 5-1-30　相关作者

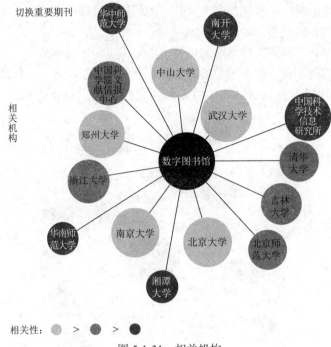

图 5-1-31　相关机构

（2）资源获取

超星发现系统支持多重学术文献资源及元数据信息的保存，方便读者用户对所需资源进行获取。

超星发现系统通过将图书馆购买的众多商业数据库进行统一整合挂接，实现在发现系统中支持对电子原文的直接下载阅读。

超星发现系统目前整合了全世界范围内近 300 个商业数据的数字资源，近 99%的高校图书馆购买的电子资源均在覆盖范围之内，保障图书馆读者用户对于本校购买资源的便捷使用，点击获取链接即可得到学术原文。

5.1.3　万方知识服务平台——万方智搜

万方数据股份有限公司是科学技术部直属的大型股份制企业，是中国专业信息资源建设生产商，万方智搜是万方数据股份有限公司 2017 年年底全新推出的学术资源发现平台，集成期刊、学位论文、会议、科技报告、专利、视频等十余种资源类型。

1. 主要数据库

（1）中国学术期刊数据库

中国学术期刊数据库（China Science Periodical Database，CSPD）收录始于 1998 年，包含 8000 余种期刊，其中核心期刊 3200 种，年增 300 万篇，涵盖自然科学、工程技术、医药卫生、农业科学、哲学政法、社会科学、科教文艺等各个学科。

（2）中国学位论文全文数据库

中国学位论文全文数据库（China Dissertation Database，CDDB）收录始于 1980 年，年增 30 万篇，并逐年回溯，与国内 900 余所高校、科学研究院合作，占研究生学位授予单位 85%

以上，涵盖理学、工业技术、人文科学、社会科学、医药卫生、农业科学、交通运输、航空航天和环境科学等各学科领域。

（3）中国学术会议文献数据库

中国学术会议文献数据库（China Conference Paper Database，CCPD）收录始于 1982 年，共计 7 万多个重要学术会议文集，年收集 4000 多个重要学术会议，年增 20 万篇全文，以国家级学会、协会、部委、高校召开的全国性学术会议为主。

（4）中外专利数据库

中外专利数据库（Wanfang Patent Database，WFPD）收录始于 1985 年，截至 2017 年年底，共收录中国专利 1500 万余条，国外专利 3700 万余条，年增 25 万条。

（5）中外文科技报告数据库

中外文科技报告数据库包括中文科技报告和外文科技报告。中文科技报告收录始于 1966 年，源于科学技术部，20 000 余份。外文科技报告收录始于 1958 年，涵盖美国政府四大科技报告（AD、DE、NASA、PB），110 万余份。

（6）中国科技成果数据库

中国科技成果数据库（China Scientific & Technological Achievements Database，CSTAD）收录始于 1978 年，来源于国家及地方的成果公报、登记成果及推广成果等，涵盖新技术、新产品、新工艺、新材料、新设计等众多学科领域。

（7）中外标准数据库

中外标准数据库（Wanfang Standards Database，WFSD），收录 43 万余条，其中全文数据来源于国家指定标准出版单位，文摘数据来自中国标准化研究院国家标准馆。

（8）中国法律法规数据库

中国法律法规数据库（China Laws & Regulations Database，CLRD），收录始于 1949 年，数据源自国家信息中心，该数据库权威、专业，涵盖国家法律法规、行政法规、地方法规、国际条约及惯例、司法解释、合同范本等。

（9）中国年鉴资源全文数据库

中国年鉴资源全文数据库（China Yearbook Full-text Database，CYFD），是方正阿帕比技术有限公司与中国版协年鉴研究会合作开发的、以年鉴资源为内容主体的全文检索数据库系统，内容覆盖基本国情、地理历史、政治军事外交、法律、经济、科学技术、教育、文化体育事业、医疗卫生、社会生活、人物、统计资料、文件标准与法律法规等各个领域。

（10）中国地方志数据库

中国地方志数据库（China Local Gazetteers Database，CLGD），新方志收录始于 1949 年，40 000 余册，旧方志收录年代为 1949 之前，近 80 000 册。

（11）国家科技图书文献中心外文文献数据库

国家科技图书文献中心（National Science and Technology Library，NSTL）包括外文期刊论文和外文会议论文。外文期刊论文是全文资源，收录了 1995 年以来世界各国出版的 20 900 种重要学术期刊，部分文献有少量回溯。外文会议论文是全文资源，收录了 1985 年以来世界各主要学（协）会、出版机构出版的学术会议论文，部分文献有少量回溯。

（12）方正阿帕比电子图书资源库

方正阿帕比电子图书资源库是方正阿帕比核心的数字内容资源部分，包含中图法所有三级分类，并在计算机、管理、外语、文学等方面重点建设，截至 2017 年年底，已经与近 500 家出版社全面合作，涵盖了社科、人文、经管、文学、历史、科普等种类的中文文本电子图书资源。

（13）中国科技期刊开放获取平台

中国科技期刊开放获取平台（China Open Access Journals，COAJ）由中国科学院主管、主办，中国科技出版传媒股份有限公司承办，北京中科期刊出版有限公司运营维护。COAJ的前身——中国科学院科技期刊开放获取平台（CAS-OAJ），是一个开放获取、学术性、非营利的科技文献资源门户，于 2010 年 10 月上线运行。COAJ 集中展示、导航中国开放获取科技期刊，强化科技期刊的学术交流功能，提升中国科技期刊的学术影响力，引领中国科技信息的开放获取。

2. 检索方法和技术

（1）资源检索

资源检索方法包括六种，具体如下。

统一检索：万方智搜首页的检索框即为统一检索的输入框，在实现多种资源类型、多种来源的一站式检索和发现的同时，它还可对用户输入的检索词进行实体识别，便于引导用户更快捷地获取知识及学者、机构等科研实体的信息。

在统一检索的输入框内，用户可以选择想要限定的检索字段，目前共有 5 个可检索字段：题名、关键词、摘要、作者和作者单位（图 5-1-32）。

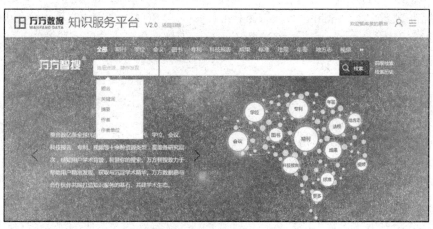

图 5-1-32　统一检索平台

用户可以单击检索字段进行限定检索，也可以直接在检索框内输入检索式进行检索。例如，用户想检索题名包含"青蒿素"的文献，可以单击"题名"字段检索，检索式为：（题名：青蒿素）。除此之外，用户也可以自主输入检索式检索，例如：（标题：青蒿素）、（题目：青蒿素）、（题：青蒿素）、（篇名：青蒿素）、（t：青蒿素）（title：青蒿素）。

万方智搜默认用户直接输入的检索词为模糊检索，用户可以通过" "来限定检索词为精确检索。例如，用户想要"信息资源检索"方面的文献，检索式为：（信息资源检索），即为模糊检索，检索式为：（"信息资源检索"）为精确检索。

另外，用户也可以在检索框内使用 NOT、AND、OR 对检索词进行逻辑匹配检索，其中AND 可以用空格代替。例如，用户想要"信息检索"和"本体"方面的文献，检索式为：（信息检索 AND 本体）或（信息检索本体）（图 5-1-33）。

图 5-1-33　检索式检索

除了支持包含逻辑运算符的检索式外，万方智搜还可支持截词检索，"?"或"%"表示截词符。例如，搜索"信息资源? 索"，系统可实现包括信息资源检索、信息资源搜索、信息资源探索的文献。

分类检索：万方智搜为用户提供了不同资源的分类检索，包括期刊、学位、会议、图书、专利、科技报告、地方志等资源。用户可以通过单击检索框上部的资源类型进行检索范围切换。

万方智搜可检索篇级文献，也可以检索期刊母体、会议、志书。

期刊检索可以实现期刊论文检索和期刊检索，输入检索词或限定字段并输入检索词，点击搜论文，实现对期刊论文的检索；输入刊名、刊号，点击搜期刊，实现对期刊母体的检索（图 5-1-34）。

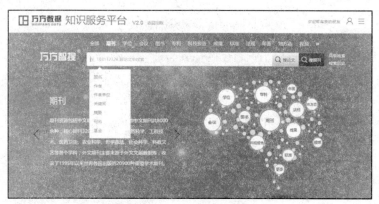

图 5-1-34　资源分类检索

其他类型，如学位资源的检索可以通过在检索框内输入检索词直接检索，也可限定字段后检索，可检索的主要字段有题名、关键词、学科专业、导师、学位授予单位等。图书资源的检索可以通过在检索框内输入检索词直接检索，可检索的主要字段有图书名、作者、出版单位、ISBN 等。会议资源的检索可以实现会议论文检索和会议检索。在检索框内输入检索词点击搜论文，实现会议论文检索；输入会议名称，点击搜会议，实现会议检索。会议论文可检索的主要字段有题名、关键词、会议名称、主办单位、基金等。其他类型资源检索方法也类似。

高级检索：万方智搜检索框的右侧有高级检索的入口，单击进入高级检索界面（图 5-1-35、图 5-1-36）。高级检索支持多个检索类型、多个检索字段和条件之间的逻辑组配检索，方便用户构建复杂检索表达式。

图 5-1-35　高级检索入口

图 5-1-36　高级检索界面

在高级检索界面，用户可以根据自己的需要，选择想要检索的资源类型和语种，通过 + 或者 − 添加或者减少检索条件，通过"与"、"或"和"非"限定检索条件，可以选择文献的其他字段。例如，会议主办方、作者、作者单位等检索，还可以限定文献的发表时间和万方数据文献的更新时间，同时高级检索也提供了精确和模糊的选项，满足用户查准和查全的需求。

专业检索：万方智搜检索框的右侧有高级检索的入口，单击进入高级检索界面，然后选择专业检索（图 5-1-37）。

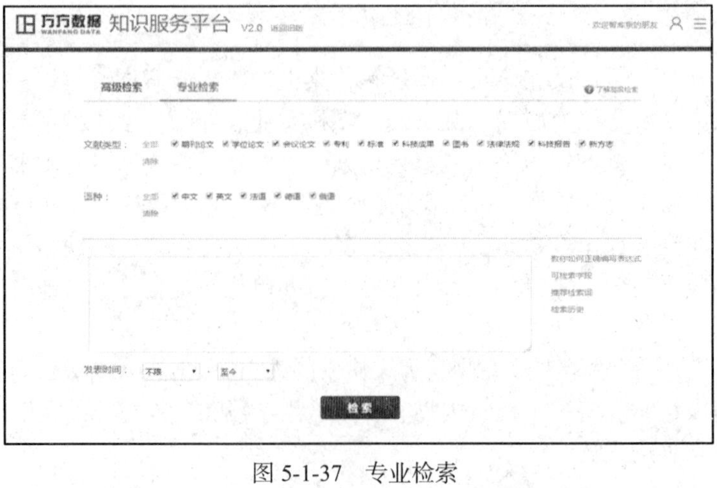

图 5-1-37　专业检索

　　专业检索是所有检索方式里面比较复杂的一种检索方法，需要用户自己输入检索式来检索，并且确保所输入的检索式语法正确，这样才能检索到想要的结果。每个资源的专业检索字段都不一样，详细的字段可以单击"可检索字段"进行选择。

　　二次检索：在检索结果页面，还可以对该检索结果进行二次检索。二次检索可以对检索字段进行限定检索。二次检索的检索字段根据不同的资源会有所不同，主要有标题、作者、关键词、起始年、结束年。

　　例如，在检索框里输入检索式：（信息），得到如下检索结果（图 5-1-38）。

图 5-1-38　检索结果

对检索结果进行二次检索，限定标题为：资源管理（图 5-1-39）。

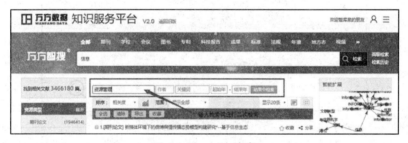

图 5-1-39　二次检索

点击"结果中检索"对检索结果进行精简，得到如下检索结果（图 5-1-40）。

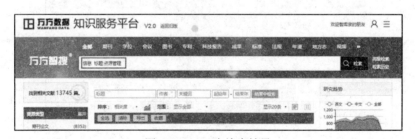

图 5-1-40　二次检索结果

　　检索历史：万方智搜提供对用户的检索行为的记录，即检索历史。检索框的右侧有检索历史的入口，单击进入检索历史界面（图 5-1-41）。

图 5-1-41　检索历史

在检索历史界面，可以导出检索历史，包括检索式、检索结果数量、检索时间等。未登录状态下，系统只记录本次未离开站点前的检索记录，离开即清除。在个人用户登录状态下，系统记录该用户使用站点的所有检索记录，便于用户快捷地检索、获取文献。

（2）检索结果

检索结果有以下五种呈现方式。

结果展示：检索结果可按详情式或列表式进行展示，详情式展示文献类型、标题、摘要、作者、关键词、来源、年/卷（期）等信息（图5-1-42）。

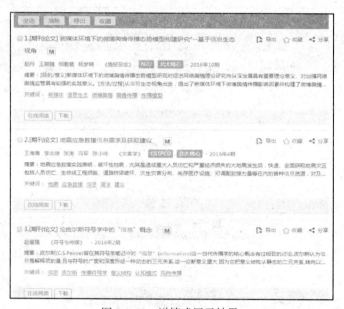

图5-1-42　详情式展示结果

列表式只展示标题、作者、来源、时间等简要信息（图5-1-43）。

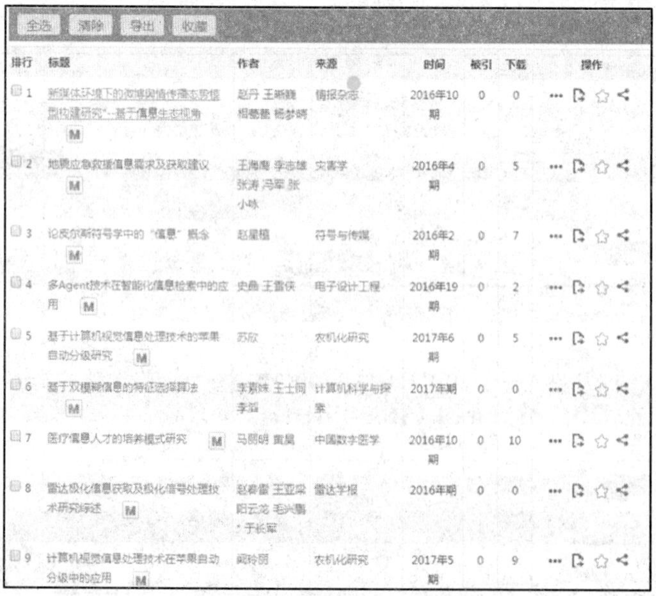

图5-1-43　列表式展示结果

结果排序：万方智搜提供对检索结果的多维度排序，除了传统的相关度、出版时间、经典论文优先、被引频次这四个指标外，它们还提供了热度、下载次数等排序指标。热度是将资源的下载量、分享等各种指标综合计算得出的综合排序指标，而针对不同的资源类型，提供了不同的排序指标（图 5-1-44）。

图 5-1-44　结果排序

结果聚类：结果聚类是在检索显示结果后，通过资源类型、出版时间、语种、来源数据库等限定条件进一步缩小检索结果范围。从不同的检索范围来看，不同的文献类型，系统根据聚类显示的分面也不同。

不同文献类型共同可以通过资源类型、出版时间、语种、来源数据库、出版状态、学科分类、作者、机构等限定对文献进行筛选（图 5-1-45）。

图 5-1-45　结果聚类

各个不同的文献类型又有各自不同的聚类方法。例如，通过核心收录、出版时间、语种、来源数据库、期刊、出版状态、学科分类、作者、机构、基金等方面对期刊论文进行筛选。

学位：通过授予学位、出版时间、语种、来源数据库、学科分类、导师、授予单位、基金的分面限定对学位论文进行筛选。

结果限定：用户可通过"显示范围"的分面来对结果显示范围进行限定，包括显示开放获取（Open Access，OA）资源、有全文的资源、原文传递的资源、机构已购资源、国外出版物（图 5-1-46）。

图 5-1-46　结果限定

结果操作：系统提供针对文献的多种便捷操作，包括对单篇操作或批量操作、下载、导出、分享、标签、笔记等（图 5-1-47）。

图 5-1-47　结果操作

5.1.4　维普信息资源系统及其检索

本章主要介绍重庆维普资讯系统概况、中文科技期刊数据库的检索方法和技术、检索结果的输出和处理。

1. 数据库概述

重庆维普资讯有限公司成立于 1989 年，主要产品有中文科技期刊数据库（全文版）、中文科技期刊数据库（文摘版）、中文科技期刊数据库（引文版）、中国科技经济新闻数据库、外文科技期刊数据库和 VIP Exam 考试学习资源数据库。

（1）维普资讯网

随着互联网的发展，重庆维普资讯有限公司于 2000 年建立了维普资讯网（www.cqvip.com）（图 5-1-48），将中文科技期刊数据库搬到了互联网上。

图 5-1-48　维普资讯网

（2）中文科技期刊数据库（全文版）

中文科技期刊数据库（全文版）是维普公司的核心产品，中文科技期刊数据库（全文版）收录了 14 000 余种中文期刊，包括现刊 9515 种，其中核心期刊 1983 种，包括文献总量 5700 余万篇。期刊回溯到 1989 年，部分期刊回溯至创刊年。数据库的期刊每日更新。学科覆盖医药卫生、农业科学、机械工程、自动化与计算机技术、化学工程、经济管理、政治法律、哲学宗教、文学艺术等 35 个学科大类，457 个学科小类。检索方式也扩大到文献检索、期刊检索、主题检索、作者检索、机构检索、基金检索、学科检索、地区检索及基于这 8 个维度的综合检索。

（3）中文期刊服务平台 7

中文期刊服务平台 7（图 5-1-49）是维普资讯推出的期刊资源型产品。它是在中文科技期刊数据库（全文版）基础上的升级。

图 5-1-49　中文期刊服务平台 7

2. 检索方法和技术

常见检索方法：①点击图书馆主页上的维普中文科技期刊全文数据库链接；②登录维普网（http://www.cqvip.com/），由维普网进入中文期刊服务平台 7；③直接输入网址 http://qikan.cqvip.com/，即可进入中文期刊服务平台 7 的主界面。中文期刊服务平台 7 为用户提供一般检索、高级检索两种最常用的检索方式，也可以使用中文期刊服务平台 7 上面的期刊导航、学科导航、地区导航来迅速地找到所需资料。一般检索、高级检索、期刊导航是数据库检索中较常用的功能。进入主页面默认执行基本检索方式。

（1）基本检索

在平台首页的检索框直接输入检索条件进行检索，该检索条件可以是题名、刊名、关键词、作者名、机构名、基金名等字段信息。输入检索词后会出现检索词智能提示和主题词拓展功能（图 5-1-50）。根据主题词拓展功能可以选择主题、学科、机构、年限等信息来进一步筛选检索结果。

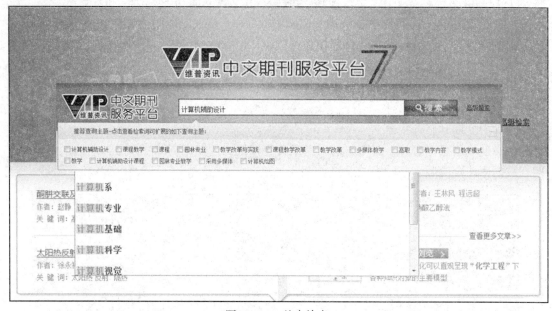

图 5-1-50　基本检索

（2）高级检索

高级检索（图 5-1-51）提供高级（向导式）检索（图 5-1-52）和检索式检索（图 5-1-53）两种方式，运用逻辑组配关系，方便用户查找多个检索条件限制下的文献。

图 5-1-51　高级检索

1）高级（向导式）检索。例如，查看"雾霾治理"方面的、作者所属机构为"社会科学院"的、由"国家社会科学基金"赞助的期刊文献，则可以在高级（向导式）检索页面做以下设置（图 5-1-54）。

增加检索字段类型，并保持三个字段限制方式（与、或、非）。在"M=题名或关键词"类型的文本框内，输入"雾霾治理"字段；在"S=机构"类型的文本框内，输入"社会科学院"字段；在"I=基金资助"类型的文本框内，输入"国家社会科学基金"字段。需要注意的是，在进行检索时，可增加或减少检索框，进行任意检索入口"与、或、非"的逻辑组配检索。

时间限定：可筛选查看某时间范围内的期刊文献。

图 5-1-52　高级（向导式）检索

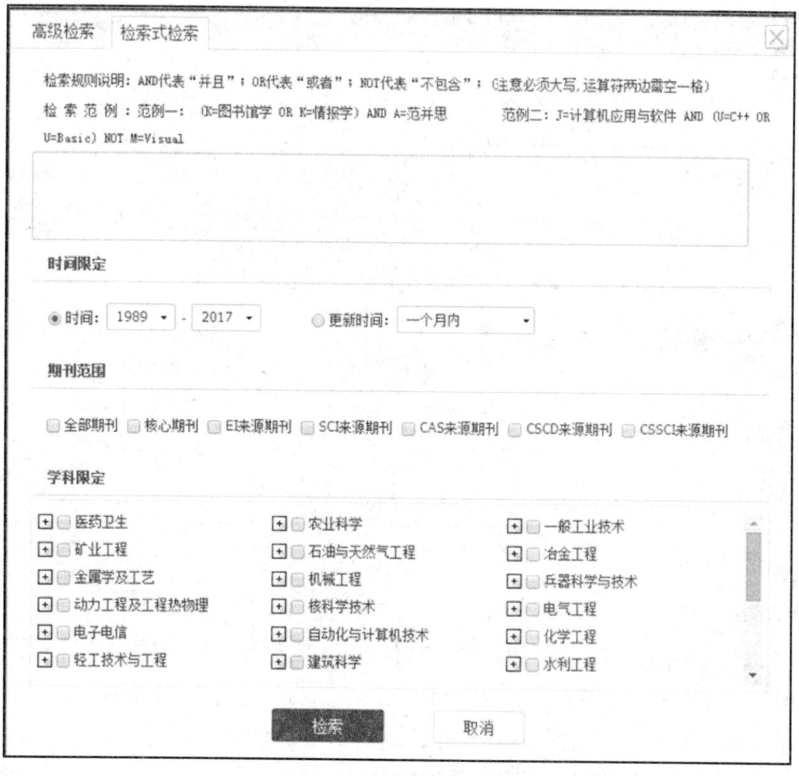

图 5-1-53　检索式检索

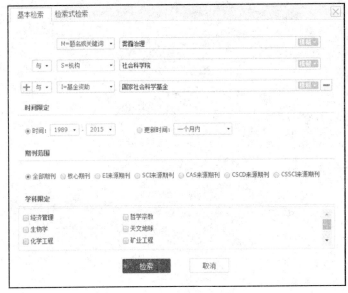

图 5-1-54　高级检索范例

2）检索式检索。读者可在检索框中直接输入字段标识和逻辑运算符来发起检索。检索规则说明：AND 代表"并且"；OR 代表"或者"；NOT 代表"不包含"（注意必须大写，运算符两边需空一格）。

检索范例一：（K=图书馆学 OR K=情报学）AND A=范并思，范例二：J=计算机应用与软件 AND（U=C++ OR U=Basic）NOT M=Visual。

（3）期刊文献导航

1）打开维普中文期刊服务平台 7.0，点击期刊导航，进入期刊导航页面（图 5-1-55）。

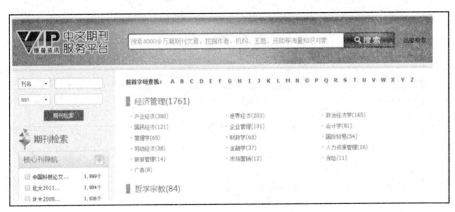

图 5-1-55　期刊导航

期刊导航检索的主要功能如下。

第一，期刊检索面板，用户可以切换检索入口，实现期刊资源的检索；系统支持以下检索入口："刊名""ISSN""CN""主办单位""主编""邮发代号"，方便用户按需切换。

第二，聚类筛选面板，系统提供核心刊导航、国内外数据库收录导航、地区导航、主题导航多种期刊聚类方式，方便用户按需进行切换。

第三，按首字母查找，用户可以通过首字母的方式查找期刊。

第四，按类别浏览，用户可以通过学科类别的方式浏览期刊。

2）选择查找期刊路径。导航分为期刊检索查找、期刊导航浏览两种方式。

如果用户已经有明确的期刊查找对象，可以使用期刊检索的方式快速定位到该刊；如果用户没有明确的期刊查找对象，可以使用期刊导航的方式自由浏览期刊。

范例一：使用检索的方式找到期刊《中国矿业》。在期刊检索面板"刊名"后的文本框内，输入"中国矿业"，点击期刊检索；在期刊检索结果页面，找到目标期刊"《中国矿业》"，点击期刊名链接，即可查看该期刊详细信息。

范例二：使用浏览的方式找到期刊《中国矿业》（图 5-1-56）。在期刊导航页面右侧的学科细分列表，找到"矿业工程"分类并点击；在期刊列表页面找到目标期刊"《中国矿业》"，点击期刊名链接，即可查看该期刊详细信息。

图 5-1-56 期刊浏览

3）获取目标期刊资源。在期刊检索结果页面，找到期刊《中国矿业》，点击刊名即可浏览详细信息。

页面说明如下。

1）封面目录查看：点击查看期刊封面及目录信息。

2）发文情况概览：查看期刊最新发文信息。

3）关注下载期刊：扫描二维码即可将期刊文献下载到移动设备。

4）导出分析报告：点击查看期刊计量分析报告并下载。

5）相关标签切换：切换不同标签查看相应信息。

6）期刊详情展示：查看期刊基本信息。

7）期刊价值展现：查看期刊获奖及被国内外数据库收录情况。

8）期刊数据链接：点击链接获取相应期刊数据及馆藏信息。

9）期刊收录汇总：点击链接查看该期次期刊发表的文献信息。

3. 检索结果的输出和处理

（1）检索结果的输出

检索结果的输出如下：①检索结果在页面上默认的显示为文摘列表方式（图 5-1-57），可以切换成标题显示和详细列表显示。文摘显示的内容包括文章的标题、文章前两位作者、文章出处（期刊名、出版年、卷、期、页码）、文章的文摘。②检索结果每页显示 10 条。③翻页，检索到的文章可以逐页翻阅，也可以跳转至想阅读的页码。④在线阅读，在线阅读功能具有"放大镜"阅读预览体验（图 5-1-58），无须打开文献，鼠标移动到显示的文章的界面即可实现全文预览。⑤下载全文，在检索结果的页面上点击文章对应的全文下载即可下载 PDF 格式的全文，可以把文章保存在本地电脑上，方便随时浏览。⑥文献传递，部分不能直接通过在线阅读或下载的方式获取全文的文献，可通过"文献传递"方式（图 5-1-59），使用邮箱索取文献全文。只需输入邮箱及验证码，系统将会自动处理请求，5 分钟之内将文章的下载链接发送到邮箱，点击即可获取。

图 5-1-57　检索结果显示

图 5-1-58　放大镜预览

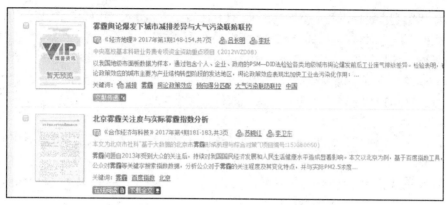

图 5-1-59　文献传递

（2）检索结果的处理

新推出的维普中文期刊服务平台 7.0 产品提供了基于检索结果的发文被引分析、分面聚类筛选、多种排序方式等检索优化服务。该产品方便用户快速找到目标期刊文献，更好地帮助用户对检索结果进行相关分析，满足用户需求。

1）维普中文期刊服务平台 7.0 产品的检索结果分析。维普中文期刊服务平台 7.0 左侧提供了"被引范围""作者""学科""期刊收录""机构""期刊""年份""主题"的多类别层叠筛选，实现在任意检索条件下对检索结果进行再次组配，提高资源深度筛选效率（图 5-1-60）。

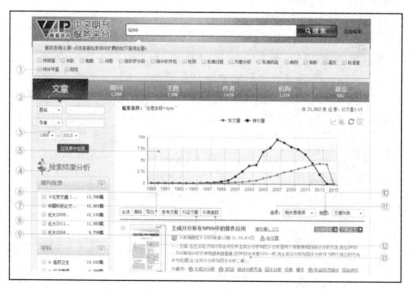

图 5-1-60　检索结果分析

检索结果分析说明如下。

查询主题扩展对检索关键词进行联想式主题扩展，用户可以按需勾选主题再次检索。

查询对象切换系统提供"文章""期刊""主题""作者""机构""基金"对象切换，用户可以点击不同的对象模块按需查看。

结果二次检索系统提供基于本次检索结果下的二次检索功能，用户可以先选择检索类型并输入检索词，点击"在结果中检索"，实现按需缩小或扩大检索范围，精炼检索结果。

　　检索结果聚类系统提供基于检索结果的期刊范围、所属学科、相关主题、相关机构、发文作者等分面聚类功能，用户可以通过左聚类面板浏览并勾选目标分类，然后在聚类工具中查看并确定所选分类，点击"执行"后即可筛选出需要的文献资料，达到自由组配查看资源的目的。

　　发文被引统计系统支持对任意检索结果进行发文量、被引量年代分布统计，通过图表的形式给予展示，可以切换图表类型或者将图表保存至本地。

　　文献题录导出系统支持文献题录信息的导出功能，支持的导出格式为 TEXT、XML、NoteExpress、RefWorks、EndNote。用户可以勾选目标文献，点击导出后选择适当的导出格式实现此功能。

　　参考文献查看系统支持单篇或多篇文献的参考文献查看，用户可以在文献列表页勾选目标文献，点击参考文献后，实现相应信息浏览。

　　引证文献查看系统支持单篇或多篇文献的引证文献查看，用户可以在文献列表页勾选目标文献，点击引证文献后，实现相应信息浏览。

　　引用追踪分析系统支持单篇或多篇文献的引用分析报告查看，用户可以在文献列表页勾选目标文献，点击引用追踪后，实现相应信息浏览。

　　检索结果排序系统提供相关度排序、被引量排序和时效性排序多种排序方式，用户可以从不同侧重点对检索结果进行梳理。

　　查看视图切换系统支持文摘列表、标题列表、详细列表三种文献查看方式，用户可以按需进行视图切换。

　　首页信息预览在文摘列表视图下，用户可以将鼠标放置在目标文献的缩略图上，系统会自动放大该区域图片，以实现文献的详情预览。用户可以点击文献题名进入文献细览页，查看该文献的详细信息和知识节点链接。

　　全文保障服务包括在线阅读、全文下载、原文传递、OA 全文链接等多途径的全文服务模式。

　　2）维普中文期刊服务平台 7.0 产品的文章分析功能。在检索结果页面点击文献名，即可查看当前文献的详细信息，并进一步实现多种操作（图 5-1-61）。

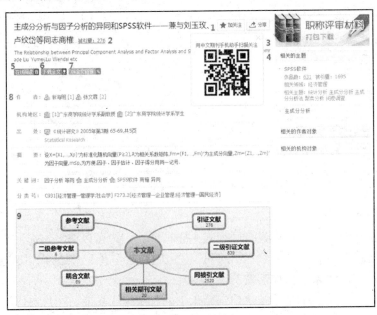

图 5-1-61　文献分析

文献分析说明如下。

1）关注下载文献，扫描"加关注"下的二维码，可以将期刊文献直接下载到移动设备上。

2）被引情况查看可查看该篇文献的引证文献明细。

3）下载评审材料可一键下载该篇文献用于职称评审的相关资料。

4）相关对象面板可查看与该篇文献相关的主题、作者、机构等对象。

5）在线阅读可在线对该篇文献进行全文阅读。

6）下载全文可将该篇文献下载保存到本地磁盘。

7）OA 全文链接可开放获取的文献即会出现此按钮，点击按钮后链接到该本期刊的官方 OA 页面。

8）细览展示面板可获取该篇文献的详细信息，点击知识点链接即可查看相应对象内容。

9）文献关系面板可全方位获取该篇文献的参考引用关系，点击相关节点后即可查看详情。

5.2　国外常用数据库检索与利用

5.2.1　爱思唯尔主要产品介绍及其检索利用

1. 爱思唯尔资源概述

爱思唯尔（www.elsevier.com）是一家世界领先的科学、技术和医学信息产品和服务提供商，基于与全球科技和医学界的合作，公司每年出版超过 2000 种期刊，包括 *The Lancet* 和 *Cell* 等世界著名期刊，还出版近 2000 种图书，包括 Academic Press、Morgan Kaufmann、Mosby、Saunders 等著名出版品牌。

爱思唯尔主要在线解决方案包括 ScienceDirect、Scopus、Reaxys、ClinicalKey，提高了科学和医学界专业人员的科研效率；SciVal 和 MEDai's Pinpoint Review，帮助学术与政府研究机构更有效地评估、制定和执行其研究战略，最大限度地提高投资的使用效益。

爱思唯尔公司属于励德爱思唯尔（www.reedelsevier.com）集团旗下，公司总部设立在荷兰的阿姆斯特丹，7000 多个员工分布在全球各地 70 多个分支机构。

本节重点介绍爱思唯尔电子图书和全文电子期刊 ScienceDirect 的检索与利用。

（1）爱思唯尔电子图书

爱思唯尔电子图书基于 ScienceDirect 为用户提供服务。ScienceDirect 为成千上万的研究人员、科学家、工程师、专业人士和学生提供必不可缺的信息资源，其拥有全球超过四分之一的科学、技术、医学和社会科学全文，以及同行评审文章。通过 ScienceDirect，用户可以找到超过 2500 种同行评审期刊，过刊扩展包（回溯至第一卷第一期），以及超过一万多册的权威书籍，包括参考工具书、手册、专著、系列丛书和教材等。

通过 ScienceDirect 查阅图书，具有以下功能：图书与期刊强大、完整地交叉搜索，迅速提供最相关的搜索结果；全书内容可直接浏览 PDF 或 HTML 模式；功能操作直观、简单，便于修改、精确、保存和追踪研究；按内容类型和章节浏览；图片搜索；相关资源链接（通过 Scopus 和相关期刊）；个性化设置；XML 文件格式，提供音频、视频和多媒体资源；轻松下载与打印。

（2）全文电子期刊 ScienceDirect

ScienceDirect 是爱思唯尔出版社的全文数据库平台，是全世界最大的 STM（科学、科技、医学）全文与书目电子资源数据库，包括超过 2500 种同行评审期刊与 30000 本电子书，共有一千多万篇文献，这些文章是来自权威作者的研究、著名编辑群管理、并受到来自全球的研究人员的阅读和青睐，如 *The Lancet*、*Cell*、*Tetrahedron Letters*、*The Handbooks in Economics Series* 等重要期刊，以及 *International Encyclopedia of the Social and Behavioral Sciences* 等，皆可在 ScienceDirect 中获得。

2. 内容与特色

（1）主要内容

爱思唯尔数据库收录主题范围包括农业、生物、生化、基因、分子生物、免疫、微生物、化学、化学工程、医学、药学、制药、牙医、兽医、电脑科学、地球与行星科学、工程、能源、技术、环境科学、材料科学、数学、物理、天文、管理、会计、心理学、商学、经济、经济计量、财务、社会科学、艺术与人文等。

ScienceDirect 中收录社会科学及人文类期刊 1061 种、书籍 5270 册（包括单行本、丛书、手册、参考书等），见表 5-2-1。以下两种期刊在其所在门类排名第一（图 5-2-1、图 5-2-2）。*Cognitive Sciences* 简介如下。

1）2015 影响因子为 17.85，CiteScore 为 11.64。

2）5 年影响因子为 23.872。

3）该期刊是认知研究及相关领域的权威期刊，刊登此领域最新研究论文，学科包括心理学、人工智能、语言学、哲学、计算机学和神经学。

表 5-2-1　社会科学及人文类文献数量（数据截至 2017 年 3 月 10 日）

学科类别	期刊数量（种）	图书数量（册）
艺术与人文	77	1124
商业/管理/会计学	163	1066
决策科学	87	42
经济学/计量经济学/金融	152	609
心理学	199	783
社会科学	383	1646

图 5-2-1　*Cognitive Sciences*　　　图 5-2-2　*Ecology & Evolution*

Ecology & Evolution 简介如下。

1）2015 影响因子为 16.735，CiteScore 为 11.11。

2）5 年影响因子为 19.417。

3）该期刊是生态学、社会生态学及进化学的权威期刊，刊登相关领域简短、精选的综述。

（2）主要特色

Articlesin Press：抢先浏览多数经过同行评审后预定出版的期刊文章。

一站式全文服务：通过 CrossRef 链接，连接超过 300 家其他出版社平台上的全文。

轻松管理文献：在线查询、浏览、打印、下载所需论文，并可导出书目资料到文献管理软件（如 Mendeley、EndNote、RefWorks 等）。

3D 可视化工具：分子生物学、考古学、神经科学及精神医学等科学学科出版的期刊，提供作者与读者 3D 视觉影像服务，如 3D 分子影像检视器、3D 考古影像检视器及 3D 神经影像检视器，这有助于了解复杂结构、动态模拟及探索各种不同科学学科。

远程访问：使用学校域名的邮箱注册 Remote Access，激活访问后，可在 IP 范围外下载全文。

强大的个性化服务功能，如 Alerts 服务可以实现新到期刊通报、检索通报与主题通报，让未来相关文献主动来找用户。此外，还有储存检索策略（Save Searches）、检查与组合检索历史（Search History）、个人偏好设定（My Settings）、结合免费文献管理工具 Mendeley、个人 E-mail 申请 Mendeley 账号（享有 2GB 免费空间，桌面版与云端版同步更新）、编辑并整理来自不同数据库的文献、导出多种参考文献格式（如 APA、Chicago、AMA 等）、建立群组、与同行分享文献、建立学术 LinkedIn，增加学术表现曝光度等众多功能。

3. 检索方式和技术

爱思唯尔 ScienceDirect 数据库的使用方法如下。首先，打开 ScienceDirect 数据库主页，见图 5-2-3，可以看到快速搜索及高级搜索。

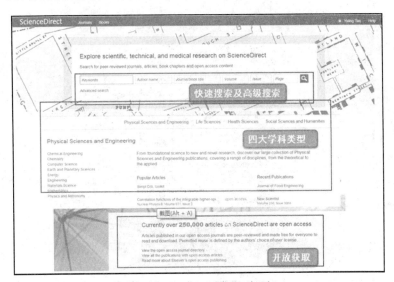

图 5-2-3　ScienceDirect 主页

选择不同的资源类型进行浏览，如图 5-2-4 所示。

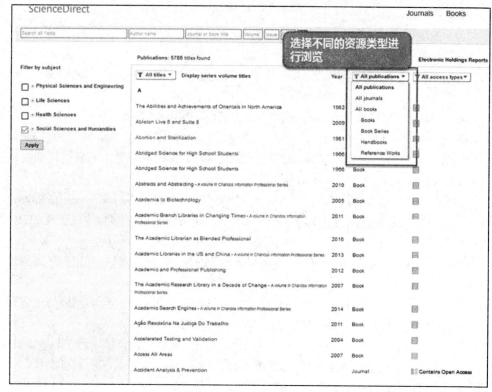

图 5-2-4　不同的资源类型

可以选择浏览社会和人文科学科学类期刊和图书，如图 5-2-5 所示。

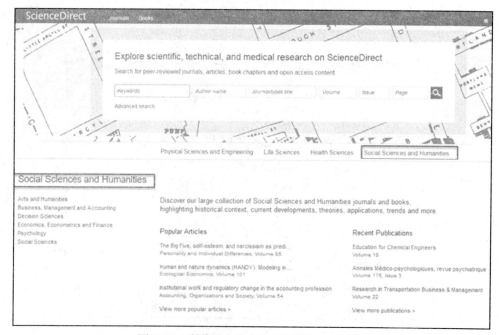

图 5-2-5　浏览社会和人文科学类期刊和图书

快速检索某一特定文献的方式有两种，第一种方式是输入文献全名；第二种方式是输入期刊名、卷（期）、页码，如图 5-2-6 所示。

图 5-2-6　快速检索某一特定文献

下面是快速检索示例，如图 5-2-7 所示。

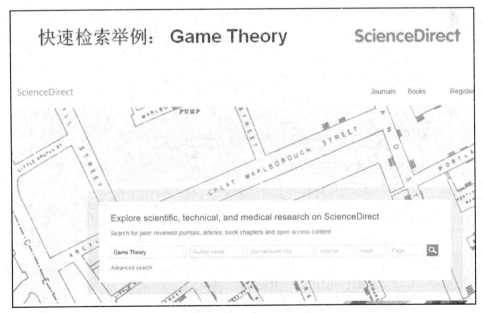

图 5-2-7　快速检索示例

支持高级检索方式，如图 5-2-8 所示。

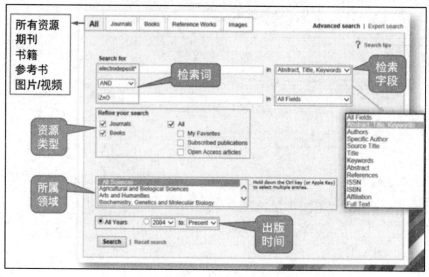

图 5-2-8　高级检索页面

　　在进行专家检索时，可以使用布尔语法、邻近运算符和通配符建立搜索，优先考虑搜索字段，同时搜索多个领域。注意使用文档类型、时间及主题精简搜索，如图 5-2-9 所示。

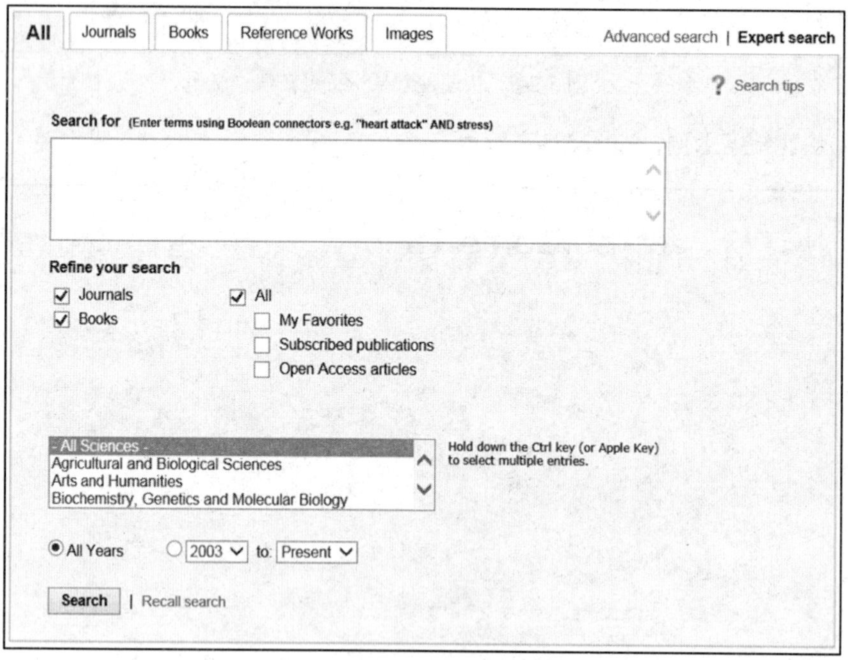

图 5-2-9　专家检索页面

　　下面列出检索时常用的检索语言，如表 5-2-2 所示。

表 5-2-2　检索语言

符号	意义
AND	默认算符，要求多个检索词同时出现在文章中
OR	检索词中的任意一个或多个出现在文章中

续表

符号	意义
AND NOT	后面所跟的词不出现在文章中
通配符 *	取代单词中的任意一个（0,1,2…）字母 如 transplant* 可以检索到 transplant、transplanted、transplanting…
通配符?	取代单词中的一个字母 如 wom?n 可以检索到 woman、women
W/n PRE/n	两词相隔不超过 n 个词，词序不定　　quick w/3 response 两词相隔不超过 n 个词，词序一定　　quick pre/2 response
""	宽松短语检索，标点符号、连字符、停用字等会被自动忽略　"heart-attack"
{}	精确短语检索，所有符号都将被作为检索词进行严格匹配　{c++}

需要注意的事项如下。

1）拼写方式：当英式与美式拼写方式不同时，可使用任何一种形式检索。例如，behaviour 与 behavior；psychoanalyse 与 psychoanalyze。

2）单词复数：使用名词单数形式可同时检索出复数形式。例如，horse-horses，woman-women。

3）希腊字母：支持 α，β，γ，Ω 检索（或英文拼写方式）。

4）法语、德语：重音、变音符号，如 é，è，ä 均可以检索。

5）大小写：英文字母不区分。

6）上下标：需要搜索 H_2O 时，应输入 H2O。

4. 检索结果的输出和处理

在检索结果列表可以进行条件精简，如图 5-2-10 所示。

图 5-2-10　检索结果输出页面

也可以进行检索历史的保存和调用，如图 5-2-11、图 5-2-12 所示。

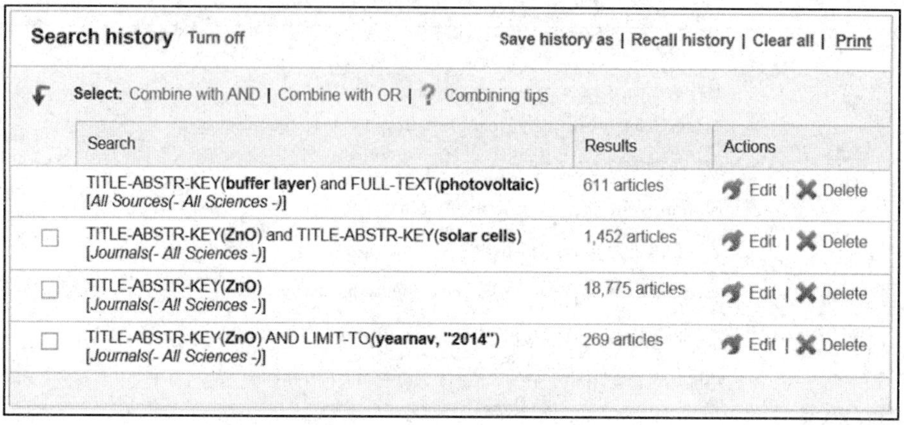

Search history Turn off
Save history as | Recall history | Clear all | Print
Select: Combine with AND | Combine with OR | ? Combining tips
Search
Results
Actions
TITLE-ABSTR-KEY(buffer layer) and FULL-TEXT(photovoltaic)
[All Sources(- All Sciences -)]
611 articles
Edit | Delete
TITLE-ABSTR-KEY(ZnO) and TITLE-ABSTR-KEY(solar cells)
[Journals(- All Sciences -)]
1,452 articles
Edit | Delete
TITLE-ABSTR-KEY(ZnO)
[Journals(- All Sciences -)]
18,775 articles
Edit | Delete
TITLE-ABSTR-KEY(ZnO) AND LIMIT-TO(yearnav, "2014")
[Journals(- All Sciences -)]
269 articles
Edit | Delete

图 5-2-11　检索历史的保存和调用（一）

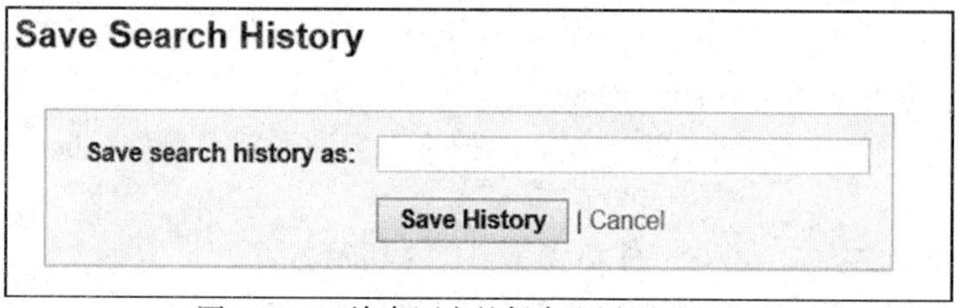

Save Search History
Save search history as:
Save History
| Cancel

图 5-2-12　检索历史的保存和调用（二）

利用爱思唯尔旗下的 ScienceDirect 和 Mendeley 在文献检索管理方面可以完美融合，为用户提供一站式的解决方案。

通过摘要，阅读、选择所需文献，选择并导入至 Mendeley，如图 5-2-13 所示。

Refine by:
Years
2019 (200)
2018 (17,756)
2017 (26,358)
Show more
Article type
Publication title
Download 1 article
Download PDF
Export
ELSEVIER
Exercise effect
Abstract
You have selected 1 citation for export.
Direct export
Save to Mendeley
Save to Refworks
Export file
Format
RIS (for EndNote, Reference Manager, P
BibTeX
Text
Content
Citation Only
Citation and Abstract
Export
Exercise effects on depression: Possible neural mechanisms
Gujral S, Aizenstein H, Reynolds C, Butters M, Erickson K
General Hospital Psychiatry
DOI
10.1016/J.GENHOSPPSYCH.2017.04.012
ISSN
0163-8343
Date Accessed:
2018-06-04
查看摘要

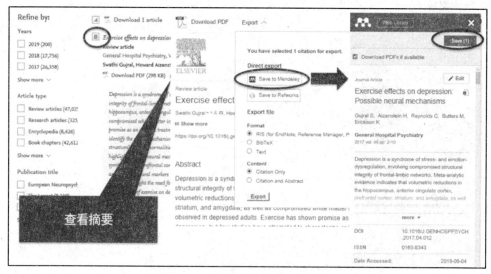

图 5-2-13　摘要阅读导入 Mendeley

或者点击文章题目，进入全文界面进行阅读。然后导入至 Mendeley 进行文件管理，如图 5-2-14 所示。

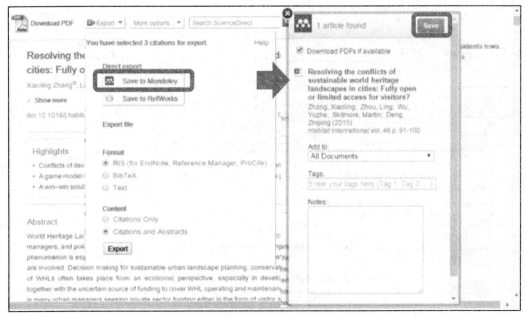

图 5-2-14　全文阅读导入 Mendeley

或在 Mendeley 中进行文献的阅读和管理，如图 5-2-15 所示。

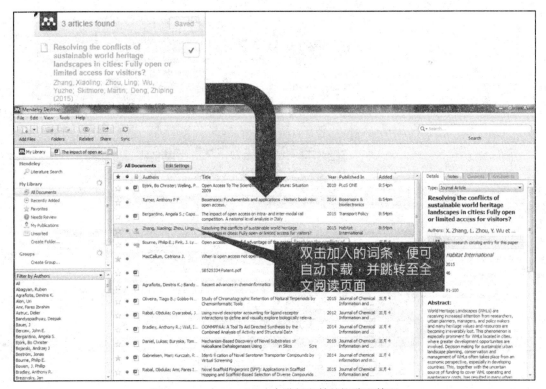

图 5-2-15　在 Mendeley 中进行文献的阅读和管理

在 Mendeley 中可以进行文献阅读、标注和评论，以及查看文献的书目信息，如图 5-2-16 所示。

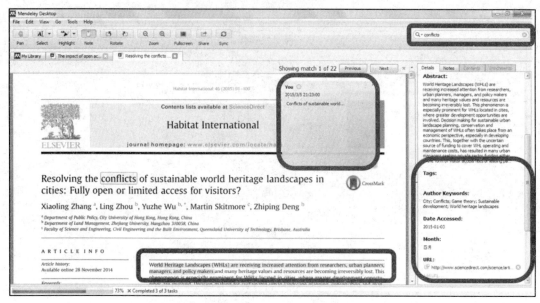

图 5-2-16　在 Mendeley 中标注和评论

随后可以将文献通过 Mendeley 引用至用户的手稿中，如图 5-2-17 所示。

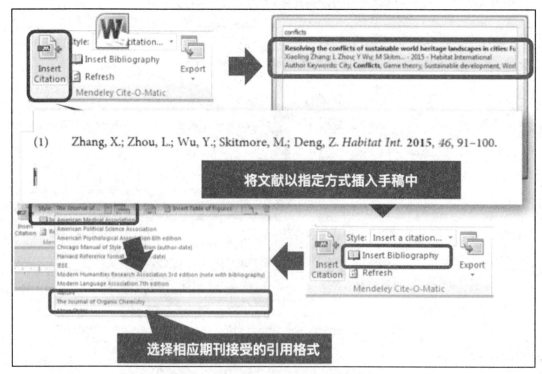

图 5-2-17　通过 Mendeley 引用至用户手稿

5.2.2　SpringerLink 主要产品介绍及检索利用

1. SpringerLink 数据库概述

Springer 于 1842 年在德国柏林创立，每年出版大量的科技图书和科技期刊。该社通过

SpringerLink 系统发行电子出版物。

SpringerLink 是一个整合了电子期刊、电子图书、电子参考书、电子丛书及实验室指南的平台，为读者提供便捷的一站式使用体验。

SpringerLink 平台提供如下电子资源。

1）Journals（电子期刊）。SpringerLink 平台上提供的电子期刊包括 Open Access 期刊及其他出版社与 Springer 合作的期刊。其中 1997 年以来 Springer 出版的电子期刊，超过 60%以上的期刊被 SCI、SSCI 收录，很多期刊在相关学科拥有较高的排名，涵盖学科包括数学、化学和材料科学、计算机科学、地球和环境科学、工程学、物理和天文学、医学、生物医学和生命科学、行为科学、商业和经济、人文、社会科学和法律等。

2）Books（电子图书）。SpringerLink 平台收录电子图书超过 22 万种，涵盖学科包括行为科学、工程学、生物医学和生命科学、人文、社会科学和法律、商业和经济、数学和统计学、化学和材料科学、医学、计算机科学、物理和天文学、地球和环境科学、计算机职业技术与专业计算机应用、能源等。

SpringerLink 所提供的电子书系列，不但为研究人员提供 Springer 高质量印刷出版物的精确数字化复本，更具有电子出版物的功能，使其大大增值，并具备优越的检索性能。研究人员可访问数以百万页计的可检索文献，这些文献既能融入图书馆的整体目录，又与 Springer的在线期刊紧密连接，成为无可比拟的在线资源。

3）Book Series（电子丛书）。Springer 电子丛书是 Springer 电子书系列的一部分。电子丛书涵盖最新的科研专著，按题目编排。

4）Reference Works（电子参考工具书）。这是 Springer 参考工具书（SpringerReferences）的电子版本，大多为大型、多卷百科全书和手册。

5）Protocols（实验室指南）。详细、精确的实验操作记录，主要面向生物化学、分子生物学，以及生物医学等学科。

2. 检索方法和技术

首先登录 SpringerLink 首页：登录经由 IP、Username 和 Password 认证，单击 Sign Up/Login进行登记注册，通过注册之后，可以设置个人收藏夹，可以创建并享受题录式定题服务，可以保存或标记用户的检索结果，以供日后参考之需，可以重新调用用户的检索历史，可以更好地管理用户已经检索到的资源，以备再次登录网站时，可以随时利用。

浏览 SpringerLink，主页分成三个部分（图 5-2-18）。

搜索功能：输入要搜索的内容。

浏览功能：系统提供三种方式浏览资源，即 Content Type（内容类型）、Discipline（学科）、Subdiscipline（分学科）。

内容显示：根据用户的个人搜索，提供相关的内容。具体展示如下。

（1）内容区域

在内容区域内会按颜色识别客户类别：橙色代表匿名用户，粉色代表可识别客户①（图 5-2-19）。

当某用户在可识别的 IP 范围内登录 http://link.springer.com 时，该用户将自动识别为该机构的一部分。

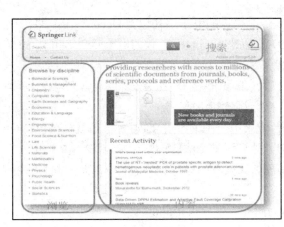

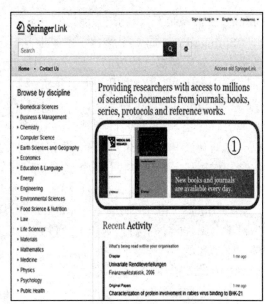

图 5-2-18　主页展示　　　　　　　　　　图 5-2-19　内容区域客户识别

（2）搜索

大多数用户通过搜索功能浏览数据库的内容，因此在主页上搜索功能是最明显和最突出的①，同时主页还提供高级搜索和搜索帮助②。

高级搜索选项：用户可以通过使用高级搜索选项进一步缩小搜索范围。用户也可以限定在该机构的访问权限内搜索（图 5-2-20）。

图 5-2-20　主页搜索页面

（3）浏览

在页面左方的框中，浏览功能按学科分类，如果用户点击某个学科，将会进入到该学科的新页面。用户也可以按内容的类型来浏览，在学科导航框的下方，找到详细的内容类型：（期刊）文章、参考文献、（图书）章节、实验室指南，见图 5-2-21。

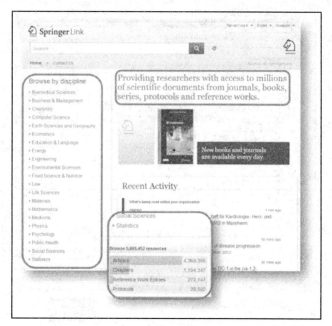

图 5-2-21　浏览页面

3. 检索结果的输出和处理

（1）期刊

功能预览，如图 5-2-22 所示：①浏览卷和期；②在此期刊内搜索；③期刊标题；④期刊 ISSN；⑤期刊描述；⑥卷和期的导航；⑦最新文章列表；⑧期刊封面；⑨查看内容。如果用户想要搜索相关文章，可在页面的右上方找到"该期刊内搜索"，搜索结果将以列表形式显示，跳转到新的页面。下面展开介绍卷和期的导航页面。

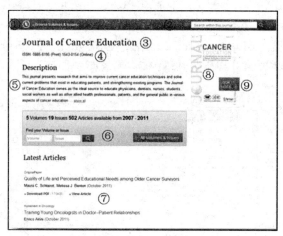

图 5-2-22　期刊搜索结果

卷和期的导航页面，如图 5-2-23 所示。

在该主页内容描述的下方蓝色框中，用户可以搜索到具体的卷和期①。

如果用户想要浏览所有的卷和期，可以点击"All Volumes and Issues"选项②。

用户也可以使用主页上方的链接，浏览卷和期"Browse Volumes & Issues"③。

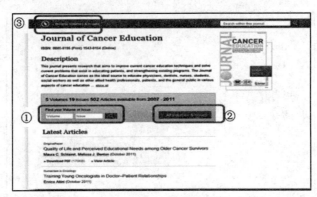

图 5-2-23　卷和期导航

所有的卷和期页面，如图 5-2-24 所示，在页面上方，用户可以看到最新的内容链接①，过往期刊将会以灰色显示②，点击此卷显示条，可以看到该卷的内容③。

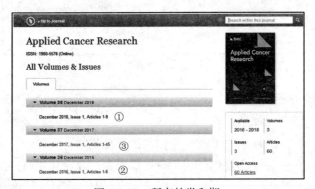

图 5-2-24　所有的卷和期

期刊文章结果显示（图 5-2-25）：①下载 PDF；②浏览（HTML）文章；③期刊标题；④出版年限；⑤文章标题；⑥作者；⑦下载 PDF；⑧浏览（HTML）文章；⑨摘要；⑩期刊封面；⑪内容查看（预览）（Look Inside）；⑫在此期刊内的链接（Within this Article Links）；⑬导出参考文献；⑭相关文章；⑮补充材料；⑯参考文献；⑰有关此文章。以下针对⑥⑦⑧⑬⑭作出简要介绍。

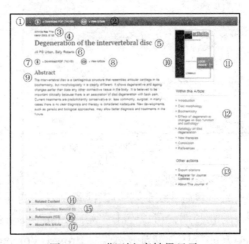

图 5-2-25　期刊文章结果显示

下载 PDF 和内容查看的不同之处如下。

第一，在左上方比较显著的位置有"下载 PDF"（Download PDF）功能的标识，该功能重复出现在标题下面。PDF 文件可以被保存、打印和标注。

第二，"内容查看"（Look Inside）链接只有预览功能。

作者信息：作者信息在标题下方，此文章所有作者都有个别链接，连到该作者的所有作品搜索结果页面上。

导出文献：在期刊封面下面，这些链接可以导出参考文献，文献可以用以下几种格式导出：ProCite（RIS）、Reference Manager（RIS）、RefWorks（RIS）、EndNote（RIS）、PubMed（TXT）、Text only（TXT）、BibTeX（BIB）。

相关内容：在此区内用户可以看到本网站提供的相关文章链接（图 5-2-26）。

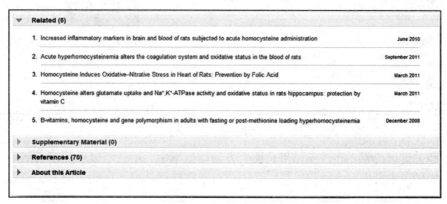

图 5-2-26　相关文章链接

（2）图书

图书主页功能概述，如图 5-2-27 所示，其各功能如下：①在本书内搜索；②出版年限；③图书标题；④图书子标题；⑤作者；⑥国际标准书号；⑦图书章节列表；⑧关于本书。与期刊的搜索相似，具体的详细说明可以参照期刊的相关内容。

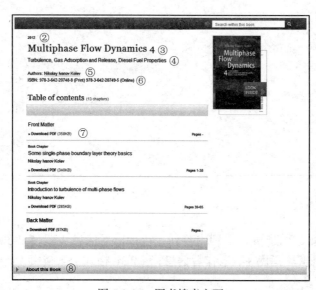

图 5-2-27　图书搜索主页

（3）丛书

浏览丛书，如图 5-2-28 所示。①通过点击页面上方蓝色条框上的"浏览丛书"（Browse Volumes）链接，可以浏览某系列丛书。②也可以通过封面上方的蓝色条框，在丛书内按特定的关键词搜索，以上搜索结果都会跳转到新页面显示。

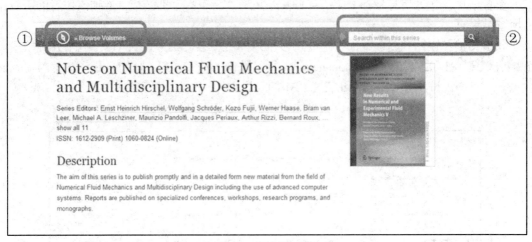

图 5-2-28　浏览丛书

浏览和关键词搜索。在搜索结果页面上方的信息框中，用户可以看到搜索结果出自哪一套丛书，如果点击页面上方的信息框，页面将自动跳转回丛书主页面（图 5-2-29）。

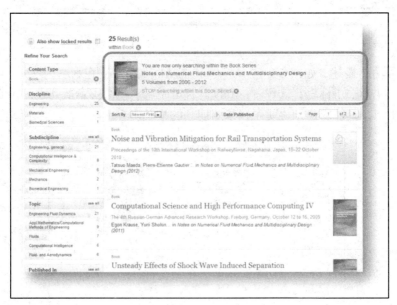

图 5-2-29　丛书主页

（4）实验指南

浏览实验指南时，用户可以看到内容列，包括以下信息（图 5-2-30）：①内容类型；②标题链接（链接到实验指南）；③作者信息；④PDF 格式下载链接（前提是有下载权限）。

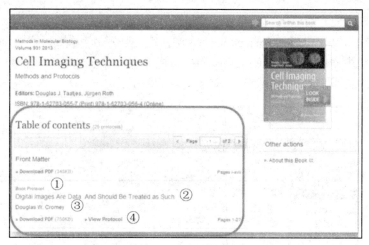

图 5-2-30　实验指南

5.2.3　Wiley 主要产品介绍及检索利用

1. Wiley 数据库概述

约翰·威利父子出版公司（John Wiley & Sons，Inc.）成立于 1807 年，是美国的出版公司，全球总部位于美国新泽西州的霍博肯（Hoboken）。2007 年 John Wiley & Sons，Inc.的科学、技术、医药的学术出版业务与英国的布莱克威尔出版公司（Blackwell Publishing）合并，合并后的期刊服务被称为"Wiley Blackwell"。

Wiley Blackwell 每年出版 1600 多种同行评审的学术期刊,包括化学、高分子与材料科学、物理学、工程学、农业、兽医学、食品科学、医学、护理学、口腔医学、生命科学、心理学、商业、经济、语言学、新闻传播学、历史学、政治学、社会学、艺术类、人类学等学科，以及很多其他重要的跨学科领域出版的期刊,有 930 多种期刊可以追溯到创刊的第一卷第一期。

Wiley Blackwell 同时出版 20 000 本电子图书，170 多种在线参考工具书，580 多种在线参考书，19 种生物学、生命科学和生物医学的实验室指南（Current Protocols），17 种化学、光谱和医学数据库等，通过 Wiley Online Library 平台提供全文电子期刊、在线图书和在线参考工具书的服务。

2010 年，Wiley Online Library（http://onlinelibrary.wiley.com/）新一代在线服务平台推出，该平台提供全文电子期刊、在线图书和在线参考工具书的服务，学科范围涵盖生命科学、健康科学、社会科学、理工科学和人文科学等 104 个学科，如表 5-2-3 所示。

表 5-2-3　Wiley Online Library 学科

学科	学科	学科
农业、水产与食品科学	法学与犯罪学	人文科学
建筑与规划	生命科学	兽医学
艺术与艺术应用	数学与统计学	心理学
商业、经济学、金融与会计	护理学、牙科学与医疗保健	医学
计算机科学与信息技术	物理与工程学	化学
地球、空间与环境科学	社会与行为科学	……

2. 检索方法和技术

点击图书馆主页上的"Wiley Online Library"数据库链接，或者直接输入网址 http://onlinelibrary. wiley.com/，即可进入 Wiley Online Library 数据库的主界面（图 5-2-31）。Wiley Online Library 在线平台为用户提供浏览、基本检索、高级检索等检索方式。

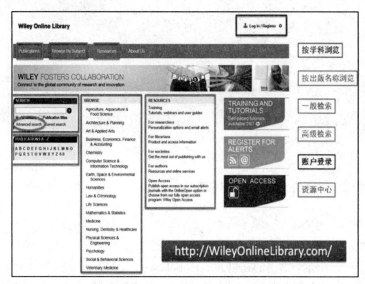

图 5-2-31　　Wiley Online Library 主界面

（1）浏览

数据库平台提供按学科和出版物名称的字母顺序两种浏览方式。

1）按学科浏览。在平台首页按学科直接浏览，或点击"按学科浏览"（Browse By Subject）进入学科主题，将鼠标移至最高一级学科，下一级学科列表会在右侧自动显示（图 5-2-32）。

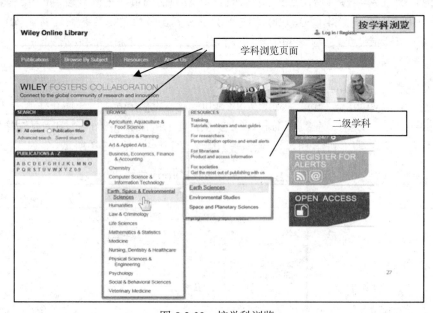

图 5-2-32　　按学科浏览

在每个学科主题页面可以浏览重点推荐的四种出版物，也可以进一步按主题浏览或点击"View all products in Agriculture"浏览该学科下的所有出版物，并可使用"筛选"（Filter List）功能精选浏览结果（图 5-2-33）。

图 5-2-33　按学科浏览详细页面

2）按出版物名称浏览。通过 Publications A-Z 区域按字母排列顺序进行浏览，或点击 Publications 浏览列表下所有出版物，使用页面右侧的"FILTER LIST"筛选功能精选浏览结果（图 5-2-34）。

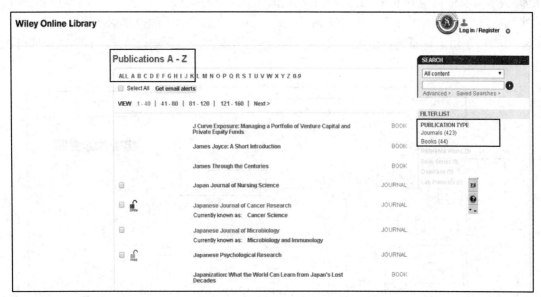

图 5-2-34　按出版物名称浏览

（2）检索
数据库平台提供基本检索和高级检索两种方式。

1）基本检索。基本检索出现在页面的左上方，用户可以利用出版物名称和内容进行快速检索（图 5-2-35）。

图 5-2-35　基本检索

2）高级检索。高级检索用于执行比较复杂的检索条件，从主页或任一页面右上方的检索框进入高级检索界面，高级检索提供三个检索输入框，如果不能满足用户的需要，可以点击"Add another row"添加检索框。检索框后面的下拉菜单提供 13 种可供选择的检索入口，包括所有字段（All Fields）、出版物名称（Publication Titles）、文章标题（Article Titles）、作者（Author）、全文（FullText）、摘要（Abstract）、作者单位（Author Affiliation）、关键词（Keywords）、基金（Funding Agency）、国际标准书号（ISBN）、国际标准刊号（ISSN）、文章 DOI 号（Article DOI）及参考文献（Reference）检索。输入的检索词之间可通过 AND、OR、NOT 逻辑运算符进行组配，或直接在文本框里输入，然后选择特定的日期范围即可执行检索（图 5-2-36）。

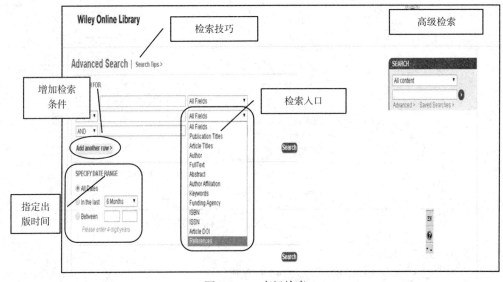

图 5-2-36　高级检索

（3）检索通配符的使用

第一，逻辑运算符，可以使用 AND、OR、NOT 对检索词进行组配。

第二，通配符，*代表 0 或多个字符，但是输入的字符不能少于 3 个。通配符可以在后面。例如，educ*可以检索出来"educator"、"educat"或者"education"等。通配符也可以加在前面，如"*ology"，可以命中"psychology"或者"sociology"等。通配符也可以加在中间，如"leul*mia"，可以命中"leukemia"和"leukaemia"等。通配符？代表一个字符。例如，wom?n，可以命中 women 和 woman。

第三，查找的词包含运算符，要查找的词语本身包括逻辑运算符，用引号引起来。例如，"Food and medicine science"。

3. 检索结果的输出和处理

（1）检索结果的输出

检索结果提供按日期和最佳匹配两种排序方式，用户可以根据自己的需要进行选择。浏览一篇文章或图书的章节，点击标题或下方特定链接即可，读者可以在授权 IP 范围内无障碍下载论文全文、图书章节全文和完整的实验报告。

全文分为 HTML 和 PDF 两种格式，可自由相互切换。检索结果前的挂锁图标标明用户对文章或图书章节的访问权限，表示开放获取内容，表示用户免费访问内容，表示机构订购的内容（图 5-2-37）。

按照文献类型归类检索结果，可以分为 journals、books、references works、database 等。

同时，也可将检索条件、检索结果保存至用户的文档中或者导出引文，引文数据有纯文本、EndNote、Reference Manager 及 RefWorks 四种输出方式。

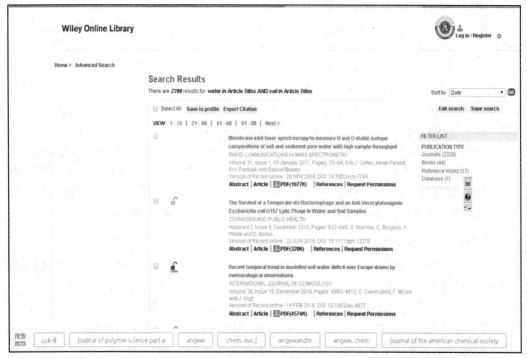

图 5-2-37 检索结果详细页面

（2）期刊浏览结果的输出和处理

Wiley Online Library 的期刊内容是与印刷版期刊同步发行的，最新出版的期刊总是出现在首页的位置。期刊首页及菜单内容视期刊而定（图 5-2-38）。

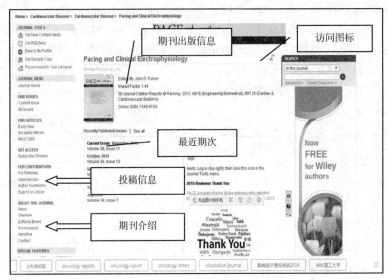

图 5-2-38　Wiley 期刊主页

5.2.4　Web of Science 数据库

1. Web of Science 概述

（1）Web of Science 数据库简介

Web of Science 是由美国科学信息研究所将传统的引文索引、高质量的文献资源库与原始文献、二次数据库等和先进的 Web 技术相结合，在 1997 年推出的新一代数据集成系统。现在是指汤森路透公司 Web of Science 平台下的 Web of Science™核心合集数据库（本章中 Web of Science 是指 Web of Science™核心合集数据库）。该数据库收录了 12 000 多种世界权威的、高影响力的学术期刊，内容涵盖自然科学、工程技术、生物医学、社会科学、艺术与人文等领域，文献最早可回溯至 1900 年。Web of Science™核心合集还收录了论文中所引用的参考文献，并按照被引作者、出处和出版年代编制成索引。通过独特的引文检索，用户可以用一篇文章、一个专利号、一篇会议文献或者一本书的名字作为检索词，检索这些文献的被引用情况，了解引用这些文献的论文所做的研究工作；用户可以轻松地回溯某一研究文献的起源与历史，或者追踪其最新的进展，既可以越查越旧，也可以越查越新，越查越深入。

（2）Web of Science 的特点

1）收录最重要的学术期刊。Web of Science™核心合集中的每一种期刊都是根据其所属学科领域的影响而选择的，选择的过程毫无偏见，而且经过近 50 年的考验。Web of Science™核心合集对学术期刊的收录是全面的，但并非无所不包。选刊过程强调质量，提高信息的可靠性，有效地杜绝了混乱和繁杂的信息，从而确保提供准确、有意义和及时的数据。

2）特有的被引参考文献检索。通过参考文献，即文献间的引证关系来展开检索，通过作者所引用的参考文献发现论文间潜在的科学关系，获取相关的科学研究信息。通过回溯以往的研究成果并跟踪其最新进展，并追踪当前最受关注的核心热点文章。对各种期刊和会议录文献进行向前回溯和向后追踪，将跨越时代、跨越学科的研究联系起来，以发现具有影响力的信息。

3）可以轻松确定作者。该数据库只需一次检索即可轻松找到由同一作者所撰写的论文，避免因作者姓名相近或同名而引起的问题。

4）分析检索结果。该数据库可以利用分析工具了解课题发展趋势，洞悉新的研究领域，并确定某领域的高产出研究人员、研究机构，发现相关的学术期刊，还可以利用引文报告追踪引文活动，立即创建格式化报告，以查看有关个人或机构的重要引文信息。通过引文关系图，能够以可视化的方式轻松了解引文关联情况，揭示一篇文章的引文关系。

5）广泛的会议录内容。该数据库可以跟踪各个会议录论文、会议汇总或系列会议的影响力，发现新趋势，以帮助个人开展成功的研究并获得科研基金，同时建立绩效指标，以显示个人著作的真实影响力。在计算机科学、工程学和物理科学等领域，会议录对研究人员或研究机构的著作的引文总数有着巨大影响，因此这项功能尤为重要。

6）超过一个世纪的回溯数据。该数据库可以跟踪一个世纪的重要数据，查找用户需要的支持性或驳斥性数据。用户可以获取更多的回溯数据，能够进行更深入、更全面的检索，并跟踪百年的研究发展趋势。

（3）Web of Science 的主要内容

1）科学引文索引。该数据库是针对科学期刊文献的多学科索引，为 176 个自然科学学科的 8678 种高质量学术期刊编制了全面索引，并包括从索引文献中收录的所有引用的参考文献。

2）社会科学引文索引。该数据库是针对社会科学期刊文献的多学科索引。它涉及 56 个社会科学学科，其中包括 3158 种常见学科的权威学术期刊。该数据收录的期刊来自 54 个国家和地区，涵盖了来自不同国家主要科研机构和基金会出版的社会科学刊物，最大限度地体现了社会科学所具有的国别与地域特征。截至 2017 年，被社会科学引文索引收录的中国期刊有 10 种（表 5-2-4）。

表 5-2-4　被社会科学引文索引收录的中国期刊

序号	刊名	ISSN
1	Annals of Economics and Finance	1529-7373
2	Asia Pacific Law Review	1019-2557
3	Asia-Pacific Journal of Accounting & Economics	1608-1625
4	China & World Economy	1671-2234
5	China Review-An Interdisciplinary Journal on Greater China	1680-2012
6	Chinese Journal of International Politics	1750-8916
7	Journal of Sport and Health Science	2095-2546
8	Pacific Economic Review	1361-374X
9	Transportmetrica A-Transport Science	2324-9935
10	Transportmetrica B-Transport Dynamics	2168-0566

3）艺术与人文引文索引。该数据库是针对艺术和人文学科的多学科索引。它完整收录了 28 个人文艺术领域学科的 1744 种具有国际性、高影响力的学术期刊的数据内容。截至 2017 年，被艺术与人文引文索引收录的中国期刊有 5 种（表 5-2-5）。

表 5-2-5 被艺术与人文引文索引收录的中国期刊

序号	刊名	ISSN
1	Arts of Asia	0004-4083
2	Chinese Studies in History	0009-4633
3	Contemporary Chinese Thought	1097-1467
4	Foreign Literature Studies	1003-7519
5	Logos & Pneuma-Chinese Journal of Theology	1023-2583

4）会议录引文索引。该数据库包括超过 160 000 个会议录，涉及 250 多个学科，分为自然科学版（Science）和社会科学与人文版（Social Science & Humanities）。

5）图书引文索引。该数据库截至 2012 年，收录 60 239 种学术专著，同时每年增加 10 000 种新书，分为自然科学版（Science）和社会科学与人文版（Social Science & Humanities）。

6）化学类数据库。该数据库包括超过 100 万种化学反应信息及 420 万种化合物。利用这两个数据库可以创建化学结构图，以查找化合物和化学反应，也可以检索这些数据库来查找化合物和反应数据。

2. Web of Science 的检索方法

Web of Science 提供了基本检索、作者检索、被引参考文献检索、化学结构检索、高级检索五种检索入口（图 5-2-39）。由于化学结构检索主要是为检索化学方面的文献而提供的化学分子式和结构的检索，本书不做重点讲述。从检索内容上来看，基本检索和高级检索是检索系统中最常见的使用频率较高的检索功能。作者检索只需一次检索即可轻松找到由同一作者所撰写的论文，避免因作者姓名相近或同名而引起的问题。被引参考文献检索是专门用来检索某篇文章或某个人的文献被引用情况。Web of Science 提供有简体中文检索界面，更适合中国人检索，但检索词必须是英文。以下为四种检索入口介绍。

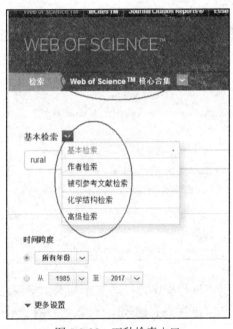

图 5-2-39 五种检索入口

（1）基本检索

基本检索为用户提供了若干个检索字段，如图 5-2-40 所示。用户可以根据需要，单击"添加另一字段"来添加检索框和检索途径，并且选择逻辑运算符"AND""OR""NOT"来连接检索字段。

图 5-2-40　基本检索界面

基本检索常用检索字段的检索方法。

1）主题。输入标题词可检索文章的标题、摘要和作者关键字。要查找精确匹配的短语，可使用引号。例如，"Rural Reform"，该字段支持布尔逻辑运算符及通配符。

2）标题。输入标题词可以对文献题名进行检索。

3）作者或编者。选择此检索字段，可以检索来自期刊文献、会议录论文、书籍等各类文献类型的作者或编者。输入完整的姓名及使用通配符（*、？、\$）输入部分姓名。规范格式是先输入姓氏，再输入空格和名字首字母（最多输入 5 个字母），还可以只输入姓氏，不输入名字首字母。例如，Joe M*可查找出 Joe M、Joe MC、Joe MFE 等作者，中文如"Zhang Y"可检索出张燕、张毅、张杨、张勇等作者的文章。

4）出版年。输入四位数的年份或年份范围，查找在某一年份或特定年份的文献。选择出版年字段，必须与另一个字段如主题、标题、作者等字段组配，才能使检索有实际意义。

5）会议。选择会议检索字段，可以在检索框里用"AND"连接会议标题、会议地点、会议日期和会议发起人等会议信息。例如，可以直接在检索框里输入"Fiber Optics AND Photonics AND India AND 2000"，可以检索出相应的会议文献。

6）地址。地址检索字段一般与作者检索字段组配，可以缩小检索结果，使结果更具有相关性。

7）基金资助机构。选择资金资助机构检索字段，输入相应名称后，可以检索到基金资助机构资助的文献信息。使用基金资助的完整名称和该机构的首字母可以查找到该机构的信息。

（2）高级检索

在检索模式选择页面，单击"高级选择"，进入高级检索页面，如图 5-2-41 所示。

高级检索页面提供了用两个字母表示的字段标识和布尔逻辑运算符。在一般检索中运用的检索技术同样适用于高级检索。高级检索中检索式的编制格式为："字段代码=检索词"，注意逻辑运算符两侧必须留一个空格。例如，TS=（Rural Reform OR Rural Econom）。

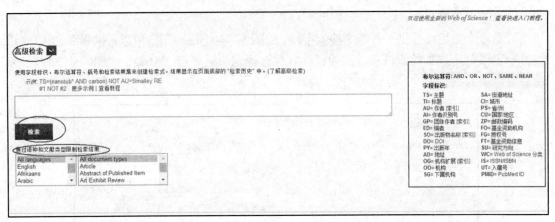

图 5-2-41　　Web of Science 高级检索页面

（3）被引参考文献检索

被引参考文献检索，提供了三种检索途径（图 5-2-42）。

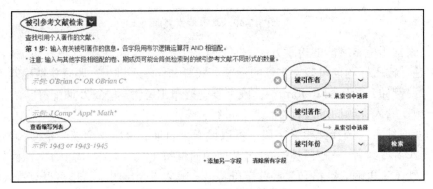

图 5-2-42　　被引参考文献检索

1）被引作者检索，不限第一作者，可以检索所有作者。

2）被引著作检索，检索词为被引文献的出版物名称，如期刊名称缩写形式、书名或专利号。点击"查看缩写列表"可以检索到各种期刊的缩写形式，并可以直接复制、粘贴到被引著作检索途径的检索框里。

3）被引年份检索，检索词为四位数字的年份。例如，2017。

以上三个检索字段可以单独使用，也可以组合使用，系统默认三个检索途径之间为逻辑"与"的关系。

【例1】利用 Web of Science™核心合集中 SSCI 数据库（2008~2014 年），查找 Xu Feng 作者 2012 年的被引文献情况。

首先，打开 Web of Science™核心合集，选择 SSCI 数据库，在"基本检索"入口点击"被引参考文献检索"。

其次，在被引作者检索框中输入"Xu Feng"检索词，在被引年份里输入"2012"，点击检索后得出如图 5-2-43 所示的检索结果。在检索结果页面可以得到 Xu Feng2012 年，发表在 *SYNTHETIC MET* 第 162 卷，17~18 期 1604 页的论文被引用了 15 次。

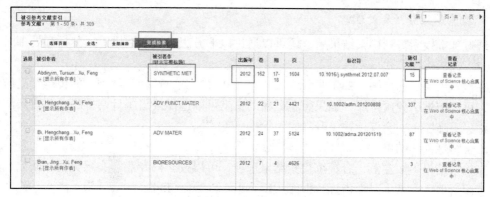

图 5-2-43　被引作者检索

再次，点击"查看记录"，可以查看此篇论文的题录信息和引文信息（图 5-2-44 ）。

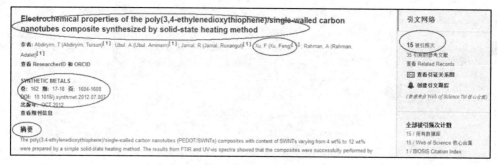

图 5-2-44　题录信息和引文信息

最后，点击引文网络下的各个按钮，可以得到 15 篇施引文献的题录信息、36 篇参考文献信息、还可以查看共引用的参考文献信息等，其界面同基本检索的检索结果界面。

（4）作者检索

作者检索提供了"输入作者姓名"（可以添加作者姓名的不同拼写形式）、"选择研究领域"（作者的研究领域、专业方向）、"选择组织"（作者的所在单位）三个选项（图 5-2-45），使作者检索只需一次检索即可轻松找到由同一作者所撰写的论文，避免因作者姓名相近或同名而引起的问题。

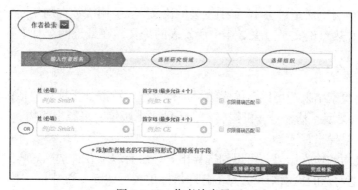

图 5-2-45　作者检索界面

3. 检索结果分析和处理

通过基本检索得到检索结果后，还可以通过以下方法对检索结果进行分析和处理。

（1）选择排序方式

在检索结果界面如图 5-2-46 所示，可以点击排序方式，选择排序项，如想得到高质量的论文，可以按被引频次排序，如果想要最新的文献可以选择按出版日期排序，还有来源出版物名称（升降序）、会议标题（升降序）等排序方式。

（2）精炼检索结果

在检索结果界面左侧，有精炼检索结果选项，可以按学科专业、文献类型、研究方向、作者、国家地区、基本科学指标数据库（Essential Science Indicators，ESI）高水平论文、开放获取等来精炼检索结果，获取更加相关的文献。

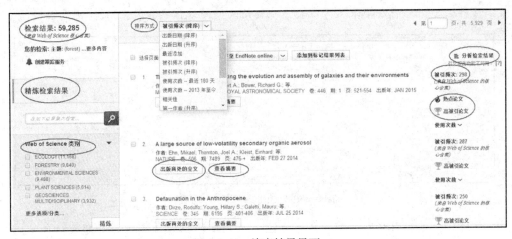

图 5-2-46　检索结果界面

（3）查看全文或摘要

点击"出版商处的全文"可以获取该篇文献的全文，也可以点击"查看摘要"阅读该篇文献的摘要。

（4）获取热点论文或高被引论文

检索结果按被引频次降序排序，根据最高的被引频次，可以获取高质量的文献，排在前面的论文可能是热点论文或高被引论文，如图 5-2-46 所示，第一篇论文既是高被引论文，又是热点论文。高被引论文是过去 10 年中发表的论文，被引用次数在同年同学科发表的论文中进入全球前 1%。热点论文是过去 2 年中所发表的论文，在最近两个月中其影响力排在某学科前 0.1%。

（5）分析检索结果

点击"分析检索结果"可以对检索结果进行分析。数据分析项目包括作者、会议标题、国家/地区、文献类型、基金号、机构名称、语种、出版年、来源出版物、学科类别等。

（6）检索结果导出

检索结果界面的检索结果，可以勾选导出。导出有以下几种选项。

1）打印。把勾选的检索结果，点击打印机标识，见图 5-2-48 中的"1"，选择需要打印的记录选项（图 5-2-47），就可以打印出所需要的记录内容。

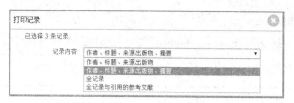

图 5-2-47　打印记录选项

2）发送至邮件。点击"小信封"图标，见图 5-2-48 中的"2"，可以把有关记录选项，发送至电子邮箱。

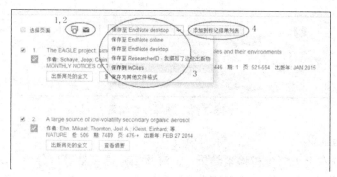

图 5-2-48　检索结果导出

3）把勾选的记录保存为如图 5-2-48 所示中"3"的格式，通过这几种保存格式选项，可以把这些检索结果记录保存到其他参考文献管理软件。

4）导出到"添加到标记结果列表"，见图 5-2-48 中的"4"，点击此按钮后可以把勾选的记录添加到结果列表，然后打印、发邮件或者保存为其他参考文献格式。

4. SSCI 数据库检索示例

【例 2】以农村经济改革为例，利用 SSCI 中强大的检索和分析功能说明怎样分析检索结果和怎样从一篇高质量论文出发，追溯历史，实现越查越深、越查越新、越查越广，并同时建立论文引证报告和课题追踪。

（1）检索

打开 Web of Science 核心合集检索界面，勾选 SSCI（2008～2014 年）数据库，输入检索词"Rural Econom*""Rural Reform"并用"AND"连接，进行农村经济改革方面的文献检索（图 5-2-49），得到 609 篇检索结果。

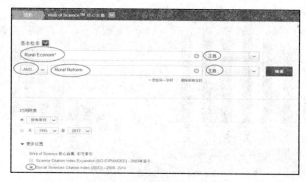

图 5-2-49　输入检索词检索

（2）精炼检索结果

在精炼检索结果中输入“china or chinese”进行二次检索，得到中国农村经济改革的研究成果共 297 篇（图 5-2-50）。

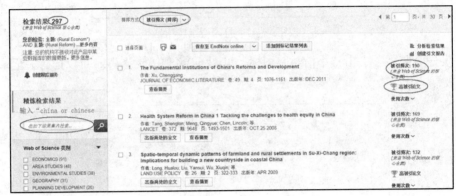

图 5-2-50　精炼检索结果

（3）分析检索结果

点击图 5-2-50 右上方“分析检索结果”，对此 297 篇文献进行分析，从图 5-2-51 可以看出对农村经济改革的研究不仅仅局限于中国，近年来美国、英国、澳大利亚等国的学者也关注中国的农村经济改革。

→ 查看记录　× 排除记录

	字段: 国家/地区	记录数	占 297 的 %	柱状图
□	PEOPLES R CHINA	178	59.933 %	
□	USA	115	38.721 %	
□	ENGLAND	37	12.458 %	
□	AUSTRALIA	17	5.724 %	
□	CANADA	14	4.714 %	
□	SINGAPORE	9	3.030 %	
□	NETHERLANDS	7	2.357 %	
□	FRANCE	6	2.020 %	
□	GERMANY	6	2.020 %	
□	JAPAN	5	1.684 %	

将分析数据保存到文件
◉ 表格中显示的数据行
○ 所有数据行 (最多 200 000)

图 5-2-51　分析检索结果

（4）创建引文报告

点击图 5-2-50 右上方“创建引文报告”，可得到图 5-2-52 的结果，从图中可以看出，对农村经济改革的研究虽然近年来有所下降，但学术影响力却持续提升。

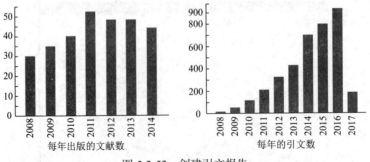

图 5-2-52　创建引文报告

（5）查找高被引论文

用被引频次降序排列，可知具有最高被引频次的是香港大学的 Xu Chenggang2011 年发表在 *Journal of Economic Literature* 上的高被引文章，被引频次为 186 次（图 5-2-53）。从此篇高被引论文出发，点击此篇文献标题，显示如图 5-2-53 所示界面，了解它的施引文献、引用文献和共引文献等，详细介绍如下。

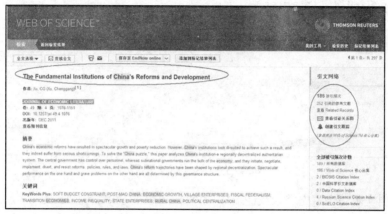

图 5-2-53　分析引文网络

1）点击"186 被引频次"，可以查到引用此篇文献的 186 篇施引文献，可以越查越新，以此了解目前中国农村经济改革发展的前沿和趋势。

2）点击"252 引用的参考文献"，可以检索到这篇文献引用的参考文献，可以实现越查越深，以此追溯农村经济改革的历史渊源和大致发展历程。

3）点击"查看 Related Records"，可以得到和此篇文献引用相同参考文献的文献，又称共引文献，可以越查越广，以此了解农村经济改革中的学科分布。

通过施引文献、参考文献、共引文献图（图 5-2-54）可以发现，SSCI 引文索引系统打破了传统的学科分类界限，既能揭示某一学科的继承与发展关系，又能反映学科之间的交叉渗透关系，这也是 SSCI 引文检索的主要特点。

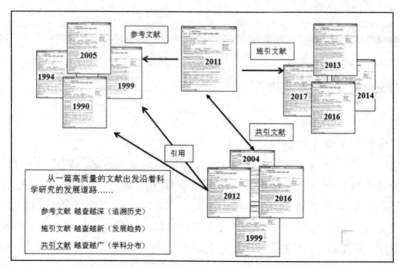

图 5-2-54　施引文献、参考文献、共引文献关系图

4）创建引证关系图。引证关系图是一种示意图，使用各类可视化工具和技术显示论文和其他论文之间的引用关系（引用的文献和施引文献）。这些文献可以是论文、会议录文献、书籍，或者所使用的产品数据库中定义的其他文献类型。

点击"查看引证关系图"，可以利用独特的引证关系图，揭示 Xu Chenggang 关于农村经济改革的这篇论文在全球的学术影响力，以及在美国、加拿大等国家的研究人员对中国农村经济改革问题的关注（图 5-2-55）。

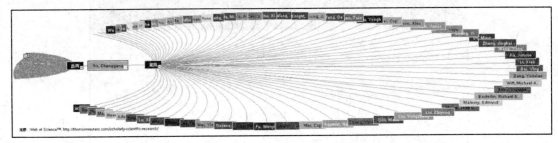

图 5-2-55　SSCI 引证关系图

5）创建引文跟踪。请先登录或注册以创建或访问引文跟踪（图 5-2-56）。创建引文跟踪后，利用 Web of Science™将有关课题的最新文献信息自动发送到个人的邮箱，此篇论文每次被引用时都会自动发送至邮箱，用户可随时掌握最新的研究进展。

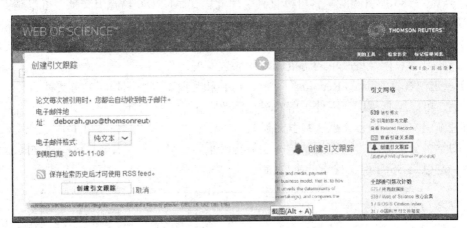

图 5-2-56　创建引文跟踪

5.2.5　ProQuest 平台主要数据库

1. ProQuest 平台主要数据库介绍

（1）数字化博硕士论文文摘数据库

数字化博硕士论文文摘数据库（ProQuest Digital Dissertations，PQDD）是美国 ProQuest 公司出版的博硕士论文题录及文摘数据库，是数据库访问对象（Dissertation Abstracts Ondisc，DAO）的网络版，收录了欧美 1000 余所大学文、理、工、农、医等领域的 160 多万篇博士、硕士论文的摘要及索引，每年约增加 4.5 万篇论文提要，是目前世界上最大和使用最广泛的学位论文数据库。PQDD 具有收录年代长、更新快、内容详尽等特点。该数据库从 1861 年开始收录，迄今已有 140 余年的数据积累，收录的 1997 年以来的论文，不仅能看到文摘索引信息，还可以看到前 24 页的论文原文，每周更新。

（2）心理学全文数据库

心理学全文数据库（ProQuest Psychology Journals，PPJ）共收录了 650 种顶级的心理学和相关学科的出版物，充分满足本专业及相关领域学者、学生和精神健康方面专家学者学习和研究的需要，其中全文刊 540 种，全文论文收录量 4000 份。截至 2017 年，保持更新的全文刊 315 种，无延迟更新的全文刊 231 种。除了美国的一些刊物，如 *American Journal of Psychology*、*American Journal of Psychiatry* 外，还包括加拿大出版的刊物，如 *Canadian Psychology*、*Canadian Journal of Behavioural Science*、*Canadian Journal of Experimental Psychology*，以及英国出版的刊物，如 *British Journal of Psychology*、*British Journal of Educational Psychology*、*British Journal of Clinical Psychology*。数据库所收录的期刊质量较高，在其收录的全部期刊中，被 SCI/SSCI 核心期刊收录的达 50% 以上。

PPJ 数据库中的文本全文从 1991 年开始，图像全文从 1987 年开始，图像 + 文本全文从 1995 年开始。图像全文部分收录了对心理学及相关领域研究至关重要的数据、表格、图表、相片及图例等内容。

（3）生物学与农学期刊全文数据库

生物学与农学期刊全文数据库（ProQuest Biology Journals，PBJ）包括生物学领域的权威期刊 260 多种，它覆盖的主要学科有环境、生物化学、神经学、生物技术、微生物学、植物学、农业、生态学及药物学、大众健康。

该数据库是目前全球唯一的在线农业全文数据库，其收录的全文（带图像）期刊截至 2017 年达到 230 种。它所涉及的领域包括水产业和渔业、动物科学、农业经济、农作物管理、食品与营养学、地球及环境科学。

数据库的文献格式为：文本全文、图像全文、文本+图像；覆盖的时间范围为：1992 年至 2017 年；界面语言为：中文、英文等。

（4）商业信息全文数据库

商业信息全文数据库（Abstracts of Business Information/INFORM Global，ABI）是全球历史悠久的商业期刊集成数据库，收录内容涵盖管理、商业领域的各学科及相关学科，涵盖全球 1000 多家出版社，包括众多知名出版商、大学出版社、学术协会出版机构等。该数据库提供全球 6000 多种出版物，全球重大社会科学研究手稿 3 万多篇，行业与市场研究报告 1300 种，经济学人智库（Economist Intelligence Unit，EIU）商品报告、地区与国家报告经济学人智库、案例研究 6000 多份，企业年报 7000 多份等丰富的信息资源[①]。

该数据库主题领域包括会计、金融、商业、商业趋势、企业战略、管理技巧、管理理论、竞争格局和产品信息、经济状况等。

2. ProQuest 平台数据库检索方法

ProQuest 平台提供了基本检索、高级检索、出版物检索等检索入口，以下主要介绍其使用方法。

（1）基本检索

基本检索见图 5-2-57，有以下几个步骤：①选择检索方式。②在检索框里输入检索词。

---

① 十所财经高校文献检索课程教材编写组. 2015. 经济信息资源检索与图书馆利用. 大连：东北财经大学出版社.

③通过勾选对应方框，限定检索结果。全文文献是指在全文数据库里检索；同行评审即为一种审查程序，即一位作者的学术著作让同一领域的其他专家学者来加以评审；学术期刊是指由专业学者所著的主要面向学术型目标读者的出版物，且该出版物由肩负学术目标和使命的知名协会出版。④通过选择学科领域来限定检索范围，提高检索相关性。

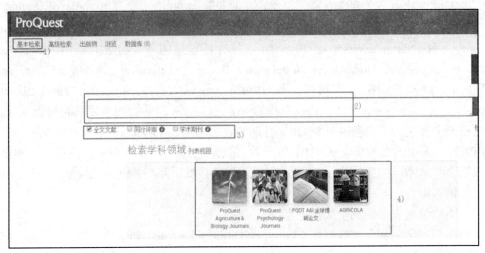

图 5-2-57　基本检索界面

（2）高级检索

高级检索包括以下两种检索方式。

1）检索式检索。在高级检索界面下（图 5-2-58），可以选择逻辑运算符来连接所选字段，构建简单的检索式来进行检索，另外还可以通过选择更多检索项，如出版物类型、文档类型、语言来限制检索结果。

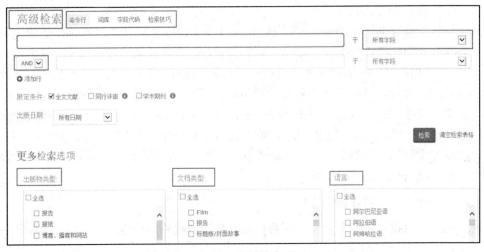

图 5-2-58　高级检索界面

2）命令行检索。在高级检索模式下，ProQuest 还提供了命令行检索（图 5-2-59），可以在检索框里输入检索策略，然后通过运算符和检索字段的选择，添加到检索框表格里，构建专业检索式进行检索。

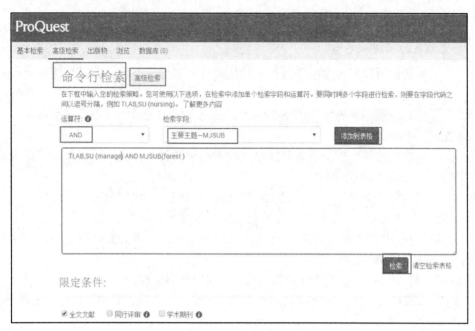

图 5-2-59　命令行检索

　　3）词库。在高级检索模式下，提供有词库选项（图 5-2-60），可以查询或浏览英语检索词，也可以输入一个检索词在词库中查找匹配项。许多词库都是特定数据库词库，点击一个数据库词库，可能将检索结果限定于这些数据库中，也可以按英文字母索引浏览数据库检索词，选择后可以直接添加到检索框里进行检索。

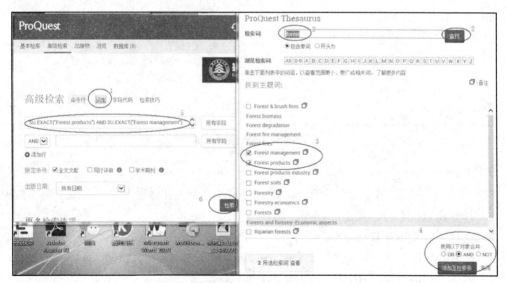

图 5-2-60　高级词库检索

　　4）字段代码。高级检索配套的字段代码，可以查询到通用检索字段代码、频繁使用字段代码、特定数据库字段代码。
　　（3）出版物检索
　　出版物检索可以在所选数据库中检索和浏览全文文献出版物，并通过出版物类型（学术期刊、行业杂志、报告、杂志、公司新闻）来收窄检索结果。

　　3. 检索结果的处理和导出

　　在检索结果界面可以以对检索结果进行个性化的处理和导出，使检索结果更符合检索用户的需要。具体的处理和导出方法如下。

　　第一，可以在检索结果界面（图 5-2-61），浏览命中的记录的简单或详细题录，可以预览文档和查看保存全文。

　　第二，可以按照相关性或出版物日期改变检索结果的排序方式；可以修改检索策略或者利用右面检索选项精炼检索结果[①]。

　　第三，可以对每条记录勾选做标记，对于勾选过的记录，可以实现以下操作。

　　1）可以点击"引用"，把所选文献的有关引文信息导入到文档管理。

　　2）选择"电子邮件"，可以把所选结果的有关内容，包括引文、摘要、全文文献、图像和索引等发送至所填的邮箱。

　　3）点击"打印"，所选文献的引文、摘要和索引将打印输出。

　　4）点击"保存"，可以把检索式保存到"我的检索"；也可以导出至其他文献管理软件。

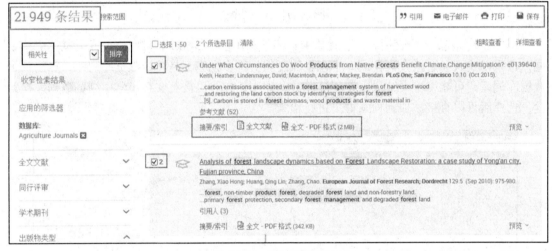

图 5-2-61　检索结果界面

4. ProQuest 检索示例

以高级检索（利用词库列表）为例，检索有关林业管理和林业产品的文献（图 5-2-60）。

1）打开高级检索后，点击"词库"。

2）选择"ProQuest Thesaurus"数据库，在检索词检索框里输入"forest"点击查找。

3）在查找到的主题词里选择"Forest management"和"Forest products"。

4）选择逻辑运算符"AND"，点击"添加至检索条"。

5）在高级检索界面的检索框里自动生成"SU.EXACT（"Forest products"）AND SU.EXACT（"Forest management"）"检索式，点击检索就可检索到 ProQuest Thesaurus 数据库里有关林业管理和林业产品的文献。

---

① 十所财经高校文献检索课程教材编写组. 2015. 经济信息资源检索与图书馆利用. 大连: 东北财经大学出版社.

5.3　考试、留学、就业类资源选介

5.3.1　外语考试类信息介绍

外语考试种类多样，基于知识学习、能力提高、工作就业、出国留学等需要，比较常见的外语考试有全国大学英语四、六级考试，研究生入学英语考试，以及出国留学的托福、雅思、GRE 等。

获取英语考试类信息的途径很多，各高校图书馆馆藏的英语类考试学习用书，各种数据库中的英语考试类学习材料，各网站上发布的英语考试历年试题、模拟题、复习指导、经验交流等，这些信息都是参加英语考试的学生的必备信息源。

1. 图书馆馆藏考试类图书

英语考试类图书是图书馆馆藏资源的重要组成部分，包括纸本资源和电子书资源。其中，超星数字图书馆（http://www.chaoxing.com）的英语考试相关参考书有上千种，其他电子书资源还有读秀学术搜索（http://www.duxiu.com/）、北京方正阿帕比技术有限公司（http://www.apabi.cn/）、书生（http://www.sursen.com/）等。纸本书可直接借阅，电子书可下载阅读。但要注意相关图书的出版时间，由于考试大纲会定期发生变化，因此尽量选择比较新的图书。

2. 考试类数据库

数据库属于商业类资源，需要图书馆订购后才能够使用。考试类数据库一般是多库融合的一站式英语学习资源，是面向高等学校英语教学及学习的综合性英语学习平台，集日常学习、考前练习、在线无纸化考试等功能于一体，是业内师资顶尖、内容更新及时的英语学习服务平台。比较常见的考试类数据库包括如下。

新东方多媒体学习库 http://library.koolearn.com

环球英语多媒体资源库 http://www.englibrary.com

VIPExam 考试学习资源数据库 http://www.vipexam.org

英语翻转课堂教学系统 http://sls.smartstudy.com

高校英语资源数据库 http://123.56.143.23/web/kingbookweb

起点考研网 http://www.yjsexam.com

3. 考试官方网站

考试官方网站是发布考试相关信息的权威网站，负责发布当年考试的大纲，提供考试政策、成绩查询、考试样题详解等。英语考试官方网站包括如下。

全国大学英语四、六级考试委员会 http://www.cet.edu.cn

中华人民共和国教育部 http://www.moe.gov.cn

中国研究生招生信息网 http://yz.chsi.com.cn

雅思考试（International English Language Testing System, IELTS）http://www.chinaielts.org/

托福 http://www.ets.org

GRE http://www.ets.org/gre

研究生管理科学入学考试（Graduate Management Admission Test，GMAT）http://www.mba.com/china

德福考试（TestDaF）http://www.testdaf.de/

日本语能力测试 http://jlpt.jp

LSAT（Law School Admission Test，LSAT）http://www.review.com

4. 考试学习网站

考试学习网站不仅提供与考试相关的各种程序性信息，而且提供考试大纲、复习讲义、历年真题、模拟训练、学习音频和视频等各种形式的备考信息。常见英语考试学习网站包括如下。

考试吧 http://www.exam8.com

爱思英语 http://www.24en.com

中国教育考试网 http://www.neea.edu.cn

中国教育和科研计算机网 http://www.edu.cn

中国考研网 http://www.chinakaoyan.com

育路教育 http://www.yuloo.com

5. 培训机构

培训机构经常对考试信息、命题、模拟题进行收集、加工与发布，并且把其中的部分内容放在网上，还会在考试前发布最新的模拟题进行押题。部分培训机构网站包括如下。

新东方 http://www.neworiental.org

北京新航道学校 http://bj.xhd.cn

海文考研 http://kaoyan.wanxue.cn

文都考研 http://kaoyan.wendu.com

6. 考试论坛

考试论坛涉及大量成功经验、失败教训、考试攻略及网友上传的共享资源，是考生交流学习的重要途径。部分英语考试论坛包括如下。

考研论坛 http://bbs.kaoyan.com

大家论坛 http://club.topsage.com

考研派 http://www.okaoyan.com

5.3.2　公务员考试类信息介绍

公务员考试不同于一般的教育考试，公务员考试侧重于考查考生的政治敏感度、政策水平与实际工作能力。公务员考试信息主要包括公务员报考指南、各地招考信息、经验交流、政策资讯、试题集锦等信息。

1. 公务员考试官方网站

报考公务员需从正规渠道获得政策信息，报考政策以《招考公告》和国家公务员局发布的相关政策为准，职位说明以主管部门发布的《招考简章》为准。公务员考试官方网站包括如下。

中华人民共和国人力资源和社会保障部 http://www.mohrss.gov.cn

国家公务员局 http://bm.scs.gov.cn

各省、市、区的人事考试网，如四川省人事考试 http://www.scpta.gov.cn

2. 公务员考试学习网站

公务员考试学习网站提供往年国家公务员考试试题及答案、申论试题答案、考试成绩查询、培训课程、考试公文写作指导、面试题库、实事政治与形势政策等。常见公务员考试学习网站包括如下。

国家公务员考试网 http://www.guojiagwy.org/

公考资讯网 http://www.gjgwy.org/

各省的公务员考试网举例如下。

吉林公务员考试网 http://www.jlgwyks.cn

中公网校 http://www.offcn.com

3. 公务员考试论坛

通过公务员考试论坛可以获得公务员考试资讯信息、经验、资料、真题等。部分公务员考试论坛包括如下。

QZZN 论坛 http://bbs.qzzn.com

步知公考社区 http://ask.buzhi.com/

5.3.3　留学类信息介绍

留学信息的内容是多方面的，它包括留学国家的情况、奖学金信息及种类、名校申请、留学政策、留学费用、留学中介、留学签证、语言考试、院校介绍等，同时还要了解考试内容、考试动态、考试政策的变化。

1. 提供留学服务的国家官方机构及网站

1）国家留学网（www.csc.edu.cn），负责中国公民出国留学和外国公民来华留学的组织、资助、管理，提供出国留学申请指南、最新留学信息报道、出国留学管理规定、国家自费留学生奖学金申请指南等。

2）中国留学网（www.cscse.edu.cn），提供最新、最全、最热的留学资讯，设有讲座信息、专家答疑等，还可链接到中国留学服务中心全国各地分中心。

3）教育涉外监管信息网（www.jsj.edu.cn），设有政策法规、留学预警、热点问答、名单公布、典型案例等栏目，公布经资格认定的自费出国留学中介机构法定代表人、办公地址等核心资质情况，可链接中国驻外使领馆教育处（组）。

4）各国的留学官方网站，部分包括如下。

美国教育基金会 http://www.aief.org.tw

英国文化教育协会中国站 https://www.britishcouncil.cn

留学澳大利亚官方网站 http://www.studyinaustralia.gov.au

2. 提供留学服务的中介机构

留学中介机构网站能够提供留学攻略、留学选校咨询，介绍热门专业，提供雅思、托福、GMAT、GRE 等考试咨询。我国留学中介机构名目繁多、参差不齐，可以通过教育部教育涉外监管信息网，了解自费出国留学中介机构法定代表人办公地址等核心资质情况。部分留学中介机构包括如下。

威久留学 http://www.wiseway.com.cn

教育时空网 http://www.edutime.net/

3. 留学信息的门户网站

留学信息门户网站有各个国家专业的留学出国信息、提供各类外语考试介绍、考试资料下载等。部分留学信息门户网站包括如下。

滴答网 http://www.tigtag.com

环球教育 http://www.gedu.org

彼得森研究生指南（Peterson's guide）www.petersons.com

4. 留学论坛和高校 BBS

部分留学论坛和高校 BBS 包括如下。

欧美同学会·中国留学人员联谊会 http://www.wrsa.net

中英网互动论坛 http://bbs.uker.net/

寄托天下 http://bbs.gter.net

科学网 http://bbs.sciencenet.cn/showforum-43.aspx

上海交通大学饮水思源 BBS 站 http://bbs.sjtu.edu.cn

复旦日月光华论坛 http://bbs.fudan.edu.cn

5. 留学文书准备/翻译

部分留学文书准备/翻译网站包括如下。

留学文书英文论文修改写作 http://www.shinewrite.com

有道 http://dict.youdao.com

CNKI 翻译助手 http://dict.cnki.net

谷歌 http://translate.google.cn

上海交大留学手册 http://www.applybook.com

6. 大学名单和资料查询

大学名单和资料查询的相关网址包括如下。

世界各国大学索引 http://www.braintrack.com

美国、加拿大的研究生选校 http://www.petersons.com

美国的学院和大学 http://www.globalcomputing.com/university.html

研究生院入学信息检索服务 http://www.gradschool.com/

研究生/博士申请资料 http://www.phds.org

美国大学及专业最新排名 http://usa.edutime.net

7. Offer 和 AD 查询

Offer 是指录取+全额奖学金，AD 是指单纯的录取，完全没有或者有小部分奖学金。以下几个网站，可以查申请的专业是否已有人拿到 Offer/AD。

Thegradcafe（http://thegradcafe.com），可以输入不同的专业查 Offer 和 AD 情况。

8. 有关奖学金的网站

International Scholarships（https://www.international scholarships.com/），打开网址，点击

Scholarships & Awards，可浏览各种奖学金介绍。

5.3.4　就业类信息介绍

就业信息是指与就业有关的所有信息的统称。广义而言，就业信息不仅是指我们日常所理解的就业岗位信息，还包括由政府和高校各级管理部门为提高毕业生就业率而制定的各种规章制度，对毕业生就业有一定指导意义的相关数据、就业理论及招聘活动中企事业单位发布的相关需求信息等，具有时效性、针对性、特殊性的特点；狭义的就业信息指用人单位在招聘活动中对外发布的具体需求信息，一般包括用人单位需求的人员数量、性别、专业要求等。简言之，就业信息就是指毕业生在对相关求职信息经过咨询、加工后，能被其所接收并对其择业有价值的消息、资料或情报。

毕业生使用的就业信息搜寻渠道包括两大类：①网络信息源，如学校就业指导中心网址、校园 BBS、招聘网站、用人单位官网、社交网络等；②线下信息源，包括校园宣讲会、校园招聘会、社会实践和实习、社会关系等。

1. 政策形势类信息资源

就业政策和形势类信息可以通过就业指导中心、政府官方网站等获取。就业信息官方网站包括如下。

全国高等学校学生信息咨询与就业指导中心 http://chesicc.moe.edu.cn/

全国大学生就业公共服务立体化平台（新职业）http://www.ncss.org.cn

2. 行业、产业信息资源

行业或产业的相关信息，可以帮助毕业生了解求职的目标行业概况，行业的发展趋势、行业的领先者及新兴公司的基本情况等。

（1）行业协会网站

行业协会一般会对本行业的资源、市场、技术、管理、经营业绩等相关信息进行专门调研。主要的行业协会网站有中国行业协会商会、中国保险行业协会、中国银行业协会、中华全国律师协会、中国互联网协会、中国石油和化学工业联合会、中国环境保护产业协会等。在搜索引擎中输入相关行业协会的名字，可以找到行业协会的网站。

（2）专门咨询机构

咨询公司会根据行业的统计信息、调研成果、预测信息等对行业信息进行汇总、归纳，形成研究报告，部分会发布在自己的官网上。大型的专业咨询机构有麦肯锡（http://www.mckinsey.com）、罗兰贝格管理咨询（http://www.rolandberger.com.cn）、埃森哲（http://www.accenture.com）、艾瑞网（http://www.iresearch.cn）等。

（3）数据库

一些专门的数据库也收录行业、产业信息，如国务院发展研究中心信息网（http://www.drcnet.com.cn）和中宏网（http://www.zhonghongwang.com）。

3. 企业招聘信息资源

网络已经成为社会招聘的重量级媒介，学校和用人单位都会在网络上发布相关的就业信息。

（1）学校就业网

学校就业网包括学校的就业指导中心网站及学校的 BBS 等。部分学校就业板块有北京大学学生就业指导服务中心、清华大学毕业生就业信息网、水木社区招聘信息发布、北京师范大学学生就业与创业指导中心、武汉大学学生就业信息网等。

（2）毕业生就业网站

毕业生就业信息网向毕业生介绍就业政策、发布最新信息、提供信息服务、进行就业指导等，是毕业生获取就业信息的重要途径。常用面向毕业生的就业网站包括如下。

中国教育在线 http://www.eol.cn

应届生求职网 http://www.yinjiesheng.com/

全国高校毕业生就业网络联盟 http://wllm.ncss.org.cn

中国人力资源市场网 http://www.chrm.gov.cn

中国国家人才网 http://www.newjobs.com.cn

中国铁路人才招聘网 http://rczp.china-railway.com.cn

中国就业网 http://www.chinajob.gov.cn

（3）专业招聘网站

专业招聘网站有全国各地、各行各业、不同要求的人才需求信息，可以帮助求职者开阔视野、调整就业思路，从中找到契合自己专业、兴趣和能力等方面的相关就业信息。常用专业招聘网站有以下几个。

应届生求职网 http://www.yingjiesheng.com

528 招聘网 http://www.528.com.cn

中华英才网 http://www.Chinahr.com

百大英才网 http://www.baidajob.com

前程无忧 http://www.51job.com

智联招聘 http://www.zhaopin.com

中国人才热线 http://www.cjol.com

（4）企业网站

很多单位的招聘信息也是通过企业网站进行发布的，相关人才需求、用人标准、福利待遇在网站上都可以查到。在中华企业录（http://www.qy6.com）里可以查找符合自己目标需求的网站，或者直接在百度、谷歌上通过企业名称搜索到其官方网站。部分公司的网站如下。

通用汽车公司 http://www.gm.com/

西门子公司 http://www.siemens.de/

花旗集团 http://www.citi.com/domain/index.htm

中国石化 http://www.sinopec.com/

（5）相关求职 APP

部分求职 APP 有求职宝典、校招季、职升机、新概念求职面试英语等。

4. 招聘单位的信息

要了解招聘公司的情况，可通过以下几个途径。

1）招聘广告。招聘单位的招聘广告往往包括很多企业的信息，比如对职业职责的说明及对应聘者的要求等。

2）企业网站。企业网站作为公司对外展示的一个重要窗口，一般都会对公司的发展历程、企业使命、公司文化等做详细的介绍。

3）搜索引擎。以想应聘的公司的名称作为搜索的关键词，在百度、必应等综合搜索引擎中检索，求职者便会找到很多关于该公司的资料。

4）财务报表。通过对上市公司财务报表的分析，求职者便会对公司的主营业务、经营状况、行业地位、未来发展重点等有一定的了解。巨潮资讯网（http://www.cninfo.com.cn）是中国证券监督管理委员会指定的信息披露网站。

5. 求职简历的信息资源

互联网上有许多专门的求职指南网，提供免费的求职简历范围供求职者参考，部分网站包括如下。

CN 人才网 http://www.cnrencai.com

第6章　开放获取资源与搜索引擎

6.1　开放获取概述

6.1.1　开放获取的起源

　　开放获取运动于 20 世纪 90 年代末兴起，主要由国际学术界、科技界、出版界、信息传播界和图书情报界等推动。开放获取运动源于商业出版机构日益垄断出版市场（尤其是期刊市场），不断提高期刊订购的价格，而且版权产业集团也在不断扩展数字版权的应用范围，造成学术交流和科技成果交流所受限制和困难越来越多，所需费用越来越高，导致了所谓的"学术交流危机"。

　　开放获取运动的目的是解决学术交流和科技成果交流所面临的限制和困难，推动科研成果通过互联网自由传播，促进学术信息的交流与出版，提升科学研究被社会和公众利用的程度，为科学信息的长期保存提供保障。2001 年 12 月，开放协会研究所在匈牙利的布达佩斯召集了一次有关开放访问的国际研讨会，并起草和发表了"布达佩斯开放获取倡议"（Budapest Open Access Initiative，BOAI）。互联网的发展和普及是开放获取兴起的基本条件。

6.1.2　开放获取的概念

　　"布达佩斯开放获取倡议"对开放获取的定义为：开放获取文献是指互联网上公开出版的，允许任何用户对其全文进行阅读、下载、复制、传播、打印、检索或连接，允许爬行器对其编制索引，将其用作软件数据或用于其他任何合法目的，除网络自身的访问限制外不存在任何经济、法律或技术方面的障碍的全文文献。

　　根据美国研究图书馆学会的解释，开放获取是基于订阅的传统出版模式以外的另一种选择。这样，通过新的数字技术和网络化通信，任何人都可以及时、免费、不受任何限制地通过网络获取各类文献，包括经过同行评议过的期刊文章、参考文献、技术报告、学位论文等全文信息，用于科研教育及其他活动。从而促进科学信息的广泛传播、学术信息的交流与出版，提升科学研究的共利用程度，保障科学信息的长期保存。这是一种新的学术信息交流的方法，作者提交作品不期望得到直接的金钱回报，而是提供这些作品使公众可以在公共网络上利用。

　　开放获取的核心在于作者放弃《中华人民共和国著作权法》所赋予的部分或者全部财产权利，使用者只要连接互联网就可以免费使用全文，这样会促进科学信息的交流，加速科研成果的传播和利用。

6.1.3　开放获取的基本特征

　　开放获取的基本特征如下。

1）开放获取在版权被尊重的前提下，作者和版权人允许使用者免费获取、复制或传播其数字化信息。

2）完整的论著至少存储在一个稳定、可靠的互联网服务器中，开放获取为使用者提供免费阅读，可以不受时间和地域限制地传播和长期储存。

3）相较于传统的出版模式，开放获取传播速度更快，传播受众更广，作者和编辑、使用者之间可以有多种交互模式进行交流与沟通。

6.1.4　开放获取的类型

开放获取的类型如下。

1）开放获取期刊（Open Access Journals，OAJ），包括新创办的开放获取期刊和由原有传统期刊转型而来的开放获取期刊。开放获取期刊对提交的论文以同行评审的形式来确保期刊论文的质量，这一点与传统期刊是一致的。

2）信息开放获取仓库（Open Access Repository，OAR）。OA 仓库不仅储存学术论文，还储存其他各种学术研究资料，包括实验数据和技术报告等。开放获取仓库常见形式包括基于学科的开放获取仓库和基于机构的开放存取仓库。OA 仓库通常不进行内容方面的实质性评审工作，仅要求作者提交的论文基于某一特定标准文件格式（如 Word 或 PDF 等），并符合一定的学术规范。

3）其他 OA 资源。除上述两种形式外，还有各种其他形式的 OA 资源，如个人网站、电子图书、博客、学术论坛、文件共享网站、慕课等。就实际情况来看，这些资源的分布较为分散，缺乏标准的质量控制机制，较前两类开放获取出版形式而言，随意性更强，学术价值有高有低。

6.1.5　开放获取的意义

开放获取的意义如下。

1）开放获取充分利用了互联网技术，消除了以往学术交流的很多限制，为作者、编辑、读者之间开辟了新的交流模式，有利于各个国家、各个阶层平等地使用全人类的科技成果。

2）开放获取缩短了学术论文的出版周期，提高了学术交流的速度和效率，扩大了科技成果的受众群体和传播范围。

3）开放获取有助于建设世界范围内的综合型、专业型和专题型的各类学术研究数据库。

6.1.6　各国开放获取相关政策、策略

以下列举部分多国协调的及部分国家内部的关于开放获取的相关政策、策略。

1. 多国协调的相关政策、策略

2003 年 10 月，由德国马普学会发起，德、法、意等国科研机构在柏林签署《关于自然科学与人文科学资源开放获取的柏林宣言》（简称《柏林宣言》），呼吁各国科研机构在互联网上开放更多的学术资源，为各国研究者提供免费开放的科研环境。中国科学院和中国国家自然科学基金委员会也签署了该宣言。

2011 年 9 月 20 日，巴西、印度尼西亚、墨西哥、挪威、菲律宾、南非、英国、美国等八个国家联合签署《开放数据声明》，成立开放政府合作伙伴（Open Government Partnership，OGP）。

2013 年 6 月，八国集团首脑在北爱尔兰峰会上签署《G8 开放数据宪章》，法国、美国、

英国、德国、日本、意大利、加拿大和俄罗斯承诺，在 2013 年年底前，制定开放数据行动方案，最迟在 2015 年年末按照宪章和技术附件要求来进一步向公众开放可机读的政府数据。

欧盟各国也力争在 2020 年年前免费开放所有成员国官方参与资助的科学研究论文。

2. 部分国家的相关政策、策略

（1）美国

2003 年 4 月，美国霍华·休斯医学中心发表"贝塞斯达开放获取出版宣言"，鼓励有关团体采取迅速、有效的开放获取出版模式。

2009 年 1 月，美国总统奥巴马签署了《开放透明政府备忘录》，要求建立更加开放透明、参与、合作的政府，体现了美国政府对开放数据的重视。

（2）英国

英国是推出强制性 OA 政策最早的国家之一，英格兰高等教育基金管理委员会（Higher Education Funding Council for England，HEFCE）发布了强制性 OA 政策，该政策声明如果被资助项目成果不进行 OA 就将会被收回或减少资助，这个政策的影响具有震撼性，各个大学才开始重视并迅速跟进，英国的各个大学也几乎同步密集出台了与英国研究理事会及英国 Wellcome、Charity、NIHR 和欧盟第七研发框架计划（FP7）与科研创新计划（Horizon 2020）相关的基金 OA 政策，这种外部力量的推动力值得重视。

英国高等教育资助委员会 2014 年规定，所有研究项目必须可以在网上免费获得，该政策于 2016 年 4 月 1 日起执行。

（3）德国

2016 年 9 月 20 日，德国联邦教研部宣布全面实施开放获取战略。开放获取意味着公众可以通过互联网（如网络期刊）免费获取学术论文，每个人可以查找、阅读并传播文章。新举措有助于开放获取成为德国学术论文发表的标准模式。联邦教研部部长婉卡介绍道："公众应能免费获得由纳税金额资助的研究成果。如今，科学知识应该更容易为大众所知。数字化媒体使之成为可能，而我们必须牢牢把握这个机遇。"联邦教研部此项战略的重要措施是使所有通过联邦教研部资助的项目引入开放获取附加条款。由联邦教研部资助项目产生的学术文章或尽快在开放获取模式下发表，或在解禁期后上传至相应的文件服务器。科研人员可以自由选择是否发表文章及在哪种杂志上发表文章。此外，联邦教研部将借助国家能力和互联网办公室的力量支持相关州、高校和科研机构拓展其开放获取能力。联邦教研部支持高校和科研机构创新文章发表模式，并将与学术界一同继续推动开放获取的发展。

（4）中国

2014 年 5 月 19 日，国家自然科学基金委员会发布关于受资助项目科研论文实行开放获取的政策声明，声明中规定自本政策发布之日起，国家自然科学基金全部或部分资助的科研项目投稿并在学术期刊上发表研究论文的作者应在论文发表时，将同行评议后录用的最终审定稿，存储到国家自然科学基金委员会的知识库，不晚于发表后 12 个月开放获取。如果出版社允许提前开放获取，应予提前；如果论文是开放出版的，或出版社允许存储最终出版 PDF 版的，应存储论文出版 PDF 版，并立即开放获取。

2014 年 5 月 9 日中国科学院发布关于公共资助科研项目发表的论文实行开放获取的政策声明，声明中规定自发布之日起投稿并在学术期刊上所发表的研究论文，作者应在论文发表时把同行评议后录用的最终审定稿存储到所属机构的知识库，并于发表后 12 个月内开放获取。

6.1.7 开放获取相关活动

1. "知识的代价"网站的签名活动

2012 年 2 月至 2017 年 3 月，全球已有 16 578 位研究者在"知识的代价"网站（http://thecostof knowledge.com）签署声明响应菲尔茨奖得主、剑桥数学家威廉·高尔斯号召，签名抵制世界最大出版社爱思唯尔。2013 年诺贝尔生理学或医学奖得主兰迪·谢克曼宣布，其实验室不再向三大顶级科学期刊 *Science*（《科学》）、*Nature*（《自然》）和 *Cell*（《细胞》）投稿，而专注于提升其主编的开放获取期刊 *eLife*，使之成为发表优质学术论文的渠道。

2. 开放获取周活动

开放获取周是 2007 年发起的，每年 10 月第 3 周全世界各科研机构同时组织开放获取推介活动，向科学界和学术界进一步宣传介绍开放获取的益处，分享参与开放获取的经验，推动科学界参与开放获取。

2012 年 10 月 22 日至 24 日，国家科学图书馆举办"中国开放获取周"（China Open Access Week）国际研讨会。这是国内举办的首届开放获取周。该活动面向科学界、学术界宣传介绍开放获取的益处，交流开放获取实践经验，汇报开放获取实践成果，进而推动科学界对开放获取的关注和国家机构层面相关政策的实施。会议由中国科学院国家科学图书馆主办，中国图书馆学会专业图书馆分会、中国科学院自然科学期刊编辑研究会共同协办。

本次中国开放获取推介周是国内举办的首个开放获取周。会议得到了与会者的欢迎和肯定，进一步加深了国内科技界、科研管理机构和信息服务机构对开放获取的了解。

此后，每年的 10 月，都有由中国科学院文献情报中心主办，由中国图书馆学会专业图书馆分会、中国图书馆学会高校图书馆分会、中国科学院自然期刊编辑研究会协办的年度"中国开放获取推介周"，最近的一次活动于 2016 年 10 月 17 日至 18 日在北京举行。

6.2 国内主要开放获取资源

根据"布达佩斯开放获取倡议"的定义，开放期刊是指那些可以在公共网络上免费获取的，且允许用户进行阅读、下载、复制、分发、打印、检索、链接到全文、用于编制索引、作为软件数据使用或者其他合法目的，除需上网之外，无其他的经济、法律及技术障碍。

伴随全球开放获取需求的爆炸式发展，开放获取期刊对学术交流的重要性日益凸显。读者获取学术论文或学术成果完全不受价格和访问障碍的影响，具有以下优点：一是论文发表时间较短；二是提高期刊论文影响力，OA 期刊的稿件大多采用同行评审，它的质量有保证，供学术参考的价值较高，使被引率大幅提高，作者拥有版权，用途为非商业目的；三是科研人员的研究成果被广泛、快速地传播和利用，拥有便捷的存档机制，大学与研究机构的科研及学术成果的预见性和影响力将大大地提高；四是出版商出版模式多样化，让作者投稿的选择更加灵活和多样化。

Open Access 主要分为 OA 期刊和 OA 仓储，开放仓储库根据内部资源的收录范围和对外开放程度，大致分为：由机构创建的机构资料库（机构 OA 仓储）；按学科创建的科学资料库（学科 OA 仓储）。

学科开放仓储库的目的是解决学术出版的时滞问题。机构专属的开放仓储库，即机构库

（Institutional Repository），是近两年来区别于早期的开放仓储库而发展相当迅速的一种新的形式。它主要针对某一特定机构范围而开放，保存其机构内的所有学术产出成果，提供文献存取和检索服务，一般由大学、大学图书馆、研究机构、政府部门等创建和维护，并为其提供专门服务，其主要目标是实现机构范围内的开放获取。这种方式保证了机构自身所有产出成果的完整性和连贯性，成为机构创建开放仓储库的主流发展趋势。相关资源网址如表 6-2-1 所示。[①]

表 6-2-1　国内主要开放获取资源

序号	名称（英文简称为主）	网址
1	GoOA	http://gooa.las.ac.cn
2	NSSD	http://www.nssd.org/
3	Frontiers Journals	http://journal.hep.com.cn/webpub/index
4	COAJ	系统更新
5	西安交通大学开放获取期刊共享集成平台	系统更新
6	Socol@r	http://www.socolar.com/
7	香港科技大学 OA 仓储	http://repository.ust.hk/dspace
8	国内典型的预印本服务系统　中国预印本服务系统	http://www.nstl.gov.cn/
	中国科技论文在线	http:// www.paper.edu.cn
9	中国人民大学网络课程资源开放及整体解决方案服务	http://kf.cmr.com.cn/index.htm

6.2.1　GoOA——开放获取论文一站式发现平台

1. OA 期刊服务平台简介

中国科学院立项启动、由中科院文献情报中心实施建设的 OA 期刊服务平台，集成严格遴选的知名出版社 2000 余种，包含自然科学领域及部分社会科学领域的 OA 期刊及其论文（全文），提供 OA 期刊和论文集成发现、免费下载、OA 期刊投稿分析、关联检索、知识图谱分析、用户分享等特色功能。截至 2017 年，有 1955 种 GoOA 收录期刊、121 家 OA 出版社、421 763 篇 OA 论文、426 351 幅图表。

2. OA 论文一站式检索

1）在首页检索框内检索。
2）提供概念聚类、扩展概念导航、关联知识扩展检索。
3）在论文详细页面上，可以跟踪相关主题文章。
4）浏览热点概念、来源期刊、作者、出版日期、出版社等所需内容。

---

① 中国科学院文献情报中心（国家科学图书馆）：http://www.las.ac.cn[2017-03-22].
国家哲学社会科学学术期刊数据库：http://www.nssd.org/about.aspx?id=7[2017-03-22].
中国科技期刊开放获取平台：http://www.oaj.cas.cn/[2017-03-22].
中国教育图书进出口公司：http://www.socolar.com/[2017-03-22].
中国科技论文在线：http://oa.paper.edu.cn[2017-03-22].

6.2.2　国家哲学社会科学学术期刊数据库

1. 期刊数据库简介

国家哲学社会科学学术期刊数据库（National Social Sciences Database，NSSD）是由全国哲学社会科学规划领导小组批准建设，中国社会科学院承建的国家级、开放型、公益性哲学社会科学信息平台，具体责任单位为中国社会科学院图书馆（调查与数据信息中心）。作为国家社会科学基金特别委托项目，2013 年 7 月 16 日系统平台上线开通，是我国国内最大的公益性社会科学精品期刊数据库，最大的社会科学开放获取平台，实现了学术资源的开放共享，共收录精品学术期刊 600 多种，论文近 300 万篇及近 67 万位学者、近 1.8 万家研究机构的相关信息。该数据库包括国家社会科学基金重点资助期刊 200 种，中国社会科学院主管主办期刊 70 多种，三大评价体系（中国社会科学院、北京大学、南京大学）收录的 500 多种核心期刊回溯到创刊号期刊 400 多种，最早回溯到 1921 年。

2. 论文检索和期刊导航

1）论文检索方式：题名、关键词、机构、作者、摘要、刊名、年份、分类号、ISSN、基金资助、全文检索。

2）期刊导航方式：学科分类、核心期刊分类、社科基金资助期刊导航、中国社科院期刊导航、地区分类等。

检索结果可进行聚类统计分析、多种排序、多种分面显示、导出等，多种用户定制功能有历史记录查询、定制推送、收藏订阅等，部分期刊实现与纸本期刊同步出版，能进行学术统计及评价。

6.2.3　Frontiers Journals

1. 期刊数据库简介

2006 年创刊的学术前沿系列期刊由教育部主管、高等教育出版社有限公司出版、德国施普林格公司负责海外发行，是目前国内覆盖学科最广的系列英文学术期刊，涉及基础科学、生命科学、工程技术和人文社会科学等四个学科领域。系列期刊打造了一个中国自主品牌，给国内顶级科研水平的国际化学术交流提供了一个平台。现由 CALIS 文理中心与高等教育出版社有限公司共同负责国内数字化内容服务工作，与一些国际知名学术出版商如施普林格、爱思唯尔等合作，工作重点是提高其每一期刊的国际化的业务水平，尤其是针对编辑部、评论家和作者等对象。该数据库赢得诸多国内外受到好评的项目，截至 2015 年 12 月，累计达到 300 万次全文下载。

2. 论文检索和期刊导航

论文检索和期刊导航包括简单查询、复杂查询和检索作者姓名三种方式。检索技术有布尔逻辑、词组、短语检索和禁用词表。

6.2.4　中国科技期刊开放获取平台

1. 期刊数据库简介

该数据库由中国科学院主管，中国科技出版传媒股份有限公司主办，北京中科期刊出版有限公司承办。中国科技期刊开放获取平台（China Open Access Journals，COAJ）是一个开放获取、学术性、非营利的科技文献资源门户，于 2010 年 10 月上线运行。该数据库将建设成为一站式的中国科技期刊 OA 集成平台和门户，强化科技期刊的学术交流功能，提升中国科技期刊的学术影响力。截至 2017 年，收录期刊 654 篇，可检索论文的期刊 339 篇，论文 1 420 383 篇。

2. 期刊检索和论文检索

期刊检索的检索项有刊名、学科分类、出版单位和 ISSN 等。论文检索的检索项有题名、作者、关键词和时间。

6.2.5　西安交通大学开放获取期刊共享集成平台

该数据库通过"开放获取资源"栏目将收集的 OA 资源向广大读者揭示出来，利于扩展获取资源的途径，还将不同的 OA 期刊网站上的期刊整合在一个平台上，供读者浏览和查询。

6.2.6　Socol@r

1. 数据库简介

中国教育图书进出口公司的非营利 Socol@r 项目是创建与维护 OA 资源（世界上重要的 OA 期刊和 OA 仓储）一站式检索服务平台，主要与国外著名的 OA 出版单位 BioMed Central 合作。

截至 2017 年，OA 期刊有 11 739 种，包含文章数：13 503 317 篇，OA 仓储有 1048 种，包含文章数：10 391 241 篇，平台收录文章总计 23 894 558 篇。

2. 检索方式

1）简单检索（默认），可供检索的字段有 5 个：所有、篇名、作者、摘要、关键词。平台支持布尔逻辑检索、短语检索及截词检索。期刊检索可供检索的字段有刊名、ISSN、出版社等，其余与文章检索相类似。

2）高级检索，提供 3 个条件限定，比简单检索增加的字段有：刊名/仓储名、ISSN 和出版社。

3）期刊浏览，一是按字母浏览，字母期刊列表提供期刊的简单信息，如出版社及相应的期刊首页链接等。二是按学科（中图分类）浏览，共 21 个大类，在每大学科分类下细分若干个级别及数目，如可浏览其中的学科所收录期刊的数目。

检索结果及原文获取：从 "Peer-Reviewed" 标志查看论文是否经过同行评审，点击 "Full Text" 可获取文章原文，可点击 "Abstract" 或 "篇名" 进入文摘页面查看关键词及摘要信息等，文摘页可链接获取原文，下载保存文档格式大体分 HTML 和 PDF。

6.2.7　香港科技大学 OA 仓储

1. 数据库简介

香港科技大学 OA 仓储是由香港科技大学图书馆用 DSpace 软件开发的一个数字化学术成果存储与交流知识库，收录由该校教学科研人员和博士生提交的论文（包括已发表和待发表）、会议论文、预印本、博士学位论文、研究与技术报告、工作论文和演示稿全文。

2. 检索方式

浏览方式有按院、系、机构（Communities & Collections），按题名（Titles），按作者

（Authors）和提交时间（By Date）。检索途径有任意字段、作者、题名、关键词、文摘、标识符等，见图 6-2-1。

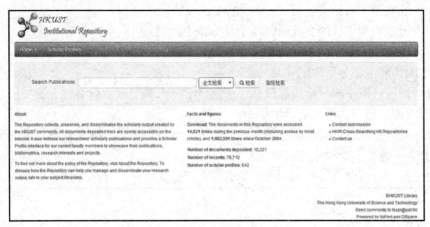

图 6-2-1　香港科技大学 OA 仓储主页

6.2.8　国内典型的预印本服务系统

电子预印本对研究者有很高的参考价值，对加快科学研究成果的交流与共享，帮助研究者追踪本学科的研究热点等方面都有重要作用，一些电子预印本同行可以直接评论。

1. 中国预印本服务系统

中国预印本服务系统由中国科学技术信息研究所与国家科技图书文献中心（其主页见图 6-2-2）联合建设，是一个以提供预印本文献资源服务为主要宗旨的实时学术交流系统。由国内预印本服务子系统和国外预印本门户（SINDAP）子系统构成。系统收录范围按学科分为自然科学、农业科学、医药科学、工程与技术科学、图书馆、情报与文献学五大类。中国预印本服务系统完全按照文责自负的原则进行管理。

图 6-2-2　国家科技图书文献中心

（1）电子预印本特点

1）作者自愿将符合格式的论文按学科类别上传至相应的目录或库中。

2）文责自负。作者所投论文要遵守国家相关法律，有一定的学术研究价值，符合系统的基本投稿要求。涉及具体期刊的预印本有一些相对严格的要求。

3）任何人在尊重作者版权的基础上都可合理利用。

4）在系统支持下对论文进行评论和交流。

5）作者可发表到正式的刊物或其他载体形式上。

6）交流速度快、利于学术争鸣且可靠性高。

（2）中国预印本服务系统的主要功能

1）分类浏览，该系统包括自然科学、医药科学、人文与社会科学、工程与技术科学和农业科学等五大类，每个大类下有若干子类。

2）该系统可对标题、关键词、作者、文摘等内容进行检索。检索范围是全部论文，也可设置某个分类，进行复杂检索（逻辑组配方式）。

3）论文提交时需要填写和选择关键词、摘要、论文所属的分类等信息，经管理员审核后可进入论文库。

2. 中国科技论文在线

中国科技论文在线以"阐述学术观点、交流创新思想、保护知识产权、快捷论文共享"为宗旨，是一个纯公益性的科技论文网站，经教育部批准，依托35位中国科学院和中国工程院院士组成的顾问委员会为网站提供学术指导，由教育部科技发展中心创建。该系统的作用是使科研人员新颖的学术观点、创新的思想和技术成果能够尽快对外发布，既保护作者的知识产权，也较灵活地允许作者同时向其他专业学术刊物投稿。中国科技论文在线利用现代信息技术手段，精简传统出版物的评审、修改、编辑、印刷等程序，给科研人员提供及时发表成果和新观点的有效的交流平台，及时性体现为新成果、科研创新思想的推广和互动。根据文责自负原则和学术研究价值评判标准，论文经审核后在7日内发表，按自然科学国家标准版学科分类与代码分为42类。2017年，首发论文共92 489篇，优秀学者论文共92 595篇，自荐学者论文共31 310篇，科技期刊共1 276 594篇，其首页如图6-2-3所示。

图 6-2-3　中国科技论文在线首页

（1）中国科技论文在线的主要栏目

1）首发论文栏目采用"先发布、后评审"的方式，经初审后的 7 个工作日内发布，为广大科学工作者提供一个快速发表和共享最新科技成果的平台。作者安排同行专家对论文的评价及讨论。截至 2018 年 5 月，已收录数量巨大的科技论文，专业领域按自然科学国家标准学科分类与代码分为 43 类，内容丰富及全面，有快速检索和全文检索的功能，在海量信息中为用户提供快速、准确的检索服务。

2）荣誉学者栏目中有学者的主页、成果、学术会议、学者精选辑等内容，专为在其研究领域崭露头角的学者免费建立个人学术专栏，是自我展示、交流互动其科研成果的一个便捷的网上通道，用以促进学术交流，为科研人员提供示范和指导。

3）排行榜栏目，以成果贡献量为衡量指标对学者进行的排行，有主页访问、关注数、成果阅读、成果数统计数。

4）名家访谈栏目，收录由知名学者推荐的国内外精品论文信息，为用户提供一个快速了解本专业最具代表性学术成果的渠道。

5）科技期刊栏目，收录大学学报近期发表的所有论文，为方便科研人员查阅相关信息，按期刊名称、学科分类编排，提高网络科技期刊论文的引用率和期刊的影响因子。

6）学术社区栏目，每日更新报道国内外最新科技资讯和重大科研成果。

7）中国学术会议在线（维护中）报道高水平学科学术会议及收录会议论文，并汇集成学术会议论文集的形式记载各个学科前沿信息与成果。

8）中国科技论文在线精品论文栏目，其发布的优秀科技论文，主要报道自然科学领域的基础研究和应用研究方面，具有重要意义和创新性的最新成果。

9）OA 资源平台栏目，围绕科技论文的获取、研读、撰写、影响要素、信息资源五大方向，以文章展示的形式为读者提供理论和应用指导，建设半开放式的交流平台（在线创建、发表文章）。

10）学术水平鉴定栏目，已被多所高校认可为研究生毕业和教师职称评定发表论文的平台，更便捷、高效地为广大年轻学者服务，可查询学者发文情况。

（2）中国科技论文在线使用方法

1）该平台将服务的对象分为注册用户和非注册用户两类。非注册用户只能以访客的身份，对本网站进行检索、浏览和下载。注册用户可以使用网站的所有功能，享受包括投稿、评论、定制、添加私人标签、收藏和添加站内外各类资讯、学术圈子等用户个性化功能。

2）登录及管理注册后的资料，即打开个人空间。了解网站主要栏目的最新动态，以及用户投稿论文、评论、收藏、标签等内容的更新情况。

3）投稿可以在个人空间中进行投稿，必须使用可以正确上传论文相关信息和作者信息的网站论文模板来进行投稿，选择内容有文章语种、学科、是否评审等，无须连篇填写论文题目、摘要、资助及多位作者信息，即可上传论文。论文成功提交、审核及修改、打印刊载证明及申请打印邮寄，这些均可浏览个人空间"已发论文列表""刊载证明"对应的"打印"按钮等。我们可以在浏览首发论文、学者专栏等栏目时，将个人感兴趣的内容收藏到个人空间中。将个人空间"我的收藏"中收藏的内容进行添加标签等个性化记录。它同样支持站外地址的收藏。

4）在线评论，评论审核后发表在网上。可以直接在在线评论中回复别人的评论，同时对论文的评论进行精华、置顶等相关操作。

5）科技论文概要，世界知名大学、实验室的信息可以通过这个栏目获得，将自己所了解的相关信息从个人空间的科技论文概要中上传，与其他用户分享，通过经审核后发布文章打造自己的科研咨询信息平台。

6）我的标签。在浏览首发论文、学者专栏、科技期刊、热度视界等栏目时，我们可以从感兴趣的角度为文章添加个性化的词汇或短句的标签，在个人空间中管理标签。

7）站内短消息。站内短消息是网站各种信息及时更新和用户之间彼此交流沟通的手段。

8）该网站提供高级检索、全文检索两种论文检索方式：①高级检索，对信息检索词按题目、关键字、作者和摘要在全库、在线发表论文库、优秀学者论文库、高校期刊论文库等数据库中进行检索，可适当限制检索范围。②全文检索，若文章题目、作者、关键词等检索信息不确切，可全文检索查询文章的某句内容。

6.2.9　中国人民大学网络课程资源开放及整体方案服务

"中国人民大学网络课程资源开放及整体解决方案服务"包括免费开放课程、课程赠送、课程销售、课程定制与共建等，网站是 http://kf.cmr.com.cn/index.htm。

6.3　国外主要开放获取资源

6.3.1　开放获取期刊与信息开放获取仓库

1. DOAJ

开放获取期刊列表（Directory of Open Access Journal，DOAJ）由瑞典隆德大学图书馆创建和维护，建立于 2003 年 5 月，由开放社会协会、SPARC、SPARC Europe、BIBSAM 和 Axiell 共同资助，如图 6-3-1 所示。DOAJ 的内容涉及了所有学科和多种语言，它提供可存取的经质量控制的开放获取期刊。网址是 https://doaj.org。

该系统收录期刊的文章都是经过同行评议或严格评审的，质量高、与期刊发行同步，且都能免费下载全文，是做研究的好帮手。

DOAJ 的优势在于收录的期刊有着严格的质量控制，包括很多 SCI 收录的期刊。DOAJ 收录的 OA 期刊数量非常多，属于目前最好的 OA 期刊目录网站。

目前 DOAJ 除了查询 OA 期刊外，还可以查询部分期刊的文章内容。截至 2017 年 3 月，DOAJ 收录了约 9409 份学术期刊，约 2 436 946 篇论文。

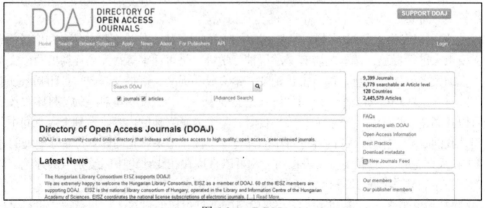

图 6-3-1　DOAJ

2. HighWire Press

HighWire Press（海威出版社）是全球最大的提供免费全文的学术文献出版商，于 1995 年由美国斯坦福大学图书馆创立，如图 6-3-2 所示。最初仅出版著名的周刊——*Journal of Biological Chemistry*，截至 2017 年 3 月，已收录电子期刊 710 多种，文章总数已达 230 多万篇，其中超过 77 万篇文章可免费获得全文，这些数据仍在不断增加。通过该界面还可以检索 Medline 收录的 4500 种期刊中的 1200 多万篇文章，可看到文摘题录。HighWire Press 收录的期刊包括生命科学、医学、物理学、社会科学。网址是 http://highwire.stanford.edu。

图 6-3-2　HighWire Press

3. Open J-Gate

Open J-Gate 是一个由 Informatics（India）公司资助的 OA 领域的电子门户网站，号称世界最大的开放期刊门户，成立于 2006 年，已经索引了 6000 余种学术、研究和工业期刊，其中 3800 余种是同行评审期刊，如图 6-3-3 所示。除了提供文献外，还提供全球众多出版社、期刊等各类信息。网址是 https://jgateplus.com。

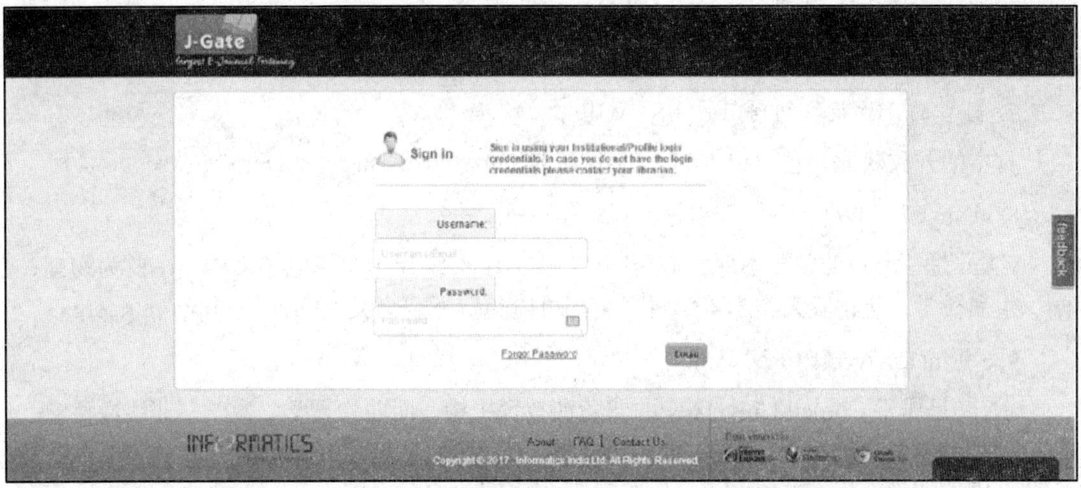

图 6-3-3　J-Gate

4. Open Access Library

Open Access Library（OA 图书馆）是在线数据库，里面的所有文章都来自顶级著名的出版商和数据库，可以满足各个领域学者的需求，如图 6-3-4 所示。同时，那些已经评审或者未发表的文章都可以在线查看，以此提供学术交流的机会。读者可以用关键字在 Open Access Library（OA 图书馆）搜索下载完整的 PDF 格式的文章，不需要注册和交任何费用。网址是 http://www.oalib.com。

图 6-3-4　OALib 期刊

该数据库可免费获取超过 4 225 477 篇学术文章（截至 2017 年 3 月），涵盖所有学科，所有文章均可免费下载。OALib 与 *OALib Journal* 均由 Open Access Library 公司管理。

5. 麻省理工学院机构收藏库

该数据库提供麻省理工学院的大量科研成果，包括预印论文、技术报告、工作文档、会议论文、图像等。网址是 http://dspace.mit.edu。

6. 巴西的开放获取期刊门户 SciELO

巴西的开放获取期刊门户 SciELO 网址是 http://www.scielo.br。

7. 日本的开放获取期刊门户 J-STAGE

日本的开放获取期刊门户 J-STAGE 网址是 http://www.jstage.jst.go.jp/browse。

8. viXra 预印本库

viXra 是一个新的预印本库，截至 2017 年 3 月，有 18 109 篇电子文档，主要为物理、数学、生命科学、化学及人类学等学科，全部可以免费下载全文。网址是 http://vixra.org。

9. e-Print arXiv 预印本文献库

arXiv 是属于 Cornell University 的非营利教育机构，面向物理学、数学、非线性科学、计算机科学和定量生物学等学科提供 16 种免费电子期刊的访问。arXiv 是由美国国家科学基金会和美国能源部资助，在美国洛斯阿拉莫斯国家实验室建立的电子预印本文献库（目前由美国康乃尔大学管理），始建于 1991 年 8 月。该预印本资料库由 Dr. Ginsparg 发起，旨在促进科学研究成果的交流与共享。arXiv 是较早的预印本库，也是物理学及相关专业领域中最大的资料库。该数据库截至 2017 年 3 月已有数学、物理学和计算机科学方面的论文 23 万多篇。网址是 http://arxiv.org。

arXiv 预印本文献库基于学科的开放获取仓储，旨在促进科学研究成果的交流与共享。截至 2017 年 3 月，包括物理学、数学、非线性科学、计算机科学和量化生物等五个学科共计 17 万篇预印本文献。研究者按照一定的格式将论文进行排版后，通过 E-mail、FTP 等方式，按学科类别上传至相应的库中。arXiv 电子印本文档库没有评审程序，不过同行可以对文档库的论文发表评论，与作者进行双向交流。论文作者在将论文提交 e-Print arXiv 的同时，也可以将论文提交学术期刊正式发表，论文一旦在某种期刊上被发表，在 e-Print arXiv 中的该论文记录中将会加入文献正式发表期刊的卷期信息。

10. 科学公共图书馆

科学公共图书馆（The Public Library of Science，PLoS）成立于 2000 年 10 月，是一个致力于使世界科技和医学文献成为可免费存取的公共信息资源的非营利组织。在得到来自 Gordon and Betty Moore 基金会 900 万美元的捐助后，分别于 2003 年 10 月和 2004 年 4 月创建了两份 OA 期刊：*PLoS Biology*（收取每篇论文 1500 美元的发表费）和 *PLoS Medicine*，并准备进一步增加 OA 期刊的份数。网址是 http://www.plos.org/。

PLoS 是一家由众多诺贝尔奖得主和慈善机构支持的非营利性学术组织，旨在推广世界各地的科学和医学领域的最新研究成果，使其成为一种公众资源，科学家、医生、病人和学生可以通过这样一个不受限制的平台来了解最新的科研动态。PLoS 出版了 8 种生命科学与医学领域的期刊，可以免费获取全文。

11. SPARC

学术出版和学术资源联盟（The Scholarly Publishing and Academic Resources Coalition，SPARC）创建于 1998 年 6 月，它是由大学图书馆和相关教学、研究机构组成的联合体，本身不是出版机构，截至 2017 年 3 月，成员已经超过 300 多家，旨在致力于推动和创建一种基于网络环境的真正为科学研究服务的学术交流体系。网址是 http://sparcopen.org/。

12. 英国南安普敦大学开放获取仓库

英国南安普敦大学 2002 年建立了本校的开放获取仓库，为本校研究人员和学术作品提供开放获取服务，该仓库是 JISC TARD 项目的一个组成部分。网址是 http://eprints.soton.ac.uk。

13. 加利福尼亚大学国际和区域数字馆藏

加利福尼亚大学国际和区域数字馆藏研究项目主要提供已出版的期刊论文、未出版的研究手稿、会议文献及其他连接出版物上的文章，包含 1 万多篇，均可免费阅读。该数据库是由加利福尼亚数字图书馆创立的，包括已发表的论文专著、本校学术期刊、连续出版物、研究生研讨课资料等，提供免费全文浏览和下载，截至 2017 年 3 月，已有 6953 种，140 万篇文献可提供下载。网址是 http://repositories.cdlib.org/escholarship。

14. 剑桥大学机构知识库

剑桥大学机构知识库由剑桥大学图书馆和大学计算服务维护，提供剑桥大学相关的期刊、学术论文、学位论文等电子资源。网址是 http://www.dspace.cam.ac.uk。

15. 发展中国家联合期刊库

发展中国家联合期刊库是非营利的电子出版物服务机构，提供来自发展中国家（如巴西、古巴、印度、印度尼西亚、肯尼亚、南非等）的开放获取的多种期刊的全文。网址是 http://www.bioline.org.br。

16. 美国密歇根大学论文库

美国密歇根大学论文库提供 2 万多篇期刊论文、技术报告、评论等文献全文，包括艺术学、生物学、社会科学、资源环境学等学科的相关论文，还有博硕士论文。标识为 OPEN 的可以打开全文。网址是 http://deepblue.lib.umich.edu/。

17. 欧洲核子研究中心文档服务器

欧洲核子研究中心的内容分发服务（Content Distribution Service，CDS）中有很大部分预印本内容。欧洲核子研究组织（European Organization for Nuclear Research，CERN）是最早推行预印本的机构，在预印本发展过程中也始终走在前列。与 arXiv 相比较，其服务模式、文献格式、流程等均较相似，但规模较小，收录文献 2 万篇。预印本文献服务是 CERN 的重要工作内容，每天有专人负责面向整个 CERN 的预印本简报工作，即将全世界物理学最新的预印本题目、作者、时间、语种和文章要点编印成册，供读者阅读，同时还要将来自 CERN 本身的预印本存入图书馆档案和电脑数据库中。网址是 http://cdsweb.cern.ch。

该数据库主要覆盖物理学及相关学科，包括预印文献、期刊论文、图书、图片、学位论文等。

18. 美国国家航空航天管理局技术报告服务器

美国国家航空航天管理局技术报告服务器（NASA Technical Report Server，NTRS）是美国宇航局建立的用来发布非机密科技信息的站点，主要资料为美国宇航局内部可公开的科研材料，该站点归美国宇航局科技信息办公室管理，截至 2017 年 3 月，收录文献近 1.5 万篇，主要是关于航空航天领域研究的科技报告和会议论文。网址是 http://ntrs.nasa.gov/?method=browse。

19. 美国国家环境出版物服务中心

美国国家环境出版物服务中心提供的是美国环境保护署（U.S.Environmental Protection Agency，EPA）出版物，可以通过 EPA 出版号或题名检索 EPA 国家出版物目录。网址是 http://www.epa.gov/ncepihom。

20. 能源引文数据库

该数据库提供美国能源部的科技信息摘要。学科范围包括材料科学、环境科学、计算机、能源和物理。网址是 http://www.osti.gov/energycitations。

6.3.2　国外开放式课程资源

大规模在线开放课程（Massive Open Online Course，MOOC）是一种任何人都能免费注册使用的在线教育模式。MOOC 有一套类似于线下课程的作业评估体系和考核方式。每门课程定期开课，整个学习过程包括多个环节：观看视频、参与讨论、提交作业，穿插课程的提问和终极考试。

1. Coursera

Coursera 致力于普及全世界最好的教育，它与全球一流大学和机构合作提供在线课程。网址是 https://www.coursera.org。

2. edX

edX 是一个由麻省理工学院和哈佛大学创建的大规模开放在线课堂平台。它免费给大众提供大学教育水平的在线课堂。两所大学在这个非营利性平台上计划各资助 3000 万美元。2012 年秋，edX 在 MITx 启动。网址是 https://www.edx.org。

学员学习完成后，edX 将会提供付费的认证与×系列认证，但是不提供课程学分。参与的 edX 学校可以自行决定是否认可学生学分，截至 2017 年 3 月，麻省理工学院与哈佛大学均不把 edX 课程记录学分。2015 年 12 月以后的课程将不提供免费证书。

截至 2017 年 3 月，edX 共有 40 所教育机构参与，其中来自中国的有清华大学、北京大学、香港科技大学等。

6.4　搜索引擎概述

随着网络技术的飞速发展，互联网已成为全球范围内信息传播和信息交流的主要渠道。然而，在这浩瀚无边的信息海洋里，如何能够发现、获得有价值的信息资源，一度对互联网研究人员和信息用户提出了双重挑战。世界上首个基于 www 的搜索引擎 Lycos 诞生于 1994 年，商业化搜索引擎的大规模开发则始于 1995 年，其中有典型的目录式结构的雅虎和全文搜索引擎 AltaVista。到了 1998 年，随着谷歌的开发和商业化运作，这种集计算机技术、网络技术、人工智能技术等于一身的搜索引擎，开始成为互联网信息检索的重要工具。

中国最早的搜索引擎是搜狐，它是一个中文网站分类目录。随着信息技术的发展，中文搜索引擎的发展速度也取得了令人瞩目的成绩，并已成为世界上中文网络信息的重要检索工具。

6.4.1　搜索引擎的概念与组成

搜索引擎（Search Engine）是一种基于互联网（主要是 Web）的网络信息检索服务工具或系统，就是根据一定的策略，运用特定的程序软件，自动地从互联网上搜集、发现信息，并对信息进行提取、组织和处理，将用户所需要的相关信息展现给用户，为用户提供信息检索服务的系统。

搜索引擎由信息采集子系统、索引子系统和检索子系统三部分组成。

1. 信息采集子系统

信息采集子系统的核心是搜索器，其功能是在互联网上发现、追踪、采集网页信息。每个独立的搜索引擎都有自己的网页抓取程序（Spider、Robot 等），这些程序可以按照某种策略访问网络站点，并记录站点网址，标引网页内容，完成远程数据的搜索与获取。

2. 索引子系统

索引子系统也称索引数据库，其功能是对搜索器搜索抓取到的信息进行分析、理解之后，抽取索引项，用于表达文档及生成文档库的索引表。在索引子系统中，由索引器来完成对网页信息的标引、整序和组织工作，最终建立索引数据库。

3. 检索子系统

检索子系统主要由检索器组成，其功能是根据用户输入的检索词，在索引数据库中快速检索文档，通过分析检索词在文档中出现的频率，将相关度高的文章进行抽取，并通过用户接口，将检索结果按相关度排序输出到检索界面。

6.4.2　搜索引擎的类型

搜索引擎自问世以来发展速度比较快，种类和数量也呈不断增长的趋势。由于不同的搜索引擎对网络信息的描述方法和检索功能不同，所以在使用之前，首先要了解各类搜索引擎的特点，这样我们才能选择合适的搜索引擎，从而达到满意的检索结果。搜索引擎的分类方法不止一种，按照不同的分类原则，搜索引擎可以划分为不同的类型，其中最常见的是按工作方式来划分，主要有全文搜索引擎、目录型搜索引擎和元搜索引擎。

1. 全文搜索引擎

全文搜索引擎是利用网络自动搜索软件对互联网上的网页信息进行搜索，并对所搜索的信息进行组织标引、分析处理，记录下网页特征，形成索引数据库，然后根据用户的检索要求，对索引数据库进行查询匹配，经过排序和加权计算后，将排序后的检索结果显示输出给用户。全文搜索引擎处理的对象是互联网上所有网站中的每个网页，用户得到的检索结果通常是一个个网页的地址和相关信息。著名的百度、谷歌和 AltaVista 都是全文搜索引擎。全文搜索引擎具有数据量大、更新快、查全率高、使用方法简便等优点，因此成为用户最常使用的搜索引擎类型。但全文搜索引擎的缺点是检索结果数量太多，所显示的检索结果缺乏清晰的层次性，用户很难快速选择满意的信息，必须使用相关语法才能精炼检索结果。

2. 目录型搜索引擎

目录型搜索引擎是按照层次性目录结构组织网络信息资源，即提供了一份人工按类编排的互联网站点目录，每层目录的每个类别下都排列着属于这一类别网站的站名和网址链接，以及关于网站的概述性文字介绍。这类搜索引擎在处理信息时，首先是把网站按内容划到某一类目下，再记录一些网站的摘要信息对网站加以描述。目录型搜索引擎严格意义上不能算是真正的搜索引擎，仅仅是按目录分类的网站链接列表而已。用户搜索时可以按类别逐级浏览目录。由于目录型搜索引擎是预先将网站资源系统归类，用户在检索时可以按照清晰的目录结构和层次，逐级深入浏览选择，最终找到所需要的信息，检索方法类似于传统的目录查找，比较适合从主体范围入手查找信息，检索结果的内容相关度会比较高。目录型搜索引擎的缺点是搜索范围不如全文搜索引擎大，类目设置的科学性也对检索结果产生影响，数据库更新速度也比较慢。新浪、搜狐、雅虎这些知名度很高的搜索引擎都属于这一类搜索引擎。

3. 元搜索引擎

互联网上的信息资源广泛丰富、数量庞大，任何一个搜索引擎都无法将其完全覆盖。元搜索引擎（也称为多元集成型搜索引擎）是将多个独立的搜索引擎集成在一起，提供统一的用户查询界面，将用户的检索提问同时提交给多个独立搜索引擎，并检索多个独立搜索引擎的数据库，然后将返回的结果进行去重处理，最后将处理后的结果显示给用户。较著名的元搜索引擎有 InfoSpace、Vivisimo 和 Dogpile 等。由于元搜索引擎是建立在多个搜索引擎基础之上的多元集成型搜索引擎，整合、调动、控制和优化了多个搜索引擎的数据库信息，因而能够满足用户更多、更广地获取网络信息资源的要求。

6.4.3　搜索引擎的基本检索技术

据不完全统计，截至 2015 年，全世界共有搜索引擎 1000 余种，中文（含繁体中文）搜索引擎也有 100 余个。一般来讲，大部分搜索引擎都支持多种检索技术，一般数据库的各种检索功能在搜索引擎中都适用，如布尔逻辑检索、词组检索、截词检索、字段检索、限制检索和位置检索等。但是，并不是每一种搜索引擎均能提供上述全部检索功能。同时，不同的搜索引擎对每一种检索功能的支持程度也不完全相同。从支持程度上来看，首先是布尔逻辑检索和词组检索，这二者在各种搜索引擎中的支持程度最高，其次是截词检索、字段检索和限制检索，有极少数搜索引擎支持位置检索功能。

1. 布尔逻辑检索

布尔逻辑检索是搜索引擎中使用最多的基本检索技术，它是通过布尔逻辑运算符，将几个简单的检索词组合成一个具有复杂概念的检索表达式，以达到扩大或缩小检索结果范围的目的。在搜索引擎使用过程中，布尔逻辑运算的表达形式和使用方法与数据库检索基本相同，分别用"与""或""非"来表达多个检索词的逻辑组合关系。比如，使用"与"（AND）操作符将"生物"和"医学"两个检索词连接起来进行检索，那么检索结果是既包含"生物"又包含"医学"的记录，而不是只含有"生物"和只含有"医学"的记录。当我们连接越多的关键词时，得到的检索结果数量就会越少。

2. 截词检索

截词检索是数据库中常用的一种检索方法，在搜索引擎中的应用也比较普遍，其主要目的是用来提高查全率。截词检索包括前截断、后截断和中截断三种形式，但一般的搜索引擎只提供后截断技术。截词符号通常以*和?来代替，*表示截断的字符数没有限制，而?则表示截断一个字符。对于英文信息的检索，截词检索的作用非常明显。例如，educat*可代替 educate、education、educational、educator，以此达到通过一个词根检索到含有该词根的全部单词的目的。在中文数据库中的前方一致检索，其依据就是后截断。

3. 字段检索和限制检索

许多搜索引擎都具有字段检索功能。字段检索是一种限制检索，用来限制检索词出现的字段，如 Title、Subject、Keywords、Summary 等，这些都是用来限定主题字段的；属于非主题字段限制的有 Image 和 Text 等，使用字段检索可以控制检索结果的相关性，达到优化检索结果的目的。此外，搜索引擎还提供了新的、带有典型网络检索特征的字段限制类型，如主机名限制（host:）、Link 限制（link:）、超链限制（anchor:）、网址限制（site:）、域名限制（domain:）、新闻组限制（newsgroups:）、URL 限制（url:）等。这些字段限制功能都是通过限定检索词在数据库记录中出现的位置，来控制检索结果的相关性，提高查准率。例如，用"Domain:org"可以查到以 org 为后缀的非营利机构网址。

4. 词组检索

词组检索也称为短语检索，就是限定检索结果中必须含有与输入的检索词完全一样的字符串。词组检索通常是用双引号把一个字符串引起来，它的作用就是规定了检索式中各个检索词之间的邻近位置关系及逻辑关系，检索时要求进行严格匹配，避免因短语被自动分割而造成的检索概念偏差。当我们查找专指性比较强的概念时，就可以进行词组检索，避免检索概念错误。例如，"computer adventure games"，检索时把这三个词加上双引号，其作用就是限定词语所表达的概念。如果不加双引号，就会被计算机分割成三个单词而表达三个独立概念，造成与检索课题概念不符，影响检索结果的相关性。

6.4.4　搜索引擎的常用检索技巧

搜索引擎的出现为互联网用户提供了极大的便利，但在实际检索中，人们常常会遇到检索结果不尽如人意的情况。要想提高搜索引擎的使用效率，快速准确地找到想要的信息，就需要掌握一些常用检索技巧。

1. 选用适当的搜索引擎

如何选择搜索引擎，是检索网络信息时遇到的首要问题。首先，应该从检索课题的内容出发，全面考虑搜索引擎的性能、收录范围、标引深度和广度，以及是否有全文索引等。目前搜索引擎的种类和数量很多，每个搜索引擎的工作方式不尽相同，信息覆盖范围也有差异，如果千篇一律地使用同一个搜索引擎完成一个课题的检索，势必会造成检索结果不够全面的后果。其次，每种搜索引擎都有它的局限性，必要时可以同时使用两个以上的搜索引擎。在大多数情况下，可以使用谷歌、百度等常用搜索引擎；如果想从整体上或比较全面地了解一个主题，也可使用目录型的搜索引擎，如雅虎和新浪，这些都是由人工整理的网站目录；如果想要获取特殊类型的信息，如人物、地点，这时可以使用专门的搜人、地图和位置搜索网站，这一类也叫做垂直搜索引擎。此外，由于搜索引擎对动态内容（如论坛）的检索能力比较差，如有需要，还可以到一些动态网站上搜寻特定内容的信息。

2. 选择恰当的关键词提高查准率

在各种检索词中，最常用的就是关键词。关键词属于自然语言，简单好用，但要想得到较好的查准率，就需要认真分析检索课题，在确定所需信息内容的主题之后，概括、提取出恰当的关键词，包括表达概念的同义词和近义词，这是成功检索的前提。也就是说，关键词是否切题，直接关系到检索的成败。关键词可以是单一的词，也可以是一个词组，还可以是一句话，因为搜索引擎在进行网页标引时充分考虑了用户的心理习惯，全面考虑了用户在查询时有可能使用的检索词，这样每个网页列出的关键词就比较多，对不同用户的检索意图，覆盖面也比较大。所以，与数据库检索相比，搜索引擎对用户抽取检索词形式的要求并不高。

3. 使用同义词检索提高查全率

同一个概念可以用不同的词语来表达，这就是常说的同义词。在检索时，要充分考虑表达概念的同义词，以及对同一概念的多种表达方法，从而达到较高的查全率。例如，如果要查找关于计算机主板的信息，除了查找"mother boards"外，还要尝试另外两个同义词"mainboard"和"planar"。同样，"hard drives"（硬盘）有时被叫做"winch esters"或"hard files"等。[①]还有一些全称和简称、缩写等，都属于此类情况，如要检索"北京大学"和"北大"。对于英文检索，还要注意关键词的词形变化，常用变形主要有英文词的单复数形式和

---

① 李琳. 2000. 搜索引擎信息检索功能与检索技巧. 图书馆建设，（6）：73-75.

大小写形式等。这些词形变化在实际检索中也类似同义词处理。

4. 使用两个以上的关键词提高检索精确度

为了提高信息检索的精确度，一个最好的办法是使用两个以上的检索词，这要用到前面提到的布尔逻辑运算符，根据信息检索的目的，将两个检索词用"与""或""非"进行组合，从而达到精炼和扩展检索结果的目的。一般而言，输入的关键字越多，搜索引擎返回的检索结果的数量越少，精确度越高。当然，检索词也不是越多越好，一般情况下两个关键词就能满足一般的检索课题。例如，如果想要搜索有关美国城市迈阿密市的信息，就需要输入两个关键字"Miami"和"Florida"，如果只输入一个"Miami"，搜索引擎就会返回关于Miami Dolphins 足球队的信息，这显然是与检索要求无关的信息。对于大多数搜索引擎，关键词与关键词之间通常用符号"&""+"来表示并列关系，也有的搜索引擎用空格来表示。

5. 学会使用减号"–"去除非相关检索结果

在网络信息检索过程中，有时会发现有一些检索结果，虽然包含所输入的检索词，但内容却与检索课题不太相关，这时候可以用布尔逻辑中的"非"（NOT）运算符来去除那些不相关的信息，一般的搜索引擎通常用减号"–"来表示。比如，用户要查找有关英国文学方面的信息，通过分析检索课题之后，发现不需要儿童文学方面的信息，就需要在检索结果中去除关于英国儿童文学方面的信息，那么采用的检索表达式应该是"英国文学–儿童"，这样检索结果中就不会包含关于"英国儿童文学"方面的信息了。

6. 使用高级检索功能

用户在使用搜索引擎搜索信息时，大多数情况下都是在检索页面输入一个检索词，然后点击检索来完成的，这种方法检索返回的检索结果往往并不令人满意。比较有效的方法是通过增加检索词或其他检索条件，来对检索结果加以限制，这就需要使用搜索引擎的高级检索功能，一步完成多条件检索。大多数搜索引擎的高级检索页面由若干个检索框组成，用户只需在检索框中输入检索词，选择所需的布尔逻辑运算符、语种、年代和文献类型等及相应的限制字段，即可执行一个多条件的复杂检索。对于那些不太熟悉搜索引擎检索技巧的用户，高级检索显然提供了快速有效的检索途径。

7. 使用双引号进行词组或短语检索提高查准率

几乎所有的搜索引擎都支持词组检索，通过使用双引号将输入的字符串固定作为一个特定的概念来对待（如"mother board"），避免计算机将长词组自动切分造成概念误差。在简单查询页面，当输入的检索词比较长，或有特定概念的检索词时，要善于用双引号。比如，要检索关于 3D 打印机的信息，如果简单地在检索词输入框中输入 3D 打印机，那么检索结果中势必会包含大量不相关的信息。在这种情况下，应该加上双引号，把"3D 打印机"作为一个字符串进行检索，这样就得到我们想要的检索结果了。

8. 使用二次检索精炼检索结果

二次检索是指在第一次检索结果的基础上，增加检索条件进行的检索，所以也被称为在结果中检索。这是用来缩小检索范围，使检索结果更符合预期目标的一种方法。通常在检索结果页面都有一个检索输入框，输入检索条件后，点击"在结果中检索"，即可完成二次检索，达到精炼检索结果的目的，是一个比较常用的改善检索结果的简单方法。

6.4.5　常用搜索引擎介绍

不同的搜索引擎，它的检索功能和检索方法各有不同，使用时可以参考网站的帮助或说明，来了解各自的功能和使用方法。下面就介绍几种常用的搜索引擎。

1. 谷歌

（1）简介

谷歌起始于美国斯坦福大学计算机专业博士 L.Page 和 S.Brin 的合作研究项目 BackRub，1998 年 9 月开始商业化运作，迄今为止已经成为世界上最著名的搜索引擎。

目前，谷歌提供的搜索服务有网页搜索、多媒体搜索和学术搜索。网页搜索除了最基本的搜索方式外，还提供了网页目录、专题搜索、新闻搜索、网页翻译、多语种搜索和问答等多项功能。多媒体搜索包括图片搜索、音乐搜索、视频搜索等。学术搜索是谷歌公司在 2014 年推出的免费查找学术信息的搜索引擎，其资源主要来自网上免费的学术资源、开放获取期刊网站、付费电子期刊供应商及图书馆网站链接。谷歌新增加了搜图功能，用户可将已知图片拖放到检索框内将图片上传，便可"以图搜图"，查找到相似的图片。此外，谷歌还与哈佛大学图书馆、牛津大学博德利图书馆、纽约公共图书馆，以及 2000 多家出版商合作，提供数字化的图书搜索服务，与美国专利局合作提供专利搜索服务。

（2）检索功能

谷歌在其主页提供了简单搜索方式（图 6-4-1），用户只需在检索框中输入检索词便可完成一项检索。在输入检索词时，谷歌会提供一些与用户的检索相关的检索词，这些检索词是根据过去所有谷歌用户的检索习惯，并经过谷歌的相关度计算得出的相关度极高的常用词，能帮助用户快速找到有价值的相关信息。如果输入两个以上的检索词，中间留一个空格，这时谷歌会自动做"AND"逻辑关系处理。

图 6-4-1　谷歌检索页面

对于初次使用谷歌的用户来说，首先遇到的问题就是"Google 搜索"和"手气不错"有什么区别？简单地说，Google 搜索得到的检索结果是一系列按相关度排序的网页链接，而点击"手气不错"，系统将会自动打开第一个检索结果的网页，用户无须查看其他检索结果，既省时又省力。例如，在检索框中输入"北京林业大学"（图 6-4-2），点击"Google 搜索"时，系统给出很多与检索词相关的检索结果（图 6-4-3）；点击"手气不错"时，系统则会自动打开北京林业大学的主页（图 6-4-4）。

图 6-4-2　谷歌检索方法

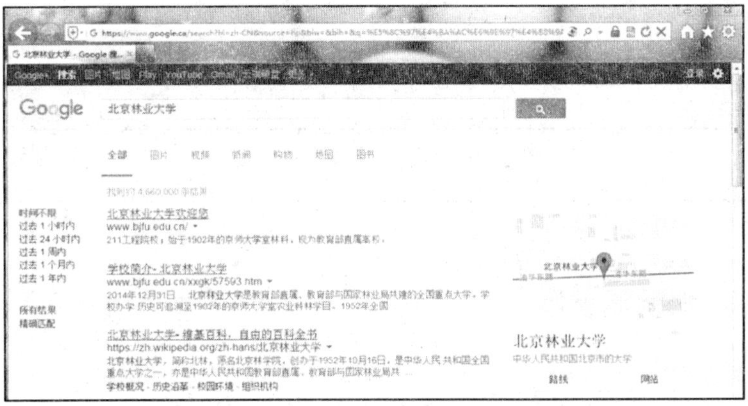

图 6-4-3　谷歌检索结果（一）

图 6-4-4　谷歌检索结果（二）

　　谷歌的高级检索功能比较强大,点击主页中的高级检索,便可进入其高级检索页面(图 6-4-5、图 6-4-6)。这是一种采用一系列检索语法,通过进行多条件查询来提高搜索效率的检索方式。这些语法命令以对话框的形式出现在高级检索页面, 检索时用户可以根据检索需要, 通过检索框和下拉列表来确定检索条件, 除了可以对检索词进行逻辑组配, 还可以对语言、地区、文件格式、日期、字词位置、网站等方面进行限定，主要命令如下。

1）site：网站限定，即检索结果限定在某一具体网站。

2）filetype：文献类型限定，即检索词出现在某一特定文献类型中。

3）inurl：搜索的关键词要求出现在 URL 连接中。

4）intitle：表示检索词包含在网页的标题中。

5）link：表示检索在某一特定网址的网页中进行。

6）related：搜索在结构内容方面相似的网页。

7）info：显示与某链接相关的一系列搜索。

图 6-4-5　谷歌高级检索页面（一）

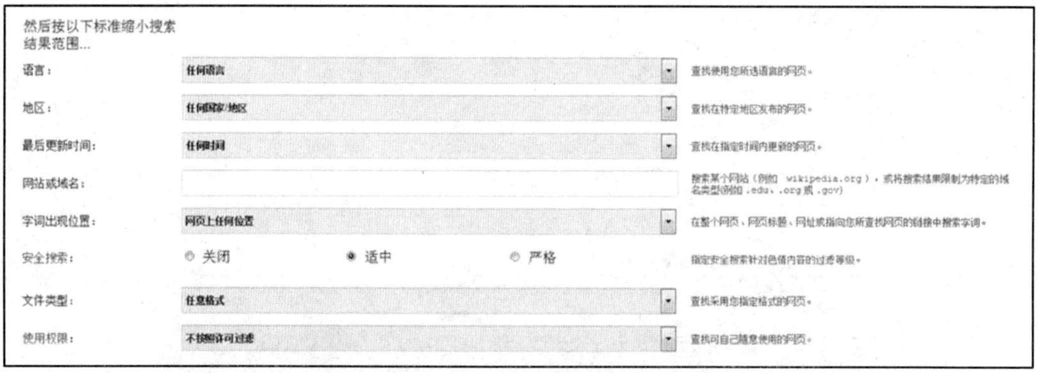

图 6-4-6　谷歌高级检索页面（二）

2. 百度

（1）简介

百度是国内最大的商业化全文搜索引擎，占国内 80% 的市场份额。它始建于 1999 年，最初创建于美国硅谷，2000 年开始在中国发展，并迅速成为全球最大的中文搜索引擎。从创建以来，百度一直专注于中文搜索业务的拓展，其网页搜索在许多方面与谷歌相似，相比来看，百度的优势是对中国、新加坡、美国、加拿大及其他国家的中文网站的网页信息的收集更高效、更全面，在中文字词和语境处理方面也更符合中国用户的习惯，并能做到繁、简体中文网页搜索结果的自然结合。百度还在音乐、新闻、地图、影视等方面开展多样化的信息服务及以贴吧、知道、空间为代表的搜索服务。

（2）检索功能

百度提供基本检索和高级检索两种功能，支持布尔逻辑检索和字段限制检索，检索时不区分英文字母的大小写。基本检索方式比较简单，用户只需在检索框中输入检索词，点击"百度一下"即可得到检索结果。当输入检索词时，检索框下拉列表会出现一些扩展的检索词，如果搜索预测功能是打开的，在输入检索词的同时，百度还会自动显示相关检索结果的列表。

像大多数搜索引擎一样，百度不仅支持布尔逻辑检索，还支持其他一些检索技术，如可以通过用双引号进行词组和短语检索、用 "title" 进行网页标题限制检索、用 "filetype" 进行文献类型限制检索、用 "site" 限制信息来源的网站。再如，要从教育机构类网站上查找有关大学生助学贷款发放的信息，检索表达式 "助学贷款 site:edu.cn" 即可达到上述检索目的。在百度的高级检索页面，可以利用这些检索技术构造比较复杂的检索表达式，提高检索效率（图 6-4-7）。

图 6-4-7　百度检索方法页面

3. 必应

（1）简介

必应是美国微软公司于 2009 年 5 月 28 日推出，用来取代 Live Search 的全新搜索引擎，是目前北美洲除了谷歌以外的第二大搜索引擎，也是全球著名的搜索引擎之一。微软中文必应搜索，为中国用户提供网页、图片、视频、词典、翻译、资讯、地图等全球信息搜索服务。其主页每天更新背景图片（鼠标移至右下角 "i" 的图标可获得有关图片内容的信息），通过来源于世界各地的高质量图片展示，用户在访问必应搜索的同时获得愉悦体验和丰富资讯，也在某种程度上激发了人们探索世界的欲望（图 6-4-8）。

图 6-4-8　必应检索方法页面

（2）检索功能

作为世界领先的搜索引擎，必应具有以下几个功能特点。

1）视频直播功能。在得到的视频搜索结果的页面上，用户无须点击视频，只需将鼠标放置在视频上，必应搜索立刻开始播放视频的精华片段，帮助用户确定是否是自己寻找的视频内容。

2）图片滚动。通过必应搜索图片，搜索结果无须烦琐地点击下一页，而是在一个页面内，轻松地拖动鼠标，便可以浏览相关图片搜索结果。并且，用户还可以对图片搜索结果的大小、布局、颜色、样式进行选择，快速找到满意的图片。

3）地图搜索。微软"必应地图"（以前又名 Live Search 地图）在美国是一个家喻户晓的网络地图。自进入中国以来，微软在深入了解中国需求的基础上，专门针对中国用户推出了众多细致的地图查询功能。用户在必应地图平台上可以详细了解目的地的公交换乘信息、驾车方案和地图周边信息。同时，还可以与 Windows Live Messenger 好友实时分享地图信息，为出行策划提供便利。

除了上述功能之外，必应另一个最大的与众不同之处在于：它打破搜索引擎的常规，不仅像传统搜索引擎会返回一个搜索结果列表外，还在搜索结果页面上方设置了分类栏，对不同类型的搜索结果进行动态分类，帮助用户更加方便地找到相关搜索结果。例如，当用户输入检索词"雏菊"时，便可按照需求选择电影《雏菊》、雏菊的学术文献、各种雏菊的精美图片、雏菊的英文翻译及有关雏菊的各种话题（图 6-4-9、图 6-4-10）。

图 6-4-9　"雏菊"学术检索

图 6-4-10　"雏菊"网典检索

第7章 图书馆服务实用指南

图书馆是知识信息服务的中心，服务是图书馆的本质属性。图书馆所开展的文献收集、加工、处理、文献保护与典藏、网络建设、数据库建设、文献借阅服务、学科服务、用户教育与培训、文献传递与馆际互借服务、科技查新服务、参考咨询服务，以及开设文献检索课、举办各种讲座与展览等活动，都是为读者服务的。

随着信息时代的到来，图书馆计算机化、网络化和数字化的水平不断提高，图书馆更显示出了与传统图书馆截然不同的服务功能，特别是在大数据时代，随着图书馆知识信息服务人员素质的不断提高，图书馆的服务观念在不断提升，图书馆服务也体现出服务手段现代化、服务方式多样化、服务对象广泛化、服务功能拓展化、服务范畴广域化、服务时间不间断化、服务自助化、服务质量优质化等新特点。因此，图书馆服务的新理念、新技术和新方法将为读者提供更为广泛、质量更高和更有效率的知识信息服务。

7.1　文献借阅服务

文献借阅服务是指图书馆根据读者的阅读需求，利用馆藏信息资源，直接为读者提供馆藏文献服务的活动，它包括纸质文献外借服务、电子文献查阅服务和文献阅览服务。

文献借阅服务是图书馆读者服务工作中一项最基本的工作，也是最重要的一项工作。文献借阅服务能够直接满足读者借阅文献的需要，它是图书馆联系读者的桥梁，也是图书馆工作质量和服务质量的直接体现。

7.1.1　纸质文献外借服务

纸质文献外借服务是指图书馆为满足读者对纸质文献的阅读需求，通过办理相关手续，允许读者将文献借出馆外，进行自由阅读，并在规定的期限内归还图书馆的服务方式。纸质文献的外借服务既是读者利用图书馆文献的主要渠道，又是图书馆传递纸质文献信息的主要手段。

（1）外借纸质文献的步骤

1）读者检索所需要的文献。随着计算机的广泛使用，图书馆已将馆藏书目信息输入电脑，建立了馆藏书目数据库，在图书馆目录厅和馆内各处都配有计算机公共查询系统，读者通过计算机检索便可以迅速地查检到想借文献的馆藏信息。此时，读者只需记录下该文献的索书号，便可以在开架书库内迅速找到所需要的文献；如果文献所在地是闭架书库，那么读者应将检索到的索书号、文献名称等记录在索书条上，再交给馆员进行查找，便可迅速获取所需要的文献。

2）办理文献借阅手续。当读者准备借阅文献的时候，可以在出纳台由馆员代为办理外借手续；在设有自助借、还书机的图书馆，读者可以凭校园"一卡通"等办理文献外借手续。

3）办理文献归还手续。读者应自觉遵守图书馆有关外借文献的相关规定，特别是应在规定期限内归还所借文献。读者可以在出纳台由馆员代为办理归还手续，而在设有自助还书机的图书馆，读者可自行办理文献归还手续。

（2）读者需掌握纸质文献的借阅知识

为了迅速、准确地借到自己所需的纸质文献，读者需要掌握一些相关的知识，具备相应的能力。例如，读者应掌握馆藏书目检索系统的使用方法、中国图书馆分类法中的图书分类规则、索书号的相关知识、图书在书架上的排列规则等。图书馆一般设有咨询处等，配有专人为读者答疑解惑。

（3）外借纸质文献的管理办法

为了保证图书馆外借服务的正常、有序开展，图书馆制定了相应的外借纸质文献的管理办法。管理办法对于馆藏文献的借出范围、读者外借文献的数量和借期、续借及催还、过期罚款、丢失与损坏的赔偿办法等都作出了详细规定。读者必须严格遵守图书馆制定的文献外借管理办法。

7.1.2　电子文献查阅服务

电子文献，又称电子出版物。1996年，原新闻出版总署（今国家广播电视总局）颁发了《电子出版物管理暂行规定》。该《规定》指出：电子出版物是指以数字代码方式将图、文、声、像等信息存储在磁、光、电介质上，通过计算机或具有类似功能的设备阅读使用，用以表达思想、普及知识和积累文化，并可复制发行的大众传播媒体。电子出版物的主要媒体形态有软磁盘（FD）、只读光盘（CD-ROM）、交互式光盘（CD-I）、照片光盘（Photo-CD）、集成电路卡（ICcard）等。

1. 电子文献的优点与不足

（1）电子文献的优点

1）具有多媒体信息存储和传递功能。电子文献既可表达文字等静态信息，又是集图、文、声、像为一体的动态信息，各种数据借助计算机实现任意组合编辑，可多次反复进行。电子文献形式多样、生动直观，便于读者理解和吸收文献信息内容。

2）具有通用性和易复制性。在网络环境下，电子文献是一种共享性的信息资源，可不受时间、地域的限制，被多人同时访问，人们足不出户便能方便、快捷地查询并检索和获取网上的信息，同时通过网络进行浏览、下载。在复制方法上，电子文献比纸质文献要快捷、方便和低廉得多。

3）检索方便。电子文献具有全文数据库的结构和相应的检索软件，通过数据库、索引文件、超文本等技术，使得信息可以按自身逻辑关系组织成相互联系的网状结构。读者利用某些软件，可以从"篇名""作者""机构"等检索字段入手，通过计算机自动检索出所需的信息，大大提高了其检索效率。

4）传播速度快且范围广。电子文献应用的一个特点就是通过因特网进行远距离、高速度的传输。只要是与网络连接的用户，就不分国家、区域、民族，均可利用，从而真正实现了信息资源的共享。

5）信息存储容量大。电子文献体积小，但存储容量大，可以有效地解决图书馆空间紧张和用户查检及利用上的困难。例如，一张 7.62cm 的软磁盘可容纳 72 万个汉字；一张只读光盘可存储 650MB 的信息，相当于 30 万汉字的图书 1000 册。

（2）电子文献的不足

电子文献也存在着一些不足。例如，使用条件要求较高，有时信息可信度较低，以及知识产权保护问题和保存问题等。电子文献存在的不足，将来通过科学技术、立法等一定会逐步加以解决。

（3）电子文献和纸质文献的发展趋势

目前，电子文献的广泛运用已经打破了纸质文献长期一统天下的局面，形成了与纸质文献平分秋色的态势。图书馆的文献结构也发生了迅速变化，图书馆不仅采集传统的纸质文献，而且也大量采集电子文献，并且电子文献在图书馆资源中的比例逐年提高，电子文献以其自身所具备的优势也越来越受到广大读者的欢迎。可以预见，在相当长的时期内，电子文献与纸质文献在图书馆资源中将优势互补，共生共存，各显其能。

2. 开展电子文献查阅服务

开展电子文献查阅服务是数字化图书馆发展的必然趋势，是在新形势下建立高校图书馆电子文献支撑体系的客观要求，同时也是信息时代的图书馆为读者服务的重要内容。

（1）计算机检索

电子文献查阅是利用计算机进行检索。计算机检索是借助计算机设备进行人机对话的方式进行检索。计算机检索系统有着完整的自动化检索系统，能够使用磁盘、磁带、光盘等信息载体。计算机检索是采用联机和脱机两种方式进行的。由于计算机检索系统储存信息量大，检索手段先进，因此具有检索速度快、查全查准率高等优点。

（2）电子文献查阅服务

在电子文献查阅服务中，图书馆应坚持"以用户为中心、以需求为导向"的原则，突破传统纸质文献服务的思路和方法，变被动服务为主动服务，变静态服务为动态服务，变封闭服务为开放服务，使电子文献查阅服务由单一性向多样化方向变革，提高读者查阅电子文献的能力，发挥电子文献服务教学、科研与读者的目的。图书馆开展电子文献查阅服务，应从以下四个方面着手。

1）馆藏电子文献的查找流程。让读者掌握馆藏电子文献的查找流程，是图书馆开展电子文献服务的基础和前提。图书馆主页的界面显示都很清楚，读者能够轻松掌握电子文献的查找流程，顺利查找到所需要的文献。其流程分为以下四个步骤：①进入某图书馆主页，查找到"电子资源"；②点击某一目标数据库；③输入检索词，即可检索到所需要的文献；④打开该文献，可进行下载或在线阅读。

2）宣传与培训。采用多种形式和途径为读者开展电子文献查阅的宣传与培训活动。利用图书馆主页、新生培训、"读书宣传月"培训、讲座和文献检索课等，向读者介绍电子文献的基本知识、类型、内容结构、质量评价，以及利用电子文献查找文献的方法、检索途径和检索策略，重点介绍查阅馆藏中外文数据库、常用参考工具书、特种电子文献等的使用方法。通过大力宣传和系统培训，提高读者的信息意识和查阅电子文献的能力，充分发挥电子文献在教学、科研中的重要作用。

3）电子文献推送式服务。推送技术是一种信息发布技术，图书馆可将馆藏文献系统和所购买的电子文献直接推送给读者使用。电子文献推送式服务为图书馆提供了一种新的电子文献服务模式，具有高效性和主动性的特点。由于推送的内容针对性强、时效性强，因此也更受到读者的欢迎。

4）电子文献传递服务。电子文献传递服务是馆员按照读者的需求从本馆或其他馆提取原文本信息，并通过一定途径提供给读者的一种服务。电子文献传递服务使得图书馆的电子文献查阅服务手段更加丰富，服务层次更加深入，因此受到读者的欢迎。

7.1.3　文献阅览服务

文献阅览服务是指图书馆利用一定的空间和设施，组织读者在图书馆内进行的文献阅读的服务方式。它是图书馆开展的一项重要的服务内容，是读者利用馆藏文献进行研究、学习的重要形式。图书馆开展文献阅览服务，一方面有利于提高馆藏文献的利用率；另一方面，也为读者研究和学习提供了良好的环境和条件。

1. 文献阅览服务的特点

（1）环境优良

阅览室有适宜读者研究和学习的良好环境。例如，宽敞的空间、整洁的环境、舒适的座椅、浓厚的学习环境等。

（2）文献丰富

阅览室通常都配有种类齐全、内容丰富新颖、使用价值较高的各种文献资料。例如，图书、期刊、报纸、工具书、二次文献、特种文献和电子文献等。这些文献一般都优先保证读者能在阅览室使用。

（3）使用便捷

读者在阅览室内可直接利用文献资料，还可以根据专业和课题等需要，选择参考各类信息。阅览室通常还配有计算机、缩微设备、视听设备、复印设备等，便于读者阅读和下载电子文献和缩微文献，以及复印所需要的文献资料。

（4）提供参考咨询服务

阅览室一般都配有经验丰富的馆员，他们对读者的阅读需求、阅读倾向、阅读效果等都有深入的研究，因此他们能够向读者提供有针对性的推荐文献、指导阅读和参考咨询等服务。

2. 文献阅览室的类型

图书馆通常根据馆藏文献的情况设置各种类型的阅览室，以满足读者的不同阅读需求。图书馆文献阅览室主要有三种类型，即普通阅览室、专门阅览室和参考研究室。读者须持本馆的"一卡通"进入阅览室，遵守阅览室的规章制度，遇到问题随时咨询馆员，可以及时解决问题。

7.2　学　科　服　务

学科服务是图书馆近年来开展的一项新兴的服务项目，它把图书馆的文献资源、人力资源和技术资源整合起来，主动融入到教学、科研过程中，展现出图书馆在信息时代所具有的深层化、学科化、实时化和个性化的工作特征，学科服务使图书馆在文献服务水平和服务能力等方面都取得了长足的进步。

学科服务起源于西方发达国家图书馆，是他们为应对信息技术所带来的环境变化、需求变化而主动创新的产物。目前，学科服务已成为国内外研究型图书馆一致认同的、高层次的信息服务模式。

7.2.1　学科馆员与我国高校的学科馆员制度

1. 学科馆员

（1）学科馆员的概念

学科馆员是由国外图书馆学专家提出的，到目前为止，尚没有统一的定义。如果对已有的概念加以归纳，那么学科馆员有三层含义：第一，学科馆员是一种服务模式，是以大学学科为服务对象建立起来的，由高级馆员提供对口服务；第二，学科馆员是联络人员，由图书馆设立专人与高校某学院（系）或学科专业建立对口联系，向其提供主动的、有针对性的服务；第三，学科馆员是信息专家，他熟悉乃至精通一门学科或几门学科知识，具有信息检索的理论基础和实践能力，并且精通一门或多门外语，能够为高校教学和科研提供良好的服务。

（2）学科馆员的角色定位与岗位职责

1）学科馆员的角色定位。从以上对学科馆员的定义分析可以看出，学科馆员的角色定位有两个基本点：熟悉特定的学科知识；为特定学科用户服务。

2）学科馆员的岗位职责。学科馆员的岗位职责主要包括四个方面：①学科资源建设；②参考咨询服务；③用户教育与指导；④对外联络服务。

2. 我国高校的学科馆员制度

我国高校的学科馆员制度确立于 20 世纪 90 年代，在清华大学图书馆、北京大学图书馆、武汉大学图书馆等单位先后建立起学科馆员制度。在我国高校图书馆建立学科馆员制度具有重要的意义。建立学科馆员制度是高校图书馆服务对象及其特点的必然需求，是图书馆构建合理的信息资源体系的需要，是高校图书馆拓展发展空间，使传统的图书馆服务向纵深发展的必然要求。

我国高校图书馆实施学科馆员制度的条件已基本成熟，表现为：建立学科馆员的基础条件已经形成，具有良好的组织管理体系，各馆能够根据其实际情况统筹安排，并且能够做到检查和监督到位。

总之，学科馆员是信息时代沟通图书馆与读者的桥梁，经过 20 多年的建设与发展，我国高校的学科馆员制度已逐渐成熟，并且在图书馆信息资源服务的深度和广度方面均取得了重要进展。

3. 我国高校学科馆员制度的实施条件

（1）基础条件形成

随着高校体制的改革，以及国家"211 工程"和"985 工程"的持续推进，各高校都秉承创新精神，为力争创建"双一流"高校而努力提高教学质量和科研能力。在这一形势下，高校图书馆的人才结构、服务理念、服务手段、技术设备等都发生着深刻的变化，从而为高校图书馆建立学科馆员制度打下了坚实的基础。因此，高校图书馆必须建立学科馆员制度，为学校教学和科研服务，不断提高高校师生的自主创新能力。

（2）组织管理到位

从 20 世纪 90 年代开始，清华大学图书馆、北京大学图书馆、武汉大学图书馆、西安交通大学图书馆等一些重点大学图书馆都先后开始实行学科馆员制度，后来全国很多高校图书馆也陆续开始把学科馆员的建设工作提到议事日程上来。在充分调研的基础上，各高校图书馆结合学校各院系学科建设、重点课题建设等情况，明确选择学科馆员的原则，确定学科馆员的工作职责，制定学科馆员管理措施和实施细则，便于统一管理、监督检查和进行绩效考核。

（3）统筹管理

由于各高校院系众多、专业面广泛，因此各高校图书馆根据本馆实际，安排适合的专业人员担任学科馆员。作为一名学科馆员，要求其综合素质较高，需要具备良好的职业道德，具备图书馆学、情报学基本知识和较高的图书馆业务能力，具有某个学科知识背景或某个学科的专业知识，具备较强的计算机操作能力和较高的外语水平。

（4）强化检查监督机制

各高校图书馆对学科馆员工作的职责、步骤和方法等都作出了严格要求。图书馆领导还要开展定期或不定期的检查，或对学科馆员的对口单位进行走访和调研。作为学科馆员应积极发挥作用，及时向图书馆领导反映院系用户对文献信息的需求和建议，为用户提供高质量的信息服务。

7.2.2　学科服务的概念与特点

学科服务作为图书馆服务的一种创新模式，20 余年来，随着其实践的不断深入，其内涵与外延、服务内容和服务模式也在与时俱进地发展变化。学科服务的产生与发展，从本质上看，反映出图书馆核心价值观的发展与演变，基本遵循了高校教育、科研对学科信息需求的规律，体现出高校图书馆服务的个性化、学科化和深层次化的特征，成为目前国内外图书馆一致认同的服务模式。

1. 学科服务的内涵与外延

学科服务是伴随着学科馆员制度的发展而兴起和发展起来的一种信息服务。学科服务是以用户为中心，通过学科馆员依托于图书馆各种信息资源，面向特定用户和机构建立的基于教学科研的、多方位的、新的服务模式和服务机制。

学科服务的内涵是以用户的知识需求为导向，开发知识资源，集成学科专业属性的知识产品，面向学科提供知识内容服务；学科服务是提供增值的知识资源，是集学科化、知识化和个性化为一体的服务模式。因此，学科服务的外延是极为宽泛的，对其外延的定义为：学科馆员依托图书馆资源和网络资源，运用计算机技术和网络技术，面向一线科研人员和高校师生展开的高层次的知识信息服务。

2. 学科服务的特点

学科服务是一种面向科研过程的服务。它是以用户为中心，面向服务领域、课题研究或机构，组建灵活的学科单元，是将信息资源采集、加工、重组、开发、利用等融于每个学科单元，整合传统的图书馆业务部门，使传统的信息服务由粗放型管理、服务，向着学科化管理、集约化管理发展，以方便学科馆员提供更加深入、更为精准的服务。

学科服务具有以下三个特点。

（1）学科化的组织方式

学科服务突破了图书馆传统的文献服务理念、组织模式和服务流程等，根据科学研究的需要来组织科技信息服务，提供从信息收集、信息分析到信息服务的过程。学科服务将信息服务融入科学研究中去，使学科服务成为科研活动的组成部分。

（2）无所不在的信息服务

学科服务是信息服务的学科化与泛在化。学科馆员借助于发达的网络，利用自己的学科背景和外语优势等，为相关课题和学科提供其所需要的知识信息。无论何时何地，用户都可以获得学科馆员所提供的知识信息资源。

（3）知识化的服务内容

学科服务需要对所获取的一次信息进行二次加工，再按照相关学科的知识体系分门别类地进行信息重组后，再提供给用户使用。学科服务是知识化的信息服务。学科服务参与文献、信息、知识的生产、分析、传播和利用的全过程，是融入用户的教育教学、科研的新型服务形式。

7.2.3　学科服务的内容

目前，学科馆员制度已成为我国图书馆一项具有开拓性的读者服务的重要内容。学科服务要求学科馆员深入到用户的科研和教学中，帮助他们发现并且向其提供更多的专业资源和信息导航，为用户的科研和教学提供更多的、针对性强的信息服务。学科服务的内容主要包括以下六个方面。

1. 定题服务

定题服务是以科研用户的需求为导向，定期或不定期地为其传递和推送最新的信息服务模式。通常情况下，定题服务是学科馆员采取文献跟踪的方式，主动、系统和持续地向用户提供情报资料和信息资源。在学科馆员的积极努力下，学科服务能够有针对性地为科研工作提供最新的、有效的服务，以实现大学图书馆服务的价值。

2. 建设专题特色数据库

数据库建设是信息资源管理与开发利用的基础，数据库能够将信息资源进行系统的组织和管理，使用户能够快速、准确、及时地检索到相关信息。

在学科资源建设中，学科馆员与教学科研人员配合，综合专业知识和图书情报知识，将网络虚拟资源和馆藏实体资源进行整合，开发出具有学科特色的专题数据库。该专题数据库能够全面反映该学科的学术活动、研究机构、研究成果和发展现状，并且时时予以更新，能够为用户提供有效的知识信息服务。

3. 建立重点资源导航

学科馆员以校园网为依托，将虚拟馆藏作为建设重点学科资源智能导航的核心来源，使全国范围内的专家和学者通过导航网站，能够快速搜集到丰富的信息资源，从而掌握某一重点学科学术发展的最新动态和最新研究成果。

4. 参与科研规划设计

学科馆员直接参与到对口院系的科研活动中，与师生保持经常性的联系，使图书馆的资源对科研规划设计形成有力的支持。

5. 建立个性化的学科信息门户

学科馆员可以根据学校教学与科研人员的需要，通过个性化服务系统，为其量身定制个性化的信息服务。

学科馆员可以定期跟踪用户的课题，结合用户的需求为其定制服务策略，因地制宜地开发和利用信息资源。学科馆员还可以为用户在图书馆网站中设立个人学科信息门户，即 My Library，它是学科馆员为科研人员提供个性化信息服务的主要模式。在 My Library 中，学科馆员可以密切关注用户的信息需求，进行及时交流，并推出有针对性的信息集成推送。

6. 用户培训服务

用户培训服务是学科馆员一项重要的、经常性的服务工作。学科馆员应为用户开展各种培训服务。例如，辅导与培训、信息素养教育、QQ 在线咨询、邮件组讨论、微信、知识导航咨询等。

（1）辅导与培训

学科馆员应采用面对面、一对一和一对多的辅导与培训形式对用户进行培训服务。灵活的辅导与培训方式是学科馆员经常开展的、行之有效的培训方式。学科馆员通过对用户开展辅导与培训，可以更好地了解用户需求，便于开展有针对性的服务。

在网络发达的信息时代，学科馆员与用户最常见的交互方式有电子邮件、留言板等。

（2）信息素养教育

信息素养教育是学科馆员利用图书情报、专业背景等知识，为用户开展的一种多类型、多层次、全方位的信息素养教育。信息素养教育的形式有很多，具体包括用户入馆教育、各种开放式课程、特色专题讲座、嵌入课程等。

学科馆员还可根据用户的时间和需求，采用各种技术教育手段，对用户开展有针对性的、灵活的、有效的信息素养教育。学科馆员可根据不同用户的需求组织不同的"开放式信息素养教育服务平台"。在平台上，整合各种教育资源，为用户提供开放学习、交流共享的学习空间。

（3）其他形式的培训教育活动

学科馆员要密切关注用户科研的进展，与时俱进地为用户提供各种形式的培训教育。例如，电话交流、提供各种书面信息资料、邮件讨论、组织网上培训等，可以及时解答用户的问题。

7.3　用户教育与培训服务

用户教育与培训服务是图书馆开展信息素质教育的一项重要内容，是提高用户认识、了解和利用图书馆的重要方法和途径。通过形式多样、内容丰富的用户教育培训服务，其最终目的是要提高用户的信息素质，实现其终身学习的目的。

7.3.1　信息素质及其自我评判

1. 信息素质

信息素质这一概念是从图书馆检索技能发展、演变而来的，它最早是由美国信息产业协会主席保罗·泽考斯基于 1974 年提出，他将信息素质定义为：利用大量的信息工具（即信息源）及主要信息源使问题得到解答的技术与技能。现在一般将信息素质定义为：个人所能够认识到何时需要信息，以及如何有效地搜索、评估和使用信息的能力。信息素质包括信息意识、信息技能和信息道德。

2. 信息素质的自我评判

通过图书馆开展的用户教育与培训服务及其自身努力，每一位用户的信息素质都在不断地提高，因此也需要制定相应的标准来衡量自己的信息素质。美国大学与研究图书馆协会（Association of College and Research Libraries，ACRL）为此制定了高等教育信息素质标准，主要体现在以下五个方面。

1）信息素质能够独立决定所需信息的种类和程度。

2）信息素质能够高效地获取所需要的信息。

3）信息素质能够根据现有的知识背景和评价标准对信息及其来源进行评价及遴选。

4）信息素质能够有效地利用信息达到某一特定的目的。

5）信息素质能够在利用信息的过程中遵守相关的法律法规。

通过图书馆开展的形式多样、内容丰富多彩的用户教育和培训服务，用户能够有效地提高其信息素质，利用图书馆的效率和效果也将会显著提高。

7.3.2　用户教育与培训服务的原则

为了使用户教育与培训服务取得良好的效果，用户必须遵循用户教育与培训服务的五个原则。

1. 计划性原则

对于图书馆来说，用户教育与培训服务是一项长期的工作，应根据国家、地区和图书馆的具体情况，以及用户的实际需求，制定长期、中期和短期计划，并且严格按计划、有步骤地组织实施，还要及时反馈用户教育和培训情况，及时调整用户教育和培训服务计划，使用户教育和培训服务计划达到预期的目的。

2. 广泛性原则

图书馆是文献信息资源的宝库，是社会教育机构，其教育职能主要体现在提高公民的信息素养上，因此全体公民都应是图书馆的用户。图书馆不但要对现实的用户开展教育和培训服务，而且还要对潜在的用户开展教育和培训服务，全面提高全体公民的文化教育水平和信息素养。

3. 针对性原则

由于图书馆用户的个体条件存在很大的差异，因此图书馆在开展用户教育与培训服务时，要针对用户的年龄、受教育程度、职业特征、外语水平、信息行为、信息素养等，对用户进行必要的分类，按照不同用户的具体情况及其需求制定用户教育和培训服务计划，力争取得良好的教育和培训效果。

4. 灵活性原则

针对用户及其需求的多样性和复杂性，要达到较好的用户教育和培训服务效果，图书馆必须采取灵活多样的方式与方法。例如，采取一对一辅导、集中培训、口头讲解、分发书面材料、电话咨询、专题讲座、邮件讨论、网上培训、文献检索与利用课程等形式。采取何种教育和培训手段，取决于用户的具体情况，有时需要采取一种方法，有时需要几种方法并用。

　　5. 系统性与循序渐进原则

　　系统性与循序渐进的教育和培训服务的原则反映出图书馆学作为一门科学的整体性及其内在的逻辑体系，组织用户教育与培训服务，应以图书馆的学科体系为基础，使用户获得系统的图书馆学的基本知识和文献检索技能等。同时，还应结合用户的情况和需求，遵循循序渐进的原则，使用户教育和培训服务取得实效。

7.3.3　用户教育与培训服务的内容

　　现代图书馆经历了一个漫长的发展过程，从古代藏书楼到今天成为为大众服务的文献信息中心，从以收藏书刊为主体并提供借还、阅览和参考咨询的传统图书馆，发展成为以互联网为载体、全开放的、提供海量虚拟信息资源服务的现代化的图书馆。面对图书馆的飞速发展与变化，以及图书馆所提供的海量虚拟信息资源，很多用户迫切要求通过图书馆教育和培训服务全面提高自己的信息素养，从而检索到丰富的信息资源，解决在学习和工作上遇到的各种问题。因此，图书馆应积极采取各种用户教育与培训服务，提高用户的信息素养。

　　图书馆应主要从以下三个方面加强对用户的教育与培训服务。

　　1. 培养用户的信息意识

　　提高用户的信息素养是提高其开发利用信息资源的关键，也是图书馆的海量信息资源得以充分利用的前提条件。用户的文献信息意识包括需求意识、更新意识和参与意识。

　　1）图书馆通过对用户需求意识的培养，要让缺乏需求意识者产生需求；让需求意识不强者增强需求意识；让需求不明确者成为需求明确者。

　　2）图书馆通过对用户更新意识的培养，使用户变革自己的学习理念，学习信息时代信息资源的新特点、组织方式和检索方法，学会检索和利用新的信息资源。

　　3）图书馆通过对用户参与意识的培养，使用户主动参与图书馆的管理、资源评估和评价、文献荐购等工作，积极参与图书馆组织的各种形式的培训活动，不断提高自己的信息素养。

　　2. 介绍图书馆的基本情况及相关信息

　　介绍图书馆的基本情况及相关信息是图书馆用户教育与培训服务的重要内容，其目的是让用户了解馆藏文献的分布情况、特点与范围、服务项目及服务方式等，使用户及时了解、熟悉并掌握馆藏文献信息资源的利用方法。

　　3. 掌握文献信息的检索方法与基本技能

　　文献信息的检索方法与基本技能的教育与培训服务主要包括：一是对馆藏文献利用方法的介绍与培训；二是对文献信息检索的原理、知识和方法的教育与培训。

　　通过对用户的教育与培训，不仅要让用户了解馆藏文献所使用的分类体系、目录组织体系、馆藏书目检索系统、纸质文献的排列方法、纸质文献的借阅方法等，而且还要让用户进一步了解并掌握文献信息检索的基本理论和检索方法，掌握计算机检索的基本知识、电子文献的检索方法、常见数据库的检索方法，提升其利用计算机检索文献信息的能力。

7.3.4　用户教育与培训服务的方式和方法

图书馆用于用户教育与培训服务的方式和方法种类繁多，概括起来主要有以下几个方面。

1. 群体教育培训法

（1）课堂教学法

课堂教学法是一种组织众多用户集中讲授，是一种传统的、行之有效的用户教育与培训服务的方式、方法。课堂教学通常按照一定的教学大纲和教学计划，有计划、有组织、有步骤地组织教育培训。由于用户的信息素质、需求等参差不齐，所以课堂教学往往首先需要设置不同的教学目标，再根据用户的具体情况和要求，采用不同的课堂教学形式，以达到各自的教学培训目的。

（2）系统培训法

系统培训法是全面、系统、完整地向用户传授图书馆学的基本知识、文献检索的基本理论和检索技能。

（3）群体参观法

群体参观法主要是针对图书馆的新用户群而开展的集中教育培训活动。其目的是让新用户直观地了解图书馆，尽快熟悉图书馆的环境、文献分布情况、规章制度、服务设施等，因此这种教育培训形式具有直观、形象、局部、时间短等特点，但是用户往往还不能完整、系统、全面地了解图书馆学的基本理论知识和文献检索的相关知识，需要其他教育培训形式予以补充。

（4）专题讲座法

这种教育培训形式具有灵活多样的特点。图书馆可根据用户的不同需求组织不同的专题讲座，其形式灵活、针对性强，可在短时间内解决某一个或某几个问题。例如，SCI 数据库讲座、如何撰写科技论文等，都能有针对性地解决用户的实际问题。

（5）信息检索课

信息检索课可以为广大用户系统、全面、完整地讲解检索系统及其原理，并结合用户的学习和研究提出一些相应的拓展性问题，引导用户上网检索数据库信息。

（6）座谈讨论会

座谈讨论会形式多样、内容广泛，是图书馆员与用户进行有效交流的形式。它通过座谈既可以就某一个专题进行研讨，又可以针对感兴趣的话题开展交流。例如，阅读心得交流、投稿经验座谈等。

（7）学术研讨会

学术研讨会是用户教育与培训的高层次服务形式，通常邀请较高层次的专家或学者就图书馆学、图书馆工作或图书馆新理论和新技术等某一个学术问题进行广泛而深入的学术研讨。

2. 个别教育培训法

个别教育培训法是图书馆教育和培训服务的重要形式，具有随机性、针对性、灵活性、效果好等特点。

（1）咨询辅导法

咨询辅导法一般是通过面对面交流、电话、电子邮件、微信等方式，为用户答疑解惑。由于用户水平参差不齐，有的问题比较专深，有的问题涉及内容则比较广泛，需要图书馆员具有一定的学科背景知识、较高的外语水平和文献检索技能才能予以解决。

（2）随机导读法

随机导读法是图书馆员直接、有针对性地为用户解答问题、提供帮助和各种辅导的一种教育培训形式，因此受到了用户的普遍欢迎。例如，馆藏书目数据库的使用方法、专题数据库的检索等。

7.4　文献传递与馆际互借服务

7.4.1　文献传递与馆际互借服务的概念

1. 文献传递的概念

文献传递是图书馆员根据读者的需求，通过传真、复印、邮寄或者 E-mail 电子文本等形式，为读者提供获取成员馆收藏的期刊论文、学位论文、会议论文、科技报告、专利文献，以及可利用的电子全文数据库的服务。

2. 馆际互借的概念

为了实现资源共享，根据馆际互借协议，各成员馆之间可以相互借阅对方馆藏文献，这一服务模式被称为馆际互借。馆际互借服务是图书馆之间或图书馆与其他文献情报部门之间，利用对方的文献资源来满足本馆或本文献机构内读者需求的一种服务方式。馆际互借服务实现了跨馆、跨地区和跨系统的文献资源共享。

3. 开展文献传递与馆际互借服务的意义

文献传递与馆际互借服务是"读者至上"服务管理思想在图书馆管理中的集中体现。这种文献流通形式有效地弥补了馆藏资源的不足，解决了图书馆经费的难题，极大地方便了读者，积极推动了图书馆的现代化建设。目前，文献传递与馆际互借服务不仅运用在某一地区和全国范围内图书馆间的合作，而且还已经发展到国际间图书馆的合作。文献传递与馆际互借服务使得文献信息资源共享成为可能。

7.4.2　国内图书馆联盟开展文献传递与馆际互借服务的情况

随着信息时代的到来，特别是计算机技术和网络技术的迅速发展，为了解决信息资源收集和处理的问题，满足每一位读者快速、及时获取信息的个性化需求，图书馆选择了信息资源共建、共知和共享之路，实践证明，建立图书馆联盟是实现这一目的的有效组织形式。

图书馆联盟是指以实现资源共享、互惠互利为目的而组织起来的、受共同认可的协议和合同制约的图书馆联合体。自 20 世纪 90 年代开始，我国图书馆联盟逐步建立、兴起、壮大和完善。例如，启动并建立了中国高等教育文献保障系统、国家科技图书文献中心、中国高校人文社会科学文献中心等多个全国性的图书馆联盟，以及北京地区高校图书馆文献资源保障体系、上海市文献资源共建共享协作网、CALIS 天津高等教育文献信息中心等多个区域性的图书馆联盟。图书馆联盟所开展的一项重要工作就是开展文献传递和馆际互借服务。下面对部分全国性或区域性图书馆联盟所开展的文献传递和馆际互借服务做一个简要介绍。

1. 北京地区高校图书馆文献资源保障体系

北京地区高校图书馆文献资源保障体系（Beijing Academic Library & Information System，BALIS）是经北京市教育委员会批准、北京地区高校图书馆工作委员会领导下的北京地区高等教育公共服务体系之一，其宗旨是实现文献信息资源的共建、共知与共享。BALIS 下设馆际互借、原文传递、资源协调和培训四个中心。

（1）BALIS 原文传递中心服务平台

1）简介。BALIS 原文传递中心服务平台面向 BALIS 的读者提供系统内各成员馆收藏的期刊论文、学位论文、会议论文、科技报告、专利文献等文献复制传递，以及可以利用的电子全文数据库的原文传递（非返还式）服务；接受读者的委托服务请求，提供查询国内外文献信息机构的文献和代索取文献的服务，如图 7-4-1 所示。

图 7-4-1　北京地区高等教育文献保障系统原文传递中心主页

2）服务流程。首先，登录注册。读者登录 BALIS 原文传递中心服务平台→选择"登录与注册"→注册→选择成员馆。注册完毕，读者须持本人有效证件到所在图书馆签订协议，方可正常使用。其次，提交申请。注册用户登录 BALIS 原文传递读者系统，选择"全国期刊联合目录"并进行检索，点击检索后的"详细信息"，再点击"查看详细馆藏信息"，选择"填写原文传递申请单"，或点击网页下方的"原文传递"，系统便会自动填写"原文传递请求单"，点击"提交"即可完成申请历程。最后，获取文献。在递交原文传递请求后，通常在 1～3 个工作日，读者即可收到 BALIS 系统发送的电子邮件，读者打开自己的邮箱即可直接下载所需要的文献电子版。

（2）BALIS 馆际互借中心

1）简介。BALIS 馆际互借中心于 2007 年 11 月正式启动。该中心的建设目的是在北京地区高校图工委的统一领导下，采用集中式门户平台与分布式服务相结合的方式，充分利用北京各高校图书馆丰富的馆藏资源和便捷的网络环境，为北京地区高校读者提供馆际互借服务。

其职能是协调各成员馆间的馆际互借服务，提供技术服务支持，负责各成员馆馆际互借量的统计和补贴的发放及与物流公司进行费用结算。该中心主要采取物流取书和送书的方式。截至 2016 年，北京有 80 余家高校图书馆成为 BALIS 的成员馆，各高校读者均可以获得各成员馆中文普通图书的馆际互借服务，如图 7-4-2、图 7-4-3 所示。

图 7-4-2　BALIS 馆际互借中心主页

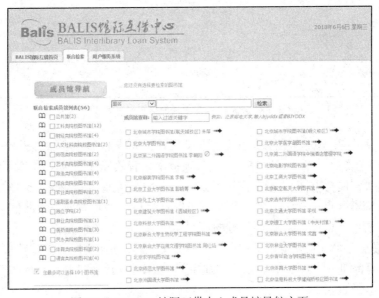

图 7-4-3　BALIS 馆际互借中心成员馆导航主页

2）服务流程。首先，登录注册。其登录注册方法同"BALIS 原文传递"。其次，提交请求。注册用户登录"用户服务系统"，进入"BALIS 联合检索系统"检索所需要的图书，并在检索结果中选择某一图书馆，点击"详细信息"，在馆藏详细信息网页的最下方选择"馆际互借"，系统即自动填写申请表单，点击"提交"即可完成馆际互借申请流程。再次，获取图书。一般 3～4 个工作日内即可获得所需要的图书。图书经快递送达图书馆后，馆员会通过电话、E-mail 通知用户到馆取书。最后，归还图书。用户所借图书应在一个月内归还，经馆员审核无误后将该书还回借出馆；如有违章，按照借出馆的规定处理。

2. 北京高校图书馆联合体的馆际互借服务

北京高校图书馆联合体的成员馆包括清华大学、中国人民大学、中国农业大学、北京科技大学、北京航空航天大学、北京林业大学等 40 余所北京高校的图书馆，并向各成员馆的读者提供馆际互借服务。

服务方式采取人工服务的方式，即本馆读者凭本人"一卡通"借出该高校图书馆的馆际互借证，可凭证到其他高校图书馆借阅三册图书，阅读完毕后读者自行归还。读者必须认真遵守各高校图书馆有关馆际互借的相关规定，爱护图书，按期归还。读者如果出现违章情况，应按照所在图书馆的相关规定处理。

3. 中国高等教育文献保障系统

（1）简介

中国高等教育文献保障系统（China Academic Library & Information，CALIS）是经国务院批准的我国高等教育"211 工程""九五""十五"总体计划中三个公共服务体系之一。其宗旨是在教育部的领导下，把国家的投资、现代图书馆的理念、先进的技术手段、高校丰富的信息资源和人力资源予以整合，建设以中国高等教育数字图书馆为核心的教育文献联合保障体系，实现信息资源的共建、共知和共享，以发挥最大的社会效益和经济效益，为我国高等教育服务。

（2）特点

CALIS 文献传递与馆际互借系统是 CALIS 公共服务软件系统的重要组成部分。目前，该系统已实现了与 OPAC 系统、CCC 西文期刊篇名目次数据库综合服务系统、CALIS 统一检索系统、CALIS 文科外刊检索系统、CALIS 资源调度系统的集成，读者直接通过网上提交馆际互借申请，即可实时查询申请处理情况。

CALIS 管理中心建立了"CALIS 馆际互借/文献传递服务网"（简称"CALIS 文献传递网"或"文献传递网"），作为 CALIS 面向全国读者提供文献传递或馆际互借服务的整体服务形象。该文献传递网由众多成员馆组成，包括利用 CALIS 馆际互借与文献传递应用软件提供馆际互借与文献传递的图书馆（简称"服务馆"）和从服务馆获取馆际互借与文献传递服务的图书馆（简称"用户馆"）。读者以文献传递或馆际互借的方式通过所在成员馆获取 CALIS 文献传递网成员馆丰富的文献收藏。

（3）服务内容

CALIS 文献传递网服务包括以下四个部分。①馆际借阅（返还式）：提供本馆收藏的中文图书和部分外文图书的馆际互借服务；②文献传递（非返还式）：提供本馆收藏的期刊论文、学位论文、会议论文、科技报告、专利文献和可利用的电子全文数据库等；③特种文献：各服务馆根据本馆情况自行制定是否提供古籍、缩微片、视听资料等文献；④代查代检索：接受用户馆委托请求，帮助查询国内外文献信息机构的文献和代为索取一次文献，如图 7-4-4 所示。

图 7-4-4　中国高等教育文献保障系统主页

4. 国家科技图书文献中心

（1）简介

国家科技图书文献中心（National Science and Technology Library，NSTL）是根据国务院领导的批示，于 2000 年 6 月 12 日组建的一个虚拟科技文献信息服务机构，负责收藏和开发理、工、农、医各学科领域的科技文献信息资源，面向全国开展科技文献信息服务。

（2）成员馆及发展目标

NSTL 的成员馆包括中国科学院文献情报中心、工程技术图书馆（中国科学技术信息研究所、机械工业信息研究院、冶金工业信息标准化研究院、中国化工信息中心）、中国农业科学院图书馆、中国医学科学院图书馆。网上共建单位包括中国标准化研究院和中国计量科学研究院。NSTL 设有专门机构，负责科技文献信息资源共建共享工作的组织、协调与管理。其发展目标是，建设成为国内权威的科技文献信息资源收藏和文献中心、现代信息技术应用的示范区，以及与世界各国著名科技图书馆交流的"窗口"。

（3）服务内容

NSTL 作为一个基于网络环境的虚拟的科技文献信息资源和服务机构，经过多年建设，该中心已经建成了面向全国的国家科技文献保障基地。它提供全部文献信息的免费检索和浏览。当读者需要文献全文时，可以事先缴纳预付款。付费方式有网上支付、邮局汇款、银行转账、直接付费，也可在订购时在网上即时交付，如图 7-4-5 所示。

图 7-4-5　国家科技图书文献中心的文献传递系统主页

5. 中国高校人文社会科学文献中心

（1）简介

中国高校人文社会科学文献中心（China Academic Humanities and Social Sciences Library，CASHL）是为高校哲学社会科学教学和研究建设的文献保障服务体系，是全国性的唯一的人文社会科学文献收藏和文献服务中心。

（2）服务内容

CASHL 收录了 70 所"教育部文科图书引进专款"受益院校的共计 129 万种人文社会科学外文图书，涉及地理、法律、教育、经济/商业/管理、军事、历史、区域学、人物/传记、社会科学、社会学、体育、统计学、图书馆学/信息科学、文化、文学、心理学、艺术、语言/文字、哲学/宗教、政治等学科。可提供图书分类浏览和书名、作者、主题、出版者和国际标准书号等检索查询。CASHL 图书面向 CASHL 馆际互借成员馆提供馆际互借服务。此外，CASHL 还收录了上海图书馆 10 万种人文社科外文图书，面向全国 CASHL 成员馆用户提供馆际互借服务，如图 7-4-6 所示。

图 7-4-6　中国高校人文社会科学文献中心主页

6. 上海市文献资源共建共享协作网

上海市文献资源共建共享协作网成立于 1999 年。2000 年 5 月，该协作网主页在互联网上开通。2016 年，该协作网共有 79 个联盟成员，包括高校、区县公共图书馆、儿童等多种类型共盟成员，上海市文献资源共建共享协作网还与国内外 20 家图书情报机构建立了互借合作关系。其主页开设有新书架、联盟成员介绍、书目查询和馆际互借等栏目，已实现了编目、查询和原文传递与馆际互借等网络环境下的服务，见图 7-4-7。

图 7-4-7　上海市文献资源共建共享协作网主页

7. CALIS 天津高等教育文献信息中心

CALIS 天津高等教育文献信息中心成立于 2004 年 11 月，经天津市教育委员会批准，是由原"天津市高校数字化图书馆建设管理中心"改建成立的实体单位。该中心的职责是负责研究天津高等教育文献保障体系的发展规划，组织天津高等教育文献保障体系方案的实施，健全运行机制，实现资源共享，为天津高等学校的建设发展服务。该中心主页下设"文献传递""馆际互借"专栏，联盟内各高校图书馆已开展文献传递和馆际互借服务，如图 7-4-8 所示。

图 7-4-8　CALIS 天津市文献信息服务中心主页

7.5　科技查新服务

7.5.1　科技查新的概念、基本原则与作用

1. 科技查新的概念

科技查新是通过计算机检索和手工检索等手段，以文献检索和相关文献的分析对比为基础，对科研立项、科技成果的创新性和新颖性作出评价的一种信息服务形式。

科技查新的核心是对科技查新项目的创新点和新颖性作出评价和分析。这个评价过程实际上是对查新项目内容的信息予以分析的过程，以确定其在学科领域内的创新情况，从而对项目的新颖性作出结论。

科技查新是为科学研究和科技管理提供服务的信息咨询工作，其主要是为各行各业的科技立项、科技成果评估、验收、奖励、专利申请、技术交易与入股等提供客观的评价依据，具有科学性、技术性和政策性等特征。因此，科技查新是科学研究与科技管理的重要组成部分，也是科研人员和信息工作者必备的信息素养。

2. 科技查新的基本原则

科技查新应遵循的基本原则是：自愿原则；依法查新原则；独立、客观和公正原则。

3. 科技查新的作用

科技查新是在情报检索服务的基础上派生出来的情报评价与鉴定工作，在科技研究开发、科研管理和国民经济建设中均发挥着重要作用，其作用主要表现在以下六个方面。

1）科技查新为科研立项提供客观依据。
2）科技查新为科技成果的鉴定、评估、验收、转化、奖励等提供客观依据。
3）科技查新为科研人员进行研究开发提供可靠而丰富的信息。
4）科技查新坚持独立、客观和公正的原则，为科研立项等提供科学依据。
5）科技查新为技术创新提供可行性依据。
6）科技查新为专利申请提供翔实的依据。

7.5.2　科技查新的流程

科技查新的流程首先是委托人提出查新委托申请，然后经过受理程序—检索程序—撰写程序—审核程序—交结程序这样五个流程才能最终完成。而科技查新的最终体现形式是科技查新报告，它是科技查新的最终结果。下面对科技查新的流程做一个简要介绍。

1. 受理程序

受理程序就是接受用户委托查新的过程。具体的过程是以委托单位为核心，通过接待员与委托人的接洽与交流，根据查新项目签订查新合同。查新人员在受理程序中，需要接待用户、填写委托书、提供材料、与用户订立合同。

2. 检索程序

在检索程序中，是以查新范围作为前提条件，是理解课题内容、确定检索系统、确定检索词、考量检索结果相关性这一过程的反复循环工作过程。查新人员需要做好提炼主题、选

择合适的文献资源、制定检索策略、获取结果并评价及不断调整检索策略。

3. 撰写程序

撰写科技查新报告的基本要求就是，将检出的文献与查新项目的创新点进行客观的、实事求是的对比和分析，从而作出公正、准确的新颖性结论。科技查新报告所使用的语言必须是规范化的术语，所使用的文字、符号和计量单位必须符合国家现行标准和规范的要求。要把结论写好，必须对查新点是否具有新颖性作出结论，语言要求准确。

4. 审核程序

审核程序是审核员通过审查查新报告的规范性来进行查新质量控制的重要环节。查新员完成查新工作后，应将查新报告初稿、检索文献、查新委托书等材料交给审核员做最终的审查。审核员必须对查新点、检索策略、查新结论予以严格审查，把好查新报告的质量关。如果在审查中发现了问题，审核员应将查新报告返还查新员修改；如果审查通过，那么查新报告就完成了。

5. 交结程序

交结程序包括非正常的查新终止、正常的查新终止及文件归档工作。查新员应根据查新情况决定查新中止或查新终止，并主动与委托人联系，商量解决办法，查新终止时应向委托人提交查新报告。当该项目的查新工作完成后，查新员应按照档案管理部门的要求，及时将查新项目的资料、查新合同、查新报告及附件、查新咨询专家的意见、查新员及审核员的工作记录等存档，并及时将查新报告登录到查新工作库。

7.5.3　我国科技查新机构简介

我国的科技查新工作始于 20 世纪 80 年代，至今已有 30 多年的历史，从科技查新机构的数量、从业人员队伍建设，以及完成科技查新项目的数量和质量都有了大幅度的增长。科技查新已经成为我国科技情报机构和高校图书情报机构所开展的一项深层次的情报咨询服务工作。

1. 我国查新机构的组织形式及特点

根据查新机构的上级主管部门和受理查新的专业范围，我国的查新机构主要可以分为以下三大系统。

（1）综合性查新机构及其特点

综合性查新机构包括全国范围、各地区、各省区及一些地、市级图书情报机构，如中国科学院文献情报中心、中国科学技术信息研究所科技查新中心、国家图书馆科技查新站等。

综合性查新机构的特点有：一是各种类型的信息资源丰富，检索系统完备；二是查新人员经验丰富；三是受理的查新项目专业范围广，数量多；四是收费适中，经济效益较好。该机构存在的问题包括查新机构的查新人员与查新咨询专家缺乏动态性的交流；受理的查新专业范围一般过宽，接收项目较多，在一定程度上会影响查新质量。

（2）专业性查新机构及其特点

专业性查新机构包括各部委（除教育部外）审批的专业性情报机构，如中国林业科学研究院林业科技信息研究所信息查新中心、北京市科学技术情报研究所查新室等。

专业性查新机构的特点是专业信息资源丰富，查新人员具有良好的专业基础，具有健全的专家咨询系统。该机构存在的问题是所受理的查新项目数量不多，收费较高。

（3）教育部级的查新机构及其特点

教育部级的查新机构包括教育部审批的高校图书馆，以及专业部（委）审批的各部属高校图书馆。

教育部先后共分 7 个批次批准了 102 所高等学校图书馆作为综合类、理工类、农学类和医学类查新工作站，查新工作站现已覆盖我国的东北、华北、西北、华东、华中、华南、东南和西南地区，如图 7-5-1 所示。

其中，教育部所属的部分查新机构也属于专业性查新机构，如卫生部、国家中医药管理局等管辖的高等学校查新机构。

教育部级的查新机构的特点有：一是高校系统查新机构的优势是与本校专业设置相关的信息资源比较丰富；二是查新人员对专业相对熟悉，拥有健全的咨询专家系统；三是收费低，无经济压力。该机构存在的问题包括对外宣传力度不够；高校图书馆特有的工作时间也往往影响了查新工作的开展。

图 7-5-1　教育部科技查新服务平台主页

2. 我国科技查新机构介绍

（1）中国科学院国家科学图书馆查新中心

1994 年，中国科学院国家科学图书馆被国家科委批准为一级科技查新咨询单位。该查新中心出具的查新报告在各级别的成果鉴定中均具有权威性。

中国科学院国家科学图书馆查新中心属于综合性查新机构，受理自然科学与工程技术领域的查新项目，特别在物理、化学、地学、生物、环境、材料、信息技术等学科领域均具有优势。

该查新中心还承担国家、省、部、市、地等各级科研项目的开题立项、成果鉴定、成果报奖、新产品开发与申报等查新服务，如图 7-5-2 所示。

图 7-5-2　中国科学院国家科学图书馆查新中心主页

（2）中国科学技术信息研究所科技查新中心

中国科学技术信息研究所科技查新中心是较早具有从事查新业务资质的查新机构，是国家一级科技查新机构，从事查新、评估、认定及科技查询人员的资格培训；承接国家、省、部、市、地等各级科研项目的开题立项、成果鉴定、成果报奖、新产品开发与申报等查询，见图 7-5-3。

图 7-5-3　中国科学技术信息研究所科技查新中心主页

（3）北京大学图书馆查新工作站

北京大学图书馆查新工作站是教育部科技成果查新及项目咨询中心工作站之一。查新工作开始于 1994 年，承担科研立项，申报科技成果奖励，成果的鉴定、评价、验收，以及其他工作的查新工作，2016 年，已完成包括国家 "863" 高科技项目在内的科技查新达数千项。查新工作站现有计算机、化学、物理、环境、数学等专业毕业的查新人员，多年的查新工作实践使他们积累了丰富的文献检索经验，其中多人已获得教育部颁发的科技查新资格证书。

北京大学图书馆拥有丰富的馆藏资源和畅通的网络，为查新工作提供了有力的文献信息保障。除各种印刷版的中外文文摘、图书和期刊外，还有大量的网络数据库资源，如查新工作中使用频率很高的 "科学引文索引" "工程索引"《化学文摘》《科学文摘》《生物学文摘》 "中国科技期刊数据库" "中国科技成果数据库" 等。2016 年，这里拥有国内外各类专业数据库达 400 多种。另外，该查新工作站与美国 DIALOG 数据库公司联机，数据库内容涉及各个专业学科，更加完善了查新站的信息资源，见图 7-5-4。

图 7-5-4　北京大学图书馆查新工作站主页

（4）清华大学科技查新工作站

清华大学科技查新工作站始建于 1992 年，是当时国家教育委员会审定的查新机构。2003年，该查新工作站被认定为理工类"教育部科技查新工作站"。它面向本校及北京市内周边单位，受理电力、电子、计算机、自动化、化学、化工、材料、环境、能源、机械、生物、土木、水利等理工各类科研项目的查新项目。

该查新工作站现已为本校及校外单位完成查新课题 4000 余项，自行设计并与同方公司合作开发"清华大学科技查新管理系统"。2013 年，清华大学科技查新工作站被评为"首届教育部科技查新工作站先进集体"，见图 7-5-5。

图 7-5-5　清华大学图书馆查新服务平台主页

（5）东北师范大学科技查新咨询中心

自 20 世纪 80 年代开始，东北师范大学科技查新咨询中心就依托于东北师范大学图书馆的国内外检索工具、网络数据库、DIALOG 及 STN 国际联机检索系统等丰富的馆藏资源，为用户提供科技查新服务。2009 年 1 月，东北师范大学科技查新咨询中心成为教育部部级科技查新工作站。该科技查新咨询中心主要受理东北师范大学及吉林省内外相关学科的有关科研项目的开题立项、成果鉴定、成果报奖、新产品开发、新技术引进项目申报、收录引证等科技查新业务，以及信息咨询服务和信息资源建设任务。截至 2016 年，该科技查新咨询中心已完成校内外科技查新达上千项，见图 7-5-6。

图 7-5-6　东北师范大学查新咨询中心主页

（6）新疆医科大学科技查新工作站

新疆医科大学科技查新工作站始建于 1995 年，是新疆维吾尔自治区科学技术厅认定的医药卫生类省级科技查新工作站。2013 年，该查新站成为教育部部级科技查新站之一，也是新疆维吾尔自治区首家教育部查新工作站。该工作站挂靠在新疆医科大学图书馆，由新疆医科大学图书馆信息部承担具体查新工作。截至 2016 年，共受理查新报告 1641 份，年均完成查新报告 547 份。作为新疆维吾尔自治区科学技术厅推广的模板，该查新工作站查新报告的数量及质量在自治区内同等院校中位居首位，在国内医学院校中也是名列前茅，见图 7-5-7。

（7）中国农业大学科技查新工作站

中国农业大学图书馆自 1990 年开始从事科技查新工作，1995 年正式被农业部批准为首批部级科技查新单位，2003 年 11 月被教育部批准为首批教育部部级科技查新工作站。

20 多年来，中国农业大学科技查新工作站共完成国家级、部级等科技查新项目近 4000 项，课题专业涉及生物、农学、园艺、植保、畜牧、兽医、农业工程、轻工食品、林业、水产、机电等。目前，该查新机构不仅具备较强的文献资源保障能力，具有一支经验丰富、专业背景齐全的查新队伍，而且具有健全的管理制度和规范的工作流程，见图 7-5-8。

图 7-5-7　新疆医科大学科技查新工作站主页

图 7-5-8　中国农业大学图书馆科技查新中心主页

第8章　科学研究与论文写作

8.1　科学研究概述

8.1.1　科学研究概念、内容及分类

"科学研究"一词来源于英文"research"，由前缀"re"（再度、反复）与"search"（探索、寻求）组成，合起来的意思为反复探索。许多国家习惯于用"研究与开发"（Research and Develop，R&D）来表示科学研究[①]。科学研究是人类借助已有的知识和经验，探索自然界、人类社会与人类自身的客观规律和真理的高级心智活动。它来源于实践，接受实践的检验，并指导人类进行新一轮实践。它的成果是一种理论化、系统化的知识体系[②]。

科学研究实质上由两部分内容组成：一部分是创造知识，即创新、发现和发明，是探索未知事实及其规律的实践活动；另一部分是整理知识，即对已有知识分析整理，使其规范化、系统化，是知识继承的实践活动。科学研究是同创新密切相关的，新发现、新发明、新应用都属于创新范畴，也是人类知识的原始来源。尽管各方对科学研究的定义稍有不同，但大部分都是关于探索新知识、发现新原理、开发新技术等方面。

从研究过程看，科学研究可分为基础研究、应用研究与开发研究；从研究性质看，科学研究可分为探索性研究、发展性研究；从研究方法看，科学研究可分为实验研究、调查研究和观察研究；从学科范畴来看，科学研究可分为人文社会科学研究和自然科学研究。

8.1.2　科学研究的主要步骤

一般来说，科学研究分为三个大阶段：第一，准备阶段，包括选题、课题新颖性论证、申请书撰写、试验方案的制订。第二，实施阶段，包括文献资料的收集整理、试验计划实施、试验过程管理、数据分析和结果统计。自然科学研究实施侧重于根据提出的假说设计试验方案、获取数据、数据分析，进而验证假说，人文社会科学研究实施阶段多是思辨、调查、验证。第三，总结应用阶段，包括论文撰写，提交课题报告，研究的验收、鉴定及推广。

对于人文社会科学研究应该遵循怎样的步骤，学术界有多种观点。1971 年社会学家华莱士提出"研究圈"（research cycle）模型[③]，他指出社会科学研究是理论—假设—观察—概括（得出结论）—新的理论这样一个周而复始、循环往复的过程。

而美国学者肯尼思·D. 贝利认为每个研究计划都具有某些基本的步骤，即肯尼思·D. 贝

---

① 丁强. 2008. 科研方法与学术论文写作. 昆明：云南科技出版社.

②《学术诚信与学术规范》编委会. 2011. 学术诚信与学术规范. 天津：天津大学出版社.

③ 李志，潘丽霞. 2012. 社会科学研究方法导论. 重庆：重庆大学出版社.

利的"五步循环"模型，如图 8-1-1 所示[①]。

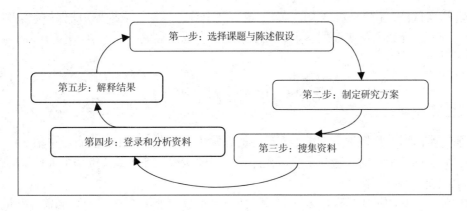

图 8-1-1　肯尼思·D. 贝利的"五步循环"模型

人文社会科学通用的研究步骤可以表现为选定课题项目、制订研究方案、多途径搜集资料（问卷、调查、抽样、访谈、文献检索等方法）、资料分析处理、撰写研究成果。

8.1.3　高校学生主要科学研究行为

良好的科研能力、创新思维都不是凭空而来的，科研工作者要通过不断参与科研行为积累科研素质。作为青年科研工作者，高校学生参与的主要科学研究行为有以下几类。

1. 文献信息的检索、阅读和管理

对于如何检索获取自己想要的文献，本书前面用了相当篇幅作了介绍，这是我们应该掌握的基本信息文献能力，而对于获取的文献如何进行有效管理分析，请参看本章 8.3 "文献管理及信息追踪"。

2. 科研选题与科研基金申请

如何进行科研选题、如何撰写基金项目申请书，甚至如何寻找项目基金来源，本章 8.2 "研究课题申报"作了较为详细的论述。

3. 论文写作与发表

研究生阶段很多学校要求发表学术论文，当然还要写毕业论文。如何撰写有新意的社会科学领域论文、如何提高论文写作技巧及如何进行论文投稿和发表，阅读本章 8.4 "研究报告与论文撰写"部分，对高校学生撰写学术论文、毕业论文及研究报告有所帮助。

4. 参加学术会议

参加学术会议有助于开阔眼界，了解业界研究进展，掌握业界第一手资料，更新自己的知识体系。本章 8.3.2 "信息追踪"部分详细讲解了如何与研究同行建立联系，如何有意识地收集学科领域的研究团体及学术活动信息。

---

① 肯尼思·D. 贝利. 1986. 现代社会研究方法. 许真译. 上海: 上海人民出版社.

5. 学术规范与知识产权意识

培养科研诚信，不仅是对他人的尊重，也有利于自己声誉、科研成果的保护。本章8.5"学术道德与规范"介绍了一些高校学生需要了解的学术规范常识，杜绝学术不端行为。

8.2　研究课题申报

在研究生阶段，高校学生常常参与导师的课题研究，有些学生也会自己申请一些基金课题，获得一定的资金资助。适当了解研究课题申报的流程、课题基金申请书如何撰写都会有助于学生的学习科研工作。

课题就是指某一具体学科或专业领域要研究、解决的问题，其研究对象涵盖客观世界（包括自然界、社会和人类思维）。课题研究是一项复杂的探索性工作，又是一项有序的系统工程，也是一种科学认识活动，是整理、修正、创造知识及开拓知识新用途的探索性工作。课题研究具有继承性、新颖性和实用性三大特征。人文社会科学是关于人类社会发展规律的学科，对人类的自身发展也起着非常重要的作用。人文社会科学的课题研究可以促进人们揭示人类社会发展方向、揭示人类社会运作方式、促进人类社会精神文明的发展。

8.2.1 研究课题申报流程

研究课题申报流程，大致可概括为研究申报指南、选择课题、撰写申请书、申请报送四个阶段[①]，如图 8-2-1 所示。

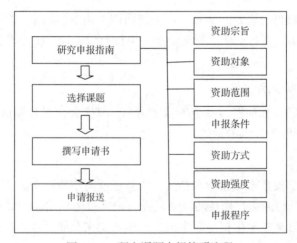

图 8-2-1　研究课题申报简明流程

1. 研究申报指南

无论是国内还是国外的各种科研资助机构，都有其各自资助的宗旨、性质、范围及申请条件等，在申报项目时，应认真研究项目申报指南及相关文件，必须搞清楚该项目的资助宗旨、资助对象、资助范围、申报条件、资助方式、资助强度及申报程序等问题。

---

① 王知津. 2015. 工程信息检索教程. 北京: 机械工业出版社.

不同的资助机构其资助宗旨是不同的，即使同一类机构，其不同计划或项目资助宗旨也有很大差别，尽量选择与自己研究基础和专长相适应的项目计划来申报；各类项目计划都有自己的资助对象，如国家社会科学基金的一般项目和重点项目，全国范围内有能力、有条件的科技人员均可申请，但申请人需具有副高级以上（含）专业技术职称，或者具有博士学位；仔细研读有关项目计划的管理办法和申报条件，从而根据自身条件选择对口渠道申请；资助方式常有拨款、贷款、自筹及混合等几种形式；不同项目计划资助强度不同，如 2017 国家社会科学基金重点项目 35 万元，一般项目和青年项目 20 万元，而各高校内部的科研项目资助金额从几千元到数万元不等；另外各项目计划的资助范围、申报程序也不尽相同，需仔细阅读申报指南。

2. 选择课题

选题是研究课题申请中一个具有战略意义的步骤。选题恰当，就能得到同行专家的青睐及得到项目主管部门的认可，从而获得经费资助，且研究工作进展快、成效大，能取得可喜成绩或重大突破。相反，选题不当，难以获得资助，即使获得资助，后期会比较困难，有时候甚至半途而废，造成人力、物力、财力和时间的浪费。

选择课题应从实际出发，根据自身及所在单位的人力、物力和科研状况，有选择地申请承担科研课题。选题不能偏离拟申报项目计划的资助范嗣，但项目指南给出的是领域，具体申报项目需要进一步细化。可以以本人研究基础为选题重点；可以以学科发展前沿为选题方向，从指南题中找热点；可以与时俱进，从现实需求中找选题；可以从指南题中找冷点，从薄弱研究中找选题，或许会出奇制胜。

3. 撰写申请书

一份好的申请书就是一份优秀的营销文案，申请者通过申请书将自己的学术思想、研究思路充分表达出来，争取同行专家和项目主管部门的认可。不同类型的项目均有其相应的申请书格式，申请书中的每一项都应认真填写。该如何撰写课题申请书，本章后面会详细介绍。

4. 申请报送

我国现有科学研究项目，一般只受理申请者所在单位的申请，不直接对申请者个人，由所在单位科研管理人员将申请书送达指定的申请受理处。而一些国际科技项目可由申请者直接寄送，或由国际组织驻我国办事处或机构寄送，也可由我国有关政府部门报送。申请者应根据各机构具体要求及所申请项目类别选择规定的一种途径呈报，否则申请书将视为无效。

8.2.2　研究课题的类别与申请渠道

1. 课题类别

科研课题按照不同角度有不同的划分方法。按照科技活动性质，科研课题可以分为基础研究、应用研究、实验与发展。而按经费来源，科研课题可以分为纵向、横向和自筹。

纵向科研项目的经费来源于上级机关、项目主管部门拨款，纵向科研项目是由国家的各级科技计划部门、科研管理机构、各行业主管部门、各行政职能部门及其他科技组织所下达的研究课题，分为国家级、省部级、市级（不含县级市）三个级别。横向科研项目是指由其他政府部门、企事业单位、团体或个人委托进行研究或协作研究的各类课题，包含国家间企业合作项目。单位自筹科研项目的研究经费来自单位内部，是由本单位科研人员申报，经评审通过立项的内部科研项目。

2. 申请渠道

横向课题的申请渠道主要靠研究人员与相关企业开展合作，开展理论与实践的合作。一般由企业提供设备、资金及用于研究的实验环境，科技人员提供技术和人才。

社会科学研究由于自身特点，横向课题比不上自然科学研究。社会科学研究人员更多参与的是纵向课题。表 8-2-1 列举了人文社会科学的主要课题来源。

表中列出的社会科学类课题来源有限，要获取更多的课题资助信息，可以关注本领域内主要基金组织，也可以寻求导师、同门同事的建议；许多机构、基金办公室会公布课题申请信息；本领域或本机构的电子邮件也可能会提供一些课题申请的机会；通过上网搜索也能发现一些项目来源；阅读与自己研究工作相关的学术论文时，注意文章致谢部分或者开头结尾的注解部分是否有基金赞助信息。

表 8-2-1　人文社会科学主要课题来源

级别	所属部门	项目名称	说明及相关网址
国家级	全国哲学社会科学规划办公室	国家社会科学基金年度项目	分为重点项目、一般项目和青年项目，涉及 23 个人文社会科学学科（www.npopss-cn.gov.cn）
		国家社会科学基金单列学科项目	全国教育、艺术、军事科学规划领导小组批准的国家级项目（www.npopss-cn.gov.cn）
		国家社会科学基金其他项目	包括重大招标、西部、后期资助、特别委托、中华学术外译等项目申报（www.npopss-cn.gov.cn）
	国家自然科学基金委员会	国家自然科学基金	设有重大、重点、面上及青年人才培养基金等项目，交叉学科可以申请此基金（www.nsfc.gov.cn）
		国际（地区）合作与交流项目	国内研究机构与他国高校、政府、基金会之间共同承担的人文社会科学研究项目
	中华人民共和国科学技术部	国家软科学研究计划	围绕科技中心工作，对有关科技、经济和社会发展的重大战略进行研究，为决策提供参考与支撑（www.most.gov.cn）
省部级	中华人民共和国教育部社会科学司	教育部人文社会科学研究项目	教育部批准下达的人文社会科学研究项目，包括教育部哲学社会科学重大攻关项目、教育部人文社会科学重点研究基地项目，一般项目，青年项目、专项任务等（www.dost.moe.edu.cn/s78/A13/）
	中华人民共和国教育部、霍英东基金会	霍英东教育基金项目	港澳台合作项目，内地（大陆）高校与港澳台地区高校、基金会之间共同承担的研究项目（www.moe.edu.cn）
	全国教育科学规划办公室	全国教育科学规划项目	包括全国教育科学规划课题（国家重大、重点、一般、青年基金课题）和全国教育科学规划课题（教育部重点、规划、青年专项课题）（www.onsgep.moe.edu.cn）
	全国艺术科学规划办公室	全国艺术科学规划项目	包括国家社会科学基金艺术学项目和文化和旅游部文化艺术研究项目（www.mcprc.gov.cn）
	国家艺术基金管理中心	国家艺术基金项目	主要资助各类舞台艺术，歌剧、戏曲、音乐、舞蹈、曲艺短篇、木偶、皮影、杂技等（www.cnaf.cn）

续表

级别	所属部门	项目名称	说明及相关网址
省部级	全国高等院校古籍整理研究工作委员会	高校古籍整理研究项目	高校古籍整理委员会批准和备案的高校古籍整理研究项目
	中央部委	教育部以外的中央其他部门社科专门项目	例如，司法部科研项目（http://www.moj.gov.cn/）、国家民委民族问题研究项目（www.seac.gov.cn）、民政部各类研究项目（www.mca.gov.cn）、全国基础教育外语教学研究项目（www.tefl-china.net）、其他中央部门所设人文社科类项目
	各地区社会科学规划办公室	省、市、自治区社会科学基金项目	省、自治区、直辖市社会科学规划办公室，以及省、市、自治区党委、政府下拨专项科研经费的社会科学基金项目，详情参看各地区社会科学规划办公室或者相关网站。例如，北京市社会科学基金项目（www.bjpopss.gov.cn）
地市级	各省教育厅	省教育厅社科项目	例如，江苏省教育厅科研计划项目（http://jyt.jiangsu.gov.cn/）
	地方政府部门	地、市、厅、局等政府部门社会科学项目	由地、市、厅、局等政府部门批准的各种社会科学研究项目，如兰州市哲学社会科学规划项目（sky.lanzhou.gov.cn）
单位级	高校及科研单位	高校（机构）人文社科项目	高校等科研机构批准的人文社会科学研究项目，如西安交通大学基本科研业务费专项科研项目（skc.xjtu.edu.cn/info/1029/1034.htm）
其他		外方外资项目	海外独立资助的人文社会科学研究项目
		企事业单位委托项目	如企事业单位、兄弟单位委托的各类科学研究、技术咨询、技术开发、技术服务等方面的项目，以及政府部门非常规申报渠道下达的项目

8.2.3　如何设计适合自己的选题

课题申报非常关键的一步就是确定一个比较好的课题题目，选题方法有很多，我们要秉承科学研究的需要性、创新性、科学性、可能性、经济性五大原则。当想要申请的基金课题指南公布后，要认真研读课题范围，设计一个适合自己的恰当的选题，需要注意以下几个方面。

1. 尽量与课题指南紧扣

课题指南的题目一般比较宏观。选题不一定和指南的题目完全一样，我们可以根据课题指南给出的大方向确定一个适合自己的具体的题目，可根据自己所处的地区、所熟悉的领域缩小一些范围。例如，课题指南中有"毛泽东思想研究"，我们就可以设计"毛泽东的党建思想研究""毛泽东的文化思想研究""毛泽东的国情思想研究"等更具体的题目。有些基金资助支持自主选题，为了避免评委可能看不懂，要说明选题是根据哪一类题目演化而来的。

2. 选择与自己研究领域紧密相关的

如果申请者有一定的研究基础，最好从自己研究的大领域中派生出来若干个子课题作为选题，自己在这个领域较为熟悉、擅长并且有兴趣使自己在这个领域中做持续性研究，那么课题申请命中的概率会大大增加。

3. 考虑课题组成员的前期成果

选题要考虑好所申报的选题有没有前期成果，如果有前期成果，评委容易通过；如果没有前期研究成果，就需要组合合理的课题组成员，找一些有过这方面研究成果的同事、老师、甚至是院外的老师来合作，借助他人的成果来增强课题前期成果的分量。

4. 善于利用学科发展前沿

阅读文献，掌握研究进展，找出科学研究中急需解决的问题作为科研选题。各种期刊、资料集中了最新科研成果，最能反映当前研究的前沿。在广泛收集国内外资料的基础上，仔细阅读并进行综合分析，深入了解前人研究了哪些问题，还没有研究哪些问题，解决了哪些问题，还有哪些问题尚未得到肯定的结果，有何分歧，哪些问题需进一步探索。以此作为选定科研选题的方式也是一种途径。

5. 不选过大和过热的题目

关于国家、行业发展太宏大的题目，有很深的专业背景及较强的领域掌控能力的专家更为适合，初入科研领域的年轻人员还是选择较为具体的题目来写。也不要选择最近太热的题目，避免申请"大撞车"。选题时要考虑所选的相关题目资料占有是否充分，课题组成员前期研究是否有实力、有基础，要实事求是，量力而行。

6. 从冷门研究中找选题，突出特色

选择冷门课题，或许会出奇制胜。例如，在图书情报学领域，进行残障人研究的相关人员一直不多，这几年国家社会科学基金一直有相关的选题，2017年最新的相关题目是"《马拉喀什条约》生效后残障人数字阅读服务对策研究"。如果接触过残障人阅读，选择这类题目，申请成功概率较大。

选题也需要突出特点，所谓特点就包括地方特色、民族特色或优长学科。如果申请者所处地区，经济、社会、文化、民族都有其鲜明的特点，找到适合的选题，申报命中率就会高一些。例如，民族类课题由少数民族地区学者申报，命中率相对比其他地区肯定要高。

8.2.4　如何撰写课题申请书

申请科研课题时，尤其是重要基金项目竞争非常激烈，写得好的申请书才有可能获得垂青并最终得到资助。撰写申请书目标就是要说服基金组织对某一项目课题提供资助。要获得资助，申请人递交的申请书必须在以下方面说服决策人[1]。

第一，要求资助的科研项目具有重要意义。

第二，此科研项目的目的与该基金组织的使命或职责密切相关。

第三，此科研项目的研究方法切实可行。

第四，参与此科研项目的人员具备完成此项目的能力。

第五，申请人或申请人所在机构具备开展此科研项目所需要的设备。

第六，所申请的资金数额合理。

1. 申请书常见组成部分

不同科研基金在篇幅上对申请书有不同的要求。一些研究机构内部的小额资助课题的申请书较薄，但是重大的科研基金申请书一般都很厚。但无论篇幅长短，课题申请书的格式一般包

① 罗伯特·A·戴，芭芭拉·盖斯特尔. 2013. 科技论文写作与发表教程(第7版). 顾良军，林东涛，张健译. 北京：中国协和医科大学出版社.

括前置、主体和后置三个部分。其中，前置部分包括封面、简表，主体部分包括立论依据、研究方案、研究基础、经费预算等，后置部分包括推荐意见和单位审核意见。

2. 申请书撰写准备

1）仔细阅读课题申请指南，避免因为填写不规范、选题不科学等低级错误失去课题申请的机会。提供申请所需的所有信息，严格遵守长度和其他方面的格式要求。

2）参阅优秀的课题申请书。最好参照同一基金组织曾批准的同类型的课题申请书，这样可以节约很多时间，如果是同事、导师曾经获批的申请书更好。

3）翻阅积累大量课题相关资料，思考申请课题的"3W"问题：Why——为什么要申请这个选题，为什么要解决该科学问题，有什么科学意义？这就是申请书中选题依据部分；What——解决该科学问题，应该做什么？对应申请书中研究目标和研究内容；How——如何做？这是研究方案和技术路线。当然这项工作贯穿基金申请的全过程。

3. 撰写申请书

各类课题申请书中，立项依据、研究方案和研究基础是主体，这些内容填写是否得体，表述是否清楚直接关系到课题能否得到资助。以下主要介绍这三项内容的撰写。

（1）立项依据

立项依据是申请科研项目的重要依据，是决定申请项目有无研究价值的重要基石。

1）充分论述选题的理论意义和应用价值。理论意义方面，对一些目前学科始终未解决的理论或技术问题，在叙述其研究背景时应多作一些文字说明，如拓宽某学科领域的理论框架，丰富某学科的理论体系或澄清理论上的模糊观点，完善学科理论等。对国内外尚未开展或鲜为人知的新学术课题，首先要把项目中提出的概念、理论、规律一一陈述清楚，以便专家对该项目能有一个"入门了解"，并认同立论依据。还要阐明申请项目学术上的新颖性与学术深度，分析项目完成后可为某学科发展提供新的实验数据或创造新方法、新技术或产生全新的理论等。应用价值方面，基础研究结果的应用可能是间接地推动科技发展，也可能是直接用于指导生产实际，产生较大的效益；应用研究的应用价值多以技术经济指标来判定。

2）全面分析国内外研究现状。通过对国内外与本课题相关的研究成果进行归纳、总结和分析，指出目前存在的不足，明确自己课题的主攻方向。通过对相关研究采用的方法、手段分析，阐明其优点和不足之处，提出自己将要采用的新的或较成熟的方法和手段，从而有可能获得更准确、科学、先进的结果，以获得专家的认可。

3）恰当引用参考文献。对研究成果的表述要准确，重要人物与代表作一定要点出来，尽可能用第一手资料。不能仅凭一两篇文章就下结论，不要把与课题不相关的资料也罗列出来，不要用过时的资料，也不要对别人的成果评价过低，过于吹嘘自己。

（2）研究方案

研究方案是各类课题申请书的核心部分，它包括研究目标、研究内容、拟解决的关键问题、拟采取的研究方法、技术路线、实验方案、可行性分析、项目的特色与创新点、预期的研究进展和成果等内容。

1）研究目标、研究内容及拟解决的关键问题。研究目标是本项目在理论、方法或技术上所要达到的结果，应尽可能写得清晰、明确，涉及技术、经济指标的应量化。研究周期较长的项目既要有总目标，又要有具体的阶段目标。研究内容是申请书的核心，类似研究框架，可以分为几大部分，或几大主题进行论述，表达要具体、明确、重点突出、层次分明，要与研究目标紧紧相扣。拟解决的关键问题是指完成了研究任务和取得预期结果之后，预计可以解决的科学理论或技术上的某些关键问题，也就是该课题的研究重点和难点。

2）研究方法、技术路线、实验方案及可行性分析。研究方法是课题研究所采用的具体方法，如数据收集、数据处理和结果表达的方法。社会科学常采用抽样调查、实地考察、问卷调查、规范研究与实证研究、定量分析与定性分析等方法。技术路线是项目研究过程中的基本步骤或基本流程，可用文字叙述，也可用框图表述。实验方案是项目实施的具体技术细节，是整个实验的具体安排，所以实验方案一定要具体可行。可行性分析是申请人对研究课题实施过程所进行的自我评价。

3）创新和特色。创新是指项目与当时国内外同领域内或同行之间在研究内容、技术路线、研究方法及其他方面的特色和独创之处。一个项目是否有创新之处和自己的特色是能否得到资助最重要的衡量指标之一。因此，应将自己研究的特色与创新清晰地归纳表达，用词应恰当，不能轻描淡写，也不要太夸张。

4）预期研究进展和成果。一个好的研究计划应该根据研究方案和路线来写，最终的目的是通过几年的研究工作达到研究目标。将拟研究的内容分解到每个年度工作计划之中，并注意年度之间的交叉与衔接，以便立项以后项目主管部门检查和督促。成果可分为理论性成果和技术性成果。社会科学领域理论性成果多以论文、论文集或专著形式发表。

（3）研究基础

研究基础是课题申请者本人及其研究团队和申请者所在单位综合研究实力的表现。具体包括与本课题有关的研究工作和已取得的成绩；已具备的实验条件、尚缺少的实验条件和拟解决的途径；申请者、课题组主要成员的学历和研究工作简历，近期发表与项目有关的论著目录、获得的学术奖励情况，以及在本项目中承担的任务等。

8.2.5　课题申请被拒的常见原因

申请被拒的原因有很多，如果申请人知道并避免了这些问题，就能增加申请获批的机会。美国国立卫生研究院（National Institutes of Health，NIH）曾对其所受理的申请项目未能得到资助的原因进行分析，发现主要原因有：①学术思想缺乏创新；②研究目标分散、不集中，或研究计划不够深入；③对相关研究背景缺乏了解；④缺乏必需的方法学经验；⑤研究方向不明确或不确定；⑥实验方法不合理；⑦没有提出合理的研究策略；⑧工作量过大，无法实现；⑨对实验细节描述不足；⑩研究手段不合理。国内有学者分析了复旦大学附属中山医院2006年未获得资助的107份国家自然科学基金申请书的426人次的评审意见，发现基金申请书中的主要问题如下：①研究方案不科学、过于简单，研究方法不当；②立论依据不足、科学意义应用前景不大、对国内外研究不够了解、对选题内容意义阐述不充分；③创新性不足，国外已经有相关研究报道，甚至此基金已资助过类似课题；④申请书撰写过于简单、写作格式不规范、对相关要求不了解；⑤研究内容太多、太散、重点不突出，关键问题不当、不明确；⑥缺乏前期工作。

归纳起来，研究课题申请被拒原因主要有三大类。

1. 未遵循申请要求

申请人没有遵守申请要求而被拒，这种情况是比较容易避免的。申请人在申请课题前一定要认真阅读相关指南文件。弄清楚自己的研究领域是否适合该基金赞助范围，申请人是否符合资助对象要求等事项。

申请书撰写方面的问题，如糟糕的语言和松散的结构、申请书撰写过于简单、写作格式不规范，甚至申请书中对相关领域内文献引用不正确、关键性概念前后不一致等。所以，申请书写完后，一定要仔细阅读，避免低级错误导致申请被驳回。

2. 选题质量不高，缺乏创新

创新性是课题研究的灵魂。创新是科学发展的前提，创新性一般包括创造性和新颖性。课题的创新性指课题选题、研究方法或研究成果等有新意或有创新点，在国内外公开的文献中没有报道，也不为公众所知。

有些申请者研究题目过大，将研究面铺得很广，未能抓住关键问题，没有瞄准靶点，难以达到预期成果，失去了可实现性；有些申请者所选课题则过窄，研究内容单一，技术路线和研究方法过于简单，未能达到解决学术问题的目的，因而失去研究的意义。

所以，课题申报第一步是确定一个好的选题，研究内容不一定是业界首创，但也要是对某个科研问题未解决的方面进行补充完善，或者用先进的研究方法阐述研究课题，学术思想要新颖。

3. 课题设计论证方面有缺陷

课题设计论证方面的缺陷主要表现在课题申请书中主体部分：选题依据、研究内容、研究方法和研究目标等设计得不够好。研究方案表面化或不够深入、未经严密的科学推理。对研究方法缺乏精确的定量控制，或者没有提及如果前期研究方法失败应该采用哪种研究方法来替代，缺乏关于主要研究方法的经验。研究目标不明确，或太分散庞杂。所以，要想提高课题命中率，立论依据要阐述得好，研究方案要设计得好。申请者要在课题设计论证上下大工夫。没有一个设计严谨、方法科学、路线合理、技术可行的研究方案很难获得基金组织的青睐。

课题申请被拒了怎么办，对于研究者来说，也不要过分沮丧。一来这是一个很好的整理科学演绎思维的机会，二来同行评审专家对自己的课题给出客观的评审意见，申请人可以据此多次修改申请书后投往同一基金组织（有些基金会接收初次拒绝而修改后符合要求的课题申请）或其他基金组织。

8.3　文献管理及信息追踪

8.3.1　文献管理

1. 文献管理的必要性

在学习、科研和工作中，我们常常会遇到这些情况：读到一篇文献很不错，我们将其放入浏览器收藏夹或电脑文件夹。文献积累得越来越多，随着时间的推移，却记不清看过什么，看过的文献放哪了，需要写论文时只好重新再检索一次。写了一篇论文，投稿前突然发现少引用一篇重要文献，重新调整引文序号，原来的 N 变成 $N+1$。前两天刚看过的一份重要资料，今天提交报告时需要用到，但却怎么也找不到，最终报告无从下手……

我们拥有大量的数据库、搜索引擎、网络免费 OA，我们将文献资料同步放在收藏夹、PC、手机、甚至云端，但是为什么想要的资料还是找不到？我们花了太多的时间去寻找一些已经存在的信息文献，我们收集的文献没有进行同步整理，我们已有的资料保存系统杂乱无章。在现今的信息环境下，文献获取的渠道很多，但是这些文献如果仅停留在"资料堆"层面上，它们依然是别人的，只有对其进行记录、管理、归纳和整合才会变成自己的。某种程度上，管理文献比搜索文献更重要，对文献信息进行管理才能提高科研学习工作效率。

2. 文献管理的三个层次

（1）手工管理

阅读纸质文献时，我们可以手抄、复印或剪报，用文件柜、档案袋、卷宗夹来进行分类管理，但是这种管理方式难在如何便于取来用，需要编制卡片，对各种索引进行管理，这种管理模式浪费时间和精力，效率低。

（2）非专业化工具管理

阅读电子文献时，我们常常使用各类网页浏览器的收藏夹和电脑的文件夹来收藏、保存、分类整理文献，采用树状目录结构来组织管理文件，具有层次分明、便于浏览、简单易用等优点，提供名称、文件类型，以及时间等多种排序方式。但当文件增多时还是会显得杂乱，而且搜索功能有限，文献管理的效率相对来说并不是很高。这种非专业化的文献管理工具还有 Excel、社会化书签等。

（3）专业化工具管理

文献管理的第三个层次就是充分利用各类专业化工具对各类文献进行管理。文献管理软件最具有代表性。文献管理软件是集文献收集、整理、检索、管理、导入、导出功能于一体的软件，还可以用于参考文献的编辑，协助用户完成论文写作。文献管理软件使用户摆脱了文献手工整理烦琐、效率低下、容易出错的困局，使用户更高效、准确、便捷地管理自己海量的文献数据，有助于提高论文写作效率和质量。

目前，市面上有很多笔记管理软件。例如，Evernote、Microsoft OneNote、有道云笔记等，也属于专业化工具，可用来进行个人知识管理。

3. 文献管理软件

（1）文献管理软件基本功能

1）建立用户个人的资料数据库。数据库具有多种导入文献信息的方式（包括数据库在线检索导入、本地文件导入、手动输入等），可以分门别类管理文献，加以整合，剔出重复文献。

2）方便用户阅读和编辑文献信息，包括文摘、全文、笔记，以及其他的附件材料等，可以直接联网到不同的数据库进行检索，免去登录不同数据库。多数软件还具备一定的统计分析功能。

3）可以在 Word 中插入所引用的文献。软件自动根据文献出现的先后顺序编号，并根据指定的格式将引用的文献附在文末。如果文献新增引用文献，软件可以自动更新序号，同时更新文末的参考文献列表。

（2）文献管理软件使用流程

使用文献管理软件，首先要明白怎么将文献交给软件管理，就是如何建立个人资料数据库。建立个人资料数据库后，要了解软件提供哪些管理功能来提高工作效率。如果写论文，还需要知道如何编辑参考文献格式。不同的文献管理软件，操作上略有不同，一般使用流程参看图 8-3-1。

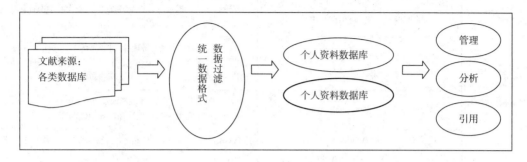

图 8-3-1　文献管理软件一般使用流程

（3）国内外主要文献管理软件

目前，市面上文献管理软件从不同角度看有不同的类型，有免费的和收费的，有开源的和不开源的，有单机版的和在线版的。表 8-3-1 列出了市面上国内外主要文献管理软件。

表 8-3-1　国内外主要文献管理软件

类型	名称及网址	软件主要特点
国内单机版	NoteExpress （www.inoteexpress.com）	功能齐全，简单易用，设计理念先进，是最常用的国内文献管理软件
	E-Study （www.elearning.cnki.net）	与 CNKI 资源融合度高，集文献管理、文献检索下载、文献阅读与笔迹记录、论文写作和在线投稿等功能于一体，支持学习单元数据和题录全文的云同步
	NoteFirst 知识管理（www.notefirst.com）	倡导共享与协作，提供 RSS 阅读器、文献管理、知识管理、团队协作功能，有单机和网络版，基本功能免费
	医学文献王 （www.refer.medlive.cn）	针对医学领域的专业化文献管理工具，有免费版和标准版
国外单机版	EndNote （www.endnote.com）	功能非常强大，费用较高，是目前使用面最广、认可度最高的文献管理软件，属于汤森路透公司
	Biblioscape（www.biblioscape.com）	一款基于 Windows 平台的文献管理软件，可以文件夹形式组织和管理文献、笔记、任务等。内置 BiblioWeb，可在互联网上发布文献资料，方便文献共享
	Papers （www.papersapp.com）	支持 Mac 和 iOS 平台，页面清新美观，支持电脑和移动端同步，能便捷地检索、阅读和引用文献
	Jabref （https://sourceforge. net/projects/jabref/）	免费的跨平台文献管理软件，适用于 Windows、Linux 和 Mac OS X 系统。Jabref 最大的特点就是使用 BibTeX 格式的数据库，适合 LaTex 用户使用
	Bibus （https://sourceforge.net/projects/bibus-biblio/）	免费的跨平台文献管理软件，支持 Windows、Mac、Linux 系统，能在 Open Office 及 MS Word 中直接插入引文，其功能已与商业软件 EndNote 接近

类型	名称及网址	软件主要特点
国外在线版	Mendeley （https://www.mendeley.com）	免费，支持各类客户端和在线网页版，支持多操作系统，可以方便地导入、识别、处理 PDF 文档，强大的学术社区功能是它的精髓
	zotero （www.zotero.org）	一款基于 Firefox 的免费开源插件（目前也支持 Chrome 和 Safari），可以在线收集文献信息，并通过插件的形式进行管理，支持无限目录分类和文献标签，引文功能较弱
	EndNote Web（www.endnote.com）	EndNote 的网络版，可以与桌面端同步数据，除了 Web of Science 的强大数据源之外，其管理性强，互动性弱
	RefWorks （www.refworks.com）	RefWorks 是一个联机个人文献书目管理软件、文献管理软件、题录管理软件，属于 ProQuest 公司
	citeulike （www.citeulike.org）	Springer 集团开发的在线文献管理与分享平台。该平台便于检索、存储和分享网上文献，帮助用户发现具有相同研究兴趣的学者

从表 8-3-1 中不难看出，越来越多的文献管理软件从单机版逐渐支持网络化，支持多种操作系统、多尺寸客户端，云同步、协作化、学术社区化，这也是文献管理软件的发展趋势。

（4）典型文献管理软件

NoteExpress（简称 NE）由北京爱琴海公司开发，是一款单机版文献管理软件，目前最新版本为 v3.2.0.7103，和 EndNote 相比，NE 更符合中国人使用习惯，NE 提供四种导入文献题录信息的方式，包括在线导入、内置浏览器导入、网上数据库导入和手工导入。NE 内置了多种国内外期刊论文、学位论文的格式规范。

8.3.2　信息追踪

对社会科学研究者来说，掌握相关专业的最新进展及主要成果，不仅能避免科研弯路，也能激发灵感，促使自己开创具有革新意义的研究。

研究生阶段，掌握相关专业背景知识，了解国内外相关领域的研究进展，才能找到该领域的未知问题和不明机理，确定自己的研究方向。阅读重要文献和最新文献，并有效追踪社会科学研究领域各类学术信息，这些至关重要，因此我们从四个方面阐述学术文献信息追踪的各种渠道、方法和工具。

1. 与研究同行建立联系

同行之间的交流对于学术观点和学术成果的流通非常重要，研究者之间的讨论、分享有助于理清自己研究的盲点，增强研究的信心，掌握业界第一手资料，使自己的知识体系保持更新。与研究同行建立联系，需要我们有意识地收集学科领域的研究团体及学术活动信息。我们具体可以这样做。

1）根据阅读过的中外文综述及文后的参考文献，整理出自己研究领域中一些国内外代表性团队及实验室清单，也可以利用引文数据库寻找研究团体，如在 Web of Science 中输入研究领域检索词，引用次数很多、影响因子较高的文献作者一般是本领域的权威人士，也可以通过导师、同事得知业内主要研究团体。然后通过互联网获取这些专家和研究团队的信息，如个人网站、实验室主页、社交媒体及邮箱等。

2）通过专业学术论坛、学术社区获取各类研究团体及学术活动信息。例如，全球最大的科学社交网络服务网站 ResearchGate。全球的研究人员可免费注册该网站和各种领域的同行分享研究结果或讨论专业问题，至今已经有 120 多万来自 196 个不同国家的研究者加入此共同体[①]。再如，国内研究生非常熟悉的科研互助社区小木虫[②]，小木虫论坛涵盖了从考研到毕业，从论文撰写到出国申请等科研生活方方面面的内容。

3）通过专业领域学会得知相关研究学术会议、研究进展及论坛等其他信息链接。我们可以参加学术研讨会、座谈会，积极与同行面对面沟通，直接获取业界第一手信息，建立以后的工作联系。

4）加入感兴趣论题邮件组，一个组员发送邮件或回复邮件，邮件组所有的组员都可以收到他的邮件，是相近研究领域成员互相联系交流探讨的捷径。

5）社交网络成为科学研究传播的工具，以新浪微博来说，我们可以关注领域内著名学者，也可以关注"经济学人""澎湃新闻"等公众号来获取最新动态。

2. 阅读领域内重要期刊

固定阅读自己专业领域重要期刊，能促进自己对研究领域的敏感，掌握领域的研究趋势和进展。这是获取最新学术信息的基本方法，这些重要期刊已经被相关领域认可，一般来讲重大的研究进展都会在这些期刊内较早体现。研究者可以根据习惯，选择重要期刊的纸质版或者网络版进行阅读。

3. 提醒与自动更新服务

（1）数据库

目前，绝大多数在线数据库都提供个性化推送服务，这种推送服务就是自动更新提醒服务。用户只要定制这些服务，有关学科主题、期刊目次，以及文献被引情况都会通过网络发给用户。目前，数据库提供的提醒服务大致有三类。

1）检索更新提醒。用户定制相关检索式或者关键词，数据库就会定期将相关的最新文献推送给用户邮箱，便于用户跟踪其感兴趣方面的学科前沿。例如，EBSCO、LexisNexis、Science Direct 等用户可以通过电子邮箱注册，开通 Alert 功能，并可以自主设定提醒的频率周期。

2）目次更新提醒。数据库定期把用户选定期刊的最新目次发往用户邮箱，使用户了解期刊的更新。尽管有时候用户在目录里看不到感兴趣的文章，但也有可能遇到与课题有关系并且通过关键词不一定能检索到的文献。例如，我们可以通过 Science Direct 中 "Subscribe to new volume alerts" 进行目次更新设定。

3）引文更新提醒。当数据库有新文献引用了用户指定的文献，发邮件提醒用户，用户通过引文提醒，可以查阅新文献作者又提出了哪些内容，方便自己跟进他人进度，也可以用于增强自己的研究。例如，CNKI 中，我们对一篇文献很感兴趣，可以通过"关注"，如果该文献有新的引用时，系统会定期发送邮件或短信通知我们。而 Web of Science 中，如果想

① ResearchGate. https://www.researchgate.net[2017-02-20].

② 小木虫论坛. http://muchong.com/bbs[2017-02-20].

了解 "Top 10 algorithms in datamining" 这篇文献最新引用情况，用户可注册或者登录，在该文献全记录页面点"创建引文跟踪"，设置引文提醒。

（2）出版者

随着网络技术的发展，出版者纷纷开辟电子提醒，将出版目录递送给相关机构，提醒并鼓励他们购买。例如，许多大型出版社都为用户提供了电子邮件提醒服务，很多期刊官网也提供邮件提醒服务，用户通过订阅就可以及时收到其内容的更新。

（3）搜索引擎

有的搜索引擎也提供提醒服务，如 Google Scholar 中的 Scholar Updates 功能。它可依据作者自己发表的文章来推送最新的相关文献及一些与研究领域相关的学术会议和学术活动。另外，Google Scholar 中的学术快讯可用来追踪最新论文，可以通过邮箱任意定制检索词，然后定期收到符合检索词的论文。

（4）其他文献提醒工具

提醒和自动更新服务本质上是邮件订阅，目前诸如邮件组提醒、社交网络提醒、PubCrawler[①]、文献鸟[②]等跟踪工具只要设置邮件，就会定期收到更新通知。

4. RSS 订阅

（1）RSS 主要功能

简易信息聚合（Really Simple Syndication，RSS），是一种用于 Web 内容的数据交换规范，能够直接将最新的信息即时、主动地推送到用户桌面。RSS 订阅可以把关心的信息集中到一起，无须逐个网站浏览。

RSS 订阅出现于 WEB2.0 时代，随着即时通信、社交网络的发展，RSS 受众面一直没有铺开，甚至因为较小的商业价值，著名的 Google Reader 关闭服务，但对于科研工作者来说，RSS 订阅不会过时，RSS 订阅是高效获取信息、追踪研究前沿的神器。

通过 RSS，我们基本可以订阅几乎所有支持 RSS 订阅的网络信息：学术期刊、各类专业论坛、科研团队及著名学者的博客、Twitter、网站、新闻等信息、数据库（设置检索词来跟踪发现前沿学术文献）。

（2）RSS 订阅流程

RSS 订阅一般有四个步骤。首先，选择一个好用的 RSS 阅读器；其次，获取各类 RSS 地址资源，这是 RSS 订阅的关键，我们可以点击 RSS 图标直接获取地址，也可以通过阅读器内置的搜索引擎（如 Inoreader）、专业 RSS 搜索引擎（Ctrlq.org），甚至可以通过百度（想订阅的网站、关键词+RSS）来获取学术文献、网站、论坛、社交媒体等的 RSS feed；再次，将 RSS 地址拷贝添加到 RSS 阅读器中；最后，就是进一步的阅读和管理文献，进行收藏、下载、分享或者导入导出等操作。

（3）国内外主要 RSS 阅读器

目前，国内外 RSS 阅读器主要有三大类，分别是需下载安装的客户端阅读器、在线类 RSS 阅读器，以及嵌入 RSS 的邮件系统，国内外主要 RSS 阅读器详见表 8-3-2。

---

① PubCrawler. http://pubcrawler.gen.tcd.ie[2017-02-20].

② Stork. https://www.storkapp.me[2017-02-20].

表 8-3-2　国内外主要 RSS 阅读器

分类	名称及网址	软件主要特点
客户端类	CAJViewer 个人数字图书馆（www.cajviewer.cnki.net）	安装 CAJViewer 就会同时安装 RSS 阅读器。不收费，但需要单独注册 CNKI 用户，可以订阅各类新闻及 CNKI 的各类期刊
	FeedDemon（www.feeddemon.com）	英文界面，最新版本为 4.5，支持离线功能和导入功能，不担心服务关闭问题，但速度较慢
在线类	Feedly（www.feedly.com）	英文界面，清新美观大方，支持多尺寸屏幕（手机/iPad/Kindle/PC），支持跨平台用户登录（Google、Facebook、Twitter 等），数据库订阅出色，是目前最流行的 RSS 阅读器。付费功能更完善
	Inoreader（www.inoreader.com）	英文界面，免费，更新速度较快，支持多操作系统（iOS、Android、Web、浏览器插件等），内置搜索功能，功能强大，可抓取微博微信公众号 RSS 源，整合 Readability、Instpaper、Evernote 等第三方工具，支持分享到中文社交网络。界面设计的美感稍差，并且有少量广告
	The old reader（www.theoldreader.com）	免费，支持多尺寸屏幕、多种操作系统，更新速度较慢
	Reeder（www.reederapp.com）	该阅读器只支持 iOS 和 Mac 客户端，收费，但是该软件界面简洁，功能强大
	QQ 邮箱——订阅空间（www.mail.qq.com）	QQ 邮箱的客户端版没有订阅功能，在线版有，和 QQ 号绑定，订阅各类新闻、论坛及期刊，缺点是部分数据库订阅不支持
邮件类	Foxmail	Foxmail 邮件系统支持 RSS 订阅，配置后就能追踪各类文献信息，缺点是有时更新较慢

8.4　研究报告与学术论文撰写

社会科学领域的研究成果主要呈现方式为研究报告、论文和专著。在我们参与导师的课题结题的时候需提交结题报告，在完成一门课程的时候我们需要提交案例分析、课程小论文或者调查报告，而为了评奖学金、评职称、拿学位，我们还需要发表专业领域的学术论文。所以，掌握一些论文的写作发表常识非常有必要，这部分主要讲述研究报告和学术论文的撰写。

一般而言，研究报告多用来描述研究过程、报告研究成果，它比较注重于告知。它可以是仅供内部参考的参考资料，又可以公开发表。学术论文是各学科领域中专业人员对自己所从事的领域进行科学研究而撰写的论文，它可以在学术期刊上刊发，也可以在学术会议上宣读、交流；学术论文比较简洁精炼，它仅仅突出表达一项研究工作中最主要、最精彩和具有创造性的内容。研究报告则可以将整个研究工作的重要过程、方法和环节都写进去。学术论文创新性更强，研究报告相对来说资料性更强，学术论文是"点"，研究报告更像是"面"。学位论文尤其是硕士学位论文本质上说也是一种研究报告，而将博士学位论文创新点提炼精简也可以形成学术论文刊发。

8.4.1　如何撰写研究报告

1. 研究报告主要类型

研究报告是在大量文献信息基础上，结合项目、课题的研究目标与需求，对有关信息数据进行系统整理、分析、归纳综合叙述，并提出分析结论或建议。它有理论，有实践情况的描述，多是报告者研究活动的总结。

研究报告根据研究的目标和使用的对象不同可以分为档案与文案型、调查报告型、观察描述型、实验研究型、研究简报型、研究快报型六种类型[①]；根据报告最终成果的内容特点，研究报告分为综述型、述评型、预测型、数据汇总型四大类[②]；根据研究的性质可以分为探索性研究报告、描述性研究报告、解释性研究报告[③]；研究报告根据应用场景不同，可以分为学术类、企业类和咨询类研究报告。

不同学科，研究报告侧重类型也不同，社会科学领域中，我们最常用的研究报告有三类：课题研究报告、调查研究报告、可行性研究报告。

课题研究报告是一种专门用于科研结题、验收，并将其研究成果公之于世的实用报告，学术性较其他类型研究报告高。它是研究者在课题研究结束后对科研课题研究过程和成果进行客观、全面、实事求是的描述，是课题研究所有材料中最主要的材料。课题研究报告中按照科学研究周期来分，有在课题申请阶段作为申请材料的开题报告；有个案研究、观察研究、调查研究、实验研究后撰写的各类相应报告；也有课题研究中间的阶段性研究报告；有课题结束后对整个研究过程总结的结题报告。

调查研究报告是人们有计划、有目的地对各类社会问题或者事件采用科学手段进行调查研究之后，将所得的材料和结论加以整理、分析，写成报告，进而来阐明问题本质及发展规律。调查研究报告可以分为应用性调查研究报告和学术性调查研究报告两大类。应用性调查研究报告主要包括基本情况的调查研究报告、典型经验的调查研究报告、专题性调查研究报告、对比性调查研究报告、揭露问题的调查研究报告五种[④]。学术性调查研究报告着重研究各种社会现象之间的相互关系和因果关系，通过对实地调查资料的分析和归纳，达到检验理论的正确性或提出新的理论观点。在写作方法上，调研材料的收集要全面、系统、完整，事物发展过程和历史事实要清晰，理论论证要以事实为依据，要有严密的逻辑性，研究结论要鲜明，要有新的见解和意见。

可行性研究报告是根据可行性研究结果而编写的书面论证性报告，是对可行性研究的对象的可能性、有效性、技术方案及技术政策进行具体、深入、细致的技术论证和经济评价，以求确定一个在技术上合理、经济上合算的最优方案和最佳时机而写的书面报告。可行性研究报告具有预见性和论证性的特点，可行性研究报告又分为经济、技术政策的可行性研究报告、建设项目的可行性研究报告，以及为新产品、新技术、新工艺、新型管理方法开发、应用、开辟和拓展新市场的可行性进行研究而编写的专题可行性研究报告。

---

① 陈燕, 陈冠华. 2004. 研究生学术论文写作方法与规范. 北京: 社会科学文献出版社.
② 詹华清. 2012. 人文社会科学信息检索教程(第 4 版). 上海: 上海大学出版社.
③ 仇立平. 2008. 社会研究方法. 重庆: 重庆大学出版社.
④ 王永进, 张烈然. 1996. 调查研究报告写作方法指南. 北京: 中国城市出版社.

2. 研究报告基本结构

研究报告类型不同，结构也有适当不同，但基本上要包括下面七部分内容。

1）标题。研究标题必须反映报告的主要内容，要做到确切、中肯、鲜明、简练、醒目。标题的字数不宜过多，为了便于更充分地表现主要内容，可以采用加上副标题的办法。

2）署名。研究报告必须签署作者姓名及其工作单位，署名的目的是表示对研究报告负责。署名先后的问题，则采用以贡献大小为先后次序的标准。

3）前言。前言是对研究的目的、意义、研究内容、目标的简述。前言要简明扼要、直截了当。例如，调查报告的导言部分，应说明调查的目的、任务、时间、地点、对象，简单交代调查的过程、结果及其意义。经验总结报告的情况概述部分则应简要论述总结工作的时间、背景，取得了哪些成绩，有什么效果。实验报告的前言部分，必须交代实验的目的，实验对象、时间和方法，该实验得到什么结果。

4）正文。正文部分是研究报告的主体，正文体现了研究报告的质量和水平的高低。正文必须对研究内容进行全面的阐述和论证，包括整个研究过程中观察、测试、调查、分析的材料及由材料形成的观点和理论。调查报告的正文着重叙述所调查问题的现状和实质，产生问题的原因及其发展趋势。经验总结报告则要指出所总结的具体经验是什么，并对经验进行分析、归纳、论证，指出经验的意义。实验报告的正文部分应包括实验对象、实验经过、实验结果、结果分析和论证等。

5）结论。结论部分是按照研究项目的内容、目标，经过信息归纳、分析综合概述，提出定性或定量的分析结论。其结论应与正文的叙述或评论紧密呼应，有时还要包括预测性建议。结论必须指出哪些问题已经解决了，还有什么问题尚待研究。有的研究报告可以不写结论，但应作简单的总结或对研究结果展开一番讨论；有的报告可以提出若干建议；有的报告还专门写一段结论性的文字，而把论点分散到整个报告的各个部分。

6）附录。附录是将研究报告所引用的各条信息按主题或分类的原则编制成题录或文摘，可作为报告的附录，以供需要时参考。

7）引文注释和参考文献。撰写研究报告引用别人的材料、数据、论点、文章时要注明出处，遵守学术引用规范。

3. 课题研究报告写作

本章 8.2 部分讲述了课题申报，在这里我们详解课题研究报告的写作。

课题研究报告是课题研究的最后一道程序，是科研课题结题时必备的材料。报告的内容既要具有可操作性和可测量性，又要具有创新性或可行性。一篇合格规范的课题研究报告，需要回答三个问题——"为什么选择这个课题进行研究"、"这个课题是怎么研究的"和"该课题研究取得什么成果"，具体来说课题研究报告需要写好下面六个步骤。

（1）课题的提出和界定

课题的提出和界定需要写清楚课题提出的背景、课题研究的内涵及该课题研究的目的和意义，对应回答"为什么选择这个课题进行研究"这个问题。课题提出的背景要讲清楚选择这个课题的原因和理由，点出研究主题，论述课题研究的理论意义和现实意义，以及该课题研究试图解决什么问题，预期效果什么样，想得到什么规律、方法。这部分内容可参考课题申请书中相关内容。

（2）课题研究的目标与内容

课题研究的目标陈述不要过于空泛，要紧扣课题题目，和研究报告的研究成果相对应。课题验收时，判断其是否合格，很重要的就是其取得的研究成果是否达到了预期研究目标。课题研究的内容需要陈述研究的范畴、研究的着力点，研究内容撰写需要紧扣研究目标，同时课题研究内容必须在研究成果中体现。

（3）课题研究的方法

在这一部分主要写明自己课题研究所选用的科研方法。社会科学领域常常使用问卷法、调查法、统计法、文献计量分析等研究方法。例如，一个社会学研究课题，需要讲述研究对象的取样方法、数量、条件；对研究的变量提出明确、具体的测量方法和统计检验方法；对课题研究的无关变量提出控制方法。

（4）课题研究的步骤与主要过程

课题研究一般分为筹备阶段、实施研究和总结三个阶段，也可以根据研究实际情况来确定步骤，在每个阶段中简要陈述研究所做的工作。而对于研究的主要过程，需要详细陈述，可以通过回顾、归纳、提炼将课题研究阶段的主要工作采取的研究策略和措施表达清楚。

（5）课题研究取得的成果

研究成果是课题研究报告的主要部分。课题研究成果要全面准确地反映课题研究基本状况、说明研究成果的价值。课题研究成果一般有理论成果和实践成果。理论成果侧重于讲述通过研究得到的新观点、新认识、新策略或者新的模式等，而实践成果则指以上新观点、新认识、新策略、新模式在实践中的应用验证。

（6）课题研究反思

这一部分要指出研究中有待于进一步解决的问题，但所找的问题要准确、中肯。对课题研究也要进行今后的设想，即主要论述如何开展后续研究或者如何开展推广性研究等。

8.4.2　如何撰写学术论文

1. 学术论文主要类型

学术论文是某一学术课题在实验性、理论性或观测性上具有新的科学研究成果或创新见解和知识的科学记录；或是某种已知原理应用于实际中取得新进展的科学总结，用于学术会议上宣读、交流或讨论，或在学术刊物上发表，或作其他用途的书面文件[①]。

社会科学类学术论文是衡量社会科学研究者学术水平的重要考核标准。与自然科学学术论文相比，社会科学学术论文有着突出的社会特点，其研究范围十分宽广，研究对象涉及众多学科、领域。根据研究角度、研究方式和学术论文写作方法上的差异，社会科学学术论文又可细分为考证型学术论文、论证型学术论文、调研型学术论文、诠释型学术论文等类型[②]。

（1）考证型学术论文

考证型学术论文是针对文科某一专业的某一问题，运用考证的方法，研究、判断事物的真伪，考定事实的异同。课题包括对重大历史事件、历史人物的结论和评价，对某一著作、文章及著者、年代的考辨；对事件细节、文中典故、一字一词的深考细证等。

---

① 全国信息与文献标准化技术委员会. 1987. 科学技术报告、学位论文和学术论文的编写格式: GB7713—1987. 北京: 中国标准出版社.

② 金秋颖, 韩颖. 2006. 社科信息检索与利用. 北京: 石油工业出版社.

（2）论证型学术论文

论证型学术论文是对社会科学领域的基本理论问题或某些社会现象和问题进行探讨、分析、论证，揭示其本质和规律，表达自己的观点、主张、见解的论说性学术论文。它是对社会科学领域中有关哲学、经济学、教育学等重大理论问题进行研究，以求新的认识、突破、发展。

（3）调研型学术论文

调研型学术论文就是作者在对现实生活现象、问题进行调查研究后，介绍分析事实、揭示事物本质、提出对策和建议的论文形式，是调查研究结果的书面表达形式。与一般性调查报告相比，调研型学术论文更突出专业性、学术性。在经济、法律、历史、教育、文秘、新闻、管理、档案等专业上，调研型学术论文运用得相当广泛。

（4）诠释型学术论文

诠释型学术论文就是针对某学科、专业的概念、理论、原理、定律和事物的属性、特征、形态、功用，以及史实、事实、事件的面貌、发生发展等作解释、说明的论文形式。

2. 学术论文基本结构

学术论文一般包括三个部分，即前置部分、主体部分和附录部分。前置部分包括题名、作者、摘要、关键词、分类号；主体部分包括引言、正文、结论、致谢、参考文献列表；附录部分不是学术论文必备的。社会科学学术论文通常需要包括下面九个部分。

1）标题。标题又称为题目、题名、篇名，是以最恰当、最简明的词语反映论文中最重要特定内容的逻辑组合，是学术论文的必要组成部分。标题要准确表达文章的主要内容，恰当反映所研究的范围和深度；语言要准确、精练，避免含糊不清的概念；尽量避免使用不常见的缩略词、首字母缩写字、字符、代号和公式等；一般中文标题不宜超过 20 个字，外文标题不宜超过 10 个实词。

2）作者。作者又称署名。凡参加过论文撰写或相关研究工作的人员，均应在论文中署名，署名顺序按其贡献大小依次排列。对于给予研究工作某些支持和帮助者，一般不署名，可在文末致谢中说明。署名的作用是肯定成果的归属，表示作者对作品负责。

3）摘要。摘要是对论文的内容不加注释和评论的简短陈述，是不需阅读论文全文即能获得必要的信息。摘要的内容包括要解决的问题、采用的研究手段、实验结果和得到的结论等，读者看过之后对文章的主要论点有基本的了解。摘要是文章内容的高度浓缩，要求简练、准确、完整，字数不宜超过正文的 3%～5%。

4）关键词。关键词是用以表示全文主题内容信息的单词或术语，关键词从论文中抽取，一般 3～8 个。关键词灵活、简单、易用，但是它未经规范化处理，检索时容易漏检，为了用词规范化，尽量选用《汉语主题词表》提供的规范词。

5）分类号。分类号是以论文主题涉及的学科门类为依据，使用《中国图书馆分类法》选择确定，同时应尽可能注明《国际十进分类法》类号，以便于信息处理和交流。

6）引言。引言又称前言、绪论或序。引言可以简要说明研究工作的目的和范围，相关领域内前人的工作、水平、问题和知识空白，理论基础和分析，研究设想，研究方法和实验设计，预期结果和意义等。引言应言简意赅，不要与摘要雷同，不要成为摘要的注释。

7）正文。正文是论文的主体及核心部分。论文的正文可包括调查对象、实验和观测方法、仪器设备、材料原料、实验和观测结果、计算方法和编程原理、数据资料、经过加工整理的图表、形成的论点和导出的结论等。正文要求客观真切、论点明确、重点突出、论据充分、层次清楚、逻辑严密。

8）结论。结论是整个研究最终的结论，不是正文中各段小结的简单重复。结论一定要准确、完整、明确和精练。结论的内容要求包括简述研究的最后结果；说明结论适用的范围、研究成果的意义；指出对前人的有关看法做了哪些修正、补充、发展、证实或否定，对该项研究工作发展的展望。对主要成果的归纳，结论要突出创新点，以简练的文字对所做的主要工作进行评价，一般不超过 500 个汉字。

9）参考文献。作者在论文写作过程中参考引用过的学术著作、重要论文等文献信息资源需要在文中出现地方标明，并在文末参考文献中列出。参考文献的著录规范请参看《文后参考文献著录规则》（GB/T 7714—2015）。

3. 学术论文撰写步骤

在社会科学和人文科学领域，学术论文的写作通常与研究过程具有相对同步性，即研究者往往是在写作过程中推进研究逐步深入，并最终获得研究发现或发明，形成研究结论。学术论文撰写过程一般包括确定选题、文献资料的搜集与处理、拟定题目、拟写大纲、撰写初稿、修改定稿 6 个步骤。

（1）确定选题

所谓选题，就是选择所要研究解决的问题。爱因斯坦曾说："提出问题往往比解决问题更重要。"选题是论文写作的起点，选题得当与否，直接关系到论文写作的成败。只有选题有价值，形成的学术论文才有意义。选题来源建立在平日资料的积累上，在研读学术类文献资料过程中，我们会发现前人研究成果中完全没有研究、部分没有研究或虽有研究但未解决的问题；我们也可以从实践经历中提出问题。

选题时应遵循下列原则：①创新性，选题的创新性主要体现为前人完全没有研究过的，因而对该问题的研究本身就是尝试填补空白的一项科研活动；前人对这一问题做了研究，但完全没有解决，抑或尚有未解决或未关注到的方面，本选题试图有所突破，在一定程度上发展或补充前人的研究；对这一问题前人已经做了较为全面的研究，但自己在研读这些研究成果过程中发现，这些研究中的某些结论可能是错误的，因而尝试用新的材料或新的方法来验证这些结论，或得出不同的结论。②可行性，选题必须考虑到完成的现实可能性，即必须从研究者的主、客观条件出发，选有利于展开的课题。选题时要扬长避短，选择那些能发挥自己专业特长并具备条件的课题。③合理性，选题要有真实可靠的事实依据和理论依据，即选题要符合事物发展的客观规律，如"永动机"这类违反科学规律、不客观的研究内容就属于不合理的范畴。

（2）文献资料的搜集与处理

要想写出高质量的学术论文，就必须"博览广度，兼收并蓄"地搜集与课题相关文献资料，然后对搜集来的资料进行比较、鉴别、整理、归类，要善于独立思考，深入分析研究，舍弃那些非本质的、虚假的、无用的资料，保留那些本质的、真实的、有用的资料。要紧密结合论文写作的需要，对材料按性质和用途分别归类，有次序地加以排列，以备写作时使用。

（3）拟定题目

一般来说，研究者在查阅学术论文或编辑部在审读来稿时，首先看的是论文题目。论文题目直接起到吸引读者的作用，因而题目拟定必须认真对待。论文题目必须准确、全面地反映论文主要内容，既不能过于宽泛和空洞，又不能过于繁杂和琐碎，亦不能似是而非和模棱两可。论文题目要简洁，要做到惜字如金，用最少的文字精确概括出论文的主要内容。论文题目要清晰地反映出论文的主要内容，让人一看就理解，尽量避免用艰涩的词汇、不常用的公式和专业术语等。

（4）拟写大纲

提纲是作者对文章内容和结构作的初步轮廓安排，拟定提纲时要考虑论文各部分之间的逻辑关系和内在联系，说明中心论点，要条理清晰、层次分明。提纲分为简单提纲和详细提纲。简单提纲往往比较简略，只涉及论文要点，对于每个要点具体应如何展开则不加描述，因而经常只有一级提纲。如果作者已经深思熟虑，就应采用详细提纲。详细提纲是将论文的要点和每个要点如何展开都详细列出，因而往往会形成三级提纲。

一般来说，社会科学类学术论文的内在逻辑结构主要有三种：并列、递进、综合。并列结构指论文的各个部分之间是并列关系，不存在主从之分或逐层展开的关系。论文各部分之间可以调换位置而不影响逻辑的自洽性。递进结构指论文的各个部分之间存在逐层深入、逐步展开的内在逻辑关系，即由第一部分自然地引出第二部分，由第二部分自然地引出第三部分，各个部分之间的位置不可随意调整，否则就会造成逻辑混乱。综合结构是指在学术论文中交叉采用并列结构和递进结构的安排方式。

（5）撰写初稿

初稿要紧紧围绕主题，按提纲的编排撰写，尽可能一气呵成，以保持思维的连贯性。起草时要充分应用论证方法：逻辑的方法、辩证的方法、历史的方法、数学的方法。要掂酌开头和结尾，注意上下文之间的衔接、转换，论文前后彼此照应，力求层次清楚、重点突出、语句通顺、用词准确。

（6）修改定稿

论文经过多次修改，最后方能定稿。从内容的思想性、科学性，结构的逻辑性到文字技巧等方面都属修改的范围。具体地说，修改工作包括主题修改、结构修改、篇幅压缩、段落修改、句子修改、文字和标点符号修改、图表修改，以及引文、参考文献、疏误核实等。

4. 学术论文写作技巧

（1）增强创意性

现今大多学术期刊每年所能录用的论文非常少，每种期刊都希望刊出的文章具有独特性。写一篇有新意的文章，需要注意以下几点：①大量阅读专业相关文献，广泛地去阅读自己领域相关文献，尤其是相关期刊论文，既能明了近几年来大家都在做哪些题目，也可以了解在自己的领域里，有哪些题目尚未有人研究，又有哪些研究可以再做一些补充和延伸。②善于跨领域地思考问题，从一个学科角度切入探讨另一个学科的相关研究，提出一些新的想法与观点，这就构成了所谓的创意，当今时代跨学科研究越来越普及也是这个原因。如果接触新的领域时，不要放弃旧有知识，要善于培养跨领域思维。③研究方法的创新。改善研究方法也可以增加创意。例如，以前做这个研究课题，大部分可能都用问卷的方式，若改用访谈或测验的方式，也是一种创意，但这个方法必须是比以前更前瞻的方式，才能得到更多、更精细的结果。④结果诠释的方法创新。在资料分析结果的诠释上发挥创意，放一些新的想法在里面，或者采取不同的角度。例如，在研究性别差异时，如果多数研究者从社会学、文化等角度来着手，那尝试用生物学的观点来诠释，便是呈现了异于他人的创意。

（2）善用图表

人文社会科学领域许多论文是倾向文字性的，如果文字水平不是很优秀，可以用图表展现作者的想法，即使作者的写作能力不佳，审稿人或读者通过图表可以了解作者的发现、想法和理论架构。

（3）拟定清楚、吸引人的论文标题和摘要

文字是最高层次的表达，拟定一个清楚且吸引人的论文标题，不仅能引起读者的好奇，还能由题目得知论文的核心。再复杂的研究都可以只用两三百字的摘要表达出其中最重要的想法。有时候，要把文章写得精简，往往比写出长篇大论更加困难。摘要分为报道性摘要和提示性摘要。报道性摘要主要介绍论文的研究目的、研究方法、基本观点或研究结论，相对更为全面。提示性摘要只介绍论文的基本观点或研究结论，不提研究目的和研究方法，相对更为简洁。一般来说，在中文论文中，多数采用提示性摘要；在英文论文中，往往采用报道性摘要。

（4）适当铺陈研究背景（引言）

通常研究的相关背景是写在论文的前言中，一定要写"相关"的背景，不要把所有的资料都囊括进来，目的是让读者对这个研究议题有一个基本的了解。引言通常包括介绍研究背景、阐明研究问题、明晰基本概念等内容。

研究背景通常包括本论文的实践由来和研究概况。实践由来侧重围绕本研究在实践界是何时提出的、近期又被如何强调和提出什么新要求等方面展开，从而凸显本论文的实践价值。研究概况需简要介绍本论文关注的主题在学术界已经做了哪些研究，研究到何种程度，这些研究存在哪些不足或忽视了什么问题，从而体现出本论文的理论价值。引言中作者对本论文研究问题的初步阐释可以使读者对这个问题形成准确、全面的理解。对基本概念的界定在引言中并非必不可少，如果本论文涉及的基本概念是学术界尚存争议或比较新颖的，就有必要花费一定笔墨对概念做出厘定。这样做的好处是，既便于读者理解，又利于始终围绕本论文界定好的概念之含义展开研究。

引言的写作技巧有下面四点。

第一，每一个段落只能陈述一个主要概念，或者两个段落叙述一个概念。以中文的逻辑，就清楚度而言，如果能在每一个段落把要阐述的主要概念清楚明白地呈现，那么一个段落只表达一个概念是比较好的写法与逻辑。

第二，沙漏型写作，即从大的架构写到小的概念。如果论文一开始就讨论一个非常细的点，这会使人看不太懂作者到底要说什么。一篇文章要引人入胜、吸引读者继续往下读，就要从最大的概念收敛到作者要强调的那个点，让读者明白该研究是根据一个大的理论架构所衍生出来的东西。

第三，要对文献进行适当的批判。例如，过去的研究最缺乏什么，或是哪一个比较好、哪一个比较不好，如果过去的研究都一样好，之后也很难自圆其说。一个研究要采用哪一个理论观点，这都关系到后面的分析及讨论架构，所以一定要加入一些批判在里面，引出自己研究的重要性。

第四，尽量避免使用转引。例如，我们看了 A 写的某篇文章，里面引用了 B 作者的某个论点，我们不能根据 A 作者对该文献的诠释，径自引用 B 作者的论点或是研究成果。我们需要去看看 B 作者所写的原始文献，因为 A 作者的诠释未必是适当确切的。

（5）阐明解决问题的研究方法

正文是学术论文的主体部分。正文的写作过程是在提纲的基础上，进一步推敲和明晰论点，并选取恰当而充分的材料加以论证的过程。在写作时，提纲不是一成不变和必须严格遵循的，而应根据写作时获得的新认识进行灵活的调整。

很多文章被期刊拒绝，有一半以上是因为研究方法本身有问题，也可能是在研究方法的呈现方式上有问题，没有把最重要的资料、过程拿出来说明。所以，这一部分务必要详尽说明，并将资料呈现出来。研究方法必须能回答研究问题。

研究方法的重要性在于"承先启后"，要承继前面的研究问题，且要向后铺排研究结果。基本上，看完一篇文章的研究方法后，就能知道研究者可能会怎样分析资料，以及如何呈现研究结果。同理，写完研究结果后，若发现所讨论的某些变量在前面没有交代清楚，就应该于研究方法之处补足。

写作过程中，要紧紧围绕怎样运用专业的语言提炼出新的论点，怎样运用新的材料或新的方法对自己提出的新观点做出准确、深入、客观的论证。在撰写正文时，尤其要注意论点与论据的统一性、论据与论证方法的契合性。论点和论据相统一，即正文中使用的论据包括理论论据和事实论据，这些论据既要真实可靠，又要与论点紧密结合、浑然一体，从而增强论点的说服力。论据与论证方法相契合就是论据必须借助合适的论证方法，才能起到证明论点的作用。

（6）清楚呈现研究结果

研究结果最能彰显研究的意义与价值，一篇文章若没有研究结果，就算有多好的研究方法、研究背景也是枉然。研究结果要叙述得清晰、连贯并且符合逻辑性，讨论自己研究最有新意的地方。

（7）摒除线性写作习惯

所谓线性的写法即为"顺叙"的方式，如果用很线性的方式写文章，很容易会被框死。一般来讲虽然说论文初稿最好一气呵成，但我们很少有一大段时间来写论文。此外，文章写作时总会有瓶颈，如果用线性的方式写作，可能就会一直因为瓶颈而停顿、逃避，如果不跳过那一段先写别的部分，最后很可能会一直写不出来。

我们应该提倡非线性的写法，想到什么就塞进去，或许过了一段时间，一篇论文就差不多完成了。但是这种写法在论文写完后必须从头到尾多读几遍，因为论文是在不同的时间写的，有些内容可能会重复，用词不一致，甚至观点互相冲突。

（8）内容呈现顺序可打乱

在写文献探讨、研究方法或是结论时，不一定要按照时间发生的顺序来安排。如果完全依照研究的时间顺序去写作，一来未必能符合一般读者的逻辑结构，二来可能会因此模糊了研究者原本要强调的重点。例如，某个研究先做访谈，再做问卷调查，如果我们觉得先讲实验测验会比较清楚，是可以先解释实验测验的内容，再谈访谈的。

5. 学术论文投稿与发表

（1）刊物选择的六个原则

1）选择正式出版物。正式出版的期刊具有 ISSN 代码与 CN 代码，投稿时一定要选择正规的合法刊物。

2）选择对口的期刊投稿。选择对口的期刊投稿指文章涉及的内容与所投刊物要求的内容相一致，不同专业期刊有不同的办刊方针、栏目特色，甚至同一种期刊在不同时期其报道的重点也会不同。要做到"投其所好"，作者应从"期刊简介"、期刊中的"征稿启事"或者期刊的栏目设置中去了解期刊所刊登学术论文的大致内容范围，也可以直接通过与期刊的编辑部门联系了解。

3）文章的格式符合所投刊物的要求。这是一篇论文能够通过初审的因素之一。一般刊物在投稿须知中都对格式有明确的说明，多数有格式模板，按照所投期刊的模板写作就行，也可以下载拟投刊物的原文，参照已发表论文的格式写作。

4）文章的水平应与刊物的级别一致。目前，不少高校把学术论文是否在核心期刊上发表作为评价论文水平的一个标准，作者在投稿时要充分考虑自己论文水平的高低，既不要"低稿高投"，也不要"高稿低投"。核心期刊已经形成体系，社会科学领域投稿前可以参看《中文核心期刊要目总览》、南京大学中国社会科学研究评价中心的《中文社会科学引文索引来源期刊》、中国社会科学院文献计量与科学评价研究中心的《中国人文社会科学核心期刊要览》及科睿唯安（原汤森路透知识产权与科技事业部）集团的《社会科学引文索引》等。

5）不要一稿多投。投稿时要遵循相关学术道德规范，不能一稿两投或者一稿多投。按照我国的《中华人民共和国著作权法》及各报刊的一般约定，如果投出的文章3个月内没有收到采用消息，作者可以再投稿。如果方便，可以向投稿的编辑部询问一下文章的处理结果，以免产生误会和纠纷。

6）避免涉密及合作纠纷。如果你的论文是重大项目研究成果及有其他合作者参与，投稿前需要取得主管部门的书面同意，有时须附有单位的保密审查同意书，有时也需要征求指导老师或学位授予单位的同意和授权。如果论文有多个作者，第一作者应征得其他作者的书面同意，共同对论文负责。

（2）投稿对象选择

现在可供选择的投稿对象有很多，如学术期刊、会议文集、网络媒体在线出版，或者给政府部门及决策机构提供研究报告等。作者可以根据自己需求选择投稿渠道：学术期刊是论文研究成果得到社会认同、产生社会影响的重要途径。选择学术会议发表论文，是一个很好的传播自己学术思想的机会，也是与同行直接或间接进行最新研究成果交流的有效渠道。作者也可以通过开放获取来表述自己的学术观点，开放获取期刊出版周期短，但作者要支付的出版费用相对较高。

（3）论文要反复修改、推敲

在学术论文初稿写完后，不要急于投出去，要反复推敲，不断修改。最终论文的形成是一个重新思考的过程，要尽可能完美。当收到稿件的评审意见时，一定要按照审稿人提出的要求认真修正改写，逐条回答审稿人的问题，并且在编辑制定的修回截止日期前寄回修改稿。

（4）敢于尝试，不怕被拒

写完一篇论文，不要把它闲置在个人电脑里，勇敢地将它投出去，论文可能就会被某期刊或者会议接收。当然论文也很可能被拒，一些影响力较大的期刊的拒稿率很高，所以不要气馁甚而否定自己。大部分期刊对于拒绝的文章，也会给投稿者一些建议与理由，这时我们可以认识到自己论文的不足之处，尝试做一些改变、增加分析或者提升自己的研究方法，在"拒绝"中成长。

8.5 学术道德与规范

近年来学术界关于学术失范和学术不端事件屡见不鲜，每一位从事学术研究的人员应当具有基本的学术道德，遵守相关学术规范。国家相关部门和学术协会机构也颁布了各类学术道德及规范文件，如教育部发布的《关于加强学术道德建设的若干意见》《高等学校哲学社会科学研究学术规范（试行）》、中国科学技术协会制定的《科技工作者科学道德规范（试行）》及中国科学技术大学颁布的《研究生学术道德规范管理条例》等。

作为国家未来科研力量的主体，各高校学生无论是本科生还是研究生都应该对科学研究过程中的学术规范有一定了解，培养良好的学术道德修养，恪守科研诚信，避免学术失范、摒弃学术不端行为。

8.5.1 相关概念

1. 学术道德与学术规范

学术道德是人们在从事学术研究活动时所遵循的道德规范和行为准则，是指导研究者在学术研究活动中正确处理人与自然、人与人、个人与社会、个人与国家之间关系的行为规范，是衡量研究者道德品质的重要标准，是道德在学术领域的特殊存在形态。

学术规范是从事学术活动的行为规范，是学术共同体成员必须遵循的准则，是保证学术共同体科学、高效、公正运行的条件，它从学术活动中约定俗成地产生，成为相对独立的规范系统[①]。

学术道德和学术规范的关系类似道德和规范的关系。学术道德表明的就是学术过程中应该做什么、不应该做什么，学术道德修养是个人学术品德、品格和品质上的一种体现。学术规范则是外在的约束机制，明确地规定了学术过程中能做什么、不能做什么，具有极大的强制性。学术规范是学术道德的具体体现，是对于学术道德的制度性延展，是对学术道德的维护。

2. 学术失范和学术不端

学术失范指技术层面违背规范的行为，或由于缺乏必要的知识而违背行为准则的做法。例如，数据核实不足、文献引用出处注释不全等，其动机与情节较学术不端行为轻[②]。

学术不端也叫科研不端，是指学术共同体成员违反学术准则、损害学术公正的行为。美国科技政策办公室 2000 年将科研不端行为（research misconduct）定义为：在立项、实施、评审或报道研究结果等学术活动中伪造(fabrication)、篡改(falsification)或剽窃(plagiarism)，简称为 FFP。伪造是指捏造拼凑数据或结果，并记录或报告它们；篡改是指改动科研材料、设备或过程，或改变和省略数据或结果，使科研记录不能准确地表现研究；剽窃是指在未给予适当的名誉的情况下，占有别人的思想、方法、结果或描述。

8.5.2 学术规范主要类型

学术规范从不同角度审视，可以分为不同的类型。这里主要介绍法律、学术成果及引文

---

① 教育部科学技术委员会学风建设委员会. 2010. 高等学校科学技术学术规范指南. 北京: 中国人民大学出版社.
② 教育部社会科学委员会学风建设委员会. 2009. 高校人文社会科学学术规范指南. 北京: 高等教育出版社.

这三种学术规范。

1. 学术法律规范

学术法律规范是指以法的形式调整学术活动中学术主体权利、义务关系的规范的总和，学术活动中学术主体必须遵循国家法律法规的要求。在学术活动中应严格遵守的法律规范主要包括以下三点。

1）必须遵循《中华人民共和国著作权法》《中华人民共和国专利法》等有关知识产权的法律法规。例如，未经合作者许可，不能将与他人合作创作的作品当做自己单独创作的作品发表；未参加创作，不可在他人作品上署名；不允许歪曲篡改、剽窃、抄袭他人作品；合理使用他人作品的有关内容，但应当指明作者姓名、作品名称，并且不得侵犯著作权人依照本法享有的其他权利；著作权人的知识产权受到剽窃、篡改、抄袭时，有权要求停止伤害、消除影响、赔偿损失。

2）必须遵循《中华人民共和国保守国家秘密法》。不得在学术活动中泄露国家事务重大决策、国防建设和武装力量活动、外交和外事活动、国民经济和社会发展及科学技术中的秘密事项。

3）应遵守其他适用法律法规。例如，从事学术研究、发表学术作品，要遵守有关民族、宗教的法律、法规，不得以学术研究伤害信教群众的宗教感情，不得丑化、侮辱少数民族。

2. 学术成果规范

学术成果规范主要是指各类学术成果呈现过程中需要遵守的各类学术规范。学术成果的表现形式主要包括"学术专著、学术论文、学位论文、学术报告、发明专利、技术标准、手稿、原始记录等一次文献；文摘、索引、目录等二次文献；文献综述、情报述评、学术教材、学术工具书等三次文献"[①]。

以《高等学校哲学社会科学研究学术规范（试行）》为例，其列出的学术成果规范如下。

1）不得以任何方式抄袭、剽窃或侵吞他人学术成果。

2）应注重学术质量，反对粗制滥造和低水平重复，避免片面追求数量的倾向。

3）应充分尊重和借鉴已有的学术成果，注重调查研究，在全面掌握相关研究资料和学术信息的基础上，精心设计研究方案，讲究科学方法。力求论证缜密，表达准确。

4）学术成果文本应规范使用中国语言文字、标点符号、数字及外国语言文字。

5）学术成果不应重复发表。另有约定再次发表时，应注明出处。

6）学术成果的署名应实事求是。署名者应对该项成果承担相应的学术责任、道义责任和法律责任。

7）凡接受合法资助的研究项目，其最终成果应与资助申请和立项通知相一致；若需修改，应事先与资助方协商，并征得其同意。

8）研究成果发表时，应以适当方式向提供过指导、建议、帮助或资助的个人或机构致谢。

3. 学术引文规范

学术研究应合理借鉴已有研究成果，学术主体成员借用前人的学术成果，供自己著作参证、注释或评论之用，推陈出新，创造出新的成果，称为引用。引用需要遵守相关的规范，

---

① 教育部科学技术委员会学风建设委员会.2010. 高等学校科学技术学术规范指南. 北京: 中国人民大学出版社.

未经说明而使用他人学术成果，构成抄袭与剽窃。研究生无论是做课题报告、课程小论文，还是学位论文，甚至参加各类学术展示时使用的 PPT 都牵涉到学术文献的引用，相关引文和注释类规范需要了解。

2004 年教育部颁布的《高等学校哲学社会科学研究学术规范（试行）》学术引文规范相关部分如下。

1）引文应以原始文献和第一手资料为原则。凡引用他人观点、方案、资料、数据等，无论曾否发表，无论是纸质还是电子版，均应详加注释。凡转引文献资料，应如实说明。

2）学术论著应合理使用引文。对已有学术成果的介绍、评论、引用和注释，应力求客观、公允、准确。

各类学术道德规范类文件涉及引用、注释、参考文献相关的部分侧重于引文规则和内容，而学术引文的著录格式也要遵循相关技术规范。例如，国际标准草案《ISO/DIS690 文献工作—文后参考文献—内容、形式与结构》和中华人民共和国国家标准 GB/T 7714—2015《文后参考文献著录规则》。

8.5.3　学术不端行为及其防范

1. 主要学术不端行为

目前，世界范围内通用的学术不端行为是伪造、篡改、剽窃，简称为 FFP。而在我国，教育部 2016 年颁布实施的《高等学校预防与处理学术不端行为办法》认定了七类主要学术不端行为：剽窃、抄袭、侵占他人学术成果；篡改他人研究成果；伪造科研数据、资料、文献、注释，或者捏造事实、编造虚假研究成果；未参加研究或创作而在研究成果、学术论文上署名，未经他人许可而不当使用他人署名，虚构合作者共同署名，或者多人共同完成研究而在成果中未注明他人工作、贡献；在申报课题、成果、奖励和职务评审评定、申请学位等过程中提供虚假学术信息；买卖论文、由他人代写或者为他人代写论文；其他根据高等学校或者有关学术组织、相关科研管理机构制定的规则，属于学术不端行为。

2. 学术不端行为的惩戒措施

教育部、科技部及各科研机构高等学校对于各类学术不端行为都有相应的处理措施。例如，教育部 2016 年颁布实施的《高等学校预防与处理学术不端行为办法》第二十九条规定："高等学校应当根据学术委员会的认定结论和处理建议，结合行为性质和情节轻重，依职权和规定程序对学术不端行为责任人作出如下处理：通报批评；终止或者撤销相关的科研项目，并在一定期限内取消申请资格；撤销学术奖励或者荣誉称号；辞退或解聘；法律、法规及规章规定的其他处理措施。同时，可以依照有关规定，给予警告、记过、降低岗位等级或者撤职、开除等处分。学术不端行为责任人获得有关部门、机构设立的科研项目、学术奖励或者荣誉称号等利益的，学校应当同时向有关主管部门提出处理建议。学生有学术不端行为的，还应当按照学生管理的相关规定，给予相应的学籍处分。学术不端行为与获得学位有直接关联的，由学位授予单位作暂缓授予学位、不授予学位或者依法撤销学位等处理。"

3. 学术不端行为的防范

1）要加强法律教育，强化科研工作人员，包括本科生、研究生的学术活动中的法律意识。在研究生的课程设置中，要专门安排专利法、著作权法、知识产权法等课程。了解相关部门的规定，充分认识学术不端行为不仅面对的是道德层面的惩罚，也会面临着法律层面的惩罚。

2）加大学术道德与学术规范教育，开设专门课程，使科研工作人员、高校学生学术活动遵循各类学术规范，营造良好的科研氛围及学风。

3）提高科研人员尤其是培养高校学生的创新能力。培养创新能力对于研究生的学术规范建设可以起到同本强基的作用，具有创新能力的研究生可以自觉抵制抄袭、剽窃等学术不端范行为的诱惑。

4）强化论文审查制度，提高学术论文检测技术。目前，各类学术不端检测软件检测文字抄袭水平较高，但是对于图表、公式、数据的抄袭和篡改检测达不到要求。

第 9 章　社会科学文献利用案例

9.1　文史类检索案例

自 1998 年《第一次亲密接触》出现后，网络文学发展日趋繁荣，近年来更是有大批网络小说作品走向影视剧市场，甚至走向海外市场。那么网络小说为什么发展如此之快，其叙事结构、情境及媒介都有哪些独特之处呢？用户想就"网络小说的叙事研究"写篇综述报告，我们以此作为一个检索案例，据此详解文史类资源检索的具体步骤。

9.1.1　分析检索需求

"网络小说的叙事研究"这个案例的检索需求很明确，就是网络小说的叙事。我们检索的两个落脚点就是网络小说和叙事。网络小说概念很好理解，而叙事简单来说就是"叙述故事、讲述故事"，在文学研究方面是很专指的，甚至叙事学就是一门学科，它"研究所有形式叙事中的共同叙事特征和个体差异特征，旨在描述控制叙事（及叙事过程）中与叙事相关的规则系统"。叙事就是用来研究小说体例、结构的。

一般情况下，信息检索都秉承"在查准率可接受情况下，尽可能查全"的理念。而这个案例，用户目的是想写篇综述，更是希望全面了解该课题相关知识，而不希望遗漏重要文献。因此，必须认真、全面分析课题，罗列出同义、相近、相关的检索词，以确保获得较为全面的信息。

网络小说、叙事是很明确的检索词。我们可以找出网络小说的相关检索词：网络文学、玄幻小说、穿越小说。网络文学是网络小说的上位词，玄幻小说、穿越小说是网络小说的下位词。我们借助万方或者搜索引擎初检索，发现有些作者在关键词选择方面用叙述而不用叙事，数量虽然不是很多，但我们也将其列为检索词。

因此，检索关键词可以基本确定为：网络小说、网络文学、穿越小说、玄幻小说、叙事、叙述。英文检索词为：Network Novels、Network Fiction、Hypertext Fiction、Interactive Fiction、Network Literature、Internet Literature、Narration、Narrative。

9.1.2　选择检索工具

本检索案例需要收集网络小说在叙事方面相关的专著、论文及网络免费文献。以中文文献为主，英文文献为辅。所以，我们使用的检索工具如下。

中文数据库：中国知网、万方、读秀。

外文数据库：SSCI、JSTOR、EBSCO。

搜索引擎：百度、谷歌。

9.1.3　确定检索策略

几乎每个检索工具都为用户提供多个检索途径（检索点也叫检索字段）。例如，分类、主题、作者、题名、文摘、全文等。我们要根据自身文献信息需求所掌握内容，结合检索工具，确定恰当的检索字段。我们将此案例检索限定在主题字段，一般来说主题涵盖了题名、关键词和文摘，既不会出现全文检索过多的结果，也不会出现题名字段检索过少的问题。当然如果进行检索后发现结果特别少，就需要将其放在全文里进行检索。

同时，检索也可适当使用高级检索或专业检索，即使用布尔逻辑运算符进行组合检索。复杂些的课题，可同时使用 3 种布尔逻辑运算符组合。就本案例而言，使用 AND 和 OR 就可以了。

检索词方面，本案例我们可以直接用"网络小说 AND 叙事"就能检索出大部分相关文献，但是在"检索需求分析"部分我们也知道对于一个综述来说，加上网络文学、玄幻小说、穿越小说会检索得更全。当然，如果数据库中加上这些上位、下位词检索结果非常多，我们也可以将上位词去掉进行调整，即根据检索结果可以相应地调整检索策略。

本案例对应的检索式如下。

主题=（网络小说 OR 网络文学 OR 玄幻小说 OR 穿越小说）AND（叙事 OR 叙述）。

主题：（Network Novels OR Network Fiction OR Hypertext Fiction OR Interactive Fiction OR Network Literature OR Internet Literature）AND（Narration OR Narrative）。

9.1.4　检索过程及检索结果

（1）检索过程

我们选取"文献"进行本案例的高级检索，将检索词按照逻辑关系放入数据库提供的高级检索框中，如图 9-1-1 所示。文献包括 CNKI 平台上期刊、学位论文、会议论文、报纸等多种文献类型。

检出结果如图 9-1-2 所示，共检出 460 篇相关文献，根据数据库提供的聚类功能，我们可以看出该课题所属类别最多的是中国文学、戏剧电影与电视艺术、世界文学三个学科。实际检索过程中，可以根据想要的学科进行取舍，同时也可以根据想要的文献类型、论文发表年代及被引次数，来挑选自己想要的文献。在图 9-1-2 中我们也可以看出，关于网络小说的叙事硕士学位论文有很多，说明这个研究已经很成熟，要想出新，必须从其他的视角进行选题。

图 9-1-1　CNKI 高级检索

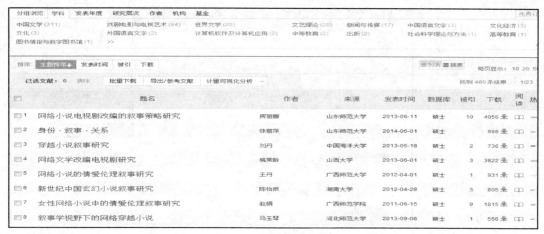

图 9-1-2　CNKI 检索结果

图 9-1-3～图 9-1-5 分别是读秀中文图书、SSCI 和 A&HCI 外文文摘、JSTOR 外文全文库的检索结果。各检索工具都有自己的检索结果聚类、二次检索等调节查全率和查准率的方法和途径，请参看各类数据库使用方法（注：各个数据库检索日期为 2017 年 3 月 24 日）。

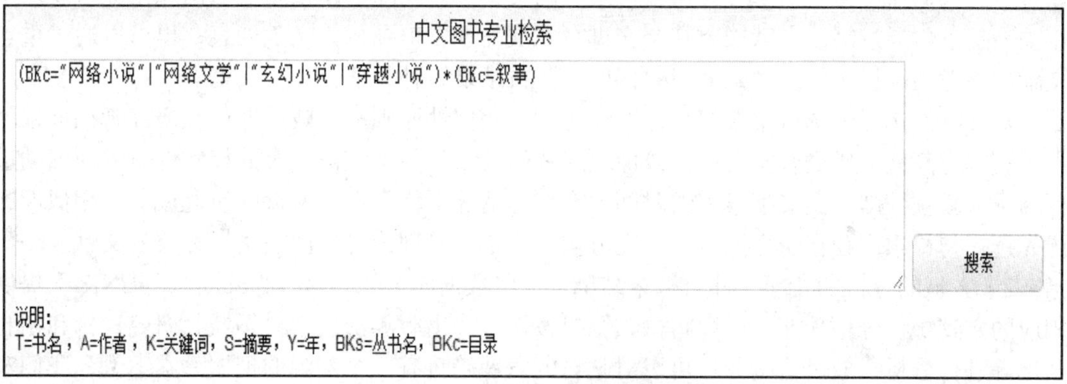

中文图书专业检索

(BKc="网络小说"|"网络文学"|"玄幻小说"|"穿越小说")*(BKc=叙事)

搜索

说明：
T=书名，A=作者，K=关键词，S=摘要，Y=年，BKs=丛书名，BKc=目录

图 9-1-3　读秀中文图书检索示例

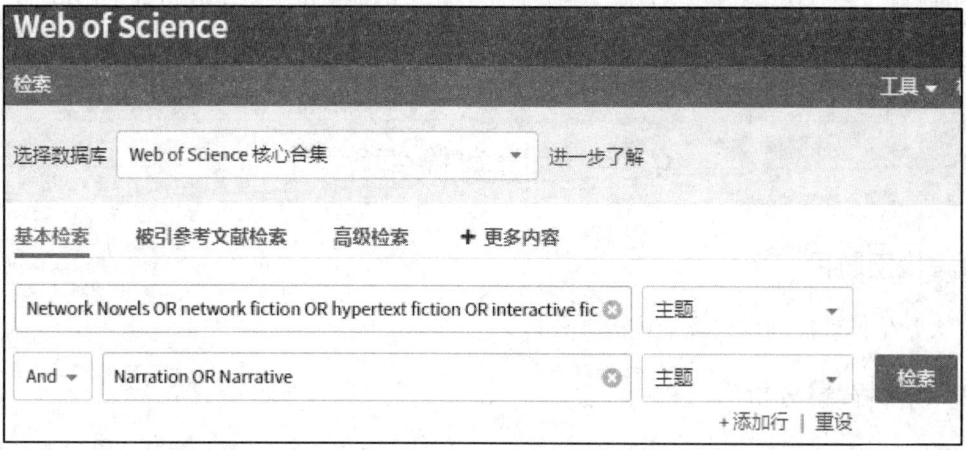

Web of Science

检索　　　　　　　　　　　　　　　　　　　　　　工具 ▾

选择数据库　Web of Science 核心合集　　　▾　进一步了解

基本检索　　被引参考文献检索　　高级检索　　＋ 更多内容

Network Novels OR network fiction OR hypertext fiction OR interactive fic　✕　主题　　▾

And ▾　Narration OR Narrative　　　　　　　　　✕　主题　　▾　检索

＋添加行 | 重设

图 9-1-4　SSCI、A&HCI 检索页面

图 9-1-5　JSTOR 检索页面

（2）检索结果的选择和处理

1）文献的筛选。由于种种原因，我们无法保证搜集到的信息都是有价值的，必须对检索出的文献结果做进一步筛选与分析。本案例中通过对社会科学类质量可靠的文摘索引数据库、全文数据库、搜索引擎多种途径检索出的文献经过初筛，即根据题录信息剔除重复及不相关文献，再通过阅读文献摘要和全文进行二次筛选，得到相关文献列表；也可以通过重点文献的参考文献提供的线索或索引数据库的分析结果，补充部分相关文献。

对文献的选择筛选可遵循权威性、新颖性、相似性原则。权威性即可从研究者在该领域中的影响力高低、研究者所在单位或课题组的研究水平及文献信息源的权威性等方面辅助进行筛选；新颖性即依据文献发表的时间，在同等情况下优先选择最近的研究成果；相似性即优先选择与检索主题在研究内容、研究方法、所依据的理论等方面最密切相关的文献。

2）文献的分析和处理。针对检索结果，一些数据库（如 Web of Science、CNKI）提供相应的文献统计分析功能，可以将检索结果按作者、出版年份、学科领域、研究机构和期刊名称等进行分析，通过这些分析可以对学科的发展趋势有一个宏观的把握。本案例，我们对作者进行分析，可以看出欧阳友权先生是网络文学理论研究领域的著名学者，阅读文献时不能将其跳过。而对检索结果的处理，基本上所有数据库都提供将检索结果列表导出，阅读下载全文、收藏分享等功能。

9.2　哲学类检索案例

9.2.1　检索题目

《大学生抑郁症的现状及干预措施分析》。

9.2.2　学科背景分析

随着人类社会的快速发展，社会压力的增大，全球抑郁症的发病人数呈现逐年上升趋势。抑郁症又称抑郁障碍，是以情感、精神运动性活动和思维三方面显著而持久的情绪低落为主要特征的一种情感性精神疾患，主要表现为情感低落、思维迟缓、活动减少、反应迟钝、意志行为明显减少，严重时容易妄想幻觉，悲观厌世，甚至自杀。

　　大学生正处于人生观和价值观逐步形成的关键时期，自我调节和自我控制能力相对较弱，随着学业压力日益增大，应激事件增多，抑郁症也成为大学生群体中比较常见的病症之一，有调查研究显示：国外大学生的抑郁情绪检出率高达38.2%，国内大学生抑郁情绪检出率为29.3%。长期的抑郁心境会导致大学生处在一种消极情绪状态之中，不仅使大学生产生不良的心理和情绪，妨碍人际交往，降低学习热情，影响大学生的日常生活，严重的还会导致学业失败，甚至自杀。因此，高校在学生教育与管理工作中，应该加强学生的心理辅导，开展对大学生抑郁的早期干预研究，使学生在学习科学知识的同时，培养其良好的心理素质，这对改变大学生错误的认知、防止自杀行为的发生有着积极的早期预防与干预作用。

9.2.3　检索词的提取

　　有学者认为焦虑和抑郁有着共同的发病基础，焦虑与抑郁常常伴发，两个疾病之间有一些共同的症状，是同一种疾病的不同表现形式，焦虑、抑郁病症既可单独存在，也可同时并存或先后连续表现出来，研究表明33%～95%的重性抑郁患者也同时伴有焦虑症状。根据以上分析，本课题提取检索词如下。

　　中文检索词：抑郁、焦虑、干预、大学生；

　　英文检索词：Depression、anxiety、intervention、university student、college student。

9.2.4　数据库选择

　　本案例采取专业资源数据库和综合资源数据库相结合的方法，中文资源选取中国知网《中国学术期刊（网络版）》、万方数据知识服务平台、维普中文科技期刊全文数据库、国家哲学社会科学学术期刊数据库、国家图书馆馆藏书目、超星电子图书等。英文资源选择 ProQuest Phycology、ProQuest Research Library、ProQuest Dissertations&Theses A&I: The Humanities and Social Sciences Collection、Education Resources Information Center、Social Sciences Citation Index、Arts & Humanites Citation Index、ScienceDirect、Springer 等综合数据库。

9.2.5　文献检索及分析

　　本案例的中文资源检索以中国知网学术期刊全文数据库为例，英文资源检索以心理学全文期刊数据库为例。

　　1. 中国知网学术期刊全文数据库

　　（1）选择数据库

　　在中国知网"中国学术期刊（网络版）"平台上汇集了期刊、会议、学位论文、报纸等各种文献类型，由于各数据库的检索字段和资源都有所不同，所以首先选择平台中最具代表性、承载科技信息最多的全文期刊数据库。

　　（2）选择检索模式

　　数据库在提供了学科分类导航的同时，还设置了高级检索、作者发文检索、专业检索、句子检索及一框式检索5种模式，期刊数据库的默认格式为高级检索，是读者最常用的检索模式，在检索框中可以直接输入检索词，根据系统给出的逻辑算符，选择各检索词之间的逻辑关系，并根据检索词的数量需求，点击检索框左边的加号，添加检索框。

（3）检索过程及分析

1）初级文献检索。数据库共提供了主题、篇名、关键词、摘要、全文、参考文献等 9 个检索字段，为实现研究内容的全面性和研究对象的特指性，检索词"抑郁、焦虑"选择"主题"字段，"干预、大学生"选择"篇名"字段，构建检索式为：主题=（抑郁 或者 焦虑）并且 篇名=（干预） 并且 篇名=（大学生），为全面了解抑郁症的研究历史和最新的研究成果，检索时间不做限定。检索结果如图 9-2-1 所示。

2）核心期刊检索。为了能够短时间内快速高效地获取最权威、最有代表性的高水平论文，在全面浏览所有文献，确定检索结果符合检索要求的基础上，取消"来源类别"中的默认选项"全部期刊"，根据需要勾选不同类别的核心期刊，然后点击"结果中检索"，实现核心期刊论文的筛选 ，图 9-2-2 为本课题选择的中文核心期刊。

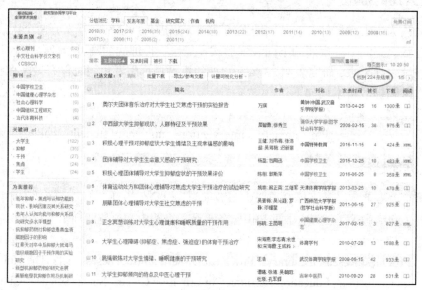

图 9-2-1　检索结果图

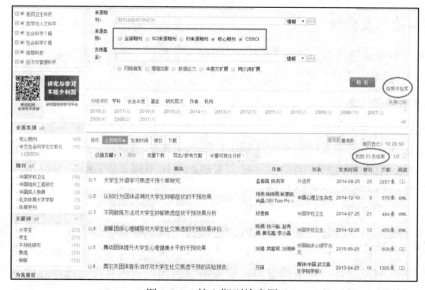

图 9-2-2　核心期刊检索图

　　3）文献分析。利用系统提供的分析功能可以考察相关研究的学科分布、历史发展进程、基金资助情况、研究机构及其人员的组成。例如，利用学科聚类功能，可以发现本课题文献主要集中于教育理论与教育管理学科、心理学科，从学科分类的角度也体现了对跨越学科的课题检索要求，同时体育学科在论文数量上高于精神学科，表明对大学生抑郁的干预措施上，除了传统的医学治疗外，利用体育锻炼改善大学生的抑郁情绪，提高大学生的个体心理健康水平，已经成为更多元化、更健康有效的预防措施或手段之一（图 9-2-3）。

　　4）文献信息保存与全文获取。在浏览全部文献信息的基础上，勾选与研究课题相关性比较强的题录，选择自定义格式保存成文档文件，或选择 NoteExpress 格式，点击"导出/参考文献"，直接将文献信息保存到 NoteExpress 管理软件中。对于学术价值比较大的文献，可以根据系统提供的 CAJ、PDF 两种格式下载全文。

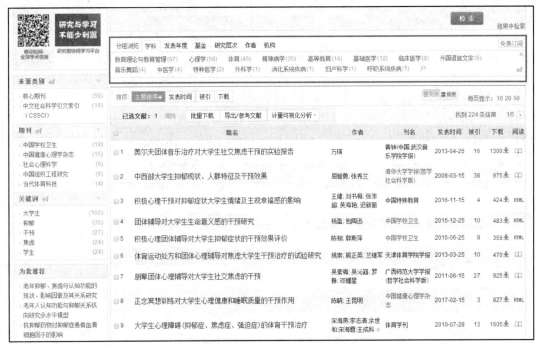

图 9-2-3　检索结果分析图

　　2. 心理学全文期刊数据库

　　（1）选择检索模式

　　系统提供了基本检索、高级检索和出版物浏览检索三种模式，高级检索模式提供了检索字段的选择和两个检索框，是读者常用的检索模式，而且如果课题涉及的检索词较多，可以通过点击"Add a row"，添加更多的检索框，并根据检索需求，可以选择时间、文献类型、文档类、语言等限制条件。

　　（2）检索文献

　　1）查找主题词。通过高级检索中的主题词检索选项，从系统提供的词表中，不仅能查找与检索词相关联的主题词，提高检索效率，还可以了解检索词在数据库中出现的文献量。图 9-2-4 为检索词"depression"在主题表中的相关主题词及文献数量。

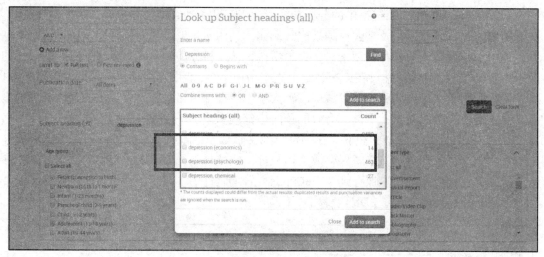

图 9-2-4　主题词浏览图

2）文献检索。数据库共提供了题名、文摘、全文等 21 个检索字段。为保证检索结果的查全率，将"depression、anxiety、intervention 检索词限定在"Abstract"字段，"university student、college student"作为研究对象，选择"Title"字段，构建检索式：AB=（depression OR anxiety）AND ab =（intervention） AND TI =（university student OR college student）。为全面了解抑郁症的研究历史和最新的研究成果，检索时间不做限定。检索结果如图 9-2-5 所示。

图 9-2-5　检索结果图

3）文献筛选与分析。在浏览全部文献信息的基础上，利用数据库提供的"收窄检索结果"，可以实现对文献的进一步筛选和分类，可以快速查看到同行评审论文、学术期刊论文、学科分类、开展相关研究的国家、机构组织及文献来源情况，提高文献阅读效率，及时跟踪最新的研究成果，图 9-2-6 为相关研究的出版物及其所登载的论文数量表。

4）文献信息保存与全文获取。在浏览全部文献信息的基础上，勾选与研究课题相关性比较强的题录，选择文本格式，点击保存，保存成文档文件，或选择 RIS 格式，直接将文献信息保存到 NoteExpress 管理软件中。对于学术价值比较大的文献，选择系统提供的文本格式或 PDF 格式下载全文。

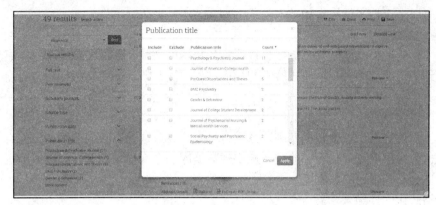

图 9-2-6 来源出版物分析图

9.2.6 文献管理与写作

目前，应用比较多的管理软件有 EndNote、RefWorks、NoteFirst、NoteExpress（NE）等。国内一般为 EndNote、NoteExpress。其中 EndNote 处理英文参考文献格式比较方便，而 NoteExpress 内嵌的中文期刊多达 3000 多种，尤其有很多高校的学位论文参考文献格式，是研究生撰写学位论文时经常用到的文献管理软件。

1. 建立数据库

点击 NE 工具栏中的"文件"下拉菜单，选择"新建数据库"，命名新数据库为"大学生抑郁研究"，并选择数据库存放位置。

2. 建立文件夹

点击数据库下的"题录"，然后打开"文件夹"下拉菜单，通过"添加文件夹"建立中文和外文等多级文件夹，以便于分门别类，管理检索出来的文献（图 9-2-7）。

图 9-2-7 数据库结构图

3. 检索、导入文献

NoteExpress 是通过题录（文献的作者、题名、来源刊、年卷期等信息）对文献进行管理的，主要有以下 3 种文献检索和导入模式。

（1）在线检索

通过 NE 的"在线检索"浏览器直接检索各数据库文献，并把文献的题录信息通过勾选批量保存到指定的文件夹。该模式检索和导入过程便捷，但容易忽略数据库本身自带的一些检索功能。

（2）内嵌浏览器检索

通过 NE 配置好的内置数据库浏览器进行检索，并完成检索数据的筛选及保存。该模式能够直接进入数据库检索页面，能较好地实现数据库的全部检索功能，但内嵌数据库的数量有限，只适合一些常用的数据库。

（3）格式化文件导入

从数据库页面的检索结果导出固定格式，再点击 NE 中的"导入题录"功能导入到指定的文件夹中。该模式既可以实现在各数据库页面的直接检索，又不受内嵌数据库数量的限制，为 NoteExpress 文献检索与管理中比较常用的模式，如从 CNKI 数据库中检索到的文献导出为 NoteExpress 格式后，打开 NoteExpress 的"大学生抑郁研究"数据库，选中"中文"文件夹，右键打开"导入题录"选项，选择 NoteExpress 过滤器，然后开始导入文献，其导入过程及结果见图 9-2-8。

图 9-2-8　中文文献导入图

4. 管理文献

在文献管理区可以修改题录的详细信息，或者对一些信息不全的文献进行补充，对错误信息进行校对；根据文献的重要程度，通过星标和优先级来标记不同的文献；选择多个题录成批下载文献的全文；在阅读时可以随时利用笔记功能记载感想与思考，方便以后查看和写作时引用（图 9-2-9）。

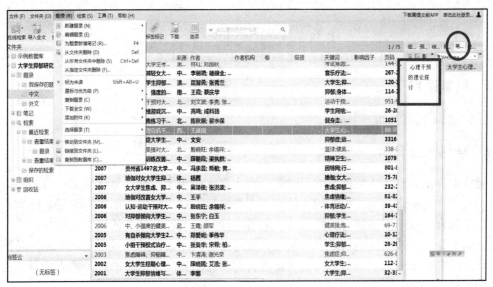

图 9-2-9　文献管理功能图

5. 论文写作

安装 NoteExpress 后，在 Word 和 WPS 文档页面会自动出现 NoteExpress 工具按钮，打开后可出现详细的工具条，如图 9-2-10 所示。

当写作中需要插入参考文献时，利用"转到 NoteExpress"，打开保存在 NoteExpress 中的文献，然后在 Word 文档中选择要插入的位置，点击插入引文，写作全部完成后，打开格式化，在系统内置的 3800 种国内外期刊和学位论文的格式中选择特定的引文格式，格式化后自动生成符合要求的参考文献索引。

图 9-2-10　利用 NoteExpress 辅助论文写作

9.3　法律类检索案例

9.3.1　检索题目

《网络犯罪现状及相关案例》。

9.3.2　学科背景分析

网络世界是对现实生活的浓缩与映射，现实存在的犯罪问题迟早将会在网络世界中有所反映。当前，与网络相关的犯罪行为的高发态势印证了这一趋势。而现实的犯罪行为，一经与网络相结合，基于网络特有的虚拟性、超时空性、隐蔽性及信息的快速流动性等特点，便产生新的变化，呈现出新的特点，不断地挑战传统的法律规范。同时，网络本身又因社会信息与财富的高度聚集，成为犯罪行为直接侵害的对象。预防、打击网络犯罪成为当前一个世界性的难题。

9.3.3　检索词的提取

当前，网络在给人们的生活和生产带来便捷的同时，也成为犯罪滋生的温床。与传统犯罪形式相比，网络犯罪隐蔽性高，危害严重。网络犯罪不仅对被害人造成损失，也危害着全社会的安全与稳定，加强网络犯罪的法律控制刻不容缓。根据以上分析，本课题提取检索词如下。

中文检索词：网络犯罪、网络犯法、网络违法、网络不法、网络非法；

英文检索词：Internet Crime、sin、evil、guilt。

9.3.4　检索工具的选择

法律检索是法律从业者的基础技能之一，法律检索结果的优劣，对案件办理结果会产生直接影响。目前我国常用的法律数据库如下。

中文数据库：北大法宝、威科先行、无讼案例。

外文数据库：HeinOnline、LexisNexis。

搜索引擎：百度、谷歌。

9.3.5　检索策略的确定

案例检索，基本上要做到的首先是你要能把事情说清楚，然后再确定关键词或者用别的方法。而把事情说清楚有两个层面，首先要能描述事件经过，提炼出事件的核心事实是什么；然后对法律人而言要能够把事实对照到法理上，讲清楚法律关系。

比如网络犯罪这件事，从事实描述上可能是有人设置了某些钓鱼网站，从而骗取他人信息；也可能是某组织通过聊天软件实施网络诈骗等。从法理上我们叙述为针对计算机信息系统及网络的犯罪；利用计算机及网络作为实施违法犯罪行为的工具，在网上实施的犯罪。

然后开始整理关键词，如以"网络犯罪"及其近义词为关键词搜索，当然这样搜索的结果会很多，可以一个个打开看哪些和用户要找的焦点是吻合的。

具体的检索策略如下。

1）选择合适的法律检索工具。

2）检索的具体目的。比如，是具体检索法条、案例，还是检索某些法律热点。

3）检索关键词：①不论是法律法规还是案例都是以关键词为指引，因此要确定适当的关键词作为保障有效检索的关键（关键词确定）；②利用搜索分类导航对搜索到的案例进行进一步甄选，找到有效案例（关键词具体分类）；③运用布尔逻辑运算符进行组合检索（关键词关联）。

4）应用不同的法律检索工具进行交叉检索，交叉检索的目的在于验证检索结果。①可以采用不同数据库进行检索，以弥补各类检索工具的不足；②也可以不停地改变检索方法，交叉使用关键词检索法、案例倒查法、案号检索法等方法来进行交叉检索。

9.3.6　检索过程及检索结果

1. 选择数据库

由于北大法宝 pkulaw.cn 暂不开放个人试用申请，个人如需查看单篇资料请通过在线支付进行单篇购买，本案例的中文资源检索以威科先行为例，英文资源检索以 openlaw 全文数据库为例。

威科先行数据库是威科集团为中国专业人士量身定制的在线法律信息库，整合了威科全球与中国相关的中英文法律题材内容，搭载世界领先的智能信息技术平台，是集法律法规、案例、实务指南、新闻、国际条约于一体，高效检索、及时更新的法律信息解决方案。

数据库根据资源内容细化，分为五大子库，包括银行信息库、人力资源信息库、保险合规信息库、法律信息库、财税信息库五大数据库。

威科先行法律信息库收录了中华人民共和国成立以来官方公布的超过百万典型和精选案例；每篇案例按照案由进行梳理分类，并提供依据的相关法规链接；在法规原文中，直接显示有援引该法规的案例篇数和链接，点击可以查看所有相关案例列表及全文；另外，数据库将最新法规、热点案例进行整理翻译，以每日新闻速递的方式发到用户邮箱。

2. 选择检索模式

用多种搜索方式进行智能搜索：除按"标题"和"全文"进行搜索外，对于法规，还可以直接输入"文号"进行搜索，并可以"在结果中搜索"；利用搜索分类导航，快速锁定搜索范围：对于法规、案例、专业文章和新闻都设有贴切的多维度搜索分类导航；用高级搜索满足更加精准的查询需求：在法律法规、案例、实务指南、新闻、国际条约库中分别设有贴切的搜索选项，通过设置这些不同的选项，可以定位更加精准的搜索结果。

3. 具体检索过程及分析

数据库共提供了法律法规、案例、实务指南、专业文章、新闻、国际条约等 6 个分类导航。在这里，我们具体选择"案例"分类，检索词"网络犯罪"，选择"全文""模糊搜索"，为全面了解网络犯罪的最新动态，检索时间选择最新。检索结果如图 9-3-1 所示。

在图 9-3-1 的左列，查找案例可以按照来源分类、主题分类等条件进行进一步的具体分类查找。

法律案例种类繁多，按案例的来源和用途划分，可分为法院判例、教学案例、宣传案例等；从法律案例的体裁看，主要有新闻、判决书与格式案例。新闻报道案例具有快捷、敏锐的特点，但在完整性和准确性方面往往有所欠缺，应注意采用知名媒体的综合报道。判决书是法院制作的法律文书，对事实的述评具有权威性，但要注意制作判决书的法院级别，对同一案件，其法律效力以上级法院为准。

图 9-3-1　威科先行法律信息库案例模糊搜索

比如，我们进一步选择审理法院为"上海市"，如图 9-3-2 所示。

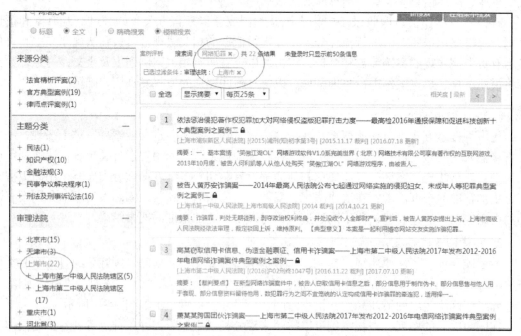

图 9-3-2　利用搜索分类导航进行分类查找

当然，检索也可使用布尔逻辑运算符进行组合检索或者使用高级检索或专业检索。在这里，我们可以用"网络犯罪 AND 青少年"，选择"在结果中搜索"，就能检索出我们感兴趣的青少年参与网络犯罪的最新案例（图 9-3-3）。我们还可以编辑更加复杂的检索式来搜索某些具体案例，也可以使用高级检索来满足自己的需求。根据需求调整相应的检索策略。

图 9-3-3　利用布尔逻辑运算符进行组合检索

　　在实务中，对不熟悉领域的相关案例，需要进行案例的交叉检索，以验证检索的结果，弥补各类数据库信息的不足之处。同时，也可以对检索结果进行初步验证。在这里，以关键词"网络犯罪"应用无讼案例、CaseShare 进行交叉检索。在无讼案例网站我们可以应用"图表分析"选项，得到网络各类犯罪发生概率的直观体现、应用批量下载工具对检索结果进行快速下载；在 CaseShare 中我们可以找到有关网络犯罪的一些指导性案例，见图 9-3-4、图 9-3-5。

图 9-3-4　应用无讼案例网站交叉检索关键词"网络犯罪"

图 9-3-5　应用 CaseShare 网站交叉检索关键词"网络犯罪"

　　法律检索并非可以一蹴而就，这是一个循环往复的过程。如果经过检索、交叉对比，无法得到需要的内容，我们还需要重新改变检索条件，运用检索词的近义词，或者改变检索工具进行二次检索，最终得到需要查询的资料。

　　最后，我们还可以通过一些外文数据库检索到国际国内的相关信息。例如，HeinOnline 现有近 1700 种法学期刊，675 卷国际法领域权威著作，10 万多个案例，1400 多部精品法学学术专著（图 9-3-6）。

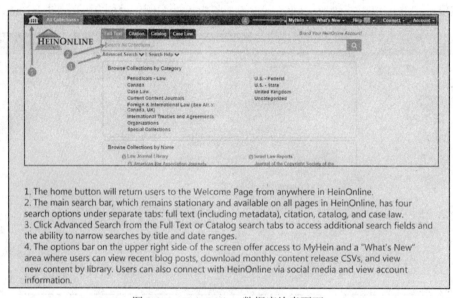

图 9-3-6　HeinOnline 数据库检索页面

　　HeinOnline 数据库具有以下三种检索方式。

（1）Search 关键词检索

　　通过输入作者名，找到某作者发表的所有文章；也可以通过输入关键词，找到和关键词相关联的某一类文章。

（2）Citation Navigator　引证号检索

通过输入某一确定的引证号，精确地找到某一篇文章。

（3）Catalog Search　期刊名检索

通过输入期刊进行检索，可以找到所收录的这本期刊的所有卷次，也可以不间断地阅读期刊的每一期或有选择性地阅读（图 9-3-7）。

图 9-3-7　HeinOnline 数据库的三种检索方式

4. 得出检索报告

在利用一种或多种检索方法完成裁判文书的检索后，需要对检索结果进行有效性的甄别，剔除那些包含相同检索词，但是事实部分或说理部分与检索目的不符的案例。然后，对有效案例进行要旨归纳和分析，完成检索结果的分析和记录。特别要注意的是，由于在互联网上公开的裁判文书每天都以数万的数量增长，在不同的时间用相同的检索条件，将会得到不同的检索结果，因此在记录检索结果时需要记录最后一次完成检索的时间。

附：法律资源常用检索平台。

北大法宝 http://www.pkulaw.cn/（收费或者学校内网）

威科先行 http://law.wkinfo.com.cn/（免费）

法律释义与问答 http://www.npc.gov.cn/npc/flsyywd/node_1793.htm

中国裁判文书网 http://www.court.gov.cn/zgcpwsw/

无讼案例 http://itslaw.com/#/（可进行二次检索）

万律 http://www.westlawchina.com/index_cn.html（收费）

HeinOnline 法学期刊全文数据库 http://heinonline.org

9.4　经济类检索案例

1. 确定检索题目

根据研究需要，选取有经济学意义的案例进行分析，题目定为"2013 年中国主要城市的 CPI 分别是多少？"。

2. 分析课题，选择检索工具

本案例属于数值型经济文献检索课题。可以利用中国知网的中国经济与社会发展统计数据库，也可以利用国家统计数据库或印刷本的《中国统计年鉴》进行检索。

3. 检索方法和步骤

（1）利用中国知网进行检索

1）输入中国知网的网址 www.cnki.net 进入其主界面，然后点击统计数据，进入中国经济与社会发展统计数据库检索界面（图 9-4-1）。

图 9-4-1　中国经济与社会发展统计数据库检索界面

2）利用"条目检索"，条目题目无法确定，需要在条目的正文中，至少要出现几个大城市的名称及 2013，另外还需要在条目的正文中，出现居民消费价格指数，点击条目检索，得到检索结果 34 条。来看看第二条记录，这条记录源于 2015 年出版的《重庆调查年鉴》第 117 页（图 9-4-2），标题是"全国 36 个大中城市居民消费价格指数（2006～2014 年）"，订购用户或充值卡用户下载正文后即可得到这 36 个城市 2013 年的居民消费价格指数。

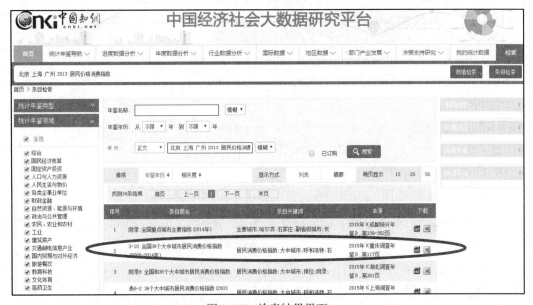

图 9-4-2　检索结果界面

（2）利用国家统计局数据库检索

1）输入国家统计局的网址 http://www.stats.gov.cn，进入其主页界面，然后依次点击"统计数据"/"数据查询"，进入检索界面（图 9-4-3）。

图 9-4-3　国家统计局网站"数据查询"界面

2）在检索框中输入几个大城市的名称、2013 及居民消费价格指数，点击"搜索"，得到城市居民消费价格指数的年度数据和月份数据。前两条记录分别是北京市和上海市 2013 年的居民消费价格指数，具体数值分别为 103.3 和 102.3（图 9-4-4）。

图 9-4-4　检索结果界面

（3）利用工具书《中国统计年鉴》检索

选用《中国统计年鉴》2014 年或 2014 年以后出版的年鉴，查阅该书前面的目录，找到大中城市居民消费价格指数，然后翻至具体页码查看即可。

4. 小结

1）某一统计数据，可能会出现在多册年鉴中。

2）利用中国知网统计数据库的"数值检索"功能模块，可以直接查看需要的统计数据，无论是否订阅。

3）中国知网统计数据库的"条目检索"功能模块并不直接给出数据，但订购用户或充值卡用户下载正文中的表格后可得到所需的结果。

4）国家统计局网站的国家统计数据库可以直接检索到具体的数据结果。

5）由于统计数据库中的数据大多都来源于年鉴，用户可以在附近的图书馆，通过查阅印刷版的年鉴获得所需的统计数据。

9.5　管理类检索案例

9.5.1　确定检索题目

根据所学专业及与导师的协商沟通，确定论文的题目为：《我国上市家族企业公司治理结构研究》。

9.5.2　学科背景分析

改革开放以来，家族企业已成为我国国民经济的重要组成部分，是推动中国经济增长和结构调整的重要力量之一，并为中国的繁荣、富强、发展做出巨大贡献。伴随着生产社会化、经济全球化程度的加深，家族企业的持续发展也遇到了资金、人才等严峻的挑战，经过学者研究和管理者的实践与探索，目前探寻出通过上市及引入职业经理人来解决这两大瓶颈的重要思路。然而，家族企业与职业经理人的融合、上市后的公司治理等问题，又制约或阻碍了其健康可持续发展。因此，研究解决引入职业经理人的上市家族企业公司治理存在的现实问题，提升公司治理水平，实现上市家族企业利益相关者共赢的局面，具有较强的理论意义与实践意义。

9.5.3　提取检索词

1. 根据题目

根据论文题目的确定及对家族企业的理解与分析，可以提取上市公司、家族企业、治理结构作为检索词，以篇名为检索途径进行检索。

2. 根据学科背景

因为家族企业公司治理结构最重要的是引入职业经理人，运用激励约束机制及公司治理模式，才能"化解冲突、规避风险、强化制衡、实现共赢"，所以可以提取职业经理人、激励约束，以关键词为检索途径进行检索。

3. 根据家族企业的数量和类型

另外，同时考虑到论文涉及家族企业，所以可以选择国外家族企业、中国家族企业为检索词，以百度为搜索引擎检索相关文献，了解它们的结构、形成、成长、管理等，以及它们失败或成功的原因。

4. 根据家族企业案例分析

根据 2015 年的全球家族企业指数，圣加仑大学编制了一份卓越的家族管理名单，世界上成功的家族企业有很多，如沃尔玛百货有限公司（沃尔玛百货有限公司创立于 1962 年 7 月，山姆·沃尔顿在美国阿肯色州开了第一家店。沃尔顿改变了整个零售行业，它实施更低的价格策略，同时仍然保持了良好的服务。当时，他的竞争对手认为，这永远不会成功。然而，在 20 世纪 70 年代，沃尔玛已经成为一个全球范围内的公众上市公司，全球拥有 220 万员工，年收入 4763 亿美元。目前，沃尔顿家族拥有该公司股份的 50%）。

本论文拟以"国美电器"为例来进行国内家族企业案例分析（白手起家的黄光裕经过 18 年的浴血打拼，数次蝉联大陆首富，创造了一个不可思议的财富帝国。2008 年 11 月 19 日黄光裕以操纵股价罪被调查。2010 年 5 月 18 日，黄光裕案一审判决，法院认定黄光裕犯非法经营罪、内幕交易罪、单位行贿罪，三罪并罚，决定执行有期徒刑 14 年，罚金 6 亿元，没收财产 2 亿元）。

综上所述，可以提取"沃尔玛""国美电器"为检索词，以主题检索途径进行检索。

9.5.4　检索工具的选择

随着信息和网络技术的发展，检索系统数据库以高速、快捷、高效的特点逐渐代替传统的纸质检索工具，现在的高校图书馆中馆藏电子资源数据库也正以雨后春笋的速度在不断发展，逐渐满足广大师生的教学、科研和论文写作需要。所以，本案例检索工具采取中文数据库和外文数据库资源，专业数据库和综合数据库资源相结合的方法，选取中文数据库中国学术期刊全文数据库、维普中文科技期刊全文数据库、万方学位论文全文数据库；外文数据库，选取综合数据库 Springer、社会科学专业 SSCI 数据库；搜索引擎选择百度。

9.5.5　文献检索过程及分析

1. 中文期刊文献检索——以中国学术期刊及学位论文全文数据库为例

1）打开 CNKI 数据库，点击文献和高级检索。构建检索式，选择篇名为检索途径，输入上市公司、家族企业、治理结构，并用"并含"连接，检索后发现只有 1 个检索结果（图 9-5-1），结果太少必须重新修正检索式。

2）以篇名检索途径输入上市公司、家族企业，主题检索途径输入治理结构用"并含"连接，检索结果为 4 篇（图 9-5-2），检索结果还是不能满足论文写作要求，还需继续修正检索式。

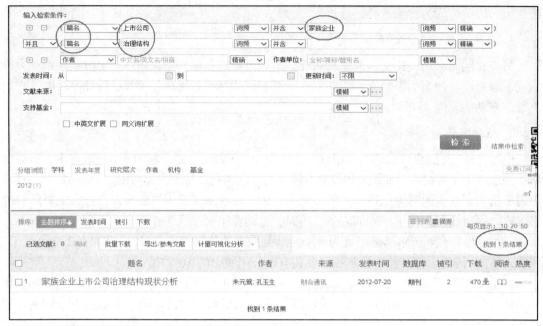

图 9-5-1　第一次检索结果

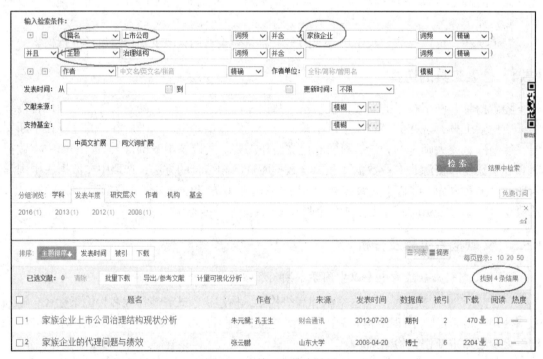

图 9-5-2　第二次检索结果

　　3）选择主题检索途径，输入上市公司、家族企业、治理结构，并用"并含"连接，检索后找到 152 条检索结果，这个数量很接近硕士论文需求，但是并不是所有检索到的文献都需要下载全文，根据此次检索结果，可以点击检索界面的篇名，进一步了解该篇论文的题录信息、根据摘要等信息，以决定是否进一步下载全文来进行分析管理。另外，为了了解最新的文献信息，也可以选择 CNKI 特有的发表年份分组浏览功能，选择最新的 2015 年发表的文

献 11 篇，2016 年发表的文献 9 篇，作为此次检索结果需要导出管理的文献，以上检索见图
9-5-3。

图 9-5-3 第三次检索结果

4）选择主题检索途径，输入上市公司、家族企业，并用"并含"连接，选择关键词检
索途径，输入治理结构，检索后找到 25 条检索结果（图 9-5-4），这些检索结果应该与论文
主题最相关，作为需要导出管理的文献。

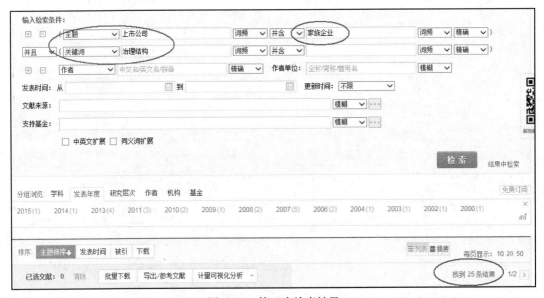

图 9-5-4 第四次检索结果

5）根据提取检索词的分析，可以选择篇名检索途径，输入国美电器和家族企业检索词，
并用"并含"连接，找到 8 条检索结果（图 9-5-5），从这 8 篇文献中可以了解国美电器家族
企业从发展壮大到衰败的全过程，以及内部治理结构存在的问题。

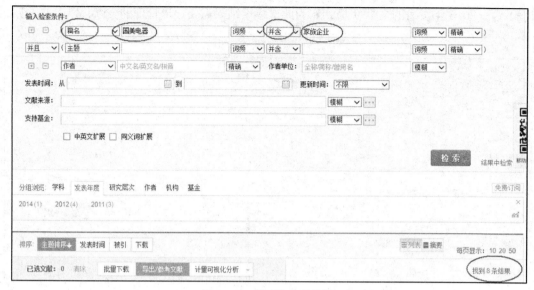

图 9-5-5　第五次检索结果

6）以篇名为检索途径，输入职业经理人和家族企业检索词用"并含"连接，检索到 217 条结果，在 217 条结果中，点击按被引频次排序，论文可以选择被引频次最高，论文质量最好的前 10 篇文献来导出管理（图 9-5-6）。

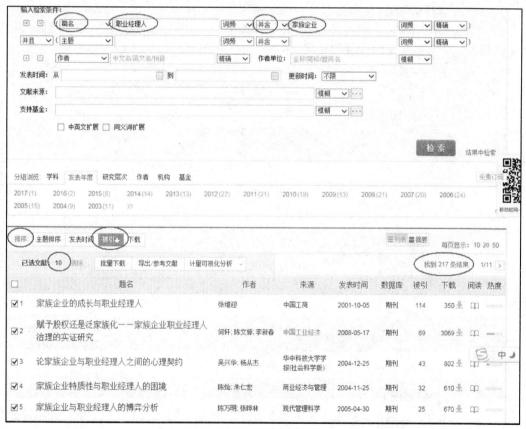

图 9-5-6　第六次检索结果

2. 中文图书文献检索——以超星电子图书为例

打开超星电子图书数据库，选择书名检索途径，输入"家族企业"，在年代选项中，输入 2013～2017 年限制在五年内出版的新书，得出如下检索结果，根据书名进一步筛选出以下书目《中国家族企业治理模式研究》《家族企业代际传承模式及效果研究》，可以用阅读器、网页进行阅读，也可以下载本书到本地电脑进行阅读。以上检索见图 9-5-7。

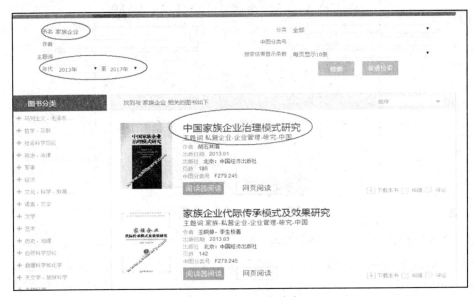

图 9-5-7 中文图书检索

3. 搜索引擎文献检索——以百度为例

1）打开百度引擎，在检索框内输入"中国上市家族企业"可以检索到以下内容（图 9-5-8、图 9-5-9）。

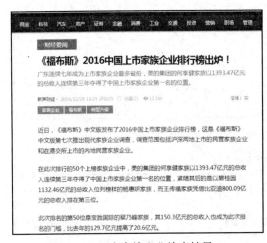

图 9-5-8 上市家族企业检索结果　　图 9-5-9 上市家族企业排行榜

从这些检索结果中，可以了解中国的家族企业有哪些，它们分布的地区、从事的行业、经营业绩、主营业务及它们内部的管理情况等。

2）打开百度搜索引擎，在检索框里输入"外国家族企业"，可以检索到如下检索结果

（图 9-5-10）。从这些材料中可以了解到全球家族企业的分布，沃尔玛、大众、宝马、福特、欧尚等知名品牌均位居前十名，这前十名企业是怎么管理的，可以借鉴的管理模式有哪些等。

图 9-5-10　外国家族企业检索结果

4. 外文文献检索——以 ScienceDirect 为例

打开 ScienceDirect 综合数据库，利用高级检索模式，选择题名为检索途径，输入 Family Business、Business Management 检索词，用"OR"构建检索式，选择"Social Science"点击检索得到 276 条检索结果，由于检索结果太多，可以用"AND"缩小检索结果，经过精确后得到 4 条检索结果（图 9-5-11），作为论文写作需要导出管理的文献。

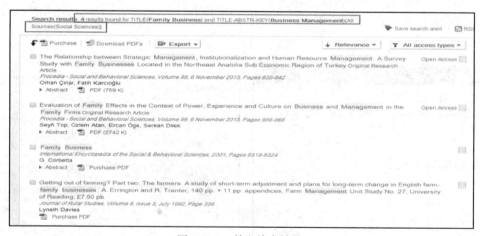

图 9-5-11　外文检索结果

9.5.6　文献管理与写作——以 NoteExpress 为例

文献管理与写作是指利用软件帮助读者把检索到的文献科学管理起来，得到文献摘要、全文等题录信息，形成自己的个人图书馆，不仅能实现文献的高效管理，而且在论文写作时能自动生成符合要求的参考文献索引，提高论文写作效率。

常见的文献管理软件有 CNKI-E Study、SCI-EndNote，本书以 NoteExpress 为例来说明怎

样用此软件把文献检索过程中检索到的中文文献、外文文献、网上文献导入到 NE，以进行科学管理，借助 NE 的写作插件来完成论文的写作。

1. 建立数据库和文件夹

打开 NE 主程序"文件"，点击"数据库"下拉菜单"新建"，选择数据库保存位置，建立"我国上市家族企业公司治理结构研究"数据库。右键点击"题录"—"添加文件夹"—重命名文件夹，分门别类地增加中文文献、外文文献、网上文献等文件夹（图 9-5-12）。

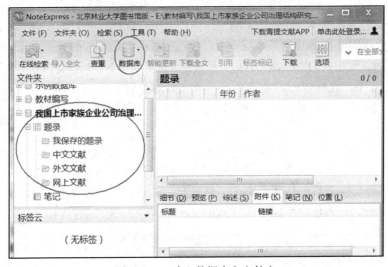

图 9-5-12　建立数据库和文件夹

2. 导入管理文献

从数据库检索页面导出固定格式的检索结果，如 EndNote 格式、CNKI E-Study 格式、RIS 格式、RefWorks，NoteExpress 等文件，使用与格式相对应的过滤器，再把文献导入 NE 软件进行管理。下面以 CNKI 中文检索为例，说明文献导入 NE 的过程（图 9-5-13）。

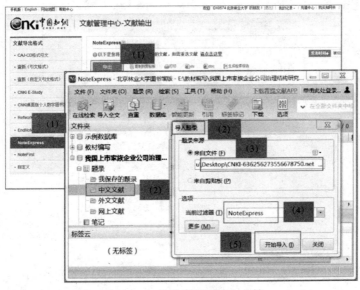

图 9-5-13　从检索界面导入文献

1）从数据库中导出，选择"NoteExpress"文献导出格式；点击文献输出界面的"导出"，选择一定路径（如桌面）形成 NoteExpress 格式文件。

2）打开 NE，点击工具栏"导入题录"。

3）选择 NE 格式文件存放的位置：桌面，形成 NoteExpress 格式文件。

4）选择格式文件对应的过滤器，即当前过滤器选择"NoteExpress"。

5）点击"开始导入"，即把数据库中选择导出的文献到 NE 进行管理。

3. 论文写作

在写作论文时，借助 NoteExpress 的写作插件，可以方便、高效地在 Word 论文写作中插入引文，自动生成需要格式的参考文献索引，并且随着论文段落的删减变动而自动地排序，也可以一键切换到其他格式。以 CNKI 中文文献为例，说明利用 NE 写作论文的过程（图 9-5-14）。

1）在 Word 中，光标停留在需要插入参考文献的位置。

2）点击"转到 NoteExpress"，返回 NE 主程序，选择需要插入的引文，使此条文献的题录高亮显示。

3）点击"插入引文"。

4）自动生成文中引文及文末参考文献索引，同时生成校对报告。

5）如果需要切换到其他格式，点击"格式化"，选择所需要的样式。

6）点击"确定"后自动生成所选样式的文中引文及参考文献索引。

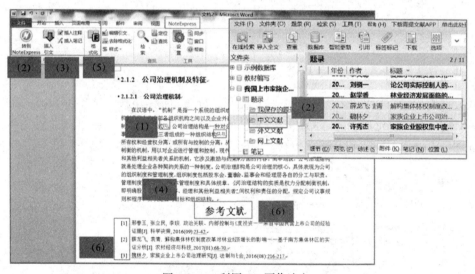

图 9-5-14　利用 NE 写作论文

参 考 文 献

包忠文. 2007. 文献信息检索概论及应用教程. 北京: 科学出版社.

卜清涛, 谢光荣. 2003. 焦虑障碍、抑郁障碍与焦虑抑郁障碍共病患者的功能失调性认知的比较. 中国心理卫生杂志, (9): 626-628.

蔡今中. 2009. 如何撰写与发表社会科学论文: 国际刊物指南. 北京: 北京大学出版社.

蔡丽萍. 2013. 文献信息检索与论文写作. 上海: 上海交通大学出版社.

蔡莉静. 2013. 图书馆利用基础. 北京: 海洋出版社.

曹鸿清. 2008. 政府出版物中的经济文献信息及其检索利用. 中国索引, (3): 32-34.

曹琴仙, 于森. 2007. 基于内容分析法的专利文献应用研究. 现代情报, 12(12): 147-150.

陈陶, 夏立娟. 2004. ISO、IEC、ITU 标准文献的网上检索. 图书馆学研究, (8): 75-77.

陈秉源, 裴允, 陈颖颖, 等. 2011. 基于网络的高校文献检索课教学平台研究. 价值工程, (3): 232.

陈曹维, 蔡莉静. 2011. 图书馆科技查新服务与科技查新管理系统. 北京: 海洋出版社.

陈守清. 2015. 标准文献知识的管理与服务亟待创新. 标准应用研究, (6): 63-66.

陈伟, 汪琼. 2016. 信息资源检索与利用. 北京: 国防工业出版社.

陈新艳, 陈振华. 2015. 信息检索与利用. 武汉: 武汉理工大学出版社.

陈英. 2012. 科技信息检索. 北京: 科学出版社.

诚敏, 仇深. 2015. 两大中国专利检索系统的比较分析. 现代图书情报技术, (4): 86-87.

崔岱峰, 王晋平. 1999. 标准文献基础知识讲座. 大众标准化, (4): 42.

德汤森路透科技信息服务(北京)有限公司. 2013. 德温特世界专利索引传奇 50 载. 知识管理论坛, (5): 65-68.

邓发云. 2013. 信息检索与利用. 北京: 科学出版社.

邓平. 1989. 世界专利文献及其检索. 黑龙江大学自然科学学报, (2): 78-81.

邓要武. 2008. 科技报告、专利文献和标准文献资源检索与利用. 图书馆工作与研究, (7): 71-74.

邓勇. 2006. 专利信息集成服务研究与实践. 成都: 四川大学.

邓勇, 张娴. 2004. DII、esp@cenet、CA 在科技查新专利检索中的应用. 图书情报工作, 48(7): 83-85.

丁宪杰. 1991. 德温特公司的数据库及其特点. 情报理论与实践, (1): 37-38.

董琴娟. 2013. 中国图书馆联盟发展研究. 北京: 光明日报出版社.

董志超. 2013. 标准与标准化. 人事天地, (2): 8-9.

杜慰纯. 2016. 信息获取与利用. 2 版. 北京: 清华大学出版社.

符玉霜. 2009. Google 与百度图书搜索比较研究. 江西图书馆学刊, (1): 116-119.

傅立云. 2010. 国内外三大专利检索系统比较研究. 湘潭: 湘潭大学.

高凌云. 2010. 我国标准文献全文数据库存在的一些问题及对策. 大学图书情报学刊, 28(2): 75-77.

高路明. 1997. 古籍目录与中国古代学术研究. 南京: 江苏古籍出版社.

高祀亮, 顾海明. 2010. 人文社科信息检索. 北京: 社会科学文献出版社.

葛郁葱. 2009. 标准文献的特点及其检索方法. 情报杂志, (S2): 166-167, 160.

龚胜生. 2016. 我是怎样申报基金课题的. 科技导报, 34(2): 328.

顾海良. 2005. 关于学术规范与学术道德建设的思考. 武汉大学学报(人文科学版), (5): 517-519.

顾孟洁. 1998. 标准化——一门跨世纪的综合性边缘学科——为《中国标准化》创刊 40 周年而作. 中国标准化, (10): 4-8.

韩静娴, 赵曼娟. 2014. 信息素养教育理论与实践. 广州: 世界图书广东出版公司.

何怡. 2004. USPTO 专利数据库的检索模式述评. 津图学刊, (3): 30-31.

侯杰. 2006. 简介世界专利索引(WPI)的特点及运用. 科技文献信息管理, (4): 48-49.

侯俊军. 2009. 标准化与中国对外贸易发展研究. 长沙: 湖南大学.

花芳. 2014. 文献检索与利用. 2 版. 北京: 清华大学出版社.

黄进. 2010. 浅析 OPAC 系统功能发展趋势. 图书馆, (4): 95-96.

黄如花. 2002. 网络信息的检索与利用. 武汉: 武汉大学出版社.

黄振华, 吴诚一. 1991. 模式识别原理. 杭州: 浙江大学出版社.

吉久明, 孙济庆. 2013. 文献建设与知识发现指南. 上海: 上海人民出版社.

蒋宇弘. 2010. 学位论文收藏现状与保存方式. 情报探索, (6): 85-87.

金秋颖, 韩颖. 2006. 社科信息检索与利用. 北京: 石油工业出版社.

江南大学杂志社. 2008. 江南大学学报(自然科学版)被评为"中国科技论文在线优秀期刊". 江南大学学报(自然科学版), 7(5): 520.

科学技术部科研诚信建设办公室. 2009. 科研活动诚信指南. 北京: 科学技术文献出版社.

李厚泽. 2008. 我国企业的专利管理研究. 重庆: 西南大学.

李湖生, 康美娟. 2008. 中外四大官方网站免费专利检索系统之比较研究. 图书馆理论与实践, (1): 16-18, 52.

李伟华, 王通, 顾英. 2010. 网络标准文献信息资源的分布及检索. 情报探索, (12): 76.

连喜军, 李文杰, 张坤生. 2006. 美国专利商标局(USPTO)专利检索方法与评价. 中国食品添加剂, (5): 142-144.

蔺梦华. 2005. 基于 OA 的开放仓储库. 情报资料工作, (6): 61-63, 83.

刘佳, 钟永恒. 2011. 国际标准文献检索平台的比较及启示. 图书馆学研究, (10): 60-63.

刘国钧. 1982. 中国书史简编. 北京: 书目文献出版社.

刘嘉谊, 刘高勇. 2015. 基于文本分类的标准文献内容比对模型研究. 科技情报开发与经济, 25(6): 158-160.

刘可迅. 2014. 美国专利商标局网站专利检索简介. 中国发明与专利, (9): 38-39.

刘琨, 白福春. 2014. 标准文献著录研究——兼论 CALIS 和国家图书馆著录之差异. 图书馆建设, (12): 43-44, 47.

刘强. 2013. 如何撰写高质量的基金申请书. 科技导报, 31(2): 85.

刘秋宏. 2013. WPI 数据库常用特色功能解析. 图书情报工作, 57(增刊): 122-125.

刘尚恒. 1989. 古籍丛书概说. 上海: 上海古籍出版社.

刘湘萍. 2014. 科技文献信息检索与利用. 北京: 冶金工业出版社.

刘兹恒. 2010. 现代图书馆管理. 北京: 电子工业出版社.

刘自强. 2009. 图书馆利用与文献检索教程(社科版). 南京: 河海大学出版社.

卢丽丽. 2012. 标准文献工作的发展与国家标准馆的建设. 中国标准化, (5): 60-62.

马桂琴. 2011. 网络信息检索. 北京: 中国铁道出版社.

麦绿波. 2012a. 标准的起源和发展的形式(上). 标准科学, (4): 6-10.

麦绿波. 2012b. 标准的起源和发展的形式(下). 标准科学, (5): 6-11.

麦绿波. 2012c. 广义标准概念的构建. 中国标准化, (4): 57-62, 66.

穆安民. 2015. 科技文献检索实用教程. 重庆: 重庆大学出版社.

那春光, 毕宏, 陈怡冰. 2010. 大学生信息素养教程. 大连: 大连海事大学出版社.

彭奇志, 林中. 2013. 信息资源检索策略与分析. 南京: 南京大学出版社.

钱春新. 1988. 论高校图书馆对专利文献的利用. 高校图书馆, 5(12): 35.

萨莉·拉姆奇. 2007. 如何查找文献. 北京: 北京大学出版社.

沙振江, 张晓阳. 2007. 人文社科信息检索与利用教程. 镇江: 江苏大学出版社.

沈固朝, 施国良. 2012. 信息源和信息采集. 北京: 清华大学出版社,

十所财经高校文献检索课程教材编写组. 2015. 经济信息资源检索与图书馆利用. 大连: 东北财经大学出版社.

宋玲玲. 2003. 标准对中国经济贸易发展的正负效应. 大连: 东北财经大学.

隋莉萍. 2014. 网络信息资源检索与利用. 北京: 清华大学出版社.

孙丹峰, 季幼章. 2013. 国际标准化组织(ISO) 简介. 电源世界, (11): 56-61.

孙君, 陈陶. 2007. DII 和 esp@cenet 专利检索系统的比较研究. 图书馆学刊, (1): 38-40.

孙琦. 1982. 政府出版物的检索. 北京:科学技术文献出版社.

石小园. 2003. 三大国际标准化组织介绍. 上海实验动物科学, (4): 252.

唐慧, 丁伶灵, 宋秀丽. 2013. 2002—2011 年中国大学生抑郁情绪检出率的 Meta 分析. 吉林大学学报(医学版), (5): 965-969.

陶敏. 2004. 中国古典文献学教程. 长沙: 湖南教育出版社.

田方. 2014. 中、美、德三国标准文献保存、服务体系对比分析. 标准科学, (10): 72-76, 90.

汪明礼. 2007. 用 CA 或 WPI 检索化学化工专利. 黄山学院学报, 9(3): 74-76.

汪楠, 成鹰. 2014. 信息检索技术. 北京: 清华大学出版社.

王大伟. 1993. 国外专利文献检索——兼论德温特专利文献索引. 图书馆理论与实践, (3): 42-45.

王鼎吉. 1992. 书的基本知识 300 题. 北京: 人民体育出版社.

王金龙. 2016. 数据期刊发展探究. 图书馆工作与研究, (4), 44-47.

王立诚. 2014. 社会科学文献检索与利用. 3 版. 南京: 东南大学出版社.

王立革. 2006. 人文信息资源检索. 哈尔滨: 东北林业大学出版社.

王琳, 高硕. 2011. 3 个网上免费专利数据库的比较. 科技情报开发与经济, 21(27): 107-109.

王平. 2001. 标准文献的管理和检索. 航天标准化, (4): 38-42.

王平. 2012. 国内外标准化理论研究及对比分析报告. 中国标准化, (5): 39-50.

王平. 2015. ISO 的起源及其三个发展阶段——墨菲和耶茨对 ISO 历史的考察. 中国标准化, (7): 61-67.

王细荣, 韩玲, 张勤. 2009. 文献信息检索与论文写作. 上海: 上海交通大学出版社.

王翔宇, 姜红, 黄锦培. 2007. 从同行评议看国家自然科学基金申请书的常见问题. 中国科学基金, 21(4): 242-243.

王学东, 魏敬收, 刘绪平. 2008. 现代信息检索. 哈尔滨: 哈尔滨工程大学出版社.

王勇, 彭莲好. 2010. 信息检索基础教程. 武汉: 华中科技大学出版社.

王知津. 2015. 工程信息检索教程. 北京: 机械工业出版社.

吴洪泽, 张家钧. 2009. 计算机在古籍整理中的应用. 成都: 四川大学出版社.

吴玲芳, 钱万里. 2011. 中国图书史话. 北京: 中国国际广播出版社.

吴南雁. 2009. 中国科技论文在线系统初探. 图书馆论坛, 29(3): 37-39.

吴平. 1998. 图书学新论. 山西: 山西经济出版社.

肖东发. 2001. 中国图书出版印刷史论. 北京: 北京大学出版社.

肖凤玲, 喻志刚. 2010. 大学图书馆利用基础教程. 北京: 科学出版社.

谢桂芳. 2004. 高校图书馆电子期刊和纸质期刊的比较研究. 图书馆论坛, 24(5): 77-78.

徐海燕. 2010. 近代专利制度的起源与建立. 科学文化评论, 7(2): 40-52.

许敏, 黄非, 王锐. 2011. 利用 WPI 数据库提高专利文献检索效率. 中国发明与专利, (6): 72-75.

学术诚信与学术规范编委会. 2011. 学术诚信与学术规范. 天津: 天津大学出版社.

杨京. 2007. 论标准文献检索. 上海标准化, (5): 9-13.

杨鸣铭. 1996. "标准"一词的起源. 大众标准化, (1): 28-30.

杨世明. 1983. 评英国德文特专利检索体系. 情报学刊, (4): 92-93.

杨守文. 2011. 信息素养与知识服务. 北京: 北京邮电大学出版社.

杨祖国, 李文兰. 2006. 数字专利信息资源比较及综合利用研究. 图书馆工作与研究, (6): 74-76.

佚名. 2006. 标准基础知识. 船舶标准化工程师, 39(2): 31-34.

印祖斌, 佟春临. 1990. 国内外科技文献检索. 北京: 航空工业出版社.

于光. 2010. 信息检索. 北京: 电子工业出版社.

于军. 2014. 标准文献的检索方法. 质量探索, (4): 53-54.

袁军鹏. 2010. 科学网. http://blog. sciencenet. cn/blog-66445-346864. html[2017-03-22].

袁新芳, 陈有富. 2005. 网络信息源的评价与选择. 西安: 西安地图出版社.

臧鸿妹. 2009. 高校图书馆读者服务新探. 合肥: 安徽大学出版社.

张帆. 2007. 信息存储与检索. 2 版. 北京: 高等教育出版社.

张枫霞. 2009. 图书馆读者服务. 北京: 海洋出版社.

张积玉. 2001. 学术规范体系论略 . 文史哲, (1): 80-85.

张树忠, 黄继东. 2012. 信息检索与利用. 南京: 东南大学出版社.

张新科, 于海燕. 2015. 利用 USPTO 网站资源检索美国商标信息. 信息化建设, (10): 90-92.

张颖. 2014. 标准文献共享公共服务平台开发. 兰州: 兰州大学.

张志军, 王欢, 管莹莹. 2012. 文献信息检索与利用新编. 长春: 吉林大学出版社.

张忠华, 刘云. 2014. 基于 WOS 和 DII 数据库的科技资源监测分析. 现代情报, 34(8): 65-68.

赵琪, 相平. 2011. 高校图书馆应用教程. 西安: 西北工业大学出版社.

郑如斯, 肖东发. 1987. 中国书史. 北京: 北京图书馆出版社.

郑章飞, 陈希. 2007. 文理信息检索. 北京: 高等教育出版社.

周义程. 2013. 社会科学类学术论文: 评价标准、写作步骤及要领 . 社会科学管理与评论, (4): 32-42.

周玉陶. 2014. 人际网络环境下的信息检索. 南京: 东南大学出版社.

朱仲玉. 2001. 中国的古籍. 上海: 上海文化出版社.

《国外发明》编辑部. 1979. 专利制度和专利文献. 纺织器材. (2): 54-58.

Ogden T E, Goldberg I A, Proposals R. 2002. A Guide to Success. 4th Ed. New York: Academic Press.